现代经济与管理类系列教材
融媒体教材、课程思政建设教材

# 电子商务概论

蒲忠　刘琴　编著

清华大学出版社
北京交通大学出版社
·北京·

## 内 容 简 介

"电子商务概论"作为电子商务专业的主干课程,是研究电子商务基础理论和实践应用的基础教材。本书依据应用型本科专业的教学需要而编写,在选择教材内容及确定知识体系、编写体例时,注意素质教育和创新能力、实际能力的综合要求,为培养精通电子商务基础理论、熟悉电子商务实践运作的复合型应用人才提供知识储备。

本书共分为11章,包括电子商务概述、电子商务技术基础、电子商务支付、电子商务物流管理、客户关系管理、网络营销、电子商务与供应链管理、移动电子商务、跨境电子商务及应用、企业电子商务的规划与实施、电子商务法律法规。参加本书编写工作的都是长期在教学一线授课的教师,他们有很强的科学研究能力和丰富的服务社会的实践经验,教材编写充分考虑了教学的要求,也将各位编者在多年实践中累积下来的经验融入教材之中。本书体系完整,结构严谨,写作行文简明流畅。

本书可作为普通高等学校电子商务、信息管理与信息系统等专业的核心教材,也可作为其他本科或研究生专业的通识教材,还可作为从事电子商务等行业在职人员的培训教材以及供其他人士自学之用。

本书封面贴有清华大学出版社防伪标签,无标签者不得销售。
版权所有,侵权必究。侵权举报电话:010-62782989  13501256678  13801310933

## 图书在版编目(CIP)数据

电子商务概论/蒲忠,刘琴编著. —北京:北京交通大学出版社:清华大学出版社,2021.11
 ISBN 978-7-5121-4625-9

Ⅰ.①电… Ⅱ.①蒲… ②刘… Ⅲ.①电子商务-教材 Ⅳ.①F713.36

中国版本图书馆CIP数据核字(2021)第237426号

电子商务概论
DIANZI SHANGWU GAILUN

责任编辑:赵彩云
出版发行:清 华 大 学 出 版 社    邮编:100084    电话:010-62776969    http://www.tup.com.cn
         北京交通大学出版社           邮编:100044    电话:010-51686414    http://www.bjtup.com.cn
印 刷 者:北京鑫海金澳胶印有限公司
经    销:全国新华书店
开    本:185 mm×260 mm    印张:18.25    字数:467千字
版 印 次:2021年11月第1版    2021年11月第1次印刷
印    数:1~1500册    定价:49.00元

本书如有质量问题,请向北京交通大学出版社质监组反映。对您的意见和批评,我们表示欢迎和感谢。
投诉电话:010-51686043,51686008;传真:010-62225406;E-mail:press@bjtu.edu.cn

# 编委会名单

（以姓氏笔画为序）

万 琴　王 炼　刘 琴　李洪祥　杨 力

苏 昊　陈 曦　张 勇　何文胜　赵海霞

唐中林　唐海军　黄达春　蒲 忠

# 前　言

本书第 1 版自发行至今已 8 年有余，这期间我国电子商务日新月异。电子商务在我国社会经济发展中的地位越来越高，作用越来越大。商务部发布消息显示 2020 年中国电子商务交易总额达到 37.21 万亿元（人民币，下同），其中网上零售规模 11.76 万亿元，中国已连续 8 年成为全球第一大网络零售大国。电子商务从城市拓展到了农村，从境内延伸到境外，交易对象几乎全覆盖我们的生活，以 4G、5G 技术为支持的移动终端成为主要的交易手段，线上线下、跨境电商、新零售等电子商务创新模式让人眼花缭乱，以至于我们的教材都来不及更新，几次更新修订又中断。最终在出版社和西南石油大学教务处的支持下，终于成功重启本次修订工作，本次教材修订有如下特点：

（1）新颖性。本次改版内容涵盖了我国 2018 年发布的第一个高等教育本科专业教学质量国家标准——《普通高等学校本科专业类教学质量国家标准》中的电子商务类教学质量国家标准的核心内容，与时俱进，吸收了近年来迅速发展的有关物联网、人工智能、智慧物流、跨境电子商务等新技术成果和理论知识内容，优化了各章节大部分内容，删减了电子政务等内容。此外，本次改版教材更新了大量案例，对以盒马鲜生为代表的新零售这一新生事物在第一章导读案例进行了开篇介绍，并大量更新了其他导读案例及各章延伸拓展的内容。更新了大量有关数据，根据国家有关部门和机构发布的研究报告，展现最新的电子商务发展数据。大篇幅更新了有关新政策，系统地梳理了国家颁布的有关电子商务的发展政策，如对《中华人民共和国电子商务法》进行了详细解读。

（2）思政化。《高等学校课程思政建设指导纲要》中要求课堂教学建设全过程"落实立德树人根本任务，必须将价值塑造、知识传授和能力培养三者融为一体、不可割裂。全面推进课程思政建设，就是要寓价值观引导于知识传授和能力培养之中，帮助学生塑造正确的世界观、人生观、价值观，这是人才培养的应有之义，更是必备内容"。本书在每章开始都安排了"导读案例·思政结合"，部分章节在章中、章尾适当位置也引入了思政元素。一方面为本章开始学习预热或总结，另一方面也巧妙引入思政元素，如创新对中华民族伟大复兴的重要性探讨、大力弘扬爱国主义民族精神和改革创新时代精神以引导学生深刻理解诸如"天行健，君子以自强不息"等中华优秀传统文化的思想精华和时代价值等。这些内容让学生在学习电子商务专业知识的同时，也了解到我国电子商务的发展历史、现状和未来，帮助塑造学生正确的人生观和价值观，增强莘莘学子的使命感。

（3）数字化。在"互联网+教育"大背景下，本书考虑了第 1 版显示出来的传统纸介质教材的不足，本次改版时就结合纸介质教材融合了部分数字化教学资源，这些资源包括网络课堂、延伸阅读等。

本书是西南石油大学 2020 年校级规划教材，同时也是西南石油大学大数据管理研究所的 2020 年度重要研究成果之一、教育部学校规划建设发展中心新商科智慧学习工场系列教材之一。本书由西南石油大学蒲忠负责总体框架结构设计。本书的编者既有西南石油大学长期从事电子商务教学与科研工作的一线教师，也有企业中具有丰富实践经验的管理人员（中国石油天然气股份有限公司西南油气田分公司物资分公司张勇总经理、中国石油天然气集团有限公司招标中心西南分中心黄达春副主任）。具体编写分工如下：前言（蒲忠）、第一章（蒲忠）、第二章（唐海军）、第三章（陈曦）、第四章（王炼、张勇）、第五章（万琴、苏昊）、第六章（唐中林）、第七章（赵海霞）、第八章（何文胜）、第九章（刘琴、黄达春）、第十章（杨力、张勇）、第十一章（李洪祥、黄达春）。全书由蒲忠、刘琴负责统稿、审阅，研究生付秋睿、张潭、郭莉红、吕延涛、葛培元、冯二苗等在校内再版试用和最终出版过程中先后协助进行了文献查找、文字校对、图表制作等工作。

本书在编写过程中，参阅了大量著作、论文、教材和网络资料，我们尽量在书后一一列出表示感谢，但仍有部分文献由于篇幅受限等原因未能一一列出，在此向这些专家学者致谢并致歉。本书的成功出版得到了西南石油大学教务处、清华大学出版社、北京交通大学出版社的大力支持，尤其是北京交通大学出版社赵彩云编辑等出版社工作人员从始至终耐心尽责，在此一并感谢。由于电子商务的日新月异和编者水平有限，书中不足之处在所难免，恳请同行专家学者、广大读者批评指正。

编者

2021 年 9 月

# 目 录

## 第一章 电子商务概述 ... 1
- 第一节 电子商务的产生与发展 ... 3
- 第二节 电子商务基础知识 ... 21
- 第三节 我国电子商务发展中存在的问题及其趋势 ... 26
- 本章小结 ... 29
- 自测题 ... 29

## 第二章 电子商务技术基础 ... 31
- 第一节 计算机网络技术 ... 32
- 第二节 网络信息资源管理及检索技术 ... 44
- 第三节 EDI 技术 ... 49
- 第四节 网页技术 ... 56
- 第五节 数据库技术 ... 62
- 第六节 电子商务安全技术 ... 69
- 第七节 物联网技术 ... 79
- 本章小结 ... 85
- 自测题 ... 85

## 第三章 电子商务支付 ... 88
- 第一节 电子支付概述 ... 89
- 第二节 电子支付工具 ... 92
- 第三节 网络银行 ... 99
- 第四节 移动支付 ... 104
- 本章小结 ... 110
- 自测题 ... 110

## 第四章 电子商务物流管理 ... 111
- 第一节 物流 ... 112
- 第二节 电子商务环境下的物流 ... 116
- 第三节 电子商务物流典型应用 ... 128
- 本章小结 ... 132
- 自测题 ... 132

## 第五章 客户关系管理 ... 136
- 第一节 客户关系管理的产生及含义 ... 137
- 第二节 客户关系管理系统的类型 ... 141

第三节　客户关系管理模型——IDIC 模型 ………………………………… 143
第四节　客户满意与客户忠诚 ……………………………………………… 145
第五节　客户流失管理 ……………………………………………………… 150
本章小结 ……………………………………………………………………… 153
自测题 ………………………………………………………………………… 153

## 第六章　网络营销 ……………………………………………………………… 155
第一节　网络营销概述 ……………………………………………………… 156
第二节　网络消费者行为分析 ……………………………………………… 164
第三节　网络营销策略 ……………………………………………………… 168
第四节　网络营销工具与方法 ……………………………………………… 177
本章小结 ……………………………………………………………………… 182
自测题 ………………………………………………………………………… 182

## 第七章　电子商务与供应链管理 ……………………………………………… 184
第一节　供应链概述 ………………………………………………………… 185
第二节　供应链管理概述 …………………………………………………… 191
第三节　电子商务与供应链管理 …………………………………………… 194
本章小结 ……………………………………………………………………… 202
自测题 ………………………………………………………………………… 203

## 第八章　移动电子商务 ………………………………………………………… 205
第一节　移动电子商务概述 ………………………………………………… 206
第二节　移动电子商务技术基础 …………………………………………… 210
第三节　移动电子商务的应用模式 ………………………………………… 217
第四节　移动电子商务的市场 ……………………………………………… 221
本章小结 ……………………………………………………………………… 224
自测题 ………………………………………………………………………… 225

## 第九章　跨境电子商务及应用 ………………………………………………… 226
第一节　跨境电子商务概述 ………………………………………………… 228
第二节　跨境电子商务应用 ………………………………………………… 231
第三节　跨境电子商务的现状及趋势 ……………………………………… 237
本章小结 ……………………………………………………………………… 243
自测题 ………………………………………………………………………… 243

## 第十章　企业电子商务的规划与实施 ………………………………………… 244
第一节　企业电子商务体系 ………………………………………………… 246
第二节　企业电子商务规划 ………………………………………………… 254
第三节　企业电子商务实施 ………………………………………………… 264
本章小结 ……………………………………………………………………… 271
自测题 ………………………………………………………………………… 272

## 第十一章　电子商务法律法规 ………………………………………………… 273
第一节　电子商务法概述 …………………………………………………… 274

第二节　全球电子商务立法概况 276
   本章小结 279
   自测题 279
**参考文献** 281

# 第一章　电子商务概述

【学习目标】

通过本章的学习，应该掌握电子商务的定义和特点、分类，从本质上认识电子商务。应该了解电子商务的产生和发展，认识电子商务产生的必然性。最后，还应该了解我国电子商务发展中存在的问题和发展趋势。

【导读案例·思政结合】

## 解析"盒马鲜生"新零售商业模式背后的秘密

随着GDP和人均可支配收入的不断提升，零售业态也在进化中。

从最早期的邮购、农村流行的赶集，到大卖场形态、百货店模式崛起，接下来品类专门店开始蚕食百货，购物中心全面升级，最后B2C电商给予百货致命一击……零售形态在不断地自我迭代和进化。

纵观国际上的零售业态，也正在发生很多新兴的变革，总体上的特点是零售业态大融合，各种模式混合在一起，形成了多功能、多目的、多流量的全新零售物种。

传统超市的动线设计就是为了增加顾客在门店的停留时间，接触更多的商品，相应的O2O店内分拣效率就非常低。而且生鲜运营的最大难点是物流成本高、损耗率高。采购共享、仓储系统共享、客流订单共享是降低成本的主要手段。

在生鲜电商兴起之时，烧掉巨大的资金投入后却毫无效果，单纯的生鲜B2C电商模式已被证明是不可行的。一方面，冷链物流成本很高，像牛奶、蔬菜、面包、水果这些居民日常高频消费的低价、短保质期的商品，B2C生鲜电商很难做，因为流量成本非常高，客单价低，很难覆盖物流成本，这是这个商业模式天然的缺陷。另一方面，B2C生鲜电商短保质期的商品损耗无法有效控制，导致最后品类越做越窄，只能卖一些高价商品，而无法解决消费群体日常消费的痛点。因此，新零售的原始模型——"盒马鲜生"，从出生开始，基因里面就有一种设计思维——致力于解决B2C生鲜电商的核心问题。

盒马鲜生像一家超市，但在这个4 000 m²的购物场景中，还设置了占地面积40%左右的餐饮体验区，可以生熟联动。

表面上看盒马鲜生是一家门店，但门店后面还"隐藏"了一个物流配送中心在支持线上销售。其核心逻辑是"仓店一体",既是一个门店,也是一个仓库。

所以毫无疑问,这是一家线下的物理门店,但是实时更新的电子价签保证了与线上价格统一,透露出这是一家有着强烈互联网基因的企业。

门店内的餐饮区可以给消费者增加到店的体验感,消费者产生信任后,门店又能将多数快消品类通过App实现线上销售。所以,新零售就是看上去似像非像却从来没见过的商业形态。

2016年1月,自营生鲜类商超、支付宝会员店盒马鲜生在上海金桥广场开设了第一家门店,面积达4 500 m²,很快实现了年平效5万元。经过2年多的发展,上海的门店数量迅速增加,并已经扩张至宁波、北京、深圳等城市。

新零售的核心在于线上线下融合,更好地解决了消费者的痛点,并以此来构建新的商业体系。因为无论对新零售做出怎样的定义,不可回避的一点是,新零售面向的目标群体是"80后""90后",他们身上展现出的是不同于上一代人的生活场景,这一点又决定了他们的消费习性。

比如做饭已经不再是"80后""90后"群体每天的必做事项,因此提供给他们的生鲜食品就应该是小包装,新鲜方便、便于烹饪、一次性消费完。

盒马鲜生设计的关键业绩指标有三条:

(1) 线上销售单数一定要超过线下单数,因为再造一家传统超市是没有意义的;

(2) 3 km内的线上订单量要实现每天5 000单以上;

(3) 线下要为线上引流。

这家以"吃"品类为主的全渠道体验店,实现了线上和线下的双向流量整合。物流仓储作业前置到门店,与门店共享库存和物流基础设施,店内部署了自动化物流设备,可进行自动分拣,效率极高,基本能达到3 km内30分钟送达的及时配送承诺。

盒马鲜生顶层设计的目标之一就是降低配送到家的冷链物流成本,提供生鲜全品类的商品服务。

盒马鲜生门店的上方铺设了全自动悬挂链物流系统,这样能够第一时间分拣店中陈列的商品,快速送到后场出货。门店的后场更是一个交织的传送系统,传送线上的保温袋在各自的轨道上行进,把会员线上选购的商品传送到集中的分拣台进行统一配送。门店里有冷藏库、冰库等冷链,以切实践行"新鲜每一刻"的品牌理念。

盒马鲜生有3 000多种商品,包括肉类、水产、水果、南北干货、米面油粮、烘焙、熟食、烧烤以及日式料理等。为了配合精品超市的定位,店内还设有精品百货、鲜花等商品区,以满足人们的生活需求。

体验为王,餐饮是最好的低成本流量入口。餐饮是一个天然的社交场景,为了得到好的餐饮体验,消费者会去门店消费。在体验方面,盒马鲜生借鉴了意大利的Eataly超市和中国台湾上引水产模式。

门店内设有多个餐饮品类和餐饮区,消费者在店内选购了海鲜等食材之后,可以即买即烹,直接加工,现场制作。这个模式不仅深受消费者欢迎,提升了到店客流的转化率和线下体验,而且通过生鲜品类和餐饮制作深度结合,解决了生鲜经营中最难的损耗问题。

"强制"要求消费者下载盒马鲜生App成为一个"撒手锏",到店客户通过绑定支付

> 宝即成为会员，通过支付宝的实名认证信息，盒马鲜生构建了一个更加立体的客户数据库，这使得实体店能够变成大数据。App 主营生鲜、食品配送，基于本地门店发货。
>
> 盒马鲜生通过电子价签等新技术手段，可以保证线上与线下同品同价，通过自动化物流设备保证门店分拣效率，最终实现顾客通过 App 下单后 30 分钟送达。盒马鲜生也在不断完善品类，未来将会在平台上推出 SOS（日常急救）商品频道、C2B 预购频道以及更多的自有品牌。
>
> 新零售是顶层设计，需要一整套零售体系的重构，比如商品规划、服务与体验、物流、支付、信息系统和团队等，这并不是能在短期内模仿的。所以盒马鲜生不是要开一个传统的以销售为导向的线下超市，而是要做到线上、线下一体化运营。统一会员，统一库存，统一价格，统一营销，最终实现双向导流的封闭循环。
>
> 总之，可以将盒马鲜生模式看作阿里提出新零售的基础实验，它是一个不断自我迭代的零售创新进化的超级物种。
>
> 2017 年 3 月，阿里研究院给出了新零售的定义：以消费者体验为中心的数据驱动的泛零售形态。零售的本质是无时无刻为消费者提供超出期望的"内容"。
>
> 按照阿里报告的表述，新零售将区别于以往任何一次零售变革，它将通过数据与商业逻辑的深度结合，真正实现消费方式逆向牵引生产变革，将为传统零售业态插上数据的翅膀，优化资产配置，孵化新型零售物种，重塑价值链，创造高效企业，引领消费升级，催生新型服务商，并形成零售新业态。

分析上述案例，思考并回答以下问题：

（1）以盒马为代表的新零售与传统零售有何区别？与电子商务有什么关系吗？

（2）思政德育思考：电子商务方兴未艾，盒马鲜生等新零售又快速进入并影响着我们的生活，电子商务过时了吗？新零售要代替电子商务了吗？分析电子商务和新零售的本质，分析它们是否有本质区别及二者之间关系，思考并深刻理解"如果自主创新能力上不去，一味靠技术引进，就永远难以摆脱技术落后的局面。一个没有创新能力的民族，难以屹立于世界先进民族之林。""创新是一个民族进步的灵魂，是一个国家兴旺发达的不竭动力，也是中华民族最深沉的民族禀赋。在激烈的国际竞争中，唯创新者进，唯创新者强，唯创新者胜。"

## 第一节　电子商务的产生与发展

电子商务是 IT 技术与商务运行结合而产生的一种新型的商务交易过程，是 21 世纪市场经济商务运行的主要模式，也是新经济下的一种有发展潜力的主要经济方式。从某种意义上讲，它是在 20 世纪末高科技背景条件下，发展建立的新型生产关系过程中所必然形成和产生的一种新的经济模式。

电子商务简单来讲就是利用先进的电子技术进行商务活动的总称，它是通过网络和信息传递的其他方式和手段，使用先进的信息处理工具，将买卖双方的商务、产品、销售、服务等信息，以及电子支付等商务活动，用相互

什么是新经济

认同的交易标准来实现，也就是人们常说的"在网上买东西和卖东西"。

## 一、电子商务的产生背景

信息技术（information technology，简称为 IT，一般是指 20 世纪后半叶发展起来的两项电子技术：集成电路技术和数据网络通信技术）为电子商务的发展奠定了技术基础。20 世纪 40 年代，开始了信息技术革命的新时代，与工业革命相比发展速度更快，对社会生产力和人类工作、生活方式的影响也都更为深入和广泛。1946 年美国宾夕法尼亚大学研制成了世界上第一台可运行程序的电子计算机，使用了 18 800 多个电子管，5 000 个继电器，重达 30 余吨，占地 170 m²，但每秒仅处理 5 000 条指令，制造成本则达到几百万美元。1971 年，英特尔公司将相当于当年 12 台计算机的处理能力集成到了一片 12 毫米的芯片上，而价格却只有 200 美元。电子计算机诞生至今，由于构成其基本部件的电子器件发生了重大的技术革命，它得到了突飞猛进的发展，突出表现为计算机的体积越来越小，而速度越来越快，成本却越来越低。回顾电子器件的变化过程，计算机经历了电子管到晶体管作为逻辑元件，再从晶体管到小集成电路及至今天采用大集成电路或超大集成电路作为逻辑元件，半导体存储器集成度越来越高，内存容量越来越大，外存储器使用各种类型的软、硬盘和光盘，运算速度每秒可达几亿甚至上百亿次。

1981 年，美国 IBM 公司研制成功了 IBM-PC（personal computer，个人计算机），并迅速发展成为一个系列。微型计算机采用微处理器和半导体存储器，具有体积小、价格低、通用性和适应性方面的能力强、可靠性高等特点（以上计算机发展历史如图 1-1 所示）。随着微型计算机的出现，计算机开始走向千家万户。

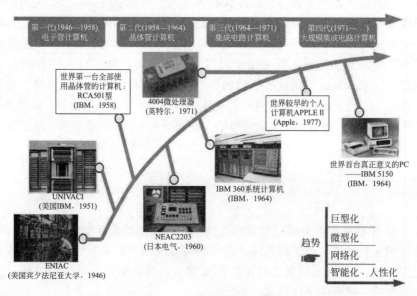

**图 1-1　计算机发展演进图**

20 世纪 60 年代，美国军方最早开发了作为保障战时通信的因特网（Internet）技术，把单个计算机连接起来应用，计算机开始了网络化的进程。进入 20 世纪 70 年代，当时的美国政府和军方出于冷战的需要，设想将分布在美国本土东海岸的四个城市的计算机联系起来，使它成为一个打不烂、拖不垮的网络系统。美国国防部构想的这个系统叫 ARPANET。但当时的计算机厂商们生产的计算机，无论硬件还是软件都不一样，要组成这样的网络，就必须把很多不同的计算机硬件和软件通过某种方式连接起来。于是在 20 世纪 70 年代初出现了一个关于计算机网络互联的共同协议——TCP/IP 协议，这个协议达成之后，ARPANET 取得了比较大的扩展：从美国本土联到了其在欧洲的军事基地。

20 世纪 80 年代初，美国科学基金会发现这种方式非常实用，于是把这几个地区的计算机连接起来，并接进了大学校园，参加因特网技术开发的科研和教育机构逐渐开始利用因特网，这便是今天 Internet 的雏形。20 世纪 90 年代，当因特网技术被发现可以有极其广泛的市场利用价值，而政府无法靠财政提供因特网服务时，美国政府的政策开始转向开放市场，由私人部门主导。1991 年，美国政府解除了禁止私人企业因商业目的进入因特网的禁令，并确定了收费标准和体制，从此商业网成为美国发展最快的因特网络：个人、私人企业和创业投资基金成为美国因特网技术产业化、商业化和市场化的主导力量。

1991 年 9 月，美国田纳西州的民主党参议员戈尔在为参议院起草的一项法案中，首次把作为信息基础设施（national information infrastructure，NII）的全国性光导纤维网络称为"信息高速公路"。美国国家信息基础设施的建成，为人类打开了信息世界之门。美国国家信息基础设施主要由高速电信网络、数据库和先进计算机组成，包括 Internet、有线、无线与卫星通信网以及各种公共与私营网络构成的完整网络通信系统。随着 NII 对公众的开放以及各类网络的联网，个人、组织机构和政府系统都可以利用 NII 进行多媒体通信，各种形式的信息服务也得到了极大的发展。

克林顿在 1992 年入主白宫后，为占领世界信息竞争制高点，重振美国经济，提高美国竞争力，维持美国在世界经济、政治、军事等领域中的霸主地位，适时发布了一系列框架性文件，形成了美国占领全球因特网经济制高点的行动纲领。

1993 年 9 月，美国制定并发布了《国家信息基础设施：行动纲领》的重大战略决策。"国家信息基础设施"是"信息高速公路"的正式名称，其实质是以现代通信和计算机为基础，建设一个以光缆为主干线的覆盖全美国的宽带、高速、智能数据通信网，以此带动美国经济与社会的信息化进程，促进经济的发展。美国的目标是确保其在全球信息基础设施建设的领先地位。

1994 年 9 月，美国在建设本国信息高速公路的基础上，又提出了建立全球信息基础设施（globe information infrastructure，GII）计划的倡议，呼吁各国把光纤通信网络和卫星通信网络连接起来，从而建立下一代通信网络。

1997 年 7 月，发布《全球电子商务框架》，明确美国将主导全球电子商务，制定了五大行动原则：私人部门应作为主导；政府应该避免对电子商务不恰当的限制；当政府需要介入时，它的目标应该是为商务提供并实施一个可预见的、简洁的、前后一贯的法制环境；政府应当认清因特网的独特性质；应当立足于全球发展因特网上的电子商务。在以下几个方面提出了政策建议：关税和税收、电子支付系统、电子商务通则、保护知识产权、隐私权、安全、电信基础设施等。

继 NII、GII 之后，在 1999 年初，美国政府又提出发展"数字地球"的战略构想。这是国际信息领域发展的最新课题，以信息基础设施和空间数据基础为依托的信息化发展的第三步战略。

1999年11月29日,克林顿政府成立电子商务工作组,由商务部领导,主要负责以下两项事务:①识别出可能阻碍电子商务发展的联邦、州或政府法律与管制;②建议如何改进这些法律以利于电子商务的发展。

美国政府的这一系列举措极大地促进了电子商务和网络经济的发展。

可以这么说,电子商务的产生是技术、经济和知识交融在经济领域应用的一个结晶,也是商务活动在发展过程中的必然结果。

**二、电子商务的发展**

(一)国外电子商务的发展阶段

从20世纪60年代开始,可以将国外电子商务的发展划分为四个阶段。

第一阶段:基于EDI的电子商务。

从技术的角度来看,人类利用电子通信的方式进行贸易活动已有几十年的历史了。早在20世纪60年代,人们就开始了用电报报文发送商务文件的工作;70年代人们普遍采用方便、快捷的传真机来替代电报,但是由于传真文件是通过纸面打印来传递和管理信息的,不能将信息直接转入信息系统中,因此人们开始采用EDI(electronic data interchange,电子数据交换)作为企业间电子商务的应用技术,这就是电子商务的雏形。

EDI在20世纪60年代末期产生于美国,当时的贸易商们在使用计算机处理各类商务文件的时候发现,由人工输入到一台计算机中的数据70%是来源于另一台计算机输出的文件,由于过多的人为因素,影响了数据的准确性和工作效率的提高,人们开始尝试在贸易伙伴之间的计算机上使数据能够自动交换,EDI应运而生。

EDI是将业务文件按一个公认的标准从一台计算机传输到另一台计算机的电子传输方法。由于EDI大大减少了纸张票据,因此,人们也形象地称之为"无纸贸易"或"无纸交易"。

从技术上讲,EDI包括硬件与软件两大部分。硬件主要是计算机网络,软件包括计算机软件和EDI标准。

从硬件方面讲,20世纪90年代之前的大多数EDI都不通过Internet,而是通过租用的电脑线在专用网络上实现,这类专用的网络被称为VAN(value-added network,增值网),这样做主要是考虑到安全问题。但随着Internet安全性的日益提高,作为一个费用更低、覆盖面更广、服务更好的系统,其已表现出替代VAN而成为EDI的硬件载体的趋势,因此有人把通过Internet实现的EDI直接叫作Internet EDI。

从软件方面看,EDI所需要的软件主要是将用户数据库系统中的信息,翻译成EDI的标准格式以供传输交换。由于不同行业的企业是根据自己的业务特点来规定数据库的信息格式的,因此,当需要发送EDI文件时,必须把从企业专有数据库中提取的信息翻译成EDI的标准格式才能进行传输,这时就需要相关的EDI软件来帮忙了。

EDI软件主要有以下几种。

(1)转换软件。转换软件可以帮助用户将原有计算机系统的文件,转换成翻译软件能够理解的平面文件(flat file),或是将从翻译软件接收来的平面文件,转换成原计算机系统中的文件。

(2)翻译软件。将平面文件翻译成EDI标准格式,或将接收到的EDI标准格式翻译成平面文件。

（3）通信软件。将 EDI 标准格式的文件外层加上通信信封（envelope），再送到 EDI 系统交换中心的邮箱（mailbox），或由 EDI 系统交换中心将接收到的文件取回。

EDI 软件中除了计算机软件外还包括 EDI 标准。1997 年，国际间实现了用统一的标准进行电子数据交换。

EDI 技术减少了文字工作并提高了自动化水平，从而简化了业务流程。EDI 使企业能够用标准化的电子格式与供应商之间交换商业单证（如订单）。例如，如果将电子数据交换与准时化（JIT）生产相结合，供应商就能将零件直接送到生产现场，节约了企业的存货成本、仓储成本和处理成本。

第二阶段：高速发展的初始阶段。

20 世纪末，基于计算机与通信结合的网络环境的出现，在互联网上从事能产生效益的商务活动，成为经济活动中的热点。基于对发展前景的美好展望，电子商务得到了爆炸式发展。大量的风险投资家涌入电子商务领域，不断有企业宣布从事电子商务，新的电子商务网站不断大量涌现。根据著名咨询公司 CMP Research 在 1998 年初做的一项调查，大约有三分之一的美国企业宣称会在一年内实施其电子商务；而在已经实施了电子商务的企业当中，64% 期望能在一年内收回投资。据另一项调查显示，美国 1997 年 1 月到 6 月间申请商业域名（.COM）的公司从 17 万多个增加到近 42 万个，到 1997 年底，这一数据又翻了一番，可见电子商务的热度达到了白热化。

在当年电子商务的爆炸式发展中，资本市场的投资起到了推波助澜的作用。从 20 世纪 90 年代开始，在 IT 业快速发展的推动下，美国股市连续涨十年，创造了经济奇迹。90 年代中期以后，网络概念股票在美国股市受到青睐。网上图书销售商亚马逊（Amazon.com）的营业收入从 1996 年的 1 580 万美元猛增到 1998 年的 4 亿美元。网络概念股股价节节攀升。以高新技术类上市公司为主的美国 NASDAQ 股票市场，1996 年初的指数点位只有 1 000 点，而 2000 年初该点位已经超过 4 000 点。在财富效应的驱动下，各种资金蜂拥而入以网络为核心的 IT 领域，电子商务经历了其发展初期的爆炸式发展。

第三阶段：调整蓄势阶段。

2000 年初，在投资者的疯狂追捧下，NASDAQ 综合指数接近了 5 000 点大关。此时，IT 业经过十余年的高速发展之后积累的问题开始暴露，电子商务也未能例外。尽管一些电子商务网站的营业收入已经很大，但支出更大，一直不能实现赢利。此外，随着规模的扩大，物流、管理等方面的问题开始突出，如何继续保持高速发展成为问题。

从 2000 年开始，与整个 IT 行业一起，电子商务开始了艰难的调整。股市泡沫开始破灭，NASDAQ 指数在一年的时间内就从 5 000 点跌破至 2 000 点以下。随着资金的撤离，许多依赖资本市场资金投入的网站陷入了困境，不少网站开始清盘倒闭。据不完全统计，超过三分之一的网站消失了。电子商务经历了其发展过程中的寒冬。

第四阶段：复苏稳步发展阶段。

2002 年底，电子商务步入复苏和稳步发展阶段，经历了电子商务发展冬天的严峻考验，生存下来的电子商务网站开始懂得网站的经营必须要务实，首先要在经营上找到可行的、经济的赢利点，有了可贵的磨炼和经营实践，务实的经营理念使这些经营性的网站一反长期亏损局面而出现了赢利。人们看到了希望，电子商务网站的经营实现了突破，开始了又一个春天。电子商务毕竟是具有强大生命力的新生事物，之前短暂的调整并改变不了其上升趋势。

在惨烈的调整之后，从 2002 年底开始复苏，其标志是不断有电子商务企业开始宣布实现赢利。

什么是O2O

目前，电子商务出现了许多新的发展趋势，如与个人手机通信相结合的移动商务、与娱乐和消遣相结合的网上游戏经营、O2O、新零售、社区团购、跨境电商、生鲜电商等都得到了很好的发展。

（二）电子商务在中国的发展

我国的电子商务是在 20 世纪后期伴随着 Internet 的快速发展而发展起来的。

1993 年 12 月 10 日，成立国家经济信息化联席会议。

1994 年 5 月中国人民银行、电子工业部和全球信息基础设施委员会（GIIC）共同组织"北京电子商务国际论坛"，电子商务的概念开始在中国传播。

1996 年 2 月 1 日，国务院第 195 号令《中华人民共和国计算机网络国际联网管理暂行规定》签发，同年 3 月 14 日国家新闻出版署发布《电子出版物管理暂行规定》。

1997 年在苏州召开了第一届中国国际电子商务大会，4 月招商银行成为第一家网上银行，实现网上支付功能，6 月 1 日中国人民银行国家现代化支付工程 CNAPAS 试点工程正式开工，12 月 6 日公安部发布《计算机信息网络国际联网安全保护管理办法》33 号令。

1998 年 3 月 6 日中国第一笔网上交易成功，8 月 31 日公安部与中国人民银行共同颁布《金融机构计算机信息系统安全保护工作暂行规定》。

1999 年 1 月 4 日，信息产业部起草了《国家电子商务发展框架》征求意见草案稿。

2000 年 9 月国务院公布并实施《中华人民共和国互联网条例》《互联网信息管理办法》《中华人民共和国电信条例》，11 月信息产业部颁布了《互联网电子公告服务管理规定》。

2001 年 2 月 16 日中国人民银行行长戴相龙在全国银行卡会议上指出，从 2001 年起，中国将在三年内统一银行卡的业务规范、技术标准和品牌标准，在大中城市实行联网通用，2002 年底前，自动柜员机、销售终端机完成标准化改造，2003 年底前非标准化银行卡完成更换工作。

为了使各商业银行的银行卡联网通用，经中国人民银行批准的、由八十多家国内金融机构共同发起设立的股份制金融机构，中国银联股份有限公司于 2002 年 3 月 26 日成立，总部设在上海。公司采用先进的信息技术与现代公司经营机制，建立和运营全国银行卡跨行信息交换网络，实现银行卡全国范围内的联网通用，推动我国银行卡产业的迅速发展，实现"一卡在手，走遍神州"，乃至"走遍世界"的目标。

为了构建异地、跨行支付的平台，四大国有商业银行都在进行行内信息数据大集中的基础建设。

中国工商银行的数据大集中建设从 1995 年开始，有步骤、按计划地进行。到 1998 年前后，工行实现了业务数据以省为单位的"相对集中"。1999 年 9 月 1 日确定的"9991 工程"，决定将当时的省级数据中心进一步合并为北方中心（北京）和南方中心（上海）。该工程于 2002 年 10 月全面竣工，北京数据中心挂接了北方 21 个省市分行的业务数据，上海数据中心挂接了南方 17 个省市分行的业务数据。2003 年，中国工商银行又实施了南北数据中心 2.5 GHz 带宽的备份工程。本次网络整改工程的目标，则是对上海数据中心进行加固和扩容，将全国 38 个分行全部挂接到上海数据中心。工行发行的银行卡，走遍全国存取款不存在任何技术障碍。

我国电子商务发展与全球电子商务的发展基本同步，虽然我国电子商务的发展也经历了曲折，但是仍然在稳步前进中取得了很大的成绩，甚至还领先其他国家，具体表现在：

（1）电子商务的服务范围不断扩大，几乎涵盖了所有行业。生鲜、旅游、票务、金融、房地产、职业介绍、网上教育、娱乐等网上服务业迅速发展。

（2）网上采购规模增加。政府导向推动了网上采购，财政部还专门建立了中央政府的采购网络，30多个省（直辖市）的政府都设立了自己的采购网络。生产企业的网上采购也迅速发展。

（3）我国的电子政务得到了迅猛发展，有高于电子商务发展的势头，并促使国内网站的数量激增。从2003年起，全国各地的电子政务项目纷纷启动，国家对电子政务的投入也迅速增加。这些网站几乎无一例外地设有一些便民服务的政府信箱，提高了政府为民服务的形象和功能。

（4）网上金融不断扩张。1996年中国银行在国内设立了网站，成为国内第一家上网的银行，1998年3月，中国银行和世纪互联有限公司首次通过互联网实行资金划拨，成功地完成了银行在互联网上支付的第一笔业务。随着民生银行2014年2月作为我国首家金融机构推出的直销银行以及各种"宝宝类"产品的问世，P2P借贷、财富管理等宣传广告在财经网站、QQ群、微信等平台上铺天盖地包围着普通大众的时候，互联网金融时代来临了。

（5）电子商务的法律法规开始完善。从2003年2月1日起，《广东省电子交易条例》正式在该省行政区域内实施，这是中国内地首部有实施意义的地方电子商务法规。2004年8月28日十届全国人大常委会第十一次会议表决通过了电子签名法。这部法律规定，可靠的电子签名与手写签名或者盖章具有同等的法律效力。电子签名法的通过，标志着我国首部"真正意义上的信息化法律"已正式诞生，这使电子商务的应用在法律上得到了保障。2018年8月31日，全国人大第十三届五次常委会通过了《中华人民共和国电子商务法》，并于2019年1月1日起正式施行。目前，我国其他有关电子商务的法律的制定工作也正在积极稳妥地推进中。

总的来说，我国电子商务潜在的发展空间广阔。根据中国互联网络信息中心（CNNIC）发布的《第48次中国互联网络发展状况统计报告》数据显示，截至2021年6月，我国网民规模为10.11亿，互联网普及率达71.6%。2020年，我国互联网行业在抵御新冠肺炎疫情和疫情常态化防控等方面发挥了积极作用，为我国成为全球唯一实现经济正增长的主要经济体，GDP首度突破百万亿，圆满完成脱贫攻坚任务做出了重要贡献。因此，学习并研究如何发展有中国特色的电子商务，从理论、实践和经济上都具有战略意义。

**【延伸阅读】**

## 中国电子商务发展大事记
### （1997—2021年）

中国的电子商务历经风风雨雨已经走过二十余年时光，从当初的星星之火渐成燎原之势。让我们仔细回顾一下中国电子商务发展过程中的点滴。

一、萌芽与酝酿期（1997—1999年）

1997年，中国化工信息网正式在互联网上提供服务，开拓了网络化工的先河，是全国第一个介入行业网站服务的国有机构。

1997年12月，中国化工网（英文版）上线，成为国内第一家垂直B2B电子商务商业网站。

1998年10月，美商网（又名"相逢中国"）获多家美国知名VC千万美元投资，是最早进入中国B2B电子商务市场的海外网站，首开全球B2B电子商务先河。

1998年12月，阿里巴巴正式在开曼群岛注册成立，1999年3月其子公司阿里巴巴中国在我国杭州创建，同年6月在开曼群岛注册阿里巴巴集团。

1999年8月，邵亦波创办国内首家C2C电子商务平台"易趣网"。

1999年5月，"中国电子商务第一人"王峻涛创办"8848"涉水电子商务，并在当年融资260万美元，标志着国内第一家B2C电子商务网站诞生。

1999年6月，《数字化经济》一书在8848首发，成为中国网上首发图书第一例。

1999年9月6日，中国国际电子商务应用博览会在北京举行，这是中国第一次全面推出的电子商务技术与应用成果大型汇报会。

1999年9月，招商银行率先在国内全面启动"一网通"网上银行服务，建立了由网上企业银行、网上个人银行、网上支付、网上证券及网上商城为核心的网络银行服务体系，并经央行批准成为国内首家开展网上个人银行业务的商业银行。

1999年12月，建设银行在北京宣布推出网上支付业务，成为国内首家开通网银的国有银行。

1999年，中国网库推出"中国网络黄页"，并在全国各地开通了地方114网，并以各地114网为基础为企业提供网络信息化应用等全套服务。

二、冰冻与调整期（2000—2002年）

2000年新年、春节前后的旺季，中国B2C电子商务迎来的第一个节日网购销售高峰。

2000年5月，卓越网成立，为我国早期B2C网站之一。

2000年6月21日，中国电子商务协会正式成立。

2000年12月，阿里巴巴在1999年10月获高盛等500万美元天使投资的基础上，获日本软银等境外财团联合投资2 500万美元，由此开始奠定阿里巴巴电子商务王国的基础。

2001年7月9日，中国人民银行颁布《网上银行业务管理暂行办法》。

2001年10月，中国化工网成功打赢"中国入世跨国知识产权第一案"，捍卫了对全球化工顶级域名chemnet.com的所有权，成为我国互联网领域知识产权官司的标本。

2001年11月，中国电子政务应用示范工程通过论证，这标志着中国向"电子政府"迈出了重要一步。

2002年3月，全球最大网络交易平台eBay以3 000万美元的价格，购入易趣网33%股份。

2002年7月3日召开的国家信息化领导小组第二次会议，审议通过了《国民经济和社会发展第十个五年计划信息化重点专项规划》《关于我国电子政务建设的指导意见》《振兴软件产业行动纲要》。

2002年9月，王峻涛创办6688电子商务网站，二度进军B2C网上商城。

### 三、复苏与回暖期（2003—2005年）

2003年5月，"非典"给电子商务带来了意外的发展机遇，各B2B、B2C电子商务网站会员数量迅速增加，并且部分实现盈利，C2C也由此酝酿变局。

2003年5月，阿里巴巴集团投资1亿元人民币成立淘宝网，进军C2C；随后几年内，渐改变国内C2C市场格局，而网购理念与网民网购消费习惯也进一步得到普及。

2003年6月，eBay以1.5亿美元收购易趣剩余67%股份，国内最大C2C企业由此被外资全盘并购。

2003年10月，阿里巴巴推出"支付宝"，致力于为网络交易用户提供基于第三方担保的在线支付服务，正式进军电子支付领域。

2003年12月，慧聪网（08292-HK）香港创业板上市，为国内B2B电子商务首家上市公司。

2004年，阿里巴巴集团与英特尔合作建设中国首个手机电子商务平台。

2004年1月，阿里巴巴集团董事局主席马云正式提出"网商"概念。

2004年1月8日，中国电子商务"先驱"8848在北京"复出"回到电子商务领域，转型专注做"中国电子商务引擎"。

2004年6月，"第一届网商大会"在杭州举办。

2004年8月，亚马逊以7 500万美元协议收购卓越网，并更名为卓越亚马逊。

2004年8月28日，十届全国人大常委会第十一次会议表决通过了《中华人民共和国电子签名法》，于2005年4月1日起施行。2004年底，由温家宝总理主持的信息化领导小组第四次会议，通过了《关于加快电子商务发展的若干意见》。

2005年2月，支付宝推出保障用户利益的"全额赔付"制度，开国内电子支付的先河；当年7月又推出"你敢用，我敢赔"的支盟计划。

2005年4月1日，《电子签名法》正式施行，奠定了电子商务市场良好发展态势的基础，也是中国信息化领域的第一部法律。

2005年4月18日，中国电子商务协会政策法律委员会组织有关企业起草的《网上交易平台服务自律规范》正式对外发布。

2005年8月，阿里巴巴并购雅虎中国全部资产，同时得到雅虎10亿美元投资，雅虎则拥有40%股份，由此成为阿里巴巴最大控股股东。

2005年9月12日，腾讯依托QQ逾5.9亿的庞大用户推出"拍拍网"，C2C三足鼎立格局逐渐形成。

2005年10月26日，中国人民银行出台《电子支付指引（第一号）》，全面针对电子支付中的规范、安全、技术措施、责任承担等进行了规定。

### 四、崛起与高速发展期（2006—2007年）

2006年3月，"第一届中小企业电子商务应用发展大会"在北京举行。

2006年6月，商务部公布了《中华人民共和国商务部关于网上交易的指导意见》（征求意见稿）。

2006年10月，慧聪网与分众无线联手推出国内首个无线B2B平台。

2006年12月15日，电子商务领军企业网盛科技（002095，SZ）登陆深圳中小企业板，标志着A股"中国互联网第一股"诞生，由此改变了十年来我国互联网产业与资本市场无一境内上市公司的尴尬历史。

2007年3月6日，商务部发布了《关于网上交易的指导意见（暂行）》。

2007年4月，PPG共获得5 000万美元的国际风险投资，这种无店铺、无渠道的B2C新型电子商务直销模式，表明传统产业与电子商务的进一步融合。

2007年4月，网盛科技宣布正式推出"基于行业网站联盟的B2B门户与搜索平台"——"生意宝"（Toocle.cn），首开由垂直B2B转型综合B2B之先河，国内综合B2B市场由此渐跨入多元化良性竞争阶段。

2007年6月1日，国家发改委、国务院信息化工作办公室联合发布我国首部电子商务发展规划——《电子商务发展"十一五"规划》，首次在国家政策层面确立了发展电子商务的战略和任务，这是我国第一个国家级的电子商务发展规划。

2007年6月，我国行业网站首例并购案宣告完成，网盛科技斥资1 000万51%控股并购中国服装网（efu.com.cn），由此揭开了我国行业网站整合大幕。

2007年6月，"中国行业网站投资与发展高峰论坛"在杭州举行，这是我国行业网站与资本的首次大规模对接。

2007年7月，金算盘推出国内第一个面向中小企业用户的全程电子商务平台。

2007年8月，今日资本向京东商城投资1 000万美元，开启国内家电3C网购新时代。

2007年11月6日，在开曼群岛注册成立的阿里巴巴网络有限公司（1688-HK）成功在香港主板上市，融资16.9亿美元，创全球互联网企业融资额第二大纪录。

2007年12月17日，国家商务信息化主管部门商务部，公布了《商务部关于促进电子商务规范发展的意见》。

五、转型与升级期（2008—2009年）

2008年4月24日，商务部起草了《电子商务模式规范》和《网络购物服务规范》。

2008年5月，易趣网宣布用户网上开店将获终身免费，免费项目涵盖店铺费、商品登录费、店铺使用费等传统项目费用，C2C市场竞争加剧。

2008年起，为应对国际金融危机对经济的影响，我国各地方政府纷纷出台政策，通过切实的财政扶持等手段，普及中小企业电子商务的应用，其中杭州、浙江、南京、江苏、广州、广东、上海、成都、四川等省市走在了全国前列。

2008年7月，北京市工商局公布了"关于贯彻落实《北京市信息化促进条例》加强电子商务监督管理的意见"，规定8月1日起北京地区的网店经营者从事买卖前必须先注册营业执照，否则将被工商部门查处。这是全国首部针对网店的地方性法规。

2008年7月23日，首次以电子商务生态为主题的学术研讨会在古城西安举办。

2008年9月，百度"有啊"宣布上线，淘宝随即屏蔽百度搜索，引发"屏蔽门"事件。

2008年，服装B2C直销热兴起投资热，以VANCL、BONO、衣服网、李宁为行业代表的各类服装网购平台兴起，其在线直销模式逐渐引发了传统服装销售渠道的变革。

2008年12月3日，商务部国际电子商务中心成立移动商务应用实验室。

2008年12月25日,国内首款电子商务公共搜索平台"生意搜"(so.toocle.com)的问世,预示着"电子商务+搜索引擎"大融合的时代到来。

2008年末至2009年初,中国服装B2C模式的创新者和领导者PPG,遭遇资金困境与诚信危机。

2008年,中国电子商务B2B市场交易额达到3万亿元;网购交易额也首次突破千亿元,达到1 500亿元。

2008年底,受国际金融危机产业链的深度蔓延,部分严重依赖外贸中小企业生存的电子商务企业倒闭,其中就包括:老牌电子商务企业万国商业网、上市公司九城关贸下属的沱沱网、慧聪网下属宁波慧聪网等知名外贸B2B电子商务服务企业。

2009年1月,网易"有道"搜索推出国内首个面向普通大众提供购物搜索服务的购物搜索,随后谷歌(中国)也采取市场跟进策略,推出类似搜索产品,这标志着"购物搜索时代"的启幕。

2009年1月,今日资本、雄牛资本等向京东商城联合注资2 100万美元,引发国内家电B2C领域投资热。

2009年2月,慧聪网行业公司获ISO 9001质量管理体系的证书,成为国内首家获得ISO质量管理体系认证的互联网企业。

2009年4月8日,B2B上市公司生意宝宣布"同时在线人数"与"日商机发布量"这两大B2B平台重要指标,双双突破百万大关,参照国内外同行已位居全球领先水平,仅用两年走完了同行近10年的历程,创造了我国B2B乃至电子商务历史上的又一"中国式速度"。

2009年5月1日起,由中国国际经济贸易仲裁委员会颁布的《中国国际经济贸易仲裁委员会网上仲裁规则》正式施行,该规则特别适用于解决电子商务争议。

2009年5月3日,当当网宣布率先实现盈利,平均毛利率达20%,成为当时国内首家实现全面盈利的网上购物企业。

2009年5月,继生意宝推出"生意人脉圈"涉水SNS后,淘宝、阿里巴巴也随之先后推出相应的SNS产品,由此,标志着当前最热门的SNS在我国跨入"电子商务时代"。

2009年6月,宁波市在提出打造"行业网站总部基地"之后,又宣布打造"电子服务之都"的目标。

2009年6月,视频网站土豆网、优酷网先后启动将视频技术与淘宝的网购平台相结合,共同提升用户网络购物的真实体验,推出"视频电子商务"应用技术。

2009年6月,"国家队"银联支付与B2C企业当当网签订合作协议,这是银联支付成立七年来,首度进入电子商务支付领域,与在线第三方支付市场领导支付宝形成了正面竞争。

2009年7月24日,淘宝网"诚信自查系统"上线,为C2C历史上规模最大的一次反涉嫌炒作卖家的自查举措。

2009年8月,百度宣布以"X2C"为核心的电子商务战略,并公布"凤鸣计划"。

2009年8月,中国电子商务协会授予金华市为"中国电子商务应用示范城市"。

2009年9月，卓越亚马逊再次推出全场免运费与当当网相持，这是两大行业竞争者十年来首次同时免运费，标志着"免运费"将开始成为B2C行业标准规则。

2009年9月，"首届电子商务与快递物流大会"在杭州休博园召开，其宏观背景是，物流快递行业作为电子商务的支撑产业之一，近几年在第三方电子商务平台的带动下得到了快速发展。

2009年9月，杭州政府发布鼓励电子商务创业优惠政策，杭州市居民在家开网店每月可领200元补贴。

2009年9月，中国电子商务研究中心发布了《1997—2009：中国电子商务十二年调查报告》，该报告是我国电子商务12年来首份较为系统、全面、翔实的第三方调查报告，首度对我国电子商务12年来发生的大事记进行了梳理归类与历史记录。

2009年10月9日，淘宝网单日交易额达到6.26亿元人民币，不仅创造了国内网购交易新纪录，而且这一数据更是紧逼香港特区政府公布的2009年8月香港平均每日零售总额6.44亿元人民币。

2009年10月，旅游搜索引擎"去哪儿"网完成第三轮1 500万美元的风险投资融资。该轮融资由纪源资本（GGV Capital）领投，之前所有投资人包括梅菲尔德风险投资公司（Mayfield Fund）、金沙江创投（GSRVentures）和特纳亚资本（Tenaya Capital）共同参与。

2009年11月，商务部发布《关于加快流通领域电子商务发展的意见》，要求各地商务部门扶持电子商务发展，并提出到"十二五"期末，力争网络购物交易额占我国社会消费品零售总额的比重提高到5%以上。

2009年11月，国内的四家民营快递企业申通、圆通、中通和韵达陆续发布涨价声明，四家企业联手涨价，但是遭到了淘宝上卖家的联合抵制，涨价声明发布三天后，四家企业发布声明与淘宝的合作一切正常，淘宝上卖家快递价格不会涨价，最终以和解收场。

2009年12月，申通"封杀"淘宝，圆通、韵达、中通齐涨价。淘宝、京东商城纷纷自建配送中心。

2009年12月，中国制造网在国内A股市场上市，成为B2B市场中除阿里巴巴、环球资源、网盛生意宝、慧聪网外的第五家上市公司。

六、电子商务新元年（2010年至今）

2010年1月13日，CNNIC发布2009年《中国网络购物市场研究报告》。数据表明，淘宝网的渗透率高达81.5%，远高于其他C2C网站。

2010年，团购网站如雨后春笋般直冒，Groupon成了正式用语而非舶来品。

2010年当所有的B2C网站把秒杀作为吸引消费的必要手段并成为一种时尚时，"汽车秒"作为大宗秒杀在2010年逐渐浮出水面。

2010年12月4日，包括团购在内的电子商务2010年掀起史无前例的高潮。年末消息让人看不清楚是信心还是泡沫——团购网站拉手网，宣布获得第二轮风险投资5 000万美元，其估值超过2亿美元；艰苦奋斗超过十年的当当网在美国成功上市，融资2.72亿美元。

2010年12月8日当当网上市和10月26日麦考林上市，掀起了中国互联网特别是电子商务上市的高潮，做强做大成了国内行业内新的共识。

2010年12月16日，京东当当口水战从图书蔓延至3C领域，双方战火白热化。

2010年金融巨头助力电商，电子商务和金融的结合成为社会发展的新趋势。

2010年我国网购首次超过5 000亿元，电子商务企业数量已达25 000家，网购掀起了全民新的购物方式热潮。

2010年国内B2C红得发紫，受到了风投和众多基金的关注，行业融资10亿元。

2010年，无论是网购超5 000亿元，还是B2C忙于上市和团购网的兴起，B2C成了电子商务新的发展方向。

至2010年，国内1 000多家高校开设电子商务专业与毕业生就业率仅为20%左右的数字对比凸显了电商巨大的人才缺口，而未来十年该行业缺口将达到200万。

2011年5月11日，雅虎递交的SEC文件披露，马云擅自将阿里巴巴集团旗下子公司支付宝的所有权，转移到马云和谢世煌（阿里巴巴创始人之一）控股的一家内资公司（浙江阿里巴巴）。自此，支付宝的控制权之争浮出水面。

2011年10月10日，淘宝商城颁布新政，将技术服务年费从6 000元提高至3万元和6万元两个档次；违约保证金由1万元涨至5万元、10万元、15万元不等，且年内不能缴费签订新一年合同的卖家，将被清退出商城。

2011年11月14日，拉手网原定在美国纳斯达克挂牌交易失利，IPO暂缓。

2012年1月11日上午，淘宝商城正式宣布更名为"天猫"。

2012年3月23日，唯品会登陆美国纽交所上市。

2013年5月28日，阿里联合银泰集团、复星集团、富春集团、顺丰、申通、圆通、中通、韵达组建了"菜鸟网络科技有限公司"，3 000亿豪赌电商未来。

2013年6月17日，余额宝上线。

2013年8月5日，财付通与微信合作推出微信支付。微信支付正式上线。

2014年1月，百度收购糯米团购。

2014年2月10日，阿里巴巴收购高德。

2014年2月19日，腾讯入股大众点评。

2014年4月12日，聚美优品在纽交所挂牌上市。

2014年4月28日，阿里巴巴入股优酷土豆。

2014年5月22日，京东集团在美国纳斯达克正式挂牌上市。

2014年6月11日，阿里巴巴并购UC优视。

2014年6月28日，腾讯入股58同城。

2014年8月29日，腾讯、万达、百度成立万达电商公司进军O2O。

2014年9月19日，阿里巴巴在美国正式上市。

2015年2月14日，滴滴与快的合并。

2015年4月17日，58同城与赶集合并。

2015年5月22日，携程收购艺龙。

2015年8月17日，苏宁易购入驻天猫。

2015年10月8日，大众点评与美团合并。

2015年10月26日，携程与去哪儿合并。

2016年1月11日,美丽说和蘑菇街正式宣布合并。本次合并将以换股形式完成,推行单CEO制,由陈琪继续担任CEO带领新公司发展。

2016年2月17日,聚美优品宣布收到每份ADS7美元的私有化报价;麦考林4月14日发布公告称,公司在外流通股将被完全收购,以此完成私有化,并从纳斯达克退市;当当网5月31日宣布,就私有化达成最终合并协议。

2016年6月21日,京东沃尔玛宣布达成深度战略合作,京东向沃尔玛发行近1.45亿股A类普通股,获得1号店第三方平台1号商城的主要资产。

2016年10月13日,在杭州云栖大会上,阿里巴巴集团董事局主席马云认为,"电子商务"这个词很快会被淘汰,同时,他正式提出"新零售"概念。

2016年10月28日,卓尔集团同中农网签署协议,将以26亿港币收购中农网60.49%的股权,成为控股股东。

2016年11月15日,商务部发布消息称,为稳妥推进跨境电商零售进口监管模式过渡,本应于2017年5月11日到期的跨境电商零售进口监管过渡期延长至2017年底。之前,经国务院批准,从2016年5月11日起,我国对跨境电商零售进口有关监管要求给予一年的过渡期。

2016年11月24日,支付宝钱包上线了最新版"生活圈",推出了白领日记、校园日记等系列圈子,为了获得打赏,不少白领或者女大学生在生活圈晒自拍,甚至是大尺度私照。29日,蚂蚁金服董事长彭蕾发布内部信表示道歉,同时要求团队做出调整。

2017年1月2日,苏宁宣布42.5亿元收购天天快递全部股份。

2017年2月20日,阿里巴巴集团和百联集团在上海宣布达成战略合作。

2017年2月24日,顺丰在深交所借壳鼎泰新材A股上市,上市公司名称变为顺丰控股,股票代码002352。

2017年4月10日,京东集团创始人刘强东表示,未来五年,京东将在全国开设超过一百万家京东便利店,其中一半在农村。

2017年4月12日,网易旗下原创生活类电商品牌网易严选宣布正式上线,成为国内首个ODM(original design manufacturer)模式的电商品牌。

2017年4月25日,京东物流宣布独立,正式组建物流子集团。

2017年5月15日,唯品会宣布正式分拆互联网金融和重组物流业务,形成电商、金融和物流"三驾马车"格局。

2017年6月1日,因"物流数据接口"问题,顺丰与菜鸟陷入纠纷当中。

2017年7月19日,京东商城突然向平台商户发出通知,将关闭天天快递服务接口。

2017年10月底,京东联手腾讯推出"京腾无界零售",11月中阿里巴巴224亿港币入股高鑫零售,亚马逊也以137亿美元收购全食。新零售大战日益白热化。

2018年1月4日,京东首家线下生鲜超市——7FRESH亦庄大族广场店正式开业。

2018年1月29日,腾讯、京东、苏宁等共投资340亿元收购万达商业14%股份。引入新战略投资者后,万达商业将更名为万达商管集团,1~2年内消化房地产业务,万达商管此后将不再进行房地产开发,成为纯粹的商业管理运营企业,各方将推动万达商管集团尽快上市。

2018年2月14日，京东物流融资25亿美元，投资方包括高瓴资本、红杉中国、招商局集团、腾讯等机构，投资方持股比例为18.6%，京东持股81.4%。本轮融资成为京东物流在自动化、无人机和机器人等领域继续深化的基础。在电商激烈的角逐过程中，物流已然成为京东的护城河，与京东达成战略合作的品牌商除了注重京东的流量外，物流显然更具吸引力。2018年，京东物流不断新增业务，10月18日推出个人快递业务挺进C端快递市场，11月23日进攻物流上线京东快运。

2018年4月2日，阿里巴巴集团联合蚂蚁金服以95亿美元完成对饿了么的全资收购，该笔融资被视为中国互联网历史上最大的单笔收购。6个月后的10月12日，阿里将饿了么和口碑两大业务合并，成立本地生活服务公司。

2018年7月26日，"新电商第一股"拼多多在上海、纽约同时敲钟，正式登陆纳斯达克市场。其发行价19美元，总市值达240亿美元。拼多多的崛起，也掀起了中国电商圈普遍的社交化趋势。

2018年8月31日，中华人民共和国第十三届全国人民代表大会常务委员会第五次会议颁布《中华人民共和国电子商务法》，电商法将于2019年1月1日开始实施。

2018年9月10日上午，阿里巴巴集团创始人马云发出题为"教师节快乐"的公开信，宣布一年后的阿里巴巴20周年之际，即2019年9月10日，他将不再担任集团董事局主席，届时由现任集团CEO张勇接任。

2018年9月20日，成立8年的美团正式在香港上市。同日，海航科技发布公告表示终止收购当当。

2018年11月5日，首届中国国际进口博览会在上海开幕。此次进博会交易额采购按一年计，累计意向成交额578.3亿美元。京东与苏宁进博会期间的订单额均达到千亿元，阿里则计划在未来五年达到全球2 000亿美元进口额，唯品会、网易考拉等众多电商企业同样在争夺场内的商家资源。

2019年1月1日，电子商务法正式施行。对这部旨在维护消费者合法权益、规范电商市场竞争秩序、促进电商行业高质量发展的法律，社会各界高度关注。微商代购、信誉评价、商品搭售、押金退还、快递延期、大数据杀熟等成为关键词。

2019年，苏宁先后完成了对万达百货与家乐福中国的两笔收购：2月收购万达百货37家门店；6月宣布拟出资48亿元收购家乐福中国80%股份，9月正式完成交割。

2019年7月18日，在亚马逊Prime会员日结束后，亚马逊中国零售业务悄然如期关停了与第三方卖家的合作，亚马逊中国网站和App端均已不再销售由第三方提供的商品，实现了与"只做海外购"战略的无缝衔接。

2019年9月6日，网易与阿里巴巴共同宣布达成战略合作，阿里巴巴集团以20亿美元全资收购网易旗下跨境电商平台考拉。在网易考拉纳入阿里阵营后，阿里在跨境电商行业中占据半壁江山，市场份额接近53%，具有绝对的领先优势。

2019年11月25日，亚马逊公司宣布，在拼多多开设一家"快闪店"（临时店铺）。

2019年11月26日，阿里在香港交易所鸣锣上市，开盘价187港元，当晚阿里收盘报187.6港元，港股市值达40 121.61亿港元。

2020年互联网巨头纷纷入局社区团购，抢占新高地。6月，滴滴社区团购品牌橙心优选上线运营；7月初美团宣布成立"优选事业部"，进入社区团购赛道；8月份，深耕下沉市场的拼多多在武汉、南昌等地上线了"多多买菜"，切入社区团购领域；9月份，阿里巴巴集团宣布，盒马事业群组建盒马优选事业部，进入社区团购赛道；10月，苏宁菜场社区团购平台上线；12月11日，京东宣布以7亿美元战略投资兴盛优选。

2020年7月，拼多多上线官方批发采购平台"拼多多批发"。

2020年8月12日，京东工业品宣布完成对工业用品供应链电商公司"工品汇"的收购。京东工业品表示，工品汇作为京东工业品的子品牌也将组成京东企业业务服务工业制造业领域的重要一环。

2020年11月3日晚间，上交所发布公告，因近日蚂蚁集团实控人马云等被监管部门约谈，出现导致公司不符合发行上市条件或者信息披露要求的重大事项，暂缓蚂蚁集团A股科创板上市。随后，蚂蚁集团在港交所发布公告，同时暂缓正在进行的H股上市。

2020年是直播带货元年。随着直播带货的爆火，整个行业多次曝出虚假宣传、产品质量、刷单等问题。11月6日，国家市场监管总局发布《关于加强网络直播营销活动监管的指导意见》。该指导意见主要从三个方面规制网络直播营销活动，包括压实有关主体法律责任、严格规范网络直播营销行为、依法查处网络直播营销违法行为。11月23日，国家新闻出版广电总局印发《关于加强网络秀场直播和电商直播管理的通知》。该通知从直播导向、直播内容与主播管理、平台考核、用户实名制、直播界限等方面对直播行业进行监管和引导。据统计，2020年国家有关部门出台近十份监管文件，随着行业监管的加强，直播电商在经历高光时刻后正逐渐褪去虚假的繁荣。

2020年12月11日，人民日报发表评论表示：掌握着海量数据、先进算法的互联网巨头，理应在科技创新上有更多担当、有更多追求、有更多作为。别只惦记着几捆白菜、几斤水果的流量，科技创新的星辰大海、未来的无限可能性，其实更令人心潮澎湃。

2020年12月22日，市场监管总局约谈阿里、腾讯、京东、美团、拼多多、滴滴等6大互联网巨头；并出台了"九不得"的新规定，可以说是给社区团购戴上了监管的"紧箍咒"。

2020年12月24日，阿里巴巴因涉嫌垄断行为被国家市场监督管理总局立案调查。

2021年1月19日，eBay官方微信公众号宣布将在大中华区推出管理支付服务，旨在进一步推动其交易平台的现代化，同时为客户带来更简化的体验。从2021年4月开始，eBay将为买家提供灵活度更大、选择更多的支付方式，并让卖家更轻松地管理他们的业务。

2021年1月，抖音电商后台功能专区上线"跨境商品"栏目，还发布了适用于跨境商家的"跨境保证金线下打款须知"公告。抖音方面还在《小店平台用户服务协议》全球购服务特别说明中指出，抖音跨境商品会带有"全球购"标识，并提醒消费者购买跨境保税商品需根据相关监管要求，比如不可二次销售、限额、防刷单等。

2021年2月9日，《电子商务企业诚信档案评价规范》（SB/T 11227—2021）行业标准经商务部公告，将于2021年5月1日正式实施。

2021年4月10日，国家市场监管总局作出行政处罚决定，责令阿里巴巴集团停止滥用市场支配地位行为，并处182.28亿元罚款。这一数额刷新了中国反垄断行政处罚纪录。

2021年4月13日，国家市场监管总局会同中央网信办、税务总局召集34家中国互联网公司召开行政指导会，要求充分发挥阿里案的警示作用，各平台限期一个月全面自检自查、逐项彻底整改。

2021年4月26日，国家市场监管总局依法对美团实施"二选一"等涉嫌垄断行为立案调查。

2021年5月28日，京东物流在港交所上市，发行价为40.36港元，募资241.13亿港元。

### 三、电子数据交换（EDI）及发展

（一）EDI 的出现与发展

20世纪60年代，全球贸易额的快速上升带来了各种贸易单证、文件数量的激增，在现代计算机技术和互联网技术的坚实基础上，EDI应运而生。20世纪70年代就有了行业性的EDI系统，集中应用在银行业、运输业和零售业，如当时银行业发展的电子资金汇兑系统（SWIFT）和日本的杂货物流系统（PLANET）。20世纪80年代EDI应用迅速发展，1986年欧洲和北美20多个国家开发了用于行政管理、商业及运输业的EDI国际标准（EDIFACT）。随着增值网的出现和行业标准发展成为通用标准，EDI的应用和跨行业发展大大加快。

目前，EDIFACT标准是全球EDI使用者所遵循的唯一EDI单证国际标准。美国以前所使用ANSIX.12标准已于1997年和EDIFACT标准合二为一。

到目前为止，EDI的发展经历了早期的点对点直接专用方式到基于增值网的间接方式和基于Internet的互联网EDI方式。

（二）EDI——B2B电子商务的一种模式

当Internet出现之后，EDI由原先的使用专用计算机网络过渡到使用Internet，实际上已经成为电子商务的一种形式。可以将使用Internet作为通信环境的EDI看成一种遵守特定标准的B2B电子商务系统，它是企业对企业进行电子商务的重要手段。值得注意的是，即使在Internet上大力发展B2C电子商务模式的今天，企业间的商业文书的往来依然采用让企业感到安全放心的电子数据交换系统。

据资料报道，到1988年，美国企业应用EDI进行商贸活动的达到5 000家，其中包括美国最大的100家企业和65%位居前500家的大企业。

进入20世纪90年代以后，美国EDI应用不断加快，1990年至1994年间应用EDI的公司逐年大幅度增加，平均每年增长达23个百分点，到1998年初，美国应用EDI的企业已超过5万家。近些年，由于互联网上电子商务应用等其他方式的不断发展，美国应用EDI的企业数量增势明显趋缓，使用EDI的用户也开始用Internet来传输EDI文件，采用Internet-Mail和Web-EDI的应用形式。无论电子商务怎样发展，EDI无疑是企业对企业的电子商务活动中主要的一种应用。因为EDI已在应用上出现了使用标准，而且有了较长时期的应用实践和广泛使用的范围，这些也是EDI存在的基础。

（三）我国EDI的发展

我国是1990年正式引入EDI概念，1991年8月23日在国务院电子信息系统推广应用办公室的主持下，成立了"中国促进EDI应用协作小组"。同年9月，中国申请加入了亚洲

UN/EDIFACT（AS/EB），并宣布中国 UN/EDIFACT 委员会（CEC）成立。1992 年 5 月，CEC 在北京召开了"EDI 战略与标准化研讨会"，拟定了《中国 EDI 发展战略与总体规划建议（草案）》。

八五期间，我国 EDI 的应用主要是以行业试点应用为主，如："海关 EDI 通关工程""中化 EDI 财务系统""中国外运海运/空运管理 EDI 系统""配额许可证管理 EDI 系统""中电（中国电子进出口公司）EDI 系统"，通过试点取得推广应用的经验。

进入九五以后，试点的力度加大，取得了可喜的成绩，由交通部承担的国家计委"九五"国家重点攻关项目"国际集装箱运输电子信息传输和运作系统及示范工程"（简称"一线四点"工程）于 1997 年 12 月通过鉴定。它涉及中国远洋运输集团公司和上海、天津、大连、宁波 4 个港口，在"一线四点上"已有 100 多个用户，20 多种 EDI 报文在国际集装箱系统中进入实际运作，大大加快了信息交换的速度，比传统的纸面单证的传递速度效率提高了 20 多倍，并且大大减少了出错率。

与此同时，广东、上海、青岛、大连等城市相继成立了 EDI 中心，提供相应有 EDI 的服务；中国电信也在 13 个城市设立了 EDI 交换中心，以 China EDI 方式对外提供服务。我国的 EDI 应用模式有三种：一是行业应用模式；二是建立城市 EDI 中心模式；三是由邮电通信网为支撑，提供 EDI 增值服务的 China EDI 模式。

（四）EDI 与电子商务

EDI 是企业对企业电子商务模式发展的主要形式，但社会基本认同的电子商务是普通百姓层面上的网上购物概念，而企业的 EDI 离普通百姓太远。因此，一般意义的电子商务，是基于 Internet 的接近百姓生活的电子商务，而这种商务活动是基于互联网的出现而产生的，也就是 B2B 的商务模式。

20 世纪 80 年代后期，美国国家科学基金会（NSF）构架了其骨干计算机网络 NSF Net，这形成了 Internet 的雏形。1991 年，美国政府宣布 Internet 向社会公众开放，允许在 Internet 上开发商业应用系统。1993 年，WWW（world wide web）出现，这是一种具有处理包括数据声音图像在内的超媒体信息的网络系统，并使用超级链接来实现网络上不同信息之间的跳转。WWW 使 Internet 具备了处理多媒体信息的功能，用户的使用更加直观方便。1995 年，Internet 上的商业信息业务量首次超过科教信息业务量，成为基于 Internet 的电子商务大规模起步的标志。

为了适应在 Internet 开展商务活动的需要，1994 年，美国网景公司（Netscape）推出了支持电子商务的 SSL 协议，用以弥补 Internet 使用的 TCP/IP 协议在安全方面的不足（如 TCP/IP 协议难以确定交易双方的身份）。1996 年 2 月，在 IBM、微软等一批技术领先的跨国公司的支持下，VISA 与 MasterCard 两大信用卡国际组织共同发起制定了 SET 协议，借以保障在 Internet 上进行交易的安全。

随着各种条件的具备，20 世纪 90 年代中后期，基于 Internet 的电子商务得到了迅猛的发展，这样 B2C 模式在网上的应用就成为可能。

**四、电子商务的发展环境**

电子商务出现并能被社会广泛认同必须具备良好的发展环境。

首先，要有能够快速信息互动传递的信息处理工具。目前主要使用计算机，未来可能会出现其他工具,如智能手机正作为电子商务前台甚至后台业务处理的替代工具。

其次,要有能在全球范围内执行信息传输的网络环境平台。目前,主要靠互联网实现,光纤、有线、卫星、通信网充当了主要角色,可以预见遍布全球和社会的能传递这种媒介的网络都可以充当这种角色。

再次,必须具备社会认同的支付方式。商业交易是一种价值的交换,要采用合适形式的货币来实现交易,而这种货币可以是虚拟形式的电子货币,而不必须是实物货币。这样信誉度就是一个极为重要的问题。

最后,必须要有为社会各方所认同的信用认证体系及配套体系。在虚拟的电子环境下的交易,信用认证体系必须要构建起来,各种为信用作法律保证的社会体系必须要配套完善和建立,否则没有一种社会安全、仲裁的完善保障体系,电子商务就不可能在全社会有序地运行,也不会为社会所采用和接纳。

## 第二节 电子商务基础知识

### 一、电子商务的定义

电子商务是 20 世纪 90 年代才出现的新生事物。综观近年来对其定义认识和演变,发现各种定义的区别主要体现在电子和商务这两个词的外延和范围上。

电子即电子信息技术,这是一个覆盖范围极广的领域。电子信息技术是现代高新技术的核心,而现代电子技术的核心又是计算机技术和通信技术,计算机网络是计算机技术和通信技术结合的产物,Internet 则是计算机网络技术到目前为止最为重要的应用。可以说,自 20 世纪 90 年代中期以来,Internet 是整个电子技术乃至高新技术中发展最快的领域之一。

由于 Internet 在整个电子技术中的特殊地位,在对电子商务概念的理解中,一般人认为"电子"指的就是 Internet。当然,也有人认为电子商务中的"电子"是以 Internet 为主要工具,同时也包括计算机网络、通信设备(如电话、传真)等电子信息手段。甚至还有人认为,电子商务中的"电子"就是现代高新技术,商务活动中使用到的高新技术手段都可以包括在"电子"一词中。

再来看对"商务"一词的理解。西方学者认为,商务是将社会资源转换为产品和服务,并以盈利为目的向消费者进行销售的有组织的活动。社会资源包括:自然资源、资本、劳动力和企业家。在这一定义中,商务的核心是销售活动。同一般的销售活动相比较,商务活动的规模较大,具有严格的商业协议,并受到相应的法律法规的保护,是一种有组织的活动。

在使用商务这一概念时,实际上也有广义和狭义之分。有人认为,企业的活动都直接或间接地与销售有关,因此除了销售,企业的其他活动也属于商务活动。有人则认为,商务活动只包括企业销售产品和服务的活动。

正是由于有了对"电子"和"商务"的不同理解,一些组织、机构和个人从不同的角度出发,对"电子商务"给出了不同的定义。下面列出一些典型定义。

美国政府在《全球电子商务纲要》中，指出电子商务"是通过 Internet 进行的各项商务活动，包括广告、交易、支付、服务等活动"。显然，在该定义中，对商务活动的定义是很笼统的。

全球信息基础设施委员会（GIIC）电子商务工作委员会报告草案中对电子商务的定义为：电子商务是运用电子通信作为手段的经济活动，通过这种方式人们可以对带有经济价值的产品和服务进行宣传、购买和结算。

联合国国际贸易程序简化工作组对电子商务的定义为：采用电子形式开展商务活动，它包括在线供应商、客户、政府及其参与方之间通过任何电子工具，如 EDI、Web 技术、电子邮件等共享非结构或结构化商务信息，并管理和完成在商务活动、管理活动和消费活动中的各种交易。

IBM 公司对电子商务的理解是，电子商务是在 Internet 的广阔联系与传统信息技术系统的丰富资源相结合的背景下，应运而生的一种在互联网上展开的互相关联的动态商务活动。电子商务又有广义和狭义之分。狭义的电子商务称作电子交易，主要是指利用 Internet 提供的通信手段在网上进行的交易。而广义的电子商务是包括电子交易在内的，利用 Internet 进行的全面的商业活动，如市场调查分析、财务核算、生产计划安排、客户联系、物资调配等。

从上面的各种定义中可以看到，由于人们对"电子"和"商务"两词有不同的理解，因此对"电子商务"的理解也不同。从外延来看，广义的概念把电子商务定义为利用一切电子手段进行的所有商业活动（包括商务），狭义的概念则认为电子商务是在 Internet 上进行贸易活动。通俗地讲，电子商务是以电子作为载体的商务活动的总称。

这种定义有两层含义，一是电子商务使用电子作为媒介的载体；二是电子商务是一个商务活动。

传统的商务活动在交易过程中使用纸质媒介的载体，如交易合同、文件、凭证、支票、现金等。

从这种角度理解电子商务这个定义可以较方便地把握电子商务的特点和本质。

这里得提一下 E-Commerce（EC）和 E-Business（EB）两个英语单词，许多中文资料把它们统一翻译为电子商务。一般来说，EC 是以商品的买卖为中心，在以 Internet 为平台的商品交换出现之后，西方媒体上最先使用的就是这一词汇，也有人将其译为电子贸易。而 EB 是 IBM 公司在 1997 年率先推出的电子商务概念。IBM 认为，电子商务不仅包括在线的商品交换，还应包括对客户的服务和商业伙伴之间的合作，企业在其按照 Internet 标准构造的企业内部网（Intranet）和企业互联网（Extranet）上从事的业务都包括在 EB 之中。也有人将 EB 翻译为电子业务。还有人认为，EB 包括了 EC，而 EC 是 EB 的精华所在。

事实上，EB 和 EC 是历史的产物，Internet 发展迅速，新名词层出不穷，有时候的发展速度甚至快到连取一个恰当的名称都来不及。因此在英文资料上，许多作者并没有严格区分 EC 和 EB，有时候甚至混用。

本书编者认为，电子商务简单地说就是利用先进的电子信息技术进行商务活动的总称。它是通过各种网络，使用先进的信息处理工具，将买卖双方的商务信息、产品信息、销售信息、服务信息以及电子支付等商务活动，用能够相互认同的交易标准来实现的一个过程。

## 二、电子商务的特点

电子商务是 IT 技术和商务运行结合而产生的一种新型的商务交易过程，是 21 世纪市场经济商务运行的主要模式，也是新经济含义下的主要经济方式。

商务活动包括信息流、物流和资金流的整合。这三种流需要一个"通道"（媒介）来传输。同传统商务所使用的媒介相比较，Internet 在传输信息流和资金流时表现出鲜明的特点，形成了电子商务的主要特点。主要表现如下。

### （一）高效率与多选择性

作为一种电子通信手段，同邮政通信相比较，Internet 的信息传输速率极快，传输的信息量也很大。由于采用了分组交换技术，极大地提高了网络的使用效率，同电话、传真等电子通信手段相比较，使用 Internet 来传输信息的费用很低。而且，Internet 上的 Web 站点能够在无人值守的情况下 24 小时运行。

正是由于 Internet 在传输信息时的高速度和低成本，使电子商务具有高效率的特点，它充分体现在时间上和成本上。

从时间上看，通过 Internet，商务活动中需要的信息流能够高速度地传输，无论是买卖双方的信息交换，还是企业内部的信息传递。电子商务的应用无疑提高了商业活动的时间效率。此外，计算机能够在无人值守的情况下工作，使得电子商务能够尽可能地摆脱时间的限制。

从成本上看，由于使用 Internet 来传输信息的成本很低，电子商务降低了商务活动的成本。例如，用电子邮件来代替信函往来，无疑可以节省企业的办公费用。

### （二）商业全球化

与电视、报纸等媒介不一样，在 Internet 中，计算机与计算机之间、客户机与服务器之间能够方便地实现信息的双向传输，从而实现信息的快速交换。这就是电子商务的虚拟性，它将传统商务实体市场的地域性改为网上虚拟环境的全球性，因此，从理论上电子商务的市场是商业全球化的大市场。

在目前的 Internet 中，使用 WWW 技术，能够传输包括文字、声音和图像在内的多媒体信息，使得非面对面的电子商务与现实商务之间的感觉越来越接近。

Internet 是一个覆盖全球的网络，只要是通电话的地方，就能够实现上网。这样一来，从理论上讲，一家企业如果开展了电子商务，就能够通过 Internet 向世界上任何一个地方的客户提供非面对面的服务，从而摆脱了地点的限制，进入全球市场。

当然，电子商务的虚拟性也会带来相应的问题，主要是由于非面对面交易而产生的网上诈骗、抵赖等行为，这就给电子商务技术上的保障提出了研发要求。

### （三）支付方式网上数字化

同传统商务一样，电子商务过程中也涉及资金支付问题，但是这种支付是在网络环境中进行，传递的是数字化资金信息。

随着金融电子化的发展，电子商务中买卖双方的结算行为可以通过 Internet 来方便、高效地进行，这就是网上支付。网上支付需要有银行的参与。在网上支付行为中，买卖双方的资金结算实际上是彼此开户银行账户上资金的增减，它传递的是支付的指令信息而不是传统商务交易中的实体货币。买卖双方与各自开户银行之间的联系是通过 Internet 和银行的专用网共同参与进行的,而银行与银行之间的资金清算却是通过银行内的专用计算机网络进行的。

在网上支付中,各种资金信息都是通过计算机网络进行的,这就对网络安全提出了很高的要求。由于金融电子化还有待进一步发展,目前许多电子商务活动中还保留了一些传统的支付方式作为补充,如货到付款、邮局汇款等。

(四)交易方便快捷性

在电子商务的交易过程中,除物流配送环节外,其他都在网络环境中进行。理论上交易信息和资金信息的传递都以光速传送,在一瞬间就将售前、售中的商务过程完成,具有方便快捷的特点。而且,还可以在网上提供个性化的售后服务。

(五)消费者个性化需求

消费者个性化的信息大量地储存在计算机数据库中,通过数据挖掘技术,商家可以提取消费者的个性化需求并且加以满足。

(六)低成本渗透

电子商务在网络环境下减少了交易过程中的很多环节,在时间上和空间上节省了交易成本,从经济上实现价值的增值,成为普遍采用的商务模式。

## 三、电子商务的分类

(一)按参与交易的对象分类

(1)企业与消费者之间的电子商务(business to customer,B2C)。这是消费者利用因特网直接参与经济活动的形式,类同于商业电子化的零售商务。随着万维网(WWW)的出现,网上销售迅速发展起来。目前,在因特网上有各种类型的虚拟商店和虚拟企业,提供各种与商品销售有关的服务。通过网上商店买卖的商品可以是实体化的,如书籍、鲜花、服装、电视等;也可以是数字化的,如新闻、音乐、电影、数据库、软件及各类基于知识的商品;还有提供的各类服务,有安排旅游、在线医疗诊断和远程教育等。

(2)企业与企业之间的电子商务(business to business,B2B)。这是电子商务最受企业重视的一种形式,目前在电子商务交易额中所占的比重也最大。企业可以使用 Internet 或其他网络对每笔交易寻找最佳合作伙伴,完成从订购到结算的全部交易行为,包括向供应商订货、签约、接受发票和使用电子资金转移、信用证、银行托收等方式进行付款,以及在商贸过程中发生的其他问题如索赔、商品发送管理和运输跟踪等。企业对企业的电子商务经营额大,所需的各种硬软件环境较复杂,但在 EDI 商务成功的基础上这种模式发展得很快。

(3)企业与政府方面的电子商务(business to government,B2G)。这种商务活动覆盖企业与政府组织间的各项事务。如企业与政府之间进行的各种手续的报批,政府通过因特网发布采购清单、企业以电子化方式响应;政府在网上以电子交换方式来完成对企业和电子交易的征税等,这成为政府机关政务公开的手段和方法。

(4)消费者之间的电子商务(customer to customer,C2C)。这种形式主要是消费者之间的二手货买卖,随着技术的进步,C2C 会获得大力发展。

(5)政府与公众之间的电子商务(government to citizen,G2C)。这种电子商务是指政府通过电子网络系统为公民提供的各种服务,有的学者将这种电子商务归为电子政务范畴。与

G2B 模式一样，G2C 模式的着眼点同样是强调政府的对外公共服务功能，所不同的是前者针对企业，后者的服务对象是社会公众特别是公众个人。G2C 模式的服务范围很广泛，主要有：网上发布政府的方针、政策及重要信息，介绍政府机构的设置、职能、沟通方式，提供交互式咨询服务、教育培训服务、行政事务审批、就业指导等。

（二）按交易的商品形式分类

（1）间接电子商务。电子商务涉及商品是有形货物的电子订货，如鲜花、书籍、食品、汽车等，交易的商品需要通过传统的渠道如邮政业的服务和商业快递服务来完成送货，此类电子商务属于间接电子商务。间接电子商务要依靠运输系统等外部要素。

（2）直接电子商务。电子商务涉及商品是无形的货物和服务，如计算机软件、娱乐内容的联机订购、付款和交付，或者是全球规模的信息服务，这类电子商务属于直接电子商务。直接电子商务能使双方越过地理界线交易，充分挖掘全球市场的潜力。目前我国很多信息服务类网站都属于这一类，但这还不是真正意义上的直接电子商务，因为很多属于免费的服务性质，还没有发展到经济意义上的收费。

（三）按照交易的地理范围分类

（1）本地电子商务。通常是指利用本地区的局部信息网络实现的电子商务活动，电子交易的范围较小。例如，社区电子商务就属于此类。电子商务的发展有一定的基本条件，条件成熟了才有发展的可能，这与经济的发展水平有直接联系。发展社区的电子商务是我国电子商务发展的一个方向。

本地电子商务系统是开展全国和全球电子商务的基础系统，建立和完善本地电子商务信息系统是最终实现全球电子商务的一种途径。

（2）区域电子商务。是指在本国范围内进行的网上电子交易活动，其交易的地域范围较大，对软硬件和技术要求较高，要求在全国范围内实现商业电子化、自动化，实现金融电子化，交易各方具备一定的电子商务知识、经济能力和技术能力，并具有一定的管理水平和能力等。

（3）全球电子商务。是指在全世界范围内进行的电子交易活动，参加电子商务的交易各方通过网络进行贸易活动。它涉及有关交易各方的相关系统，如买卖方国家进出口公司系统、海关系统、银行金融系统、税务系统、保险系统等。

（四）按资金支付的方式分类

（1）完全的电子商务。即电子商务交易能在网上进行资金支付。资金流加入网上商务环节中，减少了中间环节，提高了效益。这也是电子商务发展中较高级的环节。

（2）非完全的电子商务。是指只有交易的前期环节在网上进行，即商品的选购，信息的查询、谈判、下单等在网上进行，而没有资金支付环节加入的电子商务。

四、电子商务的实现

信息流、物流和资金流是实现电子商务的三个环节，而三流的整合形式，也是决定电子商务模式的基础，即信息服务、交易和支付。主要内容包括：电子商情广告，电子选购和交易、电子交易凭证的交换，电子支付与结算以及售后的网上服务等。

信息流和资金流均可以在网上传递和储存，这正是电子商务不同于传统商务的特点所在，而除了数字商品外的实物商品并不能在网上传递，因此，就必须有一个物流配送体系来完成交易。信息流和资金流传递的快捷和物流运送的差异性决定了电子商务发展模式三流整合的方式，也是电子商务实际运作中是否可行和高效的关键。因此，从三流整合的角度和观点去研究电子商务，是电子商务发展模式研究的基础，也是电子商务实现的关键。有些学者认为电子商务是四流的整合，即增加交易过程管理的商流。经分析不难发现其实商流也是信息流的一种，为简化问题，电子商务的实现归结为三流的整合更恰当。如果不是因为资金流的特殊性，而且带有经济意义上的价值，其实也可以归结为二流的整合，而将资金流归结为一种具有价值的特殊信息流。正因为资金流的传递和储存要具有安全性、不可更改性、不可否认性和完整性，故而单列出来更合理些。

电子商务是商务模式的改变，它不能代替传统企业，仍属于服务领域；电子商务离不开物资的流动，这就需要传统企业的积极参与，特别是配送系统的建立至关重要；资金的网上流动可以通过电子货币及支付工具和支付方式的改变来得以实现。

一般来说，进行电子商务活动主要有以下基本步骤。

（1）信息的收集。通过网络收集商业信息，重点是要到哪里去寻找有用信息。

（2）信息发布及客户支持服务。信息发布和客户支持服务要以网上公司的建设为基础。

（3）宣传与推广。在网上进行电子商务交易，重要就是宣传推广自己的公司，树立良好的企业商业形象，吸引消费者参与，拓展市场和消费群体，这是电子商务交易存在的市场基础。

（4）签订合同。在网上交易双方完成信息的撮合后，双方就可签订电子合同，合同的签订具有法律效力。第十届全国人民代表大会常务委员会第十一次会议于 2004 年 8 月 28 日通过《中华人民共和国电子签名法》，为电子类文件提供了法律保障。

（5）在线交易。资金的流通和账户间资金的划拨，是电子商务在线支付的关键，是实现真正的高效率电子商务的关键。

（6）商品运输与售后服务。交易中的支付环节完成后，必须完成商品的转移并提供相关的售后服务，这就要有完善的物流配送体系的参与和加入，以保证商品即时、完整地送到消费者手里，以提高电子商务的效率。

## 第三节　我国电子商务发展中存在的问题及其趋势

近年来，电子商务呈现出快速增长的势头。电子商务已被列入我国战略性新兴产业的重要组成部分，作为新一代信息技术的分支成为下一阶段信息化建设的重心。电子商务走进拓宽期，进入快车道，用户应用的广度和深度不断延展。电子商务正在走向融合创新的新阶段，成为其他行业价值变现的重要出口。

为此，要明确知道我国电子商务发展过程中存在的问题，采取相应措施促进电子商务的健康发展。与此同时，我们也要有清晰的头脑，根据社会经济所呈现出来的现象特征预测电子商务的发展趋势，这样有利于未雨绸缪地开展相关工作。

一、我国电子商务发展中存在的问题

党的十九大报告指出，我国社会的主要矛盾已经转化为人民日益增长的美好生活需要和不平衡不充分的发展之间的矛盾。我国电子商务取得显著进展，但发展不平衡、不充分问题是制约电子商务高质量发展的主要因素。

1. 发展不平衡问题值得关注

我国经济存在的区域发展不平衡、城乡发展不平衡等问题在电子商务领域也有不同程度的反映。

东强西弱，区域失衡，中西部地区网络零售额较低。据商务部数据显示，2020年东部、中部、西部地区网络零售额占比84.54%、8.37%、5.68%，同比增速10.7%、6.2%、4.1%。在东部地区，广东省、浙江省和上海市三省市网络零售额排名前三，占全国网络零售业比重52.81%，超过一半。东部地区网上零售规模保持显著优势，这种悬殊对比差距短期内并不能得到改变。

另据商务大数据监测，全国大部分省份的网络消费额（当地消费者网上消费额）大于网络零售额（当地市场主体网上销售额），也就是不同程度地存在消费逆差，部分中西部省份的网络消费额是网络零售额的5倍以上。

工强农弱，品类失衡，农产品上行和工业品下行差距较大。近年来，我国农产品电子商务快速发展。商务部大数据监测显示，从2016年到2020年，网络零售交易额从1 586亿元增长至4 158.9亿元，但仅占全国实物商品网上零售额的4.3%。相较于工业品下行，农产品上行仍面临诸多困难和挑战。农村电子商务市场仍处于初级发展阶段，主要问题表现在市场主体发育不充分、物流配送等基础设施滞后、农业生产粗放分散、农产品标准化品牌化程度低、产销信息不对称、人才和资金匮乏等方面。

大数据将给电商发展带来哪些改变

2. 发展不充分问题亟待解决

适合新业态、新模式发展的规制环境有待改善。虽然2019年1月1日《中华人民共和国电子商务法》已正式施行，但在实践中仍显粗放，需不断完善相关条款。近年来，电子商务创新层出不穷，传统监管方式难以适应新业态、新模式发展，制度改革和监管难度较大。

公平竞争秩序和信息安全保护也亟待加强。电子商务企业之间争夺数据、客户，很可能侵害消费者权益、破坏公平竞争市场秩序，网络安全、个人信息保护面临很大挑战，特别是伴随大数据、云计算、人工智能等的快速普及，信息安全形势将愈发严峻。

国际电子商务规则的建设任重道远。各国电子商务相关法律基本都对本国内电子商务交易做出了相应有利于本国的规定，现行的通关、质检、税收、结算、物流、保险等贸易规则多是面向传统大宗国际贸易需求建立的，电子商务国际规则体系滞后于全球电子商务发展进程，包括缺乏统一的国际电子商务贸易流程规则、市场监管及税收政策协作机制不完善、信息安全协同困难等。各国应加强合作，围绕跨境电商发展需求，探讨流程再造、市场治理等方面的国际规则，建立互利共赢的发展模式。

二、我国电子商务发展趋势

目前，我国电商进入了转型升级的发展期，天猫、京东都提出了"新零售"概念，行

区块链带给电子商务的九大改变

什么是"一带一路"?

业巨头也开始了加速融合趋势,强强联合,通过"三网融合"、物联网、大数据、云计算、区块链等创新技术,带动行业创新发展。基于"一带一路"倡议,通过创新发展模式,将国际商贸城、跨域产业园区与网上平台融合,创新国际贸易关系。电商在未来国内外经济交流中具有举足轻重的地位。

对于电子商务未来发展趋势,中国电子商务研究中心从B2B电商、生鲜电商、生活服务电商、跨境电商等领域进行了深入分析。

(一) B2B电商发展趋势

1. 大数据应用

B2B电商平台把累积的数据加以利用,将产生巨大的价值。如通过用户采购交易行为,推荐匹配的上下游合作商,为平台用户带来更多商机。大数据分析可以提供供应链产品价格指数、价格趋势,将有效提升采购交易效率,降低采购成本。而B2B的大数据化第一步就是数据采集渠道的创新,如慧聪网的线下基地和展会形式,免展位费,以实际成交额收取佣金,本质也是希望能监测到线下发生的相关数据。

2. 在线供应链金融服务

相比B2C平台,B2B平台的大宗商品交易将会形成更庞大的现金流,B2B电商平台利用自身数据优势,为供应链上下游企业建立信贷指数,提供贷款等供应链金融服务,将拉动平台交易额,同时盘活平台资金。当前,B2B供应链金融逐渐成为撬动B2B交易的创新支点,供应链金融以电商平台为中心,以真实存在的贸易为依托,通过资金流撬动交易,借交易集成各类仓储加工服务,由综合服务形成数据,再由数据打造低成本风控系统,继而返回支撑降低资金成本,形成交易规模滚动式增长的产业链闭环。

3. B2B生态圈

在信息泛滥的时代,圈层营销成为企业推广的新出路。B2B电商平台联结供应链上下游企业,企业在平台上能快速找到所属的线上产业集群,共享商机。目前,B2B电商从最初简单的信息整合与展示,发展为提供多维度的"生态服务"。逐步完善并优化电商生态圈,B2B电商企业才能不断做大做强,成为未来中国经济发展的中坚力量。

(二) 生鲜电商发展趋势

1. 从产品入手,实现价值杠杆化

在生鲜电商出现之前,消费者只有一个生鲜购物的场景,就是线下。要想把目标客户的消费场景和习惯从线下转移到线上来,按照一般理论,新的模式必须要在服务与质量上实现30%以上的价值提升,甚至更高,否则目标客户不会轻易转变。

2. 从商业模式入手,实现产业一体化

生鲜电商作为一个新的商业模式,需要自己推动供货商转型,专门为电商生产生鲜产品,最主要的就是要做好通路,一头连产地,一头连顾客,通过自己的力量在产地和顾客之间把这个桥梁搭建起来,形成端到端的供应流通体系,进而形成一整套的供应链体系。以往看供应链,多侧重理解为流通,而在生鲜电商时代的供应链,更多体现的是产品能否满足变化的需求,带来持续购买,增加利润,形成品牌,走向良性循环。

### (三) 生活服务电商发展趋势

1. 生活服务电商将进一步打造品质服务

经过前期的市场调整,生活服务 O2O 领域格局逐渐明朗。在未来,品质是众多平台追求的核心,各平台从规模化运营逐渐走向品质化运营。

2. 智能科技将带领生活服务电商实现更好发展

智能终端的普及、LBS 技术的进步以及众多黑科技手段的不断涌现,为生活服务 O2O 行业带来了更好的发展机会,通过高科技手段的加持,平台服务将更加优质,用户体验也会逐渐提升。

### (四) 跨境电商发展趋势

1. 专业化、分工化将成为出口电商未来发展趋势

专业化、分工化是解决出口 B2C 产业链痛点的有效方法,成为行业必然发展趋势。零售业的历次变革都伴随着参与主体的专业化与职能再分工,而出口 B2C 的本质是零售,因此也将呈现这样的发展趋势,如出现专业策划商提供品牌打造方案,专业 IT 商提供电商平台搭建和数据挖掘等技术综合解决方案,专业物流企业提供商品通关、货物运输解决方案等。这些专业化主体可能是行业后进者,但更有可能是目前的行业参与者,在经营 B2C 业务过程中发现自己的专长所在且深耕这一业务环节,培养核心业务壁垒和竞争力。因此,专业化与分工化是该行业发展的必然趋势。

2. 新兴市场将成为 B2C 企业必争之地

目前我国 B2C 企业的目标市场集中在欧美等发达地区,这些地区网购普及率高、基础设施完备,出口规模很容易做大,但是增速趋缓。拉美地区是近年来跨境电商全球增速最快的地区,紧随其后的是亚太、中东和非洲等地区。这些新兴市场的网购普及率逐渐提升、跨境电商政策逐渐放开、消费者购买力提升,这些是我国出口 B2C 行业的利好。

3. 出口电商迎品牌出海大时代,从中国制造走向中国品牌

跨境出口电商不止于中国制造,未来更多是打造中国创造、中国品质、中国品牌。跨境出口电商可以在国内做品牌、客户运营,直接面向欧美终端消费者,叠加中国优质供应链,竞争优势较强。未来是中国品牌出海的时代,也是中国跨境出口电商零售高速成长的时代。

## 本章小结

本章首先回顾电子商务的产生背景,总结电子商务的四个发展阶段,然后分析电子商务的产生环境,并对电子商务的定义进行讨论,对电子商务的特点、分类、实现流程进行分析,最后对目前我国电子商务发展中存在的问题及发展趋势进行探讨。

## 自测题

一、名词解释

电子商务　　EDI　　B2B　　B2C　　C2C

## 二、单项选择题

1. （　　），十届全国人大常委会第十一次会议表决通过了《中华人民共和国电子签名法》。
   A. 2004年8月28日　　　　　　　　B. 1996年8月28日
   C. 2019年1月1日　　　　　　　　D. 2020年1月1日

2. （　　），全国人大第十三届五次常委会通过了《中华人民共和国电子商务法》，并于2019年1月1日起正式施行。
   A. 1996年8月31日　　　　　　　　B. 2018年8月31日
   C. 2008年8月8日　　　　　　　　D. 2018年1月1日

3. （　　）指的是企业与消费者之间的电子商务。
   A. B2C　　　　　B. B2B　　　　　C. C2C　　　　　D. B2G

4. （　　）是指企业与企业之间的电子商务。
   A. B2C　　　　　B. B2B　　　　　C. C2C　　　　　D. B2G

5. （　　）是指企业与政府方面的电子商务。
   A. B2C　　　　　B. B2B　　　　　C. C2C　　　　　D. B2G

6. （　　）是指消费者之间的电子商务。
   A. B2C　　　　　B. B2B　　　　　C. C2C　　　　　D. B2G

7. （　　）是指政府与公众之间的电子商务。
   A. B2C　　　　　B. G2C　　　　　C. C2C　　　　　D. B2G

## 三、简答题

1. 如何理解电子商务概念中的"电子"和"商务"？
2. 用自己上网购物的亲身经历说明目前中国电子商务购物模式中存在哪些主要问题？
3. 试述电子商务的特点。
4. 试述我国电子商务发展中存在的问题及其趋势。

# 第二章　电子商务技术基础

【学习目标】

通过本章学习，读者应当熟悉电子商务领域所涉及的基础技术种类，理解并掌握相关技术的基本概念和特征，明确电子商务技术基础架构和实施步骤，了解电子商务技术领域新的发展趋势和应用，通过实例分析建立电子商务技术基础理论知识体系。

【导读案例·思政结合】

## 华为云助"燃"能源服务

一、能源巨头面临新挑战

中国燃气控股有限公司是国内最大的跨区域综合能源服务商之一，随着业务规模的快速扩张以及客户服务半径的不断延伸，中国燃气面临来自内外的信息技术挑战。

1. 存在信息烟囱的现象

企业内部各种信息系统各自独立，数据通道没有完全打通，管理上存在数据不一致的风险，无法进行精细运营。

2. 用户信息安全需要提升

业务规模扩张，中燃需要同时服务大量企业客户和家庭用户，客户数据安全亟须加强。

3. 需要按业务需求灵活配置资源

业务体量庞大，计算机及通信基础设施投入成本高，计算资源配置不均衡，不能满足业务峰谷变动需求，亟须提高资源配置效率及利用率。

二、联合华为云，为客户提供更强"燃"动力

1. 裸金属服务器 BMS

裸金属服务器（bare metal server）为中燃提供专属的云上物理服务器，为核心数据库、关键应用系统、高性能计算业务提供卓越的计算性能以及数据安全，结合云中资源的弹性优势，灵活申请，按需使用。

2. 数据湖治理中心 DGC

DGC 是数据全生命周期一站式开发运营平台，提供数据集成、数据开发、数据治理、

数据服务、数据可视化等功能，支持行业知识库智能化建设，支持大数据存储、大数据计算分析引擎等数据底座，快速构建数据运营能力。

3. 云容灾解决方案

为中燃提供多云以及跨云的容灾备份能力，满足业务部署、数据保护和管理的综合策略，实现"多云备份，云上容灾"的多重基础保障，有效提高企业业务连续性，保障关键数据安全可靠。

4. 移动 App 解决方案

移动 App 云化方案解决海量终端设备接入、支撑用户高并发、保障用户访问与数据安全、提供业务运行监控及基础云资源监控，增强用户体验，助力业务快速发展。

三、华为云助力中燃"双智"运营

1. 云化基础设施助力未来智能化、智慧化运营

将 CRM、ERP 等业务系统部署在云上，满足未来增值业务创新所需的灵活快速伸缩资源。

2. 更好地响应用户需求，提升服务质量

加速企业内部信息共享和协作，提升员工工作效率和质量，从而为客户提供精细化的服务。

"我们把 CRM、新零售平台等部署在华为云上，最终实现智慧中燃的战略目标。"——中国燃气总裁助理王传忠

资料来源：根据华为云服务解决方案（https：//www.huaweicloud.com/）资料改写。

依据上述资料，思考回答以下问题：

（1）云计算为电子商务带来了哪些变革？

（2）思政德育思考：互联网核心技术是我们最大的"命门"，核心技术受制于人是我们最大的隐患。一个互联网企业即便规模再大、市值再高，如果核心元器件严重依赖外国，供应链的"命门"掌握在别人手里，那就好比在别人的墙基上砌房子，再大、再漂亮也可能经不起风雨，甚至会不堪一击。我们要掌握我国互联网发展主动权，保障互联网安全、国家安全，就必须突破核心技术这个难题，争取在某些领域、某些方面实现"弯道超车"。

## 第一节　计算机网络技术

电子商务是建立在计算机技术之上的商业运作，是利用电子技术对商务活动进行流程再造的过程。Internet 的产生将传统商务推向了一个新的时代，通过网络，我们可以搜集、传播、处理来自不同地点、不同时间的各种商务信息，这就使得传统的商务变得更快、更强、更宽。从早期的 EDI 应用到现在的云处理，电子商务中网络的概念已经得到了不断的扩展。

一、网络概述

（一）网络的定义与功能

1. 网络定义

在计算机领域中，网络就是用物理链路将各个孤立的工作站或主机连接在一起，组成数

据链路，从而达到资源共享和通信的目的。将地理位置不同，并具有独立功能的多个计算机系统通过通信设备和线路连接起来，且以功能完善的网络软件（网络协议、信息交换方式及网络操作系统等）实现网络资源共享的系统，称为计算机网络。

2. 网络功能

网络是信息传输、接收、共享的虚拟平台，通过它把各个点、面、体的信息联系到一起，从而实现资源的共享。作为工具，网络的功能和内容都在不断发展。常见的网络功能包括：

（1）数据传输。处在网络中的计算机节点间通过通信介质进行数据信号的传输，传输是网络的基本功能。

（2）资源共享。网络上有海量的信息资源，这些资源可以通过网络节点进行储存，并通过网络传输共享到各个角落。这就大大提高了资源的利用效率。

（3）分布式处理。通过网络连接，节点上的计算机不再孤立，我们可以把同一个任务分散到网络中的各个计算机去完成。

（4）均衡负载。由于网络中分布式处理的实现，同样一个任务可以分散到各个计算机去完成，这就降低了计算机系统的载荷，减少了出故障的概率。

（二）计算机网络的拓扑结构与类型

1. 计算机网络的拓扑结构

计算机网络的拓扑结构是指计算机网络节点和通信链路所组成的几何形状，也可以描述为网络设备及其之间的互联布局或关系，拓扑结构与网络设备类型、设备能力、网络容量及管理模式等有关。按照网络中通信线路和各节点之间不同的几何排列，网络被设计成不同的拓扑结构。

（1）总线结构。

总线网络中计算机共享一条通信线路（总线）作为公共的传输通道，如图2-1所示。这种结构的薄弱点在于介质故障会导致网络瘫痪，监控和增加新站点也比较困难。

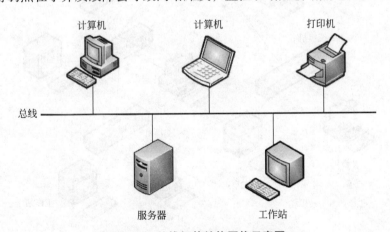

图 2-1 总线拓扑结构网络示意图

（2）星形结构。

星形结构中，计算机通过通信线路直接与中心设备连接，如图2-2所示。这种结构易于维护和扩展,但中心设备故障会引起网络瘫痪。

(3)环形结构。

环形结构中,计算机之间通过通信网络以环状相连,并形成一个封闭环路,如图2-3所示。环形结构安全性较好,但难以增加新节点。

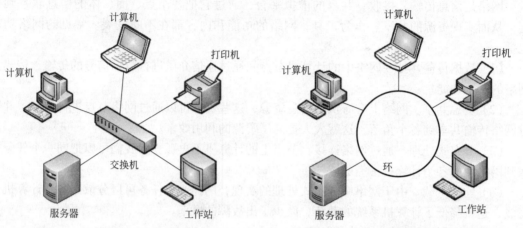

图2-2　星形拓扑结构网络示意图　　　图2-3　环形拓扑结构网络示意图

(4)树状结构。

树状结构是星形结构的扩展,这种结构是多个星形结构的网络再以一个中心设备连接起来的形式,如图2-4所示。

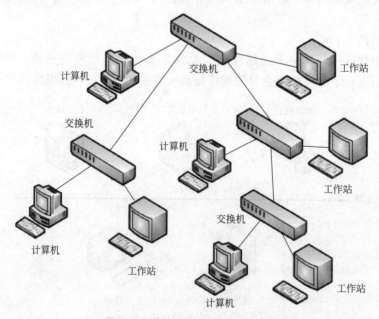

图2-4　树状拓扑结构网络示意图

(5)网状结构。

网状结构中的计算机之间至少有两条通信线路相连,如图2-5所示。网状结构容错性好,可靠度高,主要用于大型网络的主干网。

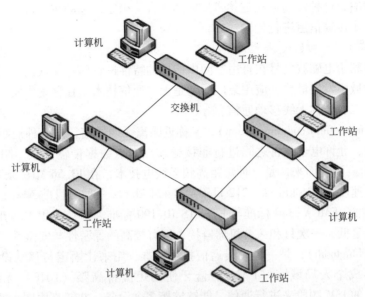

图 2-5　网状拓扑结构网络示意图

2. 网络类型

按照网络的覆盖范围,我们将网络区分为局部区域网和广域网。

(1) 局部区域网(local area network,LAN),简称局域网。局域网是结构复杂程度最低的计算机网络。其主要特征为:网络所覆盖的地理范围比较小,信息的传输速率比较快,经营权和管理权属于某个单位。

(2) 广域网(wide area network,WAN),是影响广泛的复杂网络系统,由两个以上的 LAN 构成。大型的 WAN 可以由各大洲的许多 LAN 组成,最广为人知的 WAN 就是 Internet。

## 二、网络通信技术

通过各种介质连接起来的计算机之间要建立平稳的通信,必须要有一定的数据传输规则,网络传输的关键在于传输方式的构建和传输协议的规范。

(一)数据传输

1. 通信类型

数据通信的类型分为模拟通信和数据通信两种。模拟信号是对电磁波幅度、频率、相位等信息进行采样以传输信息。而数字信号是一系列的电脉冲,并用 1、0 表示不同的电平。

2. 数据通信系统

数据通信是通过计算机等数据装置与通信线路,完成数据编码信号的传输、转接、储存和处理的通信技术。在数据通信系统中,计算机是中心,数据终端设备通过传输信道进行通信。

3. 传输方式

(1) 基带传输,用数据传输系统直接传送数据信号,不对传输数据进行频率的处理。

(2) 频带传输,又称模拟传输,指在传输数字信号时,在发送端将数字数据信号转换为模拟数据信号，以波形传输，接收端再转换为数字信号。

（3）宽带传输，这种传输形式是频带传输的复合，由于传输频率不同，各个传输模拟数据可以借用同一个传输信道进行传输。

4. 无线通信

无线通信是利用电磁波信号在自由空间中传播的特性进行信息交换的一种通信方式，近些年信息通信领域中发展最快、应用最广的就是无线通信技术。在移动中实现的无线通信又称为移动通信，二者合称无线移动通信。

（1）NFC（near-field communication），又称近距离无线通信，是一种短距离的高频无线通信技术和协议，允许电子设备之间进行非接触式点对点数据传输交换。NFC 由非接触式射频识别（RFID）演变而来，是一种短距高频无线电技术，在 13.56 MHz 频率运行于 20 cm 距离内。其传输速度有 106 kbit/s、212 kbit/s 和 424 kbit/s 三种。目前 NFC 已达到 ISO/IEC IS 18092 国际标准、EMCA-340 标准与 ETSI TS 102190 标准。NFC 采用主动和被动两种读取模式，具有耗电量低、一次只和一台机器链接，拥有较高的保密性与安全性等优点。

（2）蓝牙（bluetooth），是一种无线通信技术标准，用来让固定与移动设备在短距离间交换资料，以形成个人局域网（PAN）。蓝牙使用短波特高频（UHF）无线电波，经由 2.4~2.485 GHz 的 ISM 频段来进行通信，能够链接多个设备，并能克服同步的问题。

（3）WiFi，又称"无线热点"或"无线网络"，是基于 IEEE 802.11 标准的无线局域网的一种实现。WiFi 的设置至少需要一个接入点（access point，AP）及一个或一个以上的客户端用户（client）。无线 AP 定时将 SSID（service set identifier）经由信号台（beacons）数据包广播一次，client 可以借此决定是否要和这一个 SSID 的 AP 连线，WiFi 系统开放对客户端的连接并支持漫游。

（4）第五代移动通信技术（5th generation mobile networks，5G）是最新一代移动通信技术，为 4G（LTE-A、WiMAX-A）系统后的延伸。5G 的性能目标是高数据速率、减少延迟、节省能源、降低成本、提高系统容量和大规模设备连接。5G 网络是数字信号蜂窝网络，表示声音和图像的模拟信号在手机中被数字化，由模数转换器转换并作为比特流传输。蜂窝中的所有 5G 无线设备通过无线电波与蜂窝中的本地天线阵和低功率自动收发器（发射机和接收机）进行通信。

（二）网络协议

网络节点间的通信除了采用不同的传输数据形式之外，传输的会话如何建立数据的结构和组织，如何控制数据以及数据传递顺序等都需要相关的技术标准来定义，这种关于网络间相互通信的技术标准就称为网络协议。

网络发展到今天，产生了一系列的网络协议，这些协议共同推动了 Internet 的高效应用。

1. OSI 参考模型

国际标准化组织（ISO）于 1983 年制定了 OSI 通信标准，并于 1984 年提出"开放系统互联参考模型"，简称 OSI（open system interconnection）参考模型。OSI 参考模型是为解决不同系统之间的互联而提出来的。

OSI 参考模型分为七个层次，其与 TCP/IP 协议的对应如图 2-6 所示。每层完成自己单独的功能。通信双方只有在共同的层次间才能相互联系。

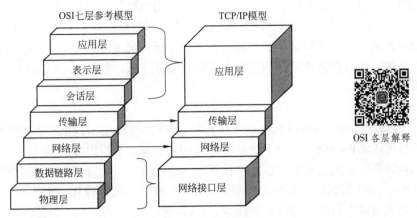

图 2-6　OSI 参考模型与 TCP/IP 体系结构图

### 2. TCP/IP 协议

TCP/IP 协议（transfer control protocol/internet protocol，传输控制/网际协议），又叫网络通信协议，包括上百个各种功能的协议，如远程登录、文件传输和电子邮件等，而 TCP 协议和 IP 协议是保证数据完整传输的两个基本协议。

TCP/IP 协议的基本传输单位是数据包（datagram）。TCP 协议负责把数据分成若干个数据包，并给每个数据包加上包头；IP 协议在每个包头再加上接收端主机地址，这样数据找到自己要去的地方。

TCP/IP 协议与网络介质和类型无关，在局域网和广域网上都可以采用。

### 3. HTTP

HTTP（hyper text transfer protocol）称为超文本传输协议，是客户端浏览器或其他程序与 Web 服务器之间的应用层通信协议，由万维网协会（world wide web consortium）和 Internet 工作小组（internet engineering task force）共同制定发布。在 Internet 上的 Web 服务器上存放的都是超文本信息，客户机需要通过 HTTP 协议传输所要访问的超文本信息。HTTP 包含命令和传输信息，不仅可用于 Web 访问，也可以用于其他因特网/内联网应用系统之间的通信，从而实现各类应用资源超媒体访问的集成。

一次 HTTP 操作称为一个事务，其工作过程可分为以下四步。

（1）客户机与服务器建立连接。只要单击某个超级链接，HTTP 的工作就开始了。

（2）建立连接后，客户机发送一个请求给服务器，请求方式的格式为：统一资源标识符（URL）、协议版本号，后边是 MIME 信息包括请求修饰符、客户机信息和可能的内容。

（3）服务器接到请求后，给予相应的响应信息，其格式为一个状态行，包括信息的协议版本号、一个成功或错误的代码，后边是 MIME 信息包括服务器信息、实体信息和可能的内容。

（4）客户端接收服务器所返回的信息通过浏览器显示在用户的显示屏上，然后客户机与服务器断开连接。

### 4. FTP

FTP（file transfer protocol），简称"文传协议"，用于 Internet 上的控制文件的双向传输。

同时，它也是一个应用程序（application）。用户可以通过它把自己的 PC 机与世界各地所有运行 FTP 协议的服务器相连，访问服务器上的大量程序和信息。FTP 的主要作用，就是让用户连接上一个远程计算机（这些计算机上运行着 FTP 服务器程序），查看远程计算机有哪些文件，然后把文件从远程计算机拷到本地计算机，或把本地计算机的文件传送到远程计算机去。

5. SMTP

SMTP（simple mail transfer protocol，简单邮件传输协议），是一组用于由源地址到目的地址传送邮件的规则，用于控制信件的中转方式。SMTP 协议属于 TCP/IP 协议簇，它帮助每台计算机在发送或中转信件时找到下一个目的地。通过 SMTP 协议所指定的服务器，就可以把 e-mail 寄到收信人的服务器上。SMTP 服务器则是遵循 SMTP 协议的发送邮件服务器，用来发送或中转发出的电子邮件。

6. POP

POP（post office protocol，邮局协议），用于电子邮件的接收。

目前常用的 POP 协议是 POP3（邮局协议的第 3 个版本），它规定怎样将个人计算机连接到 Internet 的邮件服务器和下载电子邮件。它是因特网电子邮件的第一个离线协议标准。

POP3 允许用户从服务器上把邮件存储到本地主机（自己的计算机）上，同时删除保存在邮件服务器上的邮件，而 POP3 服务器则是遵循 POP3 协议的接收邮件服务器，用来接收电子邮件。

7. IMAP

IMAP（internet mail access protocol，交互式邮件存取协议），是由斯坦福大学于 1986 年研发的一种邮件获取协议。它的主要作用是邮件客户端（如 MS Outlook Express）可以通过这种协议从邮件服务器上获取邮件信息、下载邮件等。

IMAP 协议运行在 TCP/IP 协议之上，使用的端口是 143。

IMAP 协议与 POP3 协议的主要区别是用户不用把所有邮件全部下载，可以通过客户端直接对服务器上的邮件进行操作。

8. SNMP

SNMP（simple network management protocol，简单网络管理协议），是在简单网关监控协议（SGMP）的基础上加入符合 Internet 定义的 SMI 和 MIB 体系结构，改进后的协议用于对通信线路进行管理。

SNMP 的目标是管理 Internet 上众多厂家生产的软硬件平台，因此 SNMP 受 Internet 标准网络管理框架的影响也很大。

9. DHCP

DHCP（dynamic host configuration protocol，动态主机设置协议），是一个局域网的网络协议，使用 UDP 协议工作，主要有两个用途：一是网络服务供应商自动分配 IP 地址给用户；二是内部网络管理员作为对所有计算机中央管理的手段。

10. WAP

WAP（wireless application protocol，无线应用协议），其目标是将 Internet 的丰富信息及先进的业务引入移动电话等无线终端之中。

WAP 定义可通用的平台，把目前 Internet 网上 HTML 语言的信息转换成用 WML

（wireless makeup language）描述的信息，显示在移动电话的显示屏上。

WAP 只要求移动电话和 WAP 代理服务器的支持，而不要求现有的移动通信网络协议做任何改动，可以广泛地应用于 GSM、CDMA、TDMA 等多种网络。

### 三、Internet

（一）Internet 简介

Internet 源于美国国防部高级研究计划局（Defense Advanced Research Projects Agency，DARPA）建立的 ARPAnet，该网于 1969 年投入使用。早期的 Internet 由 ARPAnet 作为其主干网，随后由美国国家科学基金会（National Science Foundation，NSF）建立的美国国家科学基金网 NSFnet 逐渐取代了 ARPAnet 在 Internet 中的地位。不管如何变迁，Internet 秉承了其一贯的优良传统。

1. 信息快速传递

Internet 把分散在世界各地的各种计算机连接起来，采用统一的 ICP/IP 协议进行网络数据传输。依赖于优质的传输介质和标准的传输协议，各种格式的数据得以在 Internet 中快速而高效地传播。

Internet 建立时的指导思想是：网络必须能够经受住故障的考验而维持正常工作，一旦发生战争，当网络的某一部分因遭受攻击而失去工作能力时，网络的其他部分应当能够维持正常通信。因此，Internet 上传输的路径有无数条，这些传输路径在路由器的作用下得到高效维护，保障了传输通道的顺畅。

2. 资源免费共享

Internet 上计算机存储的信息汇成了信息资源的海洋。信息内容无所不包，信息的载体涉及几乎所有媒体，信息容量小到几行字符，大到一个图书馆。信息分布在世界各地的计算机上，以各种可能的形式存在，如文件、数据库、公告牌、目录文档和超文本文档等。而且这些信息还在不断的更新和变化之中。可以说，这里是一个取之不尽用之不竭的大宝库。而用户只需要与 Internet 接入，就能对这些信息进行查询和获取。

（二）域名与接入

1. IP 地址

Internet 上的每台主机（host）都有唯一的 IP 地址。IP 协议就是使用这个地址在主机之间传递信息，这是 Internet 能够运行的基础。常见的 IPv4 地址长度为 32 位，分为 4 段，每段 8 位，用十进制数字表示，又称"点分十进制表示法"，每段数字范围为 0~255，段与段之间用点号隔开，如 192.168.1.1。IP 地址由两部分组成：网络地址和主机地址。

IP 地址分为 A、B、C、D、E 五类。常用的是 B 和 C 两类。其中 A、B、C 三类（如表 2-1 所示）由 InternetNIC 在全球范围内统一分配，D、E 类为特殊地址。

表 2-1　A、B、C 三类 IP 地址的指派范围

| 网络类别 | 最大网络数 | 第一个可用的网络号 | 最后一个可用的网络号 | 每个网络中的最大主机数 |
| --- | --- | --- | --- | --- |
| A | 126（$2^7-2$） | 1 | 126 | 16 777 214 |

续表

| 网络类别 | 最大网络数 | 第一个可用的网络号 | 最后一个可用的网络号 | 每个网络中的最大主机数 |
|---|---|---|---|---|
| B | 16 383（$2^{14}-1$） | 128.1 | 191.255 | 65 534 |
| C | 2 097 151（$2^{21}-1$） | 192.0.1 | 223.255.255 | 254 |

随着 Internet 的不断增大，IPv4 地址数量逐渐不能满足需求。2012 年 6 月 6 日，国际互联网协会正式启用 IPv6。IPv6 的地址长度为 128 位，是 IPv4 地址长度的 4 倍，能够解决 IPv4 地址不够用的问题。IPv6 采用十六进制表示，有 3 种表示方法。

（1）冒分十六进制表示法。

格式为 X：X：X：X：X：X：X：X，其中每个 X 表示地址中的 16 b，以十六进制表示，例如：ABCD：EF01：2345：6789：ABCD：EF01：2345：6789

这种表示法中，每个 X 的前导 0 是可以省略的，例如：

2001：0DB8：0000：0023：0008：0800：200C：417A→2001：DB8：0：23：8：800：200C：417A

（2）0 位压缩表示法。

在某些情况下，一个 IPv6 地址中间可能包含很长的一段 0，可以把连续的一段 0 压缩为"::"。但为保证地址解析的唯一性，地址中"::"只能出现一次，例如：

FF01：0：0：0：0：0：0：1101 → FF01::1101

0：0：0：0：0：0：0：1 → ::1

0：0：0：0：0：0：0：0 → ::

（3）内嵌 IPv4 地址表示法。

为了实现 IPv4 和 IPv6 互通，IPv4 地址会嵌入 IPv6 地址中，此时地址常表示为：X：X：X：X：X：X：d.d.d.d，前 96 b 采用冒分十六进制表示，后 32 b 地址则使用 IPv4 的点分十进制表示，如::192.168.0.1 与::FFFF:192.168.0.1，注意在前 96 b 中，压缩 0 位的方法依旧适用。

2. 域名系统

域名（domain name），是由一串用点分隔的名字组成的 Internet 上某一台计算机或计算机组的名称，用于在数据传输时标识计算机的电子方位（有时也指地理位置），目前域名已经成为互联网的品牌、网上商标保护必备的产品之一。

由于 IP 地址是数字标识，使用时难以记忆和书写，因此在 IP 地址的基础上又发展出一种符号化的地址方案——域名，来代替数字型的 IP 地址。每一个域名都与特定的 IP 地址对应，这样网络上的资源访问起来就容易多了。

DNS 规定，域名中的标号都由英文字母和数字组成，每一个标号不超过 63 个字符，不区分大小写字母。标号中除连字符（-）外不能使用其他标点符号。级别最低的域名写在最左边，级别最高的域名写在最右边。由多个标号组成的完整域名总共不超过 255 个字符。

域名的组成按级别分类如下。

（1）顶级域名。顶级域名又分为两类：一是国家（或地区）顶级域名，如中国是 cn，美国是 us，日本是 jp 等；二是国际顶级域名，如表示工商企业的 .com，表示网络提供商的 .net，表示非营利组织的 .org 等。随着传统的 .com、.org、.net 等域名后缀资源日趋枯竭，自 2014 年起，越来越多的新顶级域名可供注册使用，如 .shopping（突出网上购物、商城）、.wang（突出网络）、.work（突出工作，事业）等，可在世界范围内选择新的注册机构来完成域名注册申请。

（2）二级域名。指顶级域名之下的域名。在国际顶级域名下，它是指域名注册人的网上名称，如 ibm、yahoo、microsoft 等；在国家（或地区）顶级域名下，它是表示注册企业类别的符号，如 com、edu、gov、net 等。

（3）三级域名。三级域名由字母（A~Z，a~z，大小写等）、数字（0~9）和连接符（-）组成，各级域名之间用实点（.）连接，三级域名的长度不能超过 20 个字符。

3. 域名解析

域名解析（domain name resolution）是由 DNS 服务器（domain name server）把域名指向网站空间 IP，让人们通过注册的域名方便地访问到网站的一种服务。域名解析也叫域名指向、服务器设置、域名配置以及反向 IP 登记等。域名解析服务由 DNS 服务器完成。

当应用过程需要将一个主机域名映射为 IP 地址时，就调用域名解析函数，解析函数将待转换的域名放在 DNS 请求中，以 UDP 报文方式发给本地域名服务器。本地的域名服务器查到域名后，将对应的 IP 地址放在应答报文中返回。同时域名服务器还必须具有连向其他服务器的信息以支持不能解析时的转发。若域名服务器不能回答该请求，则此域名服务器就暂成为 DNS 中的另一个客户，向根域名服务器发出请求解析，根域名服务器一定能找到下面的所有二级域名的域名服务器，以此类推，一直向下解析，直到查询到所请求的域名。

（三）Internet 服务

1. 电子邮件（e-mail）

电子邮件是指 Internet 上或常规计算机网络上的各个用户之间，通过电子信件的形式进行通信的一种现代邮政通信方式。

电子邮政最初是作为两个人之间进行通信的一种机制来设计的，但目前的电子邮件已扩展到可以与一组用户或与一个计算机程序进行通信。由于计算机能够自动响应电子邮件，任何一台连接 Internet 的计算机都能够通过 e-mail 访问 Internet 服务，并且，一般的 e-mail 软件设计时就考虑到如何访问 Internet 的服务，使得电子邮件成为 Internet 上使用最为广泛的服务之一。

电子邮件是 Internet 最基本的功能之一，在浏览器技术产生之前，Internet 网上用户之间的交流大多是通过 e-mail 方式进行的。

2. 远程登录（Telnet）

早期的 Internet 应用较少，接入的计算机数量有限。一些人想把自己的低性能计算机连接到远程性能好的大型计算机上，一旦连接上，他们的计算机就仿佛是这些远程大型计算机上的一个终端，自己就如同坐在远程大型机的屏幕前一样输入命令，运行大机器中的程序。人们把这种将自己的计算机连接到远程计算机的操作方式称为"远程登录"。

Telnet 是 Internet 的远程登录技术，当用 Telnet 登录进入远程计算机系统时，事实上启动了两个程序，一个叫 Telnet 客户程序，它运行在本地机上，另一个叫 Telnet 服务器程序，它运行在要登录的远程计算机上，在 Internet 中，很多服务都采取这样一种客户/服务器结构。

### 3. 文件传输协议（FTP）

文件传输协议 FTP 是 Internet 文件传送的基础。通过该协议，用户可以从一个 Internet 主机向另一个 Internet 主机传输文件，或实现其他功能（如创建目录、删除目录等）。

FTP 是 Internet 中的一种重要的数据交换形式。FTP 仍然采用客户/服务器系统，用户通过一个支持 FTP 协议的客户程序，连接到在远程主机上的 FTP 服务器程序。用户通过客户程序向服务器程序发出命令，服务器程序执行命令，并将执行结果返回到客户机。

### 4. 电子公告牌（BBS）

最初的 BBS 只是利用调制解调器通过电话线拨到某个电话号码上，然后通过一个软件阅读其他人放在公告牌上的信息，发表自己的意见，现在这种形式的 BBS 已经很少见了。

另外一种形式是以 Internet 为基础的，用户必须首先连接到 Internet 上，然后利用一种 Telnet 软件（Telnet、Hyperterminal）登录到一个 BBS 站点上，这种方式使得同时上站的用户数大大增加，多人之间的直接讨论成为可能，国内许多大学早期的 BBS 都是采用这种方式。这些站点都是通过专线连接到 Internet 上，用户只要连接到 Internet 上，通过 Telnet 就可以进入这些 BBS，每一个站点同时可以有 200 人上线，这是业余 BBS 无法实现的。

现在许多用户更习惯的 BBS 是基于 Web 的 BBS，用户只要连接到 Internet 上，直接利用浏览器就可以使用 BBS，阅读其他用户的留言，发表自己的意见。这种 BBS 大多为商业 BBS，以技术服务或专业讨论为主，这种方式操作简单、速度快。

### 5. 新闻组（news group）

新闻组是一个基于网络的计算机组合，这些计算机被称为新闻服务器，不同的用户通过一些软件可连接到新闻服务器上，阅读其他人的消息并参与讨论。新闻组是一个完全交互式的超级电子论坛，是任何一个网络用户都能进行交流的工具。

新闻组作为高效而实用的工具，具有以下四大优点。

（1）海量信息。Internet 中新闻服务器超过五千个，最大的新闻服务器包含四万个以上的新闻组，每个新闻组中又有上千个讨论主题，其信息量之大难以想象，就连 WWW 服务也难以相比。

（2）直接交互性。在新闻组上，每个人都可以自由发布自己的消息，不管是哪类问题、多大的问题，都可直接发布到新闻组上和成千上万的人进行讨论。

（3）全球互联性。全球绝大多数的新闻服务器都连接在一起，就像互联网本身一样。

（4）主题鲜明。每个新闻组只要看它的命名就能清楚其主题，而且新闻组的数据传输速度与网页相比要快得多。

### 6. WWW 服务

WWW 服务（3W 服务）是目前应用最广的一种 Internet 应用，建立在客户、服务器模型之上。WWW 是以超文本标注语言 HTML（hyper markup language）与超文本传输协议 HTTP（hyper text transfer protocol）为基础，能够提供面向 Internet 服务的、一致的用户界面的信息浏览系统。其中 WWW 服务器采用超文本链路来链接信息页，这些信息页既可放置在同一主机上，也可放置在不同地理位置的主机上；本链路由统一资源定位器（URL）维持，WWW 客户端软件（WWW 浏览器）负责信息显示与向服务器发送请求。

WWW 服务体系架构如图 2-7 所示。

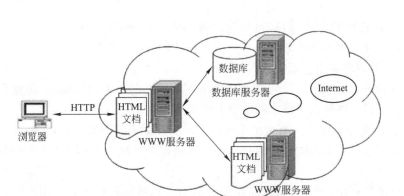

图 2-7　WWW 服务体系架构图

（四）Intranet 与 Extranet

1. Intranet

Intranet 又称企业内部网，是 Internet 技术在企业内部的应用。它实际上是采用 Internet 技术建立的企业内部网络，其核心技术基于 Web 计算。Intranet 的基本思想是：在内部网络上采用 TCP/IP 作为通信协议，利用 Internet 的 Web 模型作为标准信息平台，同时建立防火墙把内部网和 Internet 分开。当然 Intranet 并非一定要和 Internet 连接在一起，它完全可以作为一个独立的网络自成一体。

Internet 是面向全球的网络，而 Intranet 则是 Internet 技术在企业机构内部的实现，它能够以极少的成本和时间将一个企业内部的大量信息资源高效合理地传递到每个人。Intranet 为企业提供了一种能充分利用通信线路、经济而有效地建立企业内联网的方案，应用 Intranet，企业可以有效地进行财务管理、供应链管理、进销存管理、客户关系管理等。

Intranet 的应用发生了两次飞跃，第一次是从信息共享与通信应用，发展到数据库与工作流应用，第二次是转变为以业务流程为中心的 Intranet 应用。

（1）信息共享与通信。Intranet 将 Internet 的应用搬到机构组织内部，实现信息共享和快捷通信。

（2）数据库与工作流应用。随着 Intranet 应用的深入，静态的信息共享已不能满足用户需求，于是开始尝试将传统的 MIS 系统向 Intranet 上搬迁，这就是以数据库应用和工作流为主的 Intranet 应用。

（3）以业务流程为中心的应用。所谓业务流程，是指与顾客共同创造价值的相互衔接的一系列活动，也称价值流。以业务流程为中心的 Intranet 集成了多种先进的 IT 技术，例如：基于 Web 的多层客户/服务器技术、数据库（DW）、计算机电话集成技术（CTI）、分布对象技术（DOT）、安全和保密技术等。

2. Extranet

Extranet 是一个使用 Internet/Intranet 技术使企业与其客户和其他企业相连来完成共同目标的合作网络。Extranet 可以作为公用的 Internet 和专用的 Intranet 之间的桥梁，也可以看作能被企业成员访问或与其他企业合作的企业 Intranet 的一部分。

Extranet 通常是 Intranet 和 Internet 基础设施上的逻辑覆盖，仅用访问控制和路由表进行控制，而不是建立新的物理网络。Extranet 通常连接两个或多个已经存在的 Intranet，每个

Intranet 由分布在各地的多个 Web 和其他设施构成。Extranet 在其体系结构中需要标准性、灵活性、可扩展性和可扩充性来帮助企业建立自己的商业与其他应用。

Extranet 中的主要应用技术包括：

（1）事务管理。系统中的任何要求都是某一种类型的事务，Extranet 必须具有管理这些事务的能力，并且能够传送所要求的结果来满足用户和系统管理员的需要。

（2）动态的 Web 页生成。有效的 Extranet 解决方案应基于动态的 Web 站点和应用来设计。用户不仅可以看见最新的系统信息，还可以根据个人或 Extranet 站点管理员定义的方式观察这些内容。

（3）站点操作。Extranet 的操作需要强大的站点和系统管理工具，用户的审计管理、用户注册、授权系统和加密技术等都用来控制在系统中谁能够浏览、操纵数据。通过 Web 浏览器远程对 Web 站点进行操作和维护的能力消除了 Extranet 中依赖客户和专用软件的障碍。

（4）名字和目录服务。Extranet 环境将提供一套方法来发现关于在 Extranet 环境中注册的对象（人员、位置等）的信息。

## 第二节　网络信息资源管理及检索技术

现代电子商务涉及商务信息资源的收集、传输、组织和检索等各种信息管理活动。要从网络信息海洋中，筛选、查找和利用商务信息资源，必须掌握信息资源管理和检索的相关技术。

### 一、网络信息资源

（一）信息资源

1. 定义

信息资源是指人通过一系列的认识和创造过程，采用符号形式储存在一定载体（包括人的大脑）之上的，可供利用的全部信息。信息资源与企业的人力、财力、物力和自然资源一样同为企业的重要资源，且为企业发展的战略资源。

信息是事物的存在方式和运动状态的反映，如果这种信息储存到一定的载体上，连同载体信息和主体信息一起就成为信息资源。实际上信息资源是已知或未知的可利用的信息。企业生产及管理过程中所涉及的一切文件、资料、图表和数据等都是信息资源。

2. 特点

信息资源与自然资源、物质资源相比，具有以下几个特点。

（1）能够重复使用，其价值在使用中得到体现。

（2）信息资源的利用具有很强的目标导向，不同的信息在不同的用户中体现不同的价值。

（3）具有整合性。人们对其检索和利用，不受时间、空间、语言、地域和行业的制约。

（4）它是社会财富，任何人无权全部或永久买下信息的使用权。

（5）它是商品，可以被销售、贸易和交换。

（6）具有流动性。

3. 类型

信息资源的主体是信息,根据信息的表现形式,信息资源包括口头信息资源、身体语言、物品信息资源、文献信息资源和网络信息资源等。

(1) 口头信息资源。指没有记录下来,仅以口头语言获得的信息资源,如授课、讨论。

(2) 身体语言。指以手势、表情、姿势、动作等方式传递的信息资源,比如舞蹈、杂技、魔术等表演都蕴含着大量的信息资源。

(3) 物品信息资源。主要指以事物形式展示或蕴含的信息资源,比如文物、模型、雕塑、样品等所表现的信息资源。

(4) 文献信息资源。这种信息资源是以文字、图形、符号以及多媒体等方式记录在各种载体上的信息资源,比如图书、影像制品以及广播电视等多媒体信息资源。

(5) 网络信息资源。主要指以电子数据形式存储在网络上的海量信息资源,包括各种数据、文件、数据库。

(二) 网络信息资源

1. 定义

网络信息资源是指通过计算机网络可以利用的各种信息资源的总和。具体地说是指所有以电子数据形式把文字、图像、声音、动画等多种形式的信息存储在光盘、磁盘等非纸介质的载体中,并通过网络通信、计算机或终端等方式再现出来的资源。

2. 特征

1) 数字化存储特性

信息资源由纸张上的文字变为磁性介质上的电磁信号或者光介质上的光信息,存储的信息密度高,容量大,可以无损耗地被重复使用。既可以在计算机内高速处理,又可以通过信息网络进行远距离传输。

2) 表现形式多样性

网络信息资源可以是文本、图像、音频、视频、软件、数据库等多种形式,涉及领域有经济、科研、教育、艺术以及电子商务,包含的文献类型从报刊、工具书、商业信息、新闻、索引到统计数据、图表、电子地图等。

3) 传输渠道网络化

网络时代,信息的存在是以网络为载体,以虚拟化的姿势状态展示的,人们得到的是网络上的信息,而不必过问信息是存储在磁盘上还是光盘上的,也不需要知道信息从哪个节点传输到哪个节点。

4) 实时性强

网络环境下,信息的传递和反馈快速灵敏,具有动态性和实时性等特点。信息在网络中的流动非常迅速。

5) 信息量巨大

网络共享性与开放性使得人人都可以在互联网上存取信息,网络信息资源正以指数级的形式不断增长。

## 二、网络信息组织

杂乱无章的信息无法得到有效利用,一方面海量信息呈现爆炸趋势,另一方面需求者很难找到自己想要的信息,反而形成信息饥渴。对信息的检索和利用必然依赖信息良好有序的组织。

### (一) 著录

所谓著录,就是在编制目录的时候,对具体信息资源的各种形式特征、内容特征以及物质等进行分析、选择和记录的过程。

1. 机读目录

机读目录(machine-readable cataloging,MARC)即机器可读目录的简称,指利用计算机识读和处理的目录。它是文献编目内容(数据)经过计算机处理,以代码形式记载在一定载体上而形成的一种目录。机读目录是描述文献著录项目的国际标准格式,是实现计算机处理书目信息及资源共享的基础。

将编目数据转换为机读记录,通常要经过以下步骤。

(1) 编制输入工作单:编目人员按照著录和编目规则,在工作单上对文献进行著录标引,同时根据计算机处理的要求,填入代码数据以及各种标识符号。

(2) 输入数据:将输入工作单上的数据输入计算机,转换为计算机可以识别的代码形式,并经过机器和人工反复校验。

(3) 计算机处理:计算机对输入的数据,按要求进行各种加工处理,组织成统一格式的机读记录。一个机读记录相当于一条书目款目。

(4) 存储和输出:处理好的机读记录可存入数据库或通过通信线路传送到其他系统,也可以显示、打印、以缩微品形式输出,或者记录到磁带、软盘等磁介质上以供交换。

2. 元数据

元数据是用来描述数据的数据。元数据是用来提供关于信息资源或数据的一种结构化的信息,是对信息资源的结构化的描述。

元数据的作用为:描述信息资源或数据本身的特征和属性,规定数字化信息的组织,具有定位、发现、证明、评估、选择等功能。

元数据的含义是逐渐发展的。早期主要指网络资源的描述数据,用于网络信息资源的组织;其后,逐步扩大到各种以电子形式存在的信息资源的描述数据。目前,元数据实际用于各种类型信息资源的描述记录。

元数据格式由多层次的结构予以定义:

(1) 内容结构(Content Structure),对该 Metadata 的构成元素及其定义标准进行描述。

(2) 句法结构(Syntax Structure),定义 Metadata 结构以及如何描述这种结构。

(3) 语义结构(Semantic Structure),定义 Metadata 元素的具体描述方法。

元数据编码语言(Metadata Encoding Languages)指对元数据元素和结构进行定义和描述的具体语法和语义规则,常称为定义描述语言(DDL)。在元数据发展初期人们常使用自定义的记录语言(如 MARC)或数据库记录结构(如 ROADS 等),但随着元数据格式的增多和互操作的要求,人们开始采用一些标准化的 DDL 来描述元数据,如 SGML 和 XML。

（二）标引

标引是通过对文献的分析，选用确切的检索标识（类号、标题词、叙词、关键词、人名、地名等），用以反映该文献的内容的过程。主要指选用检索语言词或自然语言词反映文献主题内容，并以之作为检索标识的过程。

1. 分类标引

分类标引是对信息资源内容进行主题分析后，赋予分类号标识的过程。

2. 主题标引

主题标引主要是指对信息资源内容进行主题分析，赋予主题词标识的过程。其标引依据是主题词表（又称叙词表）。

3. 关键词标引

关键词标引是指对信息资源内容进行主题分析，赋予关键字标识的过程，包括体内关键词索引和体外关键词索引。

4. 名称标引

名称标引是以人名、地名、提名来标识文献或信息资源主体内容的过程，包括责任者标引和题名标引等。

5. 其他标引

除以上四种标引形式外，还有利用计算机来自动实现的标引，包括自动主题标引和自动分类标引。

自动主题标引，是根据计算机内信息，借助一定算法自动给出反映信息资源主题内容的词，这种形式又包括抽词标引和赋词标引两种。

自动分类标引，是利用计算机分析信息资源内容，并为其自动分配分类号的标引形式。

（三）排检

标引好信息资源后，大量的信息资源应该按照什么方式排序就成为能否高效率检索的关键。检索工具排检的方法主要有以下几种。

1. 字序法

字序法又称字顺法或查字法，指按照一定顺序排检单字或复词的一种方法，是信息资源检索工具的重要排检方法。字序法包括中文排检法和外文排检法。

2. 类序法

类序法是按照信息资源的内容，分门别类进行排序。包括分类法和主题法两种，分类法按类名的逻辑等级排序，而主题法则按照主题类名的字序来排列。

3. 其他排检

其他排检主要包括时序法、地序法和谱系法等排检手段，分别按照时间先后排序、地理位置分布排序和机构建制或血缘谱系排序。

（四）HTML 与 XML

1. HTML

HTML（hyper text mark-up language）即超文本标记语言或超文本链接标示语言，是目前网络上对网络信息资源进行组织应用最为广泛的语言，也是构成网页文档的主要语言。HTML 文本是由 HTML 标签组成的描述性文本，HTML 可以用于组织文字、图形、动画、声音、表格、链接等信息。

## 2. XML

XML（extensible markup language）即可扩展标记语言，它与 HTML 一样，都是 SGML（standard generalized markup language，标准通用标记语言）。XML 是 Internet 环境中跨平台的、依赖内容的技术，是当前处理结构化文档信息的有力工具。扩展标记语言 XML 是一种简单的数据存储语言，使用一系列简单的标记描述数据，而这些标记可以用方便的方式建立，虽然 XML 占用的空间比二进制数据要占用更多的空间，但 XML 极其简单易于掌握和使用。

### 三、网络检索

（一）基于 Internet 的网络检索

Internet 是目前人类历史上最大的信息资源网络系统，在全球范围内，快速共享电子商务信息资源借助 Internet 实现。但要在浩如烟海的 Internet 电子商务信息中寻找到对自己有用的信息，确实不是一件简单的事情，需要对 Internet 上提供的网络信息资源的分布和检索技术深入了解。

1. Archie

在 WWW 服务出现之前，Internet 可以提供诸如 FTP 等文件信息服务，然而用户却缺乏一种直接查询 FTP 文件所在地址的工具。Archie 可以自动索引 Internet 上匿名的免费 FTP 文件信息，并提供一种根据文件名称查询文件所在 FTP 地址的方法。因此，Archie 被称为现代搜索引擎的祖先。

2. Gopher

Gopher 是 Internet 上一个非常有名的信息查找系统，它将 Internet 上的文件组织成某种索引，很方便地将用户从 Internet 的一处带到另一处。

Gopher 客户程序和 Gopher 服务器相连接，并能使用菜单结构显示其他菜单、文档或文件并索引。同时可通过 Telnet 远程访问其他应用程序。Gopher 协议使得 Internet 上的所有 Gopher 客户程序能够与 Internet 上的所有已"注册"的 Gopher 服务器进行对话。

3. Web 检索

Web 检索是基于 WWW 的，主要是指利用搜索引擎对 Web 信息进行目录浏览和内容检索。在 WWW 上分布的信息资源以超文本的形式组织，这些信息资源可以是文本、图像或多媒体，对于这些异构分布的资源进行检索需要有统一的检索工具。

（二）搜索引擎

搜索引擎（search engine）是指根据一定的策略、运用特定的计算机程序从互联网上搜集信息，在对信息进行组织和处理后，为用户提供检索服务，将用户检索相关的信息展示给用户的系统。搜索引擎是 WWW 上的一种检索系统。WWW 上的信息资源形式多样，变化迅速，对其进行组织的过程也不尽相同，对于不同的检索需求产生了多种多样的搜索引擎。

1. 分类目录检索

分类目录检索是搜索引擎提供一份按类别编排 Web 站点的目录，目录之下列出这一类网站的站名和地址等。

目录索引虽然有搜索功能，但严格意义上不能称为真正的搜索引擎，只是按目录分类的网站链接列表而已。用户完全可以按照分类目录找到所需要的信息，不依靠关键词（Keywords）进行查询。目录索引中典型的如 Yahoo、新浪分类目录搜索。

2. 全文检索

全文检索引擎是名副其实的搜索引擎，典型的如 Google、Baidu。它们从互联网提取各个网站的信息（以网页文字为主），建立起数据库，并能检索与用户查询条件相匹配的记录，按一定的排列顺序返回结果。

根据搜索结果来源的不同，全文检索引擎可分为两类：一类拥有自己的网页抓取、索引、检索系统（Indexer），有独立的"蜘蛛"（Spider）程序，能自建网页数据库，搜索结果直接从自身的数据库中调用；另一类则是租用其他搜索引擎的数据库，并按自定的格式排列搜索结果，如 Lycos 搜索引擎。

3. 元搜索

元搜索引擎（META Search Engine）接受用户查询请求后，同时在多个搜索引擎上搜索，并将结果返回给用户。著名的元搜索引擎有 InfoSpace、Dogpile、Vivisimo 等，中文元搜索引擎中具代表性的是搜星搜索引擎。在搜索结果排列方面，有的直接按来源排列搜索结果，如 Dogpile；有的则按自定的规则将结果重新排列组合，如 Vivisimo。

4. 其他搜索引擎

（1）集合式搜索引擎：该搜索引擎类似元搜索引擎，区别在于它并非同时调用多个搜索引擎进行搜索，而是由用户从提供的若干搜索引擎中选择，如 HotBot 在 2002 年底推出的搜索引擎。

（2）门户搜索引擎：AOL Search、MSN Search 等虽然提供搜索服务，但自身既没有分类目录也没有网页数据库，其搜索结果完全来自其他搜索引擎。

（3）免费链接列表（Free For All Links，FFA）：一般只简单地滚动链接条目，少部分有简单的分类目录，不过规模要比 Yahoo 等目录索引小很多。

## 第三节　EDI 技术

全球贸易额的上升带来了各种贸易单证、文件数量的激增，在现代计算机技术和互联网技术的坚实基础上，EDI 应运而生。

### 一、EDI 概述

（一）EDI 概念

1. 定义

EDI 是英文 electronic data interchange 的缩写，中文译为"电子数据交换"。它是一种在公司之间传输订单、发票等作业文件的电子化手段。它通过计算机通信网络将贸易、运输、保险、银行和海关等行业信息，用一种国际公认的标准格式，实现各有关部门或公司与企业之间的数据交换与处理，并完成以贸易为中心的全部过程。

国际标准化组织（ISO）将 EDI 描述成"将贸易（商业）或行政事务处理按照一个公认的标准变成结构化的事务处理或信息数据格式，从计算机到计算机的电子传输"。而 ITU-T（原 CCITT）将 EDI 定义为"从计算机到计算机之间的结构化的事务数据互换"。又由于使用 EDI 可以减少甚至消除贸易过程中的纸面文件，因此 EDI 又被人们通俗地称为"无纸贸易"。

2. 内容

EDI 包含了三个方面的内容，即数据库、通信网络和数据标准化。其中数据库是 EDI 应用的条件，通信环境是 EDI 应用的基础，标准化是 EDI 应用的特征。

（二）EDI 分类

根据 EDI 的发展和功能，EDI 可以分为以下四种类型。

1. 贸易数据交换系统（trade data interchange，TDI）

这种 EDI 系统用电子数据文件来传输订单、发货票和各类通知，如日常应用的电子订货信息系统。

2. 电子金融汇兑系统（electronic fund transfer，EFT）

即在银行和其他组织之间实行电子费用汇兑。EFT 已使用多年，但它仍在不断的改进之中。最大的改进是同订货系统联系起来，形成一个自动化水平更高的系统。

3. 交互式应答系统（interactive query response，IQR）

IQR 通常应用在旅行社或航空公司作为机票预订系统。这种 EDI 在应用时要询问到达某一目的地的航班，要求显示航班的时间、票价或其他信息，然后根据旅客的要求确定航班，打印机票。

4. 图形资料自动传输 EDI

最常见的是 CAD 图形的自动传输。比如，设计公司完成一个厂房的平面布置图，将其平面布置图传输给厂房的主人，请主人提出修改意见。一旦该设计被认可，系统将自动输出订单，发出购买建筑材料的报告。在收到这些建筑材料后，自动开出收据。如美国一家厨房用品制造公司——Kraft Maid 公司，在 PC 机上以 CAD 设计厨房的平面布置图，再用 EDI 传输设计图纸、订货、收据等。

## 二、EDI 构成

（一）EDI 的构成要素

1. EDI 软硬件条件

EDI 软件主要包括转换软件（mapper）、翻译软件（translator）和通信软件，如图 2-8 所示。

转换软件将原有计算机系统文件转换成翻译软件能够理解的平面文件（flat file），或是将从翻译软件接收来的平面文件转换成原计算机系统中的文件；翻译软件将平面文件翻译成 EDI 标准格式，或将接收到的 EDI 标准格式翻译成平面文件；通信软件将 EDI 标准格式的文件外层加上通信信封（envelope），再送到 EDI 系统交换中心的邮箱（mailbox），或将 EDI 系统交换中心收到的文件取回。

构成 EDI 系统的硬件资源包括计算机、路由器、通信介质以及 EDI 服务器等。

2. EDI 标准

标准化的工作是实现 EDI 互通和互联的前提和基础。EDI 的标准包括 EDI 网络通信标准、EDI 处理标准、EDI 联系标准和 EDI 语义语法标准等。

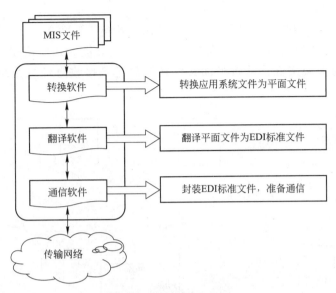

图 2-8　EDI 软件构成图

3. 通信网络

通信网络是实现 EDI 的技术基础。为了传递文件，必须有一个覆盖面广、高效安全的通信网络作为其技术支撑环境。由于 EDI 传输的是具有标准格式的商业或行政有价文件，因此除了要求通信网络具有一般的数据传输和交换功能之外，还必须具有格式校验、确认、跟踪、防篡改、防盗窃、电子签名、文件归档等一系列安全保密功能，并且在用户间出现法律纠纷时，能够提供法律证据。

（二）EDI 运作

1. 功能模块

1）用户接口模块

业务管理人员可用此模块进行输入、查询、统计、中断、打印等，及时了解市场变化，调整策略。

2）内部接口模块

这是 EDI 系统和本单位内部其他信息系统及数据库的接口。

3）报文生成及处理模块

接收来自用户接口模块和内部接口模块的命令和信息，自动处理由其他 EDI 系统发来的报文。

4）格式转换模块

所有的 EDI 单证都必须转换成标准的交换格式，转换过程包括语法上的压缩、嵌套、代码的替换以及必要的 EDI 语法控制字符。

5）通信模块

该模块是 EDI 系统与 EDI 通信网络的接口，包括执行呼叫、自动重发、合法性和完整性检查、出错报警、自动应答、通信记录、报文拼装和拆卸等功能。

## 2. 工作过程

发送方将要发送的数据从信息系统数据库提出，转换成平面文件（亦称中间文件），将平面文件编译为标准 EDI 报文，并组成 EDI 信件；接收方从 EDI 信箱收取信件，将 EDI 信件拆开并翻译成为平面文件，并将平面文件转换后送到接收方信息系统中进行处理。如图 2-9 所示。

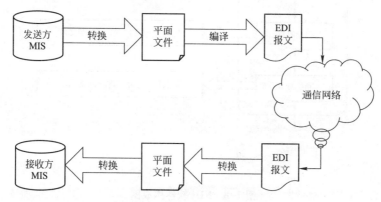

图 2-9　EDI 工作过程示意图

## 3. 运作形式

### 1）点对点方式

点对点方式即 EDI 按照约定的格式，通过通信网络进行信息的传递和终端处理，完成相互的业务交往。早期的 EDI 通信一般都采用此方式。

### 2）增值网（VAN）方式

增值数据业务公司，利用已有的计算机与通信网络设备，除完成一般的通信任务外，还增加 EDI 的服务功能。

### 3）MHS 方式

信息处理系统（MHS）是 ISO 和 ITU-T 联合提出的有关国际间电子邮件服务系统的功能模型，该模型是以存储转发为基础，实现非实时的电子通信。ITU-T X.435/F.435 规定了 EDI 信息处理系统和通信服务，把 EDI 和 MHS 作为 OSI 应用层的正式业务。

## 三、EDI 标准

为促进 EDI 的发展，世界各国都在不遗余力地促进 EDI 标准的国际化，以求最大限度地发挥 EDI 的作用。

### （一）标准体系

#### 1. EDI 基础标准

其主要由 UN/EDIFACT 的基础标准和开放式 EDI 基础标准两部分组成，是 EDI 的核心标准体系。

#### 2. EDI 单证标准

EDI 报文标准源于相关业务，而业务的过程则以单证体现。单证标准化的主要目标是统一单证中的数据元和纸面格式。

3. EDI 报文标准

EDI 报文标准是每一个具体应用数据的结构化体现，所有的数据都以报文的形式传输出去或接收进来。

4. EDI 代码标准

在 EDI 传输的数据中，除了公司名称、地址、人名和一些自由文本内容外，几乎大多数数据都以代码形式发出，为使交换各方便于理解收到信息的内容，便以代码形式把传输数据固定下来。

5. EDI 通信标准

计算机网络通信是 EDI 得以实现的必备条件，EDI 通信标准则是顺利传输以 EDI 方式发送或接收的数据的基本保证。

6. EDI 安全标准

由于经 EDI 传输的数据会涉及商业秘密、金额、订货数量等内容，为防止数据的篡改、遗失，必须通过一系列安全保密的规范给以保证。

7. EDI 管理标准

EDI 管理标准体系主要涉及 EDI 标准维护的有关评审指南和规则，包括标准技术评审导则、标准报文与目录文件编制规则、目录维护规则、报文维护规则、技术评审单格式、目录及代码编制原则、EDIFACT 标准版本号与发布号编制原则等。

8. EDI 应用标准

EDI 应用标准体系主要指在应用过程中用到的字符集标准及其他相关标准。

（二）主要 EDI 标准

1. UN/EDIFACT

UN/EDIFACT 是目前使用最广泛的国际通用 EDI 标准，它由 1981 年国际贸易程序简化工作组制定出的第一部交换规则"贸易数据交换指南（GTDI）"改进而来。1986 年，EXO/TCI54 分别通过 UN/TDED 以及 UN/EDIFACT 为 7372-86《贸易数据元目录》。

UN/EDIFACT 应用级语法规则（ISO 9735）是 UN/EDIFACT 最重要的标准。所有 EDI 的参与方在准备他们的报文和进行电子数据交换时，必须遵守该标准。它由 10 个子标准组成。

2. EDI 标准应用前景

EDIFACT 被 ISO 接受为国际标准之后，国际 EDI 标准就逐渐向 EDIFACT 靠拢。ANSI X.12 和 EDIFACT 两家已一致同意全力发展 EDIFACT，使之成为全世界范围内能接受的 EDI 标准。1997 年美国已全部采用 EDIFACT 代替 X.12 标准。

EDIFACT 已逐渐统一为 EDI 国际标准。

四、EDI 报文

（一）UNSM

标准报文（UNSM）是 UN/EDIFACT 涉及商务业务最重要的部分，也是 EDI 的主体。各类报文实质上就是各类商务单证的电子数据传输方式，所以标准报文主要有两部分内容，一部分是用于统一规定表示报文结构和通信要求的信息，另一部分是用于反映商务业务要求的信息。

1. 报文结构

报文的内容由数据段构成，一个数据段又由若干个数据元构成。报文至少要包含一个用户数据段而且这一数据段至少包括一个用户数据元。

1）数据元结构

标准中，数据元是按照代码的顺序进行排列的。定义的描述表示为：

> XXXX:数据元代码
> 标题(title):数据元名称
> 说明(desc):对该数据元的解释和说明
> 表示(repr):数据元值的表示方法,给出了数据输入的可用空间和位置
> 注释(note):适当的附加说明,描述数据元的功能、应用范围等
> 参考(refe):在"注释"的解释不完全时,用以指示信息出处的参考
> 同义词:描述该数据元的同义词

2）段结构

段是由段标记、数据元分隔符、简单或复合数据元序列和段终止符组成的，如图2-10所示。

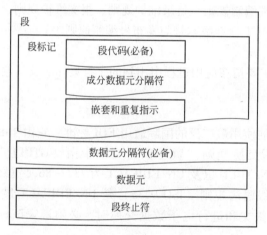

图 2-10 段结构图

2. 交换结构

报文的交换用数据元、数据段、功能组和报文来标识。报文由用户数据段和报文头、报文尾组成，其中报文头与报文尾是服务段。报文交换格式如表2-2所示。

表 2-2 EDIFACT 报文交换格式表

| | | |
|---|---|---|
| 服务串通知 | UNA | 条件 |
| 交换头 | UNB | 必备 |
| 功能组头 | UNG | 条件 |
| 报文头 | UNH | 必备 |
| 用户数据段 | …… | …… |
| 报文尾 | UNT | 必备 |

续表

| 服务串通知 | UNA | 条件 |
|---|---|---|
| 功能组尾 | UNE | 条件 |
| 交换尾 | UNZ | 必备 |

### （二）EDI 报文示例

以海关货物报告报文为例，我们可以了解 EDI 报文的主要格式和内容。

UNH 报文标题段

BGM 报文开始段

DTM 时期/时间/期间段

CUX 货币段

MOA 货币总量段

FTX 解释报文变化的自由文本段

LOC 地点地址标识段

段组 1 RFF（参考段）-DTM（日期/时间/期限段）

GIS 一般提示段

CPI 费用支付说明

段组 2 TDT（运输细节段）-RFF（参考段）-LOC（地点地址标志段）-DTM（日期/时间/期限段）

段组 3 NAD（名称和地址段）-SG4（段组 4）-RFF（参考）

段组 4 CTA（联系信息段）-COM（通信联系段）

段组 5 GID（货物明细段）-PAC（包装段）-HIN（处置说明段）-PCI（包装标志段）-FTX（解释货物标志的自由文本）-SG6（段组 6）-MEG（测量段）-RFF（参考）-SGP（零担货运段）-CGS（危险品段）-SG7（段组 7）

段组 6 QTY（数量段）-FTX（解释装货情况的自由文本段）

段组 7 GIS（一般提示段）-DOC（单证明细段）

段组 8 EQD（设备明细段）-MEA（测量段）-DIM（体积段）-SEL（标志号段）-NAD（名称和地址段）-GIS（一般提示段）-TMP（温度要求段）

CNT 控制总量段

AUT 鉴别结果段

UNT 报文尾标段

某港装箱单报文（货代-EDI）

## 五、Internet EDI

### （一）传统 EDI

1. 实现步骤

企业要实现传统的 EDI，商业伙伴必须采取以下步骤：

（1）达成商业协议；

（2）选取增值网（VAN）；

（3）发送方订购或编写客户软件；

（4）接收方订购或编写客户软件。

2. 弊端

当一个新的商业伙伴加入时，上述步骤都要从头做起。随着 Internet 的发展，越来越多的跨平台企业需要相互通信，这就要求传统 EDI 产生变革。

（二）基于 Internet 的 EDI

1. 基于 Internet 的 EDI 实现条件

（1）Internet 遍布全球，使 EDI 传输面扩大；

（2）Internet 相比 VAN 来说费用低廉；

（3）基于 Internet 的 EDI 系统容易实现；

（4）基于 Internet 的 EDI 可以使用其他一些电子商务工具；

（5）基于 Internet 的 EDI 可以与非 EDI 系统通信。

2. Internet EDI 实现形式

基于 Internet 的 EDI 主要有三种基本形式：使用 e-mail 进行的 EDI、使用 Web 页面进行的 EDI、使用 FTP 进行的 EDI 应用系统，其实现框架如图 2-11 所示。

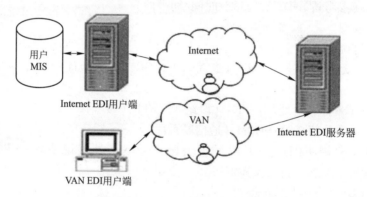

图 2-11　Internet EDI 实现框架图

## 第四节　网页技术

网页技术是构建电子商务网站的基础技术，电子商务是基于 Internet 的，Internet 的 Web 服务为电子商务活动在全球实现提供了丰富的接口。

### 一、电子商务系统

（一）系统架构

1. C/S 结构

C/S（client/server）结构，即客户-服务器结构。它是一种软件系统体系结构，系统在服务器端和客户机端都设置软件运行。C/S 结构中客户机和服务器可以分别处在相距很远的两台计算机上，客户机程序的任务是将用户的要求提交给服务器程序，再将服务器程序返回的结果以特定形式显示给用户；服务器程序的任务是接收客户程序提出的服务请求，进行相应的处理，再将结果返回给客户程序。

传统的 C/S 体系结构虽然采用的是开放模式，但在特定的应用中无论是 Client 端还是 Server 端都还需要特定的软件支持。

2. B/S 结构

B/S（browser/server）结构，即浏览器-服务器结构，如图 2-12 所示。它是随着 Internet 技术的兴起，对 C/S 结构的一种变化或者改进。在这种结构下，用户工作界面通过 WWW 浏览器来实现，极少部分事务逻辑在前端（browser）实现，但是主要事务逻辑在服务器端（server）实现，形成所谓的三层结构。这样就大大简化了客户端电脑载荷，减轻了系统维护与升级的成本和工作量，降低了用户的总体成本。

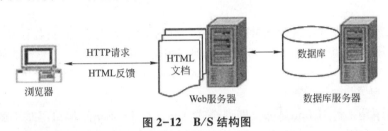

图 2-12　B/S 结构图

（二）Web 网页解析

1. 浏览器

浏览器（browser）是 Web 服务的客户端浏览程序，可向 Web 服务器发送各种请求，并对从服务器发来的超文本信息和各种多媒体数据格式进行解释、显示和播放。

Tim Berners-Lee 是第一个使用超文本来分享资讯的人，他于 1990 年发明了首个网页浏览器 WorldWideWeb。目前常见的网页浏览器包括微软的 Internet Explorer、Mozilla 的 Firefox、Apple 的 Safari 以及 Google 的 Chrome 等。

2. 标记语言

标记语言，也称置标语言，是一种将文本（text）以及文本相关的其他信息结合起来，展现出关于文档结构和数据处理细节的电脑文字编码。与文本相关的其他信息（包括文本结构和表示信息等）与原来的文本结合在一起，使用标记（markup）进行标识。

目前广泛使用的 Web 置标语言是超文本标记语言（HTML）和可扩展标记语言（XML）。

3. 脚本

脚本（script）是批处理文件的延伸，是确定的一系列控制计算机进行运算操作动作的组合，在其中可以实现一定的逻辑分支。

脚本被广泛地应用于网页设计中，可以减小网页的规模和提高网页浏览速度，甚至可以丰富网页的表现，如动画、声音等。目前常见的网页脚本包括 JavaScript、VBScript 等。

（三）移动应用程序

移动应用程序（mobile application），常称为应用程序（App），是指在智能手机、平板电脑或其他移动设备上运行的应用程序。

1. Native App

Native App 即原生 App，是针对 Android、iOS 或 Windows 移动平台采用特定的编程语言开发的无线移动智能终端应用软件，Native App 可以调用其运行平台提供的各种原生 API，以实现对智能终端摄像头、麦克风、陀螺仪及其他感知功能的使用及3D动作反馈,具有最佳的设备使用性能。目前大多数富功能应用均是这种模式,如微信、QQ、支付宝等。

不同的平台开发 Native App 采用不同的语言,Android 平台一般采用 Java 语言,iOS 平台采用 Objective-C 或 Swift,Windows 平台采用 C#等,因此 Native App 不具备跨平台能力,其安装到平台上的代码是经过编译的二进制代码,也不具备热更新能力。

2. Web App

Web App 就是运行于移动网络和移动浏览器上,基于网页技术开发的实现特定功能的移动应用,其与 WAP 的区别在于更侧重功能实现,而不是内容展示。Web App 使用 HTML、CSS、JavaScript 等技术实现在移动终端浏览器中访问网络信息,具有一定的热更新和跨平台能力。

Web App 需要与服务器进行大量数据交互,对网络要求较高,其对各移动平台原生 API 的支持极其有限,在功能和性能上都无法达到 Native App 的层次,主要作为 Native App 的补充。

3. 微信小程序

微信小程序是一种 Hybrid App,即混合式 App,在 JavaScript 接口层基于微信 App 本身实现对各移动平台原生 API 的调用,UI 层使用微信提供的各种控件实现交互,每次运行都会从服务器下载最新代码,从而实现简单的热更新和跨平台。

微信小程序主要应用在微信生态圈中,其他 Native App 也在推出自己的小程序,其应用主要依赖于用户对 Native App 的黏性。

## 二、HTML 语言

(一) HTML 简介

HTML 即超文本标记语言或超文本链接标示语言,是构成网页文档的主要语言。HTML 文本是由 HTML 命令组成的描述性文本,HTML 命令可以说明文字、图形、动画、声音、表格、链接等。HTML 的结构包括头部(head)、主体(body)两大部分,其中头部描述浏览器所需的信息,而主体则包含所要说明的具体内容。

1. HTML 特性

HTML 文档制作简单,功能强大,支持不同数据格式的文件镶入,其主要特点如下:

(1) 简易性。HTML 版本升级采用超集方式,更加灵活方便。

(2) 可扩展性。HTML 采取子类元素的方式,为系统扩展带来保证。

(3) 平台无关性。HTML 可以使用在广泛的平台上。

2. HTML 元素

HTML 实际上是一个文档的结构,这个文档由不同的元素组成。一个典型的元素由开始标记、内容和结束标记三部分组成。

HTML 示例

HTML 中,一个元素的开始标记写作<element>,这里的 element 是元素名称。一个元素的结束标记是在元素名称前加斜杠:</element>。元素还可能有相关的属性,这个属性称为元素的特性,特性值出现在元素开始标记最后的">"前,元素的开始标记中可以出现任意数量的合法特性值。

值得注意的是，元素并不是我们通常所理解的标记，元素是组成文档的要素，而标记是对元素进行描述的符号。

一个 HTML 文档示例如下：

```
<!DOCTYPE html>
<html>
    <body>
        <h1>HTML 示例</h1>
        <p>输入姓名和密码</p>
        <form>
          <label for="fname">姓名:</label>
          <input type="text" id="username" name="name"><br><br>
          <label for="lname">密码:</label>
          <input type="password" id="userpass" name="pwd"><br><br>
          <input type="submit" value="提交">
          <input type="button" value="忘记密码">
        </form>
    </body>
</html>
```

（二）标记

HTML 语法是由标记（tag）和属性（attribute）组成的。浏览器就是针对标记和属性进行内容的解释。

1. 标记写法

HTML 标记以"<"">"符号括起来，如<h1>电子商务</h1>，标记<h1>和</h1>表示把"电子商务"四个字设置为标题1。

在写标记时要注意，标记名与"<"之间不能有空白符，标记字母不限大小写。

2. 属性

属性的作用在于给元素提供更多的相关信息，如<h1 color="#ff0000" align="center">电子商务</h1>，表示将"电子商务"四字设置为红色属性，并且居中显示。

3. 值

值是属性的具体取值，如<h1 color="#ff0000" align="center">电子商务</h1>，其中"#ff0000"就是 color 属性的具体取值。取值有一定的范围，往往用双引号括起来。

（三）网页脚本语言

1. VBScript

VBScript 是 Visual Basic Script 的简称，即 Visual Basic 脚本语言。VBScript 是微软开发的一种脚本语言，其可以通过 Windows 脚本宿主调用 COM，从而可以使用 Windows 操作系统中的程序库，比如可以使用 Microsoft Office 的库。

Web 网页中，VBScript 可以用来指挥客户方的网页浏览器执行 VBScript 程序，从而实现动态 HTML，甚至可以将整个程序结合到网页中来。

2. JavaScript

JavaScript 是一种基于对象和事件驱动并具有相对安全性的客户端脚本语言。同时也是一种广泛用于客户端 Web 开发的脚本语言，常用来给 HTML 网页添加动态功能，比如响应用户的各种操作。JavaScript 能适用于 PC、笔记本电脑、平板电脑和移动电话。

（四）HTML 的发展

1. XHTML

XHTML 指可扩展超文本标记语言（EXtensible HyperText Markup Language），于 2000 年 1 月 26 日成为 W3C 标准，W3C 将 XHTML 定义为最新的 HTML 版本。XHTML 能够与 HT-ML4.01 兼容，并将逐渐取代 HTML。

随着移动互联网的逐步发展，智能终端设备上运行的浏览器很难应付万维网上各种松散的 HTML 代码，因此需要对网页标记语言加以规范。

XHTML 结合了 XML 和 HTML 的优势，利用 XML 所有的东西都要被正确标记这一要求来定义形式良好的文档，并用于描述数据，然后通过 HTML 显示数据。这使得 XHTML 可以被所有支持 XML 的设备读取，并且向后兼容。

2. HTML5

HTML5 被称为下一代 HTML，是 HTML、XHTML 和 HTML DOM 的最新标准。HTML5 是 W3C（World Wide Web Consortium）与 WHATWG（Web Hypertext Application Technology Working Group）合作的结果。

HTML5 融入了 HTML、CSS、DOM 以及 JavaScript 的部分功能，能够减少对外部插件的需求和脚本标记的依赖，从而具有更加优秀的错误处理能力和跨平台能力。目前绝大多数浏览器都很好地支持了 HTML5。

HTML5 中的一些新特性包括：

（1）用于绘画的 canvas 元素；

（2）用于多媒体播放的 video 和 audio 元素；

（3）支持对本地离线存储；

（4）新的特殊内容元素，如 article、footer、header、nav、section；

（5）新的表单控件，如 calendar、date、time、e-mail、url、search。

三、动态网页设计

动态网页是指服务器端运行程序生成 HTML 代码，客户端显示的网站形式，这与静态网页服务器端只是传输 HTML 代码而不运行程序有很大区别。

（一）动态网页技术

早期的动态网页主要采用 CGI（common gateway interface，公用网关接口）。可以使用的编程语言有 Visual Basic、Delphi 或 C/C++等。CGI 技术编程困难、效率低下、修改复杂，逐渐被新技术取代。

1. PHP

PHP 即 Hypertext Preprocessor（超文本预处理器），其语法借鉴了 C、Java、Perl 等语言，但只需要很少的编程知识就能使用 PHP 建立一个真正交互的 Web 站点。并且它与 HTML 语言具有非常好的兼容性，使用者可以直接在脚本代码中加入 HTML 标签，或者在 HTML 标签中加入脚本代码从而更好地实现页面控制。PHP 提供了标准的数据库接口，数据库连接方便，兼容性强，扩展性好，可以进行面向对象编程。

## 2. ASP.NET

ASP.NET 是微软公司推出的基于.NET Framework 的 Web 开发平台,具有验证、缓存、状态管理、调试和部署等网站服务功能。ASP.NET 将页面逻辑和业务逻辑分开,分离程序代码与显示的内容,使得程序代码看起来更为简洁。

ASP.NET 的运行过程包含页面请求、分析、编译、组装、页面缓冲五大环节。当客户端通过浏览器请求(Request)页面时,服务器端首先由页面分析器(Parser)对被请求的页面进行分析;再将通过分析的页面内容传递给编译器(Compiler);经过编译器编译的页面内容被传输给组装缓存(Assembly Cache),同时,一些需要较高资源代价的元素可以创建一次后存入内存(Memory);将组装缓存和内存中的内容有机结合后形成一个完整页面(包括数据、编译代码、HTML 代码等),完整页面最后被送往输出缓存(Output Cache)。输出缓存中的内容将作为客户端的页面请求结果被送回浏览器。

## 3. JSP

JSP 即 Java Server Pages,由 Sun Microsystem 公司于 1999 年 6 月推出,是基于 Java Servlet 以及整个 Java 体系的 Web 开发技术。

JSP 技术使用 Java 编程语言编写类 XML 的 tags 和 scriptlets,来封装产生动态网页的处理逻辑。网页还能通过 tags 和 scriptlets 访问存在于服务端的资源的应用逻辑。JSP 将网页逻辑与网页设计的显示分离,支持可重用的基于组件的设计,使基于 Web 的应用程序的开发变得迅速和容易。

### (二)页面设计

#### 1. 总体思路

设计页面首先要明确网站的结构,对网站的整体风格和特色作出定位,规划网站的组织结构。

Web 站点主页应具备的基本成分包括:

(1)页头:准确无误地标识站点和标志。

(2)e-mail 地址:用来接收用户垂询。

(3)联系信息:如普通邮件地址或电话。

(4)版权信息:声明版权所有者等。

内容要充分利用已有信息,如客户手册、公共关系文档、技术手册和数据库等。

#### 2. 版式设计

网页设计作为一种视觉语言,特别讲究编排和布局,通过文字图形的空间组合,表达出和谐与美。

多页面站点页面的编排设计要求把页面之间的有机联系反映出来,特别要处理好页面之间和页面内的秩序与内容的关系。为了达到最佳的视觉表现效果,需要反复推敲整体布局的合理性,使浏览者有一个流畅的视觉体验。

#### 3. 配色

色彩是艺术表现的要素之一。在网页设计中,应根据和谐、均衡和重点突出的原则,将不同的色彩进行组合、搭配来构成美丽的页面。根据色彩对人们心理的影响,合理地加以运用。

## （三）Web 服务器

### 1. IIS

互联网信息服务（internet information services，IIS），是由微软公司提供的基于运行 Microsoft Windows 的互联网基本服务器，能发布网页，并且运行 ASP、Java 或 VBscript 产生页面。

IIS 是一种 Web（网页）服务组件，包括 Web 服务器、FTP 服务器、NNTP 服务器和 SMTP 服务器，分别用于网页浏览、文件传输、新闻服务和邮件发送等方面，它使得在网络（包括互联网和局域网）上发布信息更加容易。

### 2. Apache

Apache 源于 NCSA 的 httpd 服务器，经过多次修改，成为世界上最流行的 Web 服务器软件之一。Apache 取自"a patchy server"的读音，意思是充满补丁的服务器，因为它是自由软件，所以不断有人来为它开发新的功能、新的特性、修改原来的缺陷。Apache 的特点是简单、速度快、性能稳定，并可作为代理服务器使用。

### 3. WebLogic

WebLogic 最早是由 WebLogic Inc. 出品的一个应用软件服务器，确切地说是一个基于 JavaEE 架构的中间件。WebLogic Server 是专门为企业电子商务应用系统开发的。企业电子商务应用系统需要快速开发，并要求服务器端组件具有良好的灵活性和安全性，同时还要支持关键任务所必需的扩展、性能和高可用性。WebLogic Server 简化了可移植及可扩展的应用系统的开发，并为其他应用系统提供了丰富的互操作性。

### 4. Tomcat

Tomcat 是由 Apache 软件基金会下属的 Jakarta 项目开发的一个 Servlet 容器，按照 Sun Microsystems 提供的技术规范，实现了对 Servlet 和 JavaServer Page（JSP）的支持，并提供了作为 Web 服务器的一些特有功能，如 Tomcat 管理和控制平台、安全域管理和 Tomcat 阀等。由于 Tomcat 本身也内含了一个 HTTP 服务器，它也被视作一个单独的 Web 服务器。

## 第五节　数据库技术

电子商务系统需要处理大量的商务数据，这些数据的搜集、整理、组织和开发需要数据库技术的支撑。

### 一、概述

#### （一）相关概念

##### 1. 数据（data）

在计算机科学中，数据是指所有能输入计算机并被计算机程序处理的符号介质，是用于输入电子计算机进行处理，具有一定意义的数字、字母、符号和模拟量等的总称。商务活动中的商流、信息流和资金流都以一定的数据形式表现，电子商务系统就是要处理这些商务数据。

2. 数据库（database）

数据库是按照数据结构来组织、存储和管理数据的仓库。数据库有很多种类型，从最简单的存储有各种数据的表格到能够进行海量数据存储的大型数据库系统都可以称为数据库。

3. 数据库管理系统（database management system，DBMS）

数据库管理系统是一种操纵和管理数据库的大型软件，用于建立、使用和维护数据库，它对数据库进行统一的管理和控制，以保证数据库的安全性和完整性。

（二）数据库基本结构

1. 物理数据层

物理数据层即数据库的最内层，是物理存储设备上实际存储的数据的集合。

2. 概念数据层

概念数据层即数据库的中间一层，是数据库的整体逻辑表示。它指出了每个数据的逻辑定义及数据间的逻辑联系，是存储记录的集合。

3. 逻辑数据层

逻辑数据层是用户所看到和使用的数据库，表示了一个或一些特定用户使用的数据集合，即逻辑记录的集合。

## 二、数据模型

（一）数据模型的要素

1. 数据结构

数据结构是数据对象，以及存在于该对象的实例和组成实例的数据元素之间的各种联系。在数据库中包括层次结构、网状结构和关系结构三种数据结构。

2. 数据操作

数据操作是指对数据库中各种对象的实例允许执行的操作的集合，包括操作及有关的操作规则。数据库中的操作主要有检索和更新两大类。

3. 数据约束

数据约束是给定的数据结构中，数据及其联系所具有的制约与依赖关系，这种制约和依赖规定了数据库的状态及状态变化，以保证其完整性。

（二）概念模型

1. 实体

实体是指客观存在并且可以相互区别的事物。实体可以是一个公司、一个部门，也可以是一张单据、一次交易。

2. 属性

属性是实体所具有的特征。一个实体可以具有多个特征，因此就有多个属性。

3. 关系

关系是实体与实体之间或实体自身内部属性之间的某种联系。按照联系的数量，可以分为一对一联系、一对多联系和多对多联系三种。

4. E-R 图

E-R 图是对数据建模的一种方式，是 P. P. S. Chen 于 1976 年首先提出来的一种实体-联系方法，用以描述现实世界的概念模型。

图中实体用矩形表示,矩形框内写明实体名;属性用椭圆形表示;联系用菱形表示。实体、属性与联系之间由无向线条连接,并注明对应关系,一个简单的 E-R 图示例如图 2-13 所示。

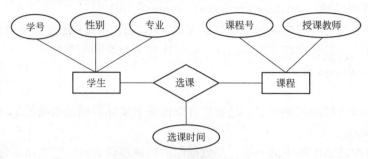

图 2-13　学生选课 E-R 图

### 三、关系数据库

（一）关系数据库概述

关系数据库,是建立在关系数据库模型基础上的数据库,借助集合代数等概念和方法来处理数据库中的数据。目前主流的关系数据库有 Oracle、SQL、Access、DB2、Sqlserver、Sybase 等。

1. 关系数据结构

现实世界的实体以及实体间的各种联系均用关系来表示,从用户角度,关系模型中数据的逻辑结构是一张二维表。表中组成要素包括元组、属性、码、域、分量和关系模式。

2. 关系操作

常用的关系操作有：

（1）查询：选择、投影、连接、除、并、交、差。

（2）数据更新：插入、删除、修改。

3. 完整性约束

关系的操作必须在满足关系完整性约束的条件下进行。关系的完整性约束包括：

（1）实体完整性：若属性 A 是基本关系 R 的主属性,则属性 A 不能取空值。

（2）参照完整性：若属性或属性组 F 是基本关系 R 的外码,它与基本关系 S 的主码 K 相对应,则对于 R 中每个远足在 F 上的值或者取空,或者等于 S 中某个元组的主码值。

（3）用户自定义完整性：反映应用领域需要遵循的约束条件,体现了具体领域中的语义约束,用户定义后由系统支持。

（二）SQL

1. SQL 定义

SQL（structured query language,结构化查询语言）,是一种数据库查询和程序设计语言,用于存取数据以及查询、更新和管理关系数据库系统。SQL 语言结构简洁,功能强大。20 世纪 70 年代末 IBM 公司率先推出以 Codd 的关系数据库理论为基础开发的"Sequel"语言,并重命名为"SQL",其后 SQL 经过多次发展,已经广泛应用于大部分关系数据库。

2. SQL 功能

（1）面向数据库执行查询，并从数据库取回数据；
（2）插入、更新、删除数据库中数据；
（3）创建新数据库、表、视图和存储过程；
（4）设置表、存储过程和视图的权限。

3. SQL 语言

1）数据定义语言（DDL）

关系数据库由表、视图和索引三种基本对象组成，对关系数据库对象的操作称为数据定义。数据定义包括对象的创建、删除和修改。其中只有表能直接修改，而视图和索引是基于表的，无法直接修改。对数据的定义操作如表 2-3 所示。

表 2-3 DDL 表

| 对象 | 数据定义 | | |
|---|---|---|---|
| | 创建 | 删除 | 修改 |
| 表 | CREATE TABLE... | DROP TABLE... | ALTER TABLE... |
| 视图 | CREATE VIEW... | DROP VIEW... | |
| 索引 | CREATE INDEX... | DROP INDEX... | |

2）数据操作语言（DML）

数据操作是针对数据的更新操作，包括对表中元组的插入、修改和删除。如表 2-4 所示。

表 2-4 DML 表

| 对象 | 数据操作 | | |
|---|---|---|---|
| | 插入 | 修改 | 删除 |
| 元组 | INSERT INTO...VALUES... | UPDATE<表名> SET...[WHERE<条件>] | DELETE FROM<表名> [WHERE<条件>] |
| 子查询 | INSERT INTO...子查询 | UPDATE<表名> SET...WHERE...（子查询） | DELETE FROM<表名> WHERE...（子查询） |

3）数据查询语言（DQL）

数据库的主要目的就是进行数据查询，SQL 的数据查询方式有单表查询、连接查询、嵌套查询、集合查询。

DQL 语句一般格式为：

SELECT [ALL|DISTINCT]<目标列表达式>...
FROM <表名>...
[WHERE <条件>]
[GROUP BY <列名 a> [HAVING <条件>]]
[ORDER BY <列名 b> [ASC|DESC]]

4）数据控制语言（DCL）

数据库在使用过程中会遇到各种数据的安全性问题，数据控制的目的在于保护数据库的完整、安全和纠错能力。DCL 可以执行数据的安全性控制、完整性控制、并发控制和恢复，一定程度上保证了数据库中数据的安全、正确。

DCL 包括对用户授权的 GRANT 语句，收回用户权利的 REVOKE 语句等。

(三) 数据库设计

数据库设计（database design，DD）是指在分析用户使用环境的基础上，利用关系数据库理论构造相关的数据库模式，建立数据库及其应用系统来有效地存储数据，满足用户的应用需求的过程。

1. 需求分析

需求分析的主要目的是要清楚用户的各种需求。一般来说，数据库用户的需求包括需求数据的种类和处理的种类。需求分析是数据库设计的初始过程，后续的所有过程均是基于需求分析所得出的结论而做出的，需求分析决定了数据库系统的设计合理性和正确性。

需求分析的步骤包括：
(1) 调查组织结构组成；
(2) 调查部门业务流程；
(3) 细化业务对数据、数据处理、完整性和安全性的需求；
(4) 确定系统边界，设计功能模块。

需求分析的方法包括自顶向下和自底向上两种，得出的重要成果是包括数据字典在内的系统分析报告。

2. 概念结构设计

需求报告得出后，需要把现实世界的需求转化为计算机世界的处理，这个过程就是进行概念的设计。概念设计将现实世界与计算机处理之间联系起来，便于计算机技术人员进行数据库的逻辑结构设计。

概念结构设计阶段采用结构化分析的方法自顶向下或自底向上地分析出实体与实体、实体与属性之间的关系，并以 E-R 图的形式进行数据的抽象和局部视图的设计。

3. 逻辑结构设计

概念结构设计阶段已经清楚了数据库系统的实体与关系，以及数据定义、操作和控制的需求，在逻辑结构设计阶段就是要将这些需求转化为实际的数据模型。

逻辑结构设计包括以下几个步骤：
(1) 将概念结构设计为数据模型；
(2) 选择具体数据模型数据库管理系统；
(3) 在选定数据库管理系统中设计数据模型要素；
(4) 优化数据模型；
(5) 设计用户模式。

4. 物理设计

数据库最终需要运行在相应的计算机设备上，数据库的物理设计就是要在计算机设备上规划和构建出数据库的物理结构。

进行物理设计主要包括以下几个方面：
(1) 依据逻辑结构设计数据存储的物理结构；

(2) 设计数据存取的传输路径；
(3) 确定数据储存的物理位置；
(4) 按系统要求确定计算机系统硬件配置；
(5) 修改并完善系统物理结构。

5. 实施与维护

前面四步均是数据库的设计阶段，最后一步将前边得出的成果进行具体的实施并进行评价和维护。

数据库的实施包括软件实施和硬件实施两大部分。

软件实施包括数据库结构的定义，基础数据录入，编制、调试程序，运行和反馈几个部分；硬件实施包括计算机设备的购买、安装和调试以及网络基础设备的组建等。

数据库的运行与维护是数据库进入实际运行后进行的日常维护工作和完善工作，包括数据库安全性、完整性的控制，数据库性能的监督，数据库重组或重构以及数据库备份与恢复等相关工作。

### 四、面向电子商务的数据库技术

(一) 电子商务信息处理

1. 分布式异构数据库

分布式异构数据库是指异构数据库在空间地域上的广泛分布。电子商务环境下，从事商务活动的主体分布在世界的各个地区，各个主体所采用的数据库系统不尽相同，因此要将电子商务信息得到充分的传播和利用，需要有标准统一的跨平台数据库系统。

开放式数据库互连（open database connectivity，ODBC）提供了在异构数据库管理系统中存取数据的标准应用程序接口（API）。ODBC 为应用程序提供了一套高层调用接口规范和基于动态链接库的运行支持环境。大多数数据库开发软件都可以通过 ODBC 接口来连接数据库系统，而大多数数据库管理系统也提供了相应的 ODBC 驱动程序。

Java 与数据库接口规范 JDBC（java database connectivity）是支持基本 SQL 功能的一个通用的应用程序编程接口，它在不同的数据库功能模块的层次上提供了一个统一的用户界面，为对异构数据库进行直接的 Web 访问提供了新的解决方案。JDBC 在电子商务分布异构数据库处理上应用越来越普遍。

2. 多媒体数据库

多媒体数据库是数据库技术与多媒体技术结合的产物。电子商务活动中，多媒体元素扮演着越来越重要的角色，甚至某些商品本身表现为多媒体的形式，因此构建电子商务多媒体，是电子商务数据库系统研究的方向之一。

电子商务多媒体数据库主要实现以下功能：

(1) 对多媒体数据的存储、组织、使用和管理；
(2) 实现多媒体数据集成或表现集成以及多媒体数据之间的交叉调用和融合；
(3) 实现多媒体数据与人的交互过程。

3. 云计算数据中心

云计算（cloud computing）是一种基于互联网的计算方式，通过这种方式，共享的软硬件资源和数据可以按需提供给电子商务企业。

云计算采用数据统一集中存储的模式，在云计算平台中，数据如何放置是一个非常重要的问题，在实际使用过程中，需要将数据分配到多个节点的多个磁盘当中。而能够达到这一目的的存储技术趋势当前有两种方式，一种是使用类似于 Google File System 的集群文件系统，另一种是基于块设备的存储区域网络 SAN 系统。

GFS 是由 Google 公司设计并实现的一种分布式文件系统，基于大量安装有 Linux 操作系统的普通 PC 构成的集群系统，整个集群系统由一台 Master 和若干台 ChunkServer 构成。

在 SAN 连接方式上，可以有多种选择。一是使用光纤网络，能够操作快速的光纤磁盘，适合于对性能与可靠性要求比较高的场所；二是使用以太网，采取 iSCSI 协议，能够运行在普通的局域网环境下，从而降低成本。采用 SAN 结构，服务器到共享存储设备的大量数据传输是通过 SAN 网络进行的，局域网只承担各服务器之间的通信任务，这种分工使得存储设备、服务器和局域网资源得到更有效的利用，使存储系统的速度更快，扩展性和可靠性更好。

（二）电子商务决策支持

电子商务决策支持是利用电子商务系统中的各种数据、模型、知识来辅助解决各类商务决策问题，电子商务决策支持系统离不开共享网络数据仓库的构建。

1. 数据仓库

数据仓库（data warehouse，DW）是决策支持系统（decision support system，DSS）和联机分析所依赖的面向主体的、集成的、相对稳定并反映历史变化的数据集合。电子商务环境中产生的数据具有爆炸的特性，在电子商务环境下研究数据仓库就是要研究和解决从这个庞大的数据海洋中获取信息的问题。

数据仓库的体系构成包括：

（1）数据源。包括企业内部信息和外部信息。

（2）数据的存储与管理。对现有各业务系统的数据进行抽取、清理并有效集成，按决策主题进行存储和管理。

（3）联机分析处理（OLAP）。对分析需要的数据进行有效集成，按多维模型予以组织，以便进行多角度、多层次的分析，并发现趋势。

（4）应用工具。主要包括各种报表工具、查询工具、数据分析工具、数据挖掘工具以数据挖掘及各种基于数据仓库或数据集市的应用开发工具。

2. 数据挖掘

电子商务环境下，数据挖掘（data mining）主要是指通过对企业内存在的大量数据进行分析，以对市场、客户、消费进行描述的过程。其技术过程包括对数据的抽取、数据的存储和管理以及对数据的展现等。

数据仓库的建立为数据挖掘提供了更加广泛和可靠的数据来源，在电子商务数据库系统中二者是相辅相成的，实际上数据仓库一个极为重要的应用工具就是数据挖掘。

3. 大数据分析

大数据（big data）指具有大量（volume）、高速（velocity）、多样（variety）、低价值密度（value）、真实性（veracity）等特征的多源异构数据。大数据已经成为电子商务企业重要的战略资源。

电子商务大数据分析包含以下基本内容。

(1)数据可视化(Analytic Visualizations)。

不管是对数据分析专家还是普通用户,数据可视化是数据分析工具最基本的要求。可视化可以直观地展示数据,让数据自己说话。

(2)数据挖掘算法(Data Mining Algorithms)。

大数据分析通过集群、分割、孤立点分析等算法深入数据内部,挖掘其潜在价值。这些算法不仅要应对处理大量的数据,也要提高处理数据的速度。

(3)预测性分析(Predictive Analytic)。

数据分析的结果是找到大量数据中蕴藏的商业规律,通过可视化的展示,决策者可以在此基础上科学地作出决策。

(4)语义引擎(Semantic Engines)。

大数据中包含了大量非结构化的数据,这就需要一系列的工具去解析、提取并分析这些非结构化的数据。语义引擎能够从大量非结构化的数据中智能提取信息。

(5)数据质量和数据管理(Data Quality and Master Data Management)。

数据质量和数据管理通过标准化的流程和工具对数据进行处理,可以保证数据分析能够得到一个预先定义好的高质量的分析结果。

## 第六节 电子商务安全技术

很长一段时期,人们对电子商务领域的安全问题一直持怀疑态度。随着社会信息化、商务信息化的不断推进,越来越多的电子商务参与者开始重视电子商务的安全问题。不管从技术上,还是从制度上,我们都在推动着电子商务安全策略的进步。

### 一、电子商务安全面临的问题

要解决电子商务的安全问题,首先要清楚电子商务所面临的安全威胁。从总体上来说,电子商务面临的安全问题主要包括商务信息安全、支付信息安全和数据库安全三大部分。

(一)商务信息安全

1. 交易双方身份识别

电子商务活动往往并不是面对面的实际活动,交易双方可能远在天涯,这恰恰是电子商务的特点,但也是交易安全容易出现问题的地方。在电子商务网络上,如果不进行交易双方的身份识别,就有可能出现不法分子假冒交易方的身份,或者交易方为避免或减少交易损失而做出否认、抵赖行为。

2. 商品信息展示

商品信息的展示就是商品信息的表达过程,交易双方的商品信息表达过程包括传输和展示。商品信息传输过程可能被截取、篡改和伪造,而信息展示过程往往容易被破坏。

另外一种情况是假冒商品信息,表达不真实的商品信息,从而误导客户。

3. 交易文件

电子商务交易文件实质上是一系列电子数据,电子数据的制作、传输和储存过程都与传统的纸质文件有所区别。

首先是交易文件的制作过程须真实有效和不可抵赖,以保障文件确实由签章人发布,防止伪造文件,文件一经确认当事人将不可抵赖;

其次是交易文件传输过程容易被截取、篡改和泄密;

最后是储存中容易泄密和被病毒或恶意攻击所破坏。

### (二)支付信息安全

电子商务结算往往涉及电子支付,支付信息的安全是保障电子商务活动顺利完成的重点。

中华人民共和国民法典(隐私权和个人信息保护)

#### 1. 支付信息真实性

电子支付的过程是通过金融中介来完成的,交易一方向金融中介发送支付指令,首先要确保这个指令的真实可靠,电子商务支付系统要保障指令发出者的真实性;其次,支付指令的指向地要真实正确,确保不是向非法的假冒者进行了支付。

#### 2. 传输篡改

支付信息的传递实质也是电子数据的传输,仍然面临着传输过程被截取和篡改的危险。

### (三)数据库安全

#### 1. 非法侵入

电子商务交易的数据往往都储存在数据库中,对数据库的非法侵入包括恶意攻击、非法操作、破坏数据的行为。这些行为会给数据库管理带来极大的危害。

#### 2. 数据偷窃

电子商务环境下,数据作为重要的信息资源本身也是具有价值的物质。某些商品本身就是以数据的形式体现。数据偷窃包括入侵后对数据的非法删除、复制以及对数据载体的偷窃。

## 二、电子商务安全保障

电子商务活动过程面临着已知或潜在的安全威胁,单从某个安全问题的角度入手解决,不可能取得较好的电子商务安全防范效果。要保障交易安全,必须时刻警惕电子商务活动过程中出现的新安全威胁,并且在总结经验的基础上建立安全联动机制,设置安全保障体系,以应对电子商务安全问题。

### (一)安全要素

一个良好运作的电子商务安全保障系统应由若干要素组成,这个系统应是一整套联动的逻辑措施。

#### 1. 真实有效性保障

交易活动中传统的纸质文档被电子文档所替代,商流、信息流和资金流均以电子化手段处理。在这个活动中所有的信息表达都需要真实有效,以保障贸易是在正确的时间、确定的地点由确定的交易双方所达成的。

#### 2. 数据机密性保障

基于Internet的数据在储存和传递中面临着被截取、盗窃和篡改的风险。这些数据一方面不可被非法更改,另一方面代表着一定意义的商业机密,因此不论从哪个角度来看,电子商务都要保障这些数据不能被非法获取，即便被获取，也无法被非授权方获知其真实表达。

3. 数据完整性保障

数据完整性是指数据在产生、传输和储存过程中均应保持其定义的完整性，数据完整性是数据正确性的体现，不完整的数据可能会导致歧义，甚至影响贸易的运行方向。数据完整性可以保障交易双方达成共识，并保障交易活动的顺畅进行。

4. 不可抵赖性保障

商务交易本身是一种契约行为，交易双方即便都是真实表示，但事后也可能有抵赖的情况发生。传统交易过程以"白纸黑字"的形式来保障交易的不可抵赖性。电子商务环境下，交易的契约达成是以电子合同、契约或贸易单据等数据形式表现的，保障这些契约文档的不可抵赖性，就充分保障了交易表达的确定性和交易行为的不可抵赖性。

5. 交易可控制保障

这种保障是建立在交易双方有能力保障数据机密和完整的要求基础上的。交易数据的正确性，是指只有授权的发送人才能发送，只有授权的接收人才能接收，并且对数据进行审核。

（二）体系结构

电子商务实际上是交易双方及交易辅助第三方的商务活动在网上的实现形式。由于Internet的开放性，其安全策略相对较低，即便如此，Internet也在不断提高自身的安全防范措施，比如增加超文本安全传输协议。

实际上如果电子商务交易的各方在自身的Intranet范围内做好安全防范措施，那么在Internet的高速传输通道上只需要保障信息不丢失和正确投递即可。而参与方可以通过设置代理服务器和CA认证的形式来确保进出信息的安全。

在企业Intranet建立安全体系结构，主要包括以下几个层次。

1. 服务层

服务层执行内部数据安全服务，比如防止内部数据被病毒侵害或盗取，为数据执行加密和解密，给商业文档签上数字签章和数字时间戳，并归档CA认证，确保在内部处理系统的所有商务数据的安全。

2. 传输层

传输层控制数据传输过程的安全性，对已加密数据进行封装，选择高效、通常的传递通道分布式地传递数据包，并确保数据包到达目的地后被完整地组织起来。如果数据包在中途丢失，那么应该有足够的措施保障数据包的重新发送。

3. 交换层

交换层确保交换双方的数据交换公平。交换是在交换双方都同意的情况下执行的，如果没有受到许可，那么安全的传输通道将不会被建立。每次交换建立的唯一性确保了交换数据的独特性，也保证了没有取得许可的交换不会出现。

4. 商务层

商务层的安全措施包括防火墙的构建，商务软件的应用以及杀病毒软件的配置。商务信息本身要表达规范，如果不符合规范，将不被安全传输。

### 三、保障电子商务安全的技术

电子商务的安全保障重点在于商务数据的安全保障和商务行为的合法保障，因此，在保障电子商务安全的技术中，主要应用了计算机数据的安全技术和电子身份的合法技术。

#### （一）病毒及入侵防范

1. 病毒防范

计算机病毒（Computer Virus）是编制或者在计算机程序中插入的破坏计算机功能或者破坏数据，影响计算机使用并且能够自我复制的一组计算机指令或者程序代码。

计算机病毒并不是自己产生的，其仍然是人为编制的一些代码，因此这些代码必定代表了人的主观恶意或非法意图。计算机病毒具有破坏性、复制性和传染性的特点。

计算机病毒对于电子商务的最大危害在于商业数据的破坏或丢失。根据电子商务活动的特征，危害电子商务活动的病毒包括计算机处理端的单机病毒和来自网络的病毒攻击。

1）单机病毒

单机病毒主要是基于操作系统的引导型病毒和破坏文件的文件病毒。引导型病毒感染启动扇区（boot）和硬盘的系统引导扇区（MBR），主要以破坏计算机操作系统为主，使得用户无法正常使用计算机；文件病毒感染计算机中的文件（如COM、EXE、DOC等），主要以破坏计算机文件系统为主，包括对文档的删除、改写和破坏，使用户无法正常处理文件。

单机病毒主要的防范措施是杀毒软件和主机入侵防御系统（host intrusion prevent system，HIPS）。

杀毒软件主要是通过实时监控或扫描磁盘来分析程序的特征或运行行为，并通过病毒库对比来确定程序是否是病毒，然后进行删除、限制或隔离的处理。目前市面上杀病毒软件种类较多（如Kaspersky、Avira、BitDefender、McAfee、ESET（NOD32）、Symantec、F-Secure等），功能各有侧重点，因此在选择的时候要多方面入手，确保计算机保护的全面性。

主机入侵防御系统严格来说并不是杀毒软件，而是一种人工辅助系统，目前常见的HIPS产品包括COMODO、EQSysSecure、Malware Defender等。

HIPS主要通过分析程序的运行特征来做出处理，其防病毒能力跟HIPS所建立的安全策略有很大关系。HIPS规定了哪些行为是被允许和安全的，哪些行为是不被允许和不安全的，即便计算机里已经存在病毒，也可以通过限制它的行动来防止它对计算机的破坏。

单机病毒也可以通过联网的方式或日常数据传递的方式进行传播，因此除了采用杀毒软件或HIPS之外，还要养成良好的计算机使用习惯。

2）网络病毒

网络病毒通过计算机网络传播感染网络中的可执行文件，其可以驻留在单机内进行破坏，也可以通过网络进行远程破坏。这种病毒通常以感染数据包或邮件的形式通过网络传播，传播范围较单机病毒更加广泛，控制和处理这种病毒较为困难。

网络病毒的防范除了采取杀毒软件和HIPS之外，还需要防火墙的保护。防火墙可以隔离开病毒的传输通道，也可以切断病毒的作用通道，使病毒的蔓延和破坏局限在一定范围之内。安全策略设置高的防火墙还可以阻止带有病毒的数据包和邮件的进入，甚至剥离掉数据包和邮件身上的病毒。

2. 黑客防范

黑客最早源自英文 hacker，早期在美国的电脑界是带有褒义的。原指热心于计算机技术、水平高超的电脑专家，尤其是程序设计人员。一些技术高超的人员，由于好奇心或恶作剧甚至某种恶意目的的驱使，利用现有系统漏洞非法进入计算机系统中，进行非授权的活动。

黑客入侵可能带来商业数据泄密，甚至带来电子财产的损失，防范黑客入侵需要构建一整套安全措施，包括构建防火墙和 HIPS。

黑客主要利用互联网体系和计算机体系的漏洞进行入侵，因此不断完善互联网系统结构和系统补丁是防范黑客入侵的手段之一。在电子商务领域，对于重要商务数据进行物理备份，甚至建立多层安全模型，人工监控与软件监控结合的方式都是防范黑客入侵的尝试手段。

（二）防火墙技术

1. 防火墙的含义

防火墙（FireWall）是一种架设在内部网络和外部网络接口之间的依据一定规则对通过其传输的数据进行传输控制的系统，如图 2-14 所示。防火墙可以是一套专属的软硬件结合系统，也可以是安装在普通硬件上的一套软件。

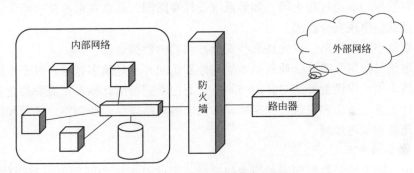

图 2-14 网络防火墙架构示意图

2. 防火墙种类

不管是硬件防火墙还是软件防火墙，其安全策略是一样的，防火墙应是一整套包含安全策略技术的系统，因此按照安全策略技术来划分防火墙更具实际意义。

1) 包过滤防火墙

这种防火墙是根据一定过滤规则审查通过防火墙的各个数据包，如果这个数据包当中所包含的信息符合规则，则允许数据包通过，否则数据包将无法通过。所审查的信息包括数据包报文头的 IP 源地址和目标地址、所采用的传输协议信息以及目标端口信息等基础信息。所匹配的规则可以是预选定义好的，也可以动态地按某个计算策略来设置匹配规则，如果预先定义规则，则称为静态包过滤；如果动态设置规则，则称为动态包过滤。显然，动态包过滤比静态包过滤更加灵活，可以智能地处理那些预先无法设置的规则。

2) 代理型防火墙

代理型防火墙采用代理（Proxy）技术来实现内外部网络之间的数据传输，是一种参与到 TCP 连接的过程，这种防火墙是在应用层起作用的。

代理型防火墙接收来自内部网络的服务请求，这种请求被 Proxy 转换为防火墙的请求，然后再发送给外部网络的主机；而主机所反馈的数据，再经由 Proxy 转换为反馈给内部网络的数据。由于内外网络并不直接对话，因此这种防火墙具有很高的安全性。

也正是由于这种代理性质的服务，需要花费大量的系统开支，因此代理型防火墙开发代价较大，难以提供丰富的代理业务。

考虑到包过滤防火墙的优点，一种新的代理型防火墙设计得以实现，这就是自适应代理防火墙，它结合了包过滤和代理的双重优点，按照用户配置信息决定哪些数据进行代理，哪些数据进行包过滤转发。

3）检测型防火墙

检测型防火墙采用状态高级检测的技术来实现数据包的过滤，它检测应用层协议信息并分析应用层协议的状态，通过历史数据的统计来判断数据包该转发还是丢弃。这种状态检测型的防火墙更加智能，但是设置策略较为复杂。

3. 防火墙系统设计

防火墙主要是面对企业应用的，目前市面上防火墙的产品多种多样，到底哪种产品适合自己的企业，除了防火墙产品本身的优劣之外还应考虑对企业安全防范的设计。

一般来说，防火墙系统的设计，需要注意以下几点。

（1）所有数据均需通过防火墙。如果系统设计有漏洞，那么在那些防火墙无法作用或作用小的接入点就会出现安全隐患。

（2）采取最小特权策略。只允许那些安全性明确的数据通过。

（3）采取流量限制策略。企业所能承受的外部访问并不是越多越好，对于主要应用在内部的数据，防火墙可以设置外部对其的访问，从而把带宽留给其他真正需要的业务流。

（4）设计记录、备份和灾难控制架构。防火墙的策略需要不断调整，预警和记录机制可以帮助企业调整和及时处理。

4. 防火墙的设置原则

通常来说，防火墙是数据包通过与否的选择。因此对于这个问题可以有两种思考方式：一种是凡是没有被允许的都禁止其通过，另一种是凡是没有被禁止的都允许其通过。这两种设置原则恰好相反，处在两个极端。当然如果禁止的或允许的规则随着使用不断建立，那么防火墙的安全性能就会不断提高。

但是，就如同互联网的开放性与安全性一样，防火墙的开放性与安全性也是一对统一的矛盾体，必须发展地、动态地思考防火墙的设置策略。

5. 防火墙的作用

防火墙是提高信息安全的重要措施，是整个网络安全系统中的重要一环，其作用主要有：

（1）控制通过防火墙的信息流向和数据包，进行数据清理和过滤；

（2）抵御外部网络对内部网络或内部网络向外部网络的恶意攻击；

（3）隐藏内部网络结构，防止内部细节泄露；

（4）记录数据流统计日志并提供分析。

这里需要注意的是防火墙并不是万能的，仍然具有一定局限性，比如无法阻止内部网络向内部网络的攻击，对新的病毒和威胁形式适应性不强。

（三）数据加密技术

1. 加密技术概述

加密是指采用一定的加密算法，并通过输入一定参数对一组数据进行转换的过程。未被加密前的数据称为明文，加密后产生的数据称为密文，输入的参数称为密钥。加密后的密文应是无法直接理解的数据，这就起到对明文的隐蔽和保护作用；而经由密钥和解密算法，密文可以再次转换为明文，这就保证了数据只对授权的人有意义。加密与解密过程如图 2-15 所示。对商务数据加密是电子商务安全的重要手段。

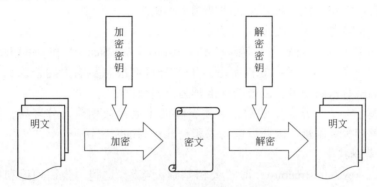

**图 2-15　数据加密与解密过程示意图**

通常的加密方式有两种：一是用密钥的字符替换明文的字符；二是将明文的字符位置次序进行重新排列。这两种方式都能起到一定程度的隐蔽作用，但是单独使用哪一种都不够安全。

2. 对称密钥加密

对称密钥加密又称单密钥加密技术，指对同一明文的加密和解密过程都使用同一个密钥的加密方式，实际上其解密算法是加密算法的逆过程，因此称为对称加密。

对称密钥加密算法典型的有 DEA 算法和 IDEA 算法。

1) DEA

数据加密算法（data encryption algorithm，DEA）最初是由 IBM 推出的一种对称密钥加密算法，这种算法结合了替换和重排两种加密方式，普遍应用于金融数据安全领域中，比如常见的自动取款机（ATM）。

DEA 所采用的数据加密标准（data encryption standard，DES）是一种块密码思想，1976 年被美国联邦政府确定为联邦资料处理标准（FIPS）。DES 使用一个 56 位的密钥以及附加的 8 位奇偶校验位，产生最大 64 位的分组大小。这是一个迭代的分组密码，使用称为 Feistel 的技术，将加密的文本块分成两半，使用子密钥对其中一半应用循环功能，然后将输出与另一半进行"异或"运算；接着交换这两半，这一过程继续到倒数第二个循环。DES 使用 16 个循环，使用异或、置换、代换、移位操作四种基本运算。

2) IDEA

DEA 仅有 56 位密钥，其被破解的可能性越来越大，1990 年瑞士著名学者 James Massey，Xuejia Lai 等人提出了国际数据加密算法（international data encryption algorithm，IDEA）。IDEA 在 DES 的基础上采用 128 位密钥，数据块大小为 64 位。

IDEA 是一种由 8 个相似圈（round）和一个输出变换（output transformation）组成的迭代算法。IDEA 的每个圈都由三种函数：模（216+1）乘法、模 216 加法和按位 XOR 组成。

目前 IDEA 在工程中主要应用在 PGP（pretty good privacy）系统中；另外 IDEA 也是安全套接层 SSL（secure socket layer）的算法之一。

3. 公开密钥加密

公开密钥加密又称非对称密钥加密，公开密钥加密和解密过程使用两个不同的密钥，这两个密钥有一个是公开的，另一个需要保密。公开的密码称为公钥，保密的密码称为私钥。公钥和私钥具有数学相关性，从公钥无法推测出私钥。

公开密钥加密最典型的算法是 RSA 算法。

RSA 算法是 1977 年由麻省理工学院的 Ron Rivest、Adi Shamirh 和 LenAdleman 三人共同开发的，RSA 取名来自三者名字的首字母。RSA 是目前最有影响力的公钥加密算法，它能够抵抗到已知的所有密码攻击，已被 ISO 推荐为公钥数据加密标准。

RSA 算法基于一个十分简单的数论事实：将两个大素数相乘十分容易，但想要对其乘积进行因式分解却极其困难，因此可以将乘积公开作为加密密钥。

（四）PKI 基础技术

PKI（public key infrastructure）即"公钥基础设施"，是利用公钥理论和技术建立的为所有网络应用提供安全服务的基础设施，PKI 遵循一定标准的密钥管理。PKI 技术是信息安全技术的核心，也是电子商务的基础技术。

PKI 的基础技术包括数字签名、数字信封、双重签名、数字时间戳和数字证书等。

1. 数字签名

数字签名又称电子签章，是一种类似写在纸上的普通的物理签名，使用公开密钥加密技术鉴别数字信息的方法。一套数字签名通常定义两种互补的运算，一个用于签名，另一个用于验证。

数字签名思想基于散列值函数（hash function）的思想，这种函数可以将任意若干值的（大）集合的结果均匀地（和随机地）分布在一个较小值域的（数学）函数范围上。

散列值函数常见的如 MD5、SHA-1，这种函数可以计算出任意文本的唯一 Hash 值，也就是说，任意给定的一段文本，均有一个与之唯一对应的 Hash 值，可以通过确定这个 Hash 值来确定这段文本，因此 Hash 值可以认为是文本的数字指纹。

发送方要进行一次数字签名，先对要签名的文本进行散列值计算，得出文本的 Hash 值，然后用发送方的私钥将 Hash 加密得到数字指纹密文，再将这个密文与原文本一道发送给接收方；接收方得到文本原文和数字指纹密文后，用发送方的公钥解密，得到数字指纹明文，再将这个明文与重新计算的文本原文 Hash 值对比，如果二者等同，那说明该文本在发送方提取数字指纹后并未被更改过，而发送方的私钥加密保证了确实是发送方加密的数字指纹。数字签名传输如图 2-16 所示。

这一过程完成了发送方的数字签名，并且验证了文本明文的完整性。

2. 数字信封

数字信封（digital envelope）是用加密技术来保证只有规定的特定收信人才能阅读通信内容的一种数字应用。数字信封的功能类似于普通信封，普通信封在法律的约束下保证只有收信人才能阅读信的内容；数字信封则采用密码技术保证了只有规定的接收人才能阅读信息

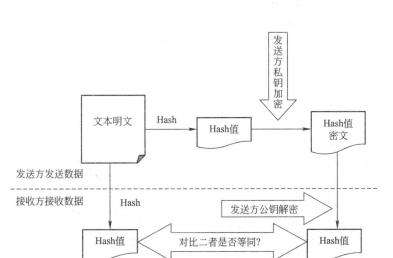

图 2-16　数字签名传输过程示意图

的内容。

数字信封结合了对称密码加密和公开密码加密。信息发送者首先利用随机产生的对称密码加密信息，再利用接收方的公钥加密对称密码，被公钥加密后的对称密码被称为数字信封。在传递信息时，信息接收方若要解密信息，必须先用自己的私钥解密数字信封，得到对称密码，才能利用对称密码解密所得到的信息。这样就保证了只有掌握自己私钥的接收者才能打开信封，获得文本密文的解密密钥，从而保证了数据传输的安全性。数字信封通信过程如图 2-17 所示。

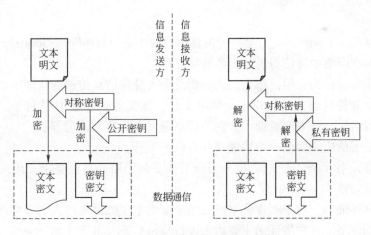

图 2-17　数字信封通信过程示意图

3. 双重签名

在电子商务活动中，客户提交的订单往往包含订购信息和支付信息两方面内容，通常情况下客户不想让商家知道自己的支付账号、密码等信息，而商家也无须了解客户所购买的商品详细内容，但是需要保证订购信息与支付信息的一致性，也就是说商家需要确定你是否真实地进行了支付。这种隔离订购信息与支付信息的加密应用，就是双重签名。

双重签名的过程如图 2-18 所示。首先用 Hash 函数对订购信息和支付信息进行散列处

· 77 ·

理，分别得到订购信息的 Hash 值和支付信息的 Hash 值；然后将这两个 Hash 值合并起来再用 Hash 函数进行散列处理，得到订购支付信息的 Hash 值；最后用发送者的私钥加密订购支付信息 Hash 值，这个过程就是双重签名。

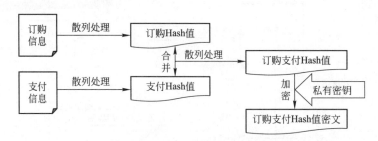

图 2-18 双重签名过程示意图

4. 数字时间戳

数字时间戳（digital time-stamp）是一种在电子商务数据文档上加盖时间印记的数据加密技术应用，其保证了电子商务数据文档时间的权威性和不可抵赖性，在电子商务法律上具有非常重要的现实意义。数字时间戳如同纸质文档的签署日期，具有同等的法律效力。

为了保证权威性，数字时间戳由专门的数字时间戳服务（digital time-stamp service，DTS）机构提供。其生成过程为：用户首先将需要加数字时间戳的文件用 Hash 函数进行散列值计算得到文件消息摘要，然后将该摘要发送到 DTS，DTS 在加入了收到文件摘要的日期和时间信息后再对该文件摘要进行数字签名，然后送回用户。

数字时间戳需要验证其权威性。

5. 数字证书

数字证书（digital certificate）是一种由证书授权中心（certificate authority，CA）签发的用以证明拥有者在网络中通信身份证明的数字文件。

数字证书颁发过程为：用户将自己的公钥及个人身份信息传送给认证中心，认证中心在收到并核实用户身份后颁发给用户一个数字文件，该文件包含证书序列号、证书持有者名称、证书颁发者名称、证书有效期、公钥、证书颁发者的数字签名等。

按照数字证书的应用角度，数字证书分为以下三种。

（1）服务器证书（SSL 证书）。服务器证书被安装于服务器设备上，用来证明服务器的身份和进行通信加密。

（2）电子邮件证书。电子邮件证书可以用来证明电子邮件发件人的真实性。

（3）客户端证书。客户端证书主要用来进行身份验证和电子签名。

（五）Internet 安全协议

1. SET

SET（secure electronic transaction）即安全电子交易协议，是美国 Visa 和 MasterCard 两大信用卡组织于 1997 年 5 月 31 日联合推出的用于电子商务交易支付的行业规范，其实质是一种应用在 Internet 上、以信用卡为基础的电子付款系统规范，目的是保证网络交易的安全。SET 支付系统主要由持卡人（CardHolder）、商家（Merchant）、发卡行（Issuing Bank）、收单行（Acquiring Bank）、支付网关（Payment Gateway）、认证中心（Certificate Authority）等六个要素组成,这六个要素协作完成一个电子商务交易行为。

SET 的工作流程如下。

(1)消费者在网络上向销售者下在线订单,告知购买物品名称及数量、交货时间及地点等相关信息。

(2)销售者在线审核订单。

(3)消费者确认已审核订单并签发付款指令,此时 SET 开始介入。

(4)消费者对订单和付款指令进行双重数字签名。

(5)销售者接受订单后,请求收单银行支付认可;信息通过支付网关到收单银行,再到电子货币发行公司确认。支付认可后,返回认可信息给销售者。

(6)销售者发送交易确认信息给消费者;消费者端软件可记录交易日志,以备将来查询。

(7)销售者交付货物,并凭交付收据向收单银行请求划账。

以上操作消费者、销售者、支付网关和银行都通过 CA(认证中心)来验证通信主体的身份,以确保通信主体身份的真实性。

2. SSL 协议

SSL(secure sockets layer)协议称为安全套接层协议,是美国 Netscape 公司所研发的一种通过加密技术为网络通信提供安全及数据完整性的安全协议。SSL 广泛用于 Web 浏览器与服务器之间的身份认证和加密数据传输。

1)SSL 结构

(1)SSL 记录协议(SSL record protocol):它建立在可靠的传输协议(如 TCP)之上,为高层协议提供数据封装、压缩、加密等基本功能的支持。

(2)SSL 握手协议(SSL handshake protocol):它建立在 SSL 记录协议之上,用于在实际的数据传输开始前,通信双方进行身份认证、协商加密算法、交换加密密钥等。

2)SSL 功能

(1)进行用户和服务器的双方认证,确保数据传输主客体合法和正确。

(2)对传输数据进行专用加密。

(3)保持数据完整性,确保数据在传输过程中不被篡改。

SSL 的工作过程经历服务器认证和用户认证两个阶段。目前常用的 SSL 应用有 HTTPS。

## 第七节 物联网技术

商务竞争的核心越来越倾向于供应链的竞争,电子商务亦不例外。为更好地整合供应链上的所有环节,有必要将传统的人机交换界面向前扩充。而物联网技术,正是电子商务扩充供应链节点的重要技术。

一、物联网概述

(一)定义及特征

1. 内涵

物联网(The Internet of Things)是基于传统 Internet 的终端扩充网络,是将传统计算机终端扩充到具有网络连接能力的各种智能信息传感设备，比如音视频传感器、射频识别（RFID）设备、全球定位系统等，来实时采集任何需要监控、连接、互动的物体或过程，以实现物与物、人与物的信息交流。

物联网的关键在于将终端扩充到了智能的"物"上，这个"物"可以是物理的，也可以是虚拟的，但必须具有一定身份标识、物理的或虚拟的特性和智能的接口，并且要与信息网络无缝整合。

物联网在电子商务整合供应链环节上具有重要意义，比如RFID的应用给电子商务带来产品和服务质量管理的便利以及物流能力的扩展。

2. 特征

物联网虽然基于Internet建立，但与传统的互联网相比，其具有鲜明的特征。

（1）物联网终端是各种感知技术的广泛应用。物联网上部署了海量的多种类型的传感器，每个传感器都是一个信息源，不同类别的传感器所捕获的信息内容和信息格式不同。传感器获得的数据具有实时性，按一定的频率周期性地采集环境信息，不断更新数据。

（2）物联网是一种基于Internet的泛在网络。物联网技术的核心仍然是Internet，物联网终端的各种传感器通过有线的和无线的网络与Internet相融合，将物体的信息实时准确地在Internet中交换。

（3）物联网传输协议的复杂性。物联网络连接的各种信息传感器所采集的各种信息，其格式和来源各不相同，并且数量庞大，这些信息由于设备本身的各异传输过程所采取的协议不尽相同。

（4）物联网具有智能处理的能力，能够对物体实施智能控制。物联网终端扩充的目的就在于智能地对各种事物进行管理和控制。利用云计算、模式识别等智能技术，物联网从传感器获得的海量信息经过分析、加工和处理，为不同用户的不同需求提供解决方案。

（二）物联网发展历史

1. 初级阶段

1990年，施乐公司推出的网络版可乐贩卖机（Networked Coke Machine）是物联网最早的实践。但是直到1999年，在美国召开的移动计算机和网络国际会议才首先提出物联网的概念，这个时期的物联网主要是结合物品编码、RFID和互联网技术构造了一个实现全球物品信息实时共享的实物互联网。

这个时期物联网的应用主要是一些行业基于各种行业数据交换和传输标准的联网检测和监控应用系统。

2. 中级阶段

2005年11月17日，在突尼斯举行的信息社会世界峰会（WSIS）上，国际电信联盟（ITU）重新定义了"物联网"的内涵，物联网不再专指基于RFID技术的实物互联网，而是对"物"的定义强调自动识别和物物通信（M2M），对"网络"的定义强调自动化、自我反馈与智能控制等特性。

在这一理念的推动下，基于局部统一的数据交换标准实现的跨行业、跨业务综合管理大集成系统开始在各领域得到应用，包括一些基于SaaS模式和"私有云"的M2M营运系统。

3. 高级阶段

2009年1月，IBM首席执行官彭明盛首次提出"智慧地球"这一概念，并被美国政府作为振兴经济的重点策略之一。IBM 提出，IT 产业下一阶段的任务是把新一代 IT 技术充分运用在各行各业之中，具体地说，就是把感应器嵌入和装备到电网、铁路、桥梁、隧道、公路、建筑、供水系统、大坝、油气管道等各种物体中，并且被普遍连接，形成物联网。在这一理念推动下，各国致力于构建基于物联网的统一数据标准，各行业 SOA、Web Service、云计算和虚拟服务的 on Demand 系统逐步出现，物联网终将实现基于"共有云"的 TaaS。

### 二、物联网技术

（一）技术架构

从技术架构上来看，物联网可以分为三个层次：信息感知层、网络传输层和数据应用层，如图 2-19 所示。

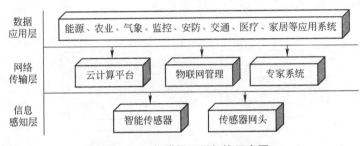

图 2-19　物联网三层架构示意图

1. 信息感知层

信息感知层主要是各种传感器所构成的功能网关，包括 RFID 标签和读写器、摄像头、GPS 等信息感知终端。信息感知层的作用相当于人的感觉器官，是物联网感知和采集信息的来源，其主要功能是识别物体，采集信息。

2. 网络传输层

网络传输层由各种私有网络、互联网、有线和无线通信网、网络管理系统和云计算平台等组成，相当于人的中枢神经和大脑，负责处理并传递感知层获取的信息。

3. 数据应用层

数据应用层是物联网和用户（包括人、组织和其他系统）的接口，该接口满足各种行业需求，通过物联网实现智能应用。

（二）关键技术

1. RFID

RFID（radio frequency identification）即射频识别技术，是物联网的感知技术之一，俗称电子标签。RFID 通过射频信号非接触地自动识别目标对象并交换相关数据，识别工作无须人工干预，工作环境适应性强，可识别高速运动物体并可同时识别多个标签，操作快捷方便。

通常 RF 系统由以下三部分组成。

（1）标签（tag）即射频卡，或称应答器，由耦合元件及芯片组成，标签含有内置天线，利用电感耦合或电磁反向散射耦合原理实现与读写器之间的通信。RFID 标签芯片的内部结构主要包括射频前端、模拟前端、数字基带处理单元和 EEPROM 存储单元四部分。

（2）阅读器（reader），又称询问器，用于对 RFID 标签读取或写入信息，主要包括射频模块和数字信号处理单元两部分。读写器是 RFID 系统中最重要的基础设施，一方面，RFID 标签完成对 RFID 标签的识别或读写操作；另一方面，上层中间件及应用软件与读写器进行交互，实现操作指令的执行和数据汇总上传。在物联网中，读写器可同时具有通信、控制和计算的能力。

（3）天线（antenna）是 RFID 标签和读写器之间实现射频信号空间传播和建立无线通信连接的设备。RFID 系统中包括两类天线，一类是 RFID 标签上的天线，已经和 RFID 标签集成为一体；另一类是读写器天线，既可以内置于读写器中，也可以通过同轴电缆与读写器的射频输出端口相连。

RFID 系统通过中间件与上层应用系统软件进行通信，完成人机交互，工作原理如图 2-20 所示。

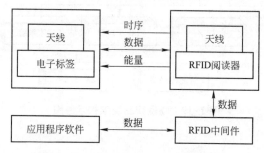

图 2-20　RFID 系统工作原理示意图

2. 传感网

传感网是一种由随机分布的集成传感器、数据处理单元和通信单元的微小节点通过自组织的方式构成的无线网络。传感网可以借助节点中内置的传感器测量周边环境中的热、红外、声呐、雷达和地震波等信号，从而探测包括温度、湿度、噪声、光强度、压力、土壤成分、移动物体的大小、速度和方向等物质现象。

传感网是物联网的一个组成部分，它可以实现网络世界对现实世界的直观感受，也是温总理"感知中国"提法的主要依据。

3. M2M

M2M（machine-to-machine/man）是一种以机器终端智能交互为核心的、网络化的应用与服务。它通过在机器内部嵌入无线通信模块，以无线通信等为接入手段，为客户提供综合的信息化解决方案，以满足客户对监控、指挥调度、数据采集和测量等方面的信息化需求。

M2M 技术的目标就是使所有机器设备都具备连网和通信能力，其核心理念就是网络一切（network everything），因此，M2M 是物联网的核心技术之一。

M2M 不是简单的数据在机器和机器之间的传输，更重要的是，它是机器和机器之间的一种智能化、交互式的通信。

4. 两化融合

两化融合（digital convergence）是指以信息化带动工业化、以工业化促进信息化，走新型工业化道路。这种信息化与工业化相结合的思想对于物联网的技术和体系建设至关重要，物联网的应用也包括工业化应用，因此，两化融合是物联网的技术体系之一。

工业化中最基础的应用包括基于短距离的有线通信的现场总线控制系统，比如可编程逻辑控制器（programmable logic controller，PLC），数据采集与监视控制系统（supervisory control and data acquisition，SCDA）等，就是物联网理念把 IT 技术融合到控制系统中的表现。

（三）物联网通信

1. 基于互联网

物联网的核心网络仍然是互联网，物联网利用互联网的开放性和全域覆盖实现网络中智能传感器之间的通信。

2. 基于无线网络

物联网与传统互联网相比更多地利用了无线网络的连接，将连接终端从计算机扩展到"物"，连接方式也随之不断扩展。

（四）服务模式

1. 数据融合

数据融合是指利用计算机对按时序获得的若干观测信息，在一定准则下加以自动分析和综合，以完成所需的决策和评估任务。

数据融合技术包括对各种信息源给出的有用信息的采集、传输、综合、过滤及合成，以便辅助人们进行态势或环境判定、规划、探测、验证和诊断。

2. 云计算

云计算（cloud computing）又称网格计算（grid computing），是指通过网络以按需、易扩展的方式获得所需的资源或服务，其核心思想是将大量用网络连接的计算资源统一管理和调度，构成一个计算资源池向用户按需服务。

云计算包括以下三个服务模式。

1）IaaS

IaaS（infrastructure as a service）：基础设施即服务。用户通过 Internet 可以从完善的计算机基础设施获得服务。

2）PaaS

PaaS（platform as a service）：平台即服务。PaaS 实际上是指将软件研发的平台作为一种服务，以 SaaS 的模式提交给用户。因此，PaaS 也是 SaaS 模式的一种应用。但是，PaaS 的出现可以加快 SaaS 的发展，尤其是加快 SaaS 应用的开发速度。

3）SaaS

SaaS（software as a service）：软件即服务。它是一种通过 Internet 提供软件的模式，用户无须购买软件，而是向提供商租用基于 Web 的软件，来管理企业经营活动。物联网的业务模式之一 MAI（M2M application integration）就是这种服务。相对于传统的软件，SaaS 解决方案有明显的优势，包括较低的前期成本，便于维护，快速展开使用等。

### 三、物联网电子商务

基于LBS的共享单车解决方案

（一）应用模式

基于物联网的电子商务活动扩展了电子商务的参与要素，根据物联网的用途，在电子商务活动中物联网可以归结为三种基本应用模式。

1. 商品的智能标签

通过二维码，RFID等技术标识特定的商品，用于区分商品个体；此外通过智能标签还可以用于获得商品所包含的扩展信息，如智能卡上的金额余额，二维码中所包含的网址和名称等。

2. 环境监控和对象跟踪

利用多种类型的传感器和分布广泛的传感器网络，可以实现对某个对象的实时状态的获取和特定对象行为的监控，如通过GPS标签跟踪物流车辆位置，通过交通路口的摄像头捕捉实时交通流程并进行配送路线选择等。

3. 商品的智能控制

物联网基于云计算平台和智能网络，可以依据传感器网络用获取的数据进行决策，改变对象的行为进行控制和反馈。

（二）典型应用

1. 物流配送

物流配送企业采用网络化的计算机技术和现代化的硬件设备、软件系统及先进的管理手段，针对客户的需求，根据用户的订货要求，进行一系列分类、编码、整理、配货等理货工作，按照约定的时间和地点将确定数量和规格要求的商品传递到用户。RFID的采用使得基于物联网的物流配送更方便快捷，物流质量得以合理控制，运输车辆可以通过GPS系统进行实时调度。越来越多的企业开始积极搭乘电子商务快车，采用基于物联网的电子商务物流配送模式。

2. 移动电子商务

移动电子商务就是利用手机、PDA及掌上电脑等无线智能终端进行的B2B、B2C或C2C的电子商务。它是物联网、无线通信技术、云计算技术及其他信息处理技术完美的结合，使人们可以在任何时间、地点进行各种商贸活动，实现随时随地、线上线下的购物与交易、在线电子支付以及各种交易活动、商务活动、金融活动和相关的综合服务活动。

3. 产品质量管理

产品质量控制是企业为生产合格产品和提供顾客满意的服务和减少无效劳动而进行的控制工作。

基于物联网的产品质量控制，围绕产品质量形成全过程的各个环节，对影响工作质量的人、机、料、法、环五大"物"的实时信息进行采集和处理，并对数据进行分阶段分析对比，以便及时发现问题，采取相应措施，防止不合格重复发生，尽可能地减少损失。

4. 支付

基于物联网的电子支付，就是允许用户使用移动终端等智能设备对所消费的商品或服务进行账务支付的一种服务方式。物联网支付系统包括移动运营商、支付服务商（比如银行、银联等)、应用提供商(公交、校园、公共事业等)、设备提供商(终端厂商、卡供应商、芯片提供商等)、系统集成商、商家和终端用户。

【小资料】

### iRobot 为下一代智能家居构建路线图

2020 年全球约有 204 亿个"互联物"投入使用。换句话说,装有互联冰箱、灯具、空调系统和安全警报的家庭数量会继续增长。但 iRobot 认为,如果没有一个关键的数据类别——关于设备所在房屋的最新地图信息,那么所有这些关联的价值都将难以实现。

"为了实现无缝的智能家居体验,以让家及其中的智能设备能够自主地满足我们的日常需求,必须做两件事",iRobot 的云机器人研究科学家 Ben Kehoe 说。"首先,必须消除消费者为设备编程的负担。其次,了解家中的情况:家中的布局、每个房间的位置和用途以及家中各种智能设备的位置。"

Kehoe 认为,像 Roomba 这样的互联机器人是关键所在。例如,iRobot 的 Roomba 900 系列吸尘器使用视觉同步定位与地图构建(vSLAM)技术在整个家中导航。就像 Roomba 吸尘器,它构建了一张家居地图,正是这张地图可以提供智能家居了解自身并实现真正无缝、自主的家居自动化所需的基本信息。虽然当前的 Roomba 是通过创建地图来更有效地清洁,但未来几代的 Roomba 吸尘器可能会将这些地图与额外的传感器和支持的云服务结合起来,以管理家中无数的智能设备。

尽管这个愿景简单明确,实施起来却非常具有挑战性,但 Kehoe 认为可以在 AWS 云中实现这一目标。"这种任务的信息路径非常复杂,客户信息的安全性至关重要,如果没有强大的人工智能和数据分析工具,最终将无法执行。这就是我们在 AWS 云中构建所有这些内容的原因。Amazon Web Services 是实现这一愿景的关键。"

## 本章小结

本章主要对电子商务实现过程中涉及的计算机网络技术、网络信息资源管理及检索技术、EDI 技术、网页技术、数据库技术、电子商务安全技术等理论和技术知识进行了简要介绍,并对近些年来的热门物联网技术进行了介绍。

## 自测题

一、填空题

1. 常见网络功能包括_____、_____、_____、_____四

个方面。

2. HTML 的结构包括_____、_____两大部分，其中前者描述浏览器所需的信息，后者则包含所要说明的具体内容。

3. EDI 包含了三个方面的内容，其中_____是 EDI 应用的条件，_____是 EDI 应用的基础，_____是 EDI 应用的特征。

4. JavaScript 是一种_____和_____并具有相对安全性的客户端脚本语言。同时也是一种广泛用于客户端 Web 开发的脚本语言，常用来给 HTML 网页添加_____，比如响应用户的各种操作。

5. 关系完整性约束包括_____、_____、_____三个方面。

6. 大数据（big data）指具有_____、_____、_____、_____、真实性（veracity）等特征的多源异构数据。

7. PKI 的基础技术包括_____、_____、_____、_____和数字证书等。

二、单项选择题

1. 网络协议中负责客户端与服务器端超文本数据传输通信的协议是（　　）。
A. HTTP　　　　　B. TCP/IP　　　　　C. POP　　　　　D. FTP

2. 以下 IPv6 地址表述错误的是（　　）。
A. FF01∷1101
B. ∷192.168.0.1
C. 1.0.0.1
D. ABCD：EF01：2345：6789：ABCD：EF01：2345：6789

3. 以下关于 InternetEDI 的描述，错误的是（　　）。
A. 基于 Internet 的 EDI 可以与非 EDI 系统通信
B. 基于 Internet 的 EDI 可以使用其他一些电子商务工具
C. Internet 遍布全球，使 EDI 传输面扩大
D. InternetEDI 利用 VAN 传输

4. 在 Web 三层服务体系结构中，Web 服务器主要用来（　　）。
A. 响应请求并生成 HTML 代码
B. 解析并展示 HTML 代码
C. 存储并读取数据库
D. 运行网页 JavaScript 脚本程序

5. 以下加密应用可以保证只有规定的接收人才能阅读信息的是（　　）。
A. 数字签名　　　B. 数字信封　　　C. 数字时间戳　　　D. 数字证书

三、多项选择题

1. 网络的拓扑结构包括（　　）。
A. 总线　　　　　B. 星形　　　　　C. 环形　　　　　D. 网状

2. TCP/IP 的网络接口层对应 OSI 参考模型的（　　）。
A. 传输层　　　　B. 数据链路层　　　C. 表示层　　　　D. 物理层

3. 元数据格式的层次结构有（　　）。

A. 内容结构　　　　B. 软件结构　　　　C. 句法结构　　　　D. 语义结构

4. EDI 交换报文的服务段是指（　　）。

A. 报文头　　　　　B. 交换头　　　　　C. 用户数据段　　　D. 报文尾

5. 数据模型的要素包括（　　）。

A. 数据定义　　　　B. 数据结构　　　　C. 数据操作　　　　D. 数据约束

四、简答题

1. 简述一次 HTTP 操作过程。
2. 什么是 WWW 服务？
3. EDI 的运作形式有哪些？
4. 电子商务大数据分析包含哪些内容？
5. 什么是 SSL？其功能是什么？
6. 云计算的服务模式有哪些？

五、论述题

你认为电子商务企业应该如何利用云搭建电子商务系统？

# 第三章 电子商务支付

【学习目标】

通过本章的学习,读者可以了解电子支付的基本概念与特征以及我国电子支付的发展现状,熟悉电子货币的概念,掌握几种典型电子货币类型。了解网络银行的定义与特点以及我国网络银行的发展情况。熟悉移动支付的定义与类型,并通过手机银行与手机近距支付,进一步了解移动支付的内涵。

【导读案例·思政结合】

## "中国式支付",让全球都羡慕不已

移动支付成为一张新的中国名片。

2014年Apple Pay在美国推出,一年后出现了Samsung Pay和Android Pay,以及支付宝和微信的手机支付。

2019年初,苹果高调宣布全世界已有3.83亿台手机激活了Apple Pay,但此时美国只有24%的苹果手机用户用过。而且直到这一年,Apple Pay才超过星巴克只能在自家门店使用的移动应用,登上美国移动支付软件榜首。

中国的情况则大为不同,微信支付在智能手机用户中赢得了84%的市场渗透率(腾讯微信用户都可以使用微信支付,而微信每月活跃用户有12亿)。这个数据解释了2018年微信单日交易额12亿、Apple Pay一个月交易额才10亿的原因,也可以解释2019年中国移动应用交易总额(347万亿元人民币,约54万亿美元)何以是美国总额(980亿美元)的551倍。

在欧洲,芬兰小城罗瓦涅米是著名的北极旅游城市,在罗瓦涅米许多店铺中,支付宝的标识都放在了显著位置。商户们迫不及待地让游客们知道他们的店铺支持支付宝,以吸引更多游客前来。许多游客也感叹,在北极小城,看到来自中国的移动支付服务显得很亲切。在罗瓦涅米,支付宝已经成了商家们的标配。

如今,越来越多的中国人喜欢通过出国旅行的方式陪家人度过春节假期。对于海外各地而言,中国人的到来不仅带来了消费需求,更带来了以移动互联网和电子钱包为基础的"中国式支付"。分析人士指出,中国改革开放初期,银行卡、信用卡等国外支付方式通过广东等沿海地区传到中国；现在，则是微信红包、支付宝等"中国式支付"引领全球消费者支付潮流。这"一进一出"之间，既体现了中国对外开放不断加深的格局，也反映出中国经济发展质量和整体实力已今非昔比。

——节选自《哈佛商业评论》与《人民日报海外版》

分析上述案例，思考并回答以下问题：
（1）移动支付的优势是什么？
（2）思政思考：移动支付在我国快速发展的原因是什么？分析移动支付对中国经济的推动作用，分析其发展背后所反映的创新能力，思考中华民族伟大复兴实现的必然性。

随着世界经济一体化和全球化进程的加快，电子商务作为新经济的标志也开始出现并得以迅猛发展。而电子支付作为电子商务中的一个极为重要的组成部分，也不可避免地成为人们关注的焦点。与此同时，伴随着社会经济与信息网络技术的发展，人们对支付系统的运行效率和服务质量的要求不断提高，促使了支付系统从手工操作向电子化、网络化转变。在讲求便捷的电子商务环境中，如果依赖传统的支付工具，诸如现金、支票、汇票、本票等，付款以及清偿的流程必将成为交易的瓶颈。如果采用货到付款，虽然省去了网上付款的设置成本，却存在付款的延迟与不确定性。因此，在线网络支付成为电子商务顺利发展的基础性条件与必要前提。

支付与结算离不开支付工具和支付形式，而支付与结算最终都要落实到交易双方银行存款账户的数字转移，落实到不同银行之间的清算问题，因而，研究网上支付与结算，必须研究网上支付工具，即电子货币，研究支付形式，研究网上银行。因此，本章将对电子支付定义、特点、类型以及作为支付媒介的电子支付工具进行简单的介绍；同时，还将介绍网络银行定义、特征、功能、构成等，阐述了网络银行的现状与发展展望；最后了解目前所关注的移动支付的基本发展情况及典型应用。

## 第一节　电子支付概述

### 一、电子支付与网络支付

所谓电子支付（electronic payment 或 e-payment）是指通过电子化和信息化手段来完成交易中的价值交换。

早在 20 世纪 70 年代，传统的支票与现金等支付工具就逐渐开始被信用卡所取代，而随着计算机与通信技术的发展，以现金与票据为载体的资金流动逐渐转化成通过银行专用网络而进行的电子化数据的流动。借助电子资金转账（EFT），大量的资金在银行的计算机网络中以最快的速度在各行之间进行转账、划拨。与此同时，自动柜员机（ATM）、银行销售终端（POS）也得到了极其迅速的发展，这些电子化与自助终端的发展，大大提高了管理效率，降低了成本，并为消费者提供了更为便捷的服务。到了 20 世纪 90 年代，全球互联网快速发展，同时个人 PC 机也得到了极大的普及和应用，电子商务快速、深入的发展标志着网络经济时代的到来，电子支付方式不再局限于银行专用网络中的资金转移，逐渐开始将

Internet作为运行平台，人们可随时随地通过公共的互联网进行直接的转账结算与资金划拨，从而形成更为完善的电子商务环境。人们将其称为网络支付。

网络支付，也称网上支付（net payment）是电子支付的一种形式。从广义上看，网上支付是以 Internet 为基础，利用电子支付工具，完成由于消费、投资而引起的资金转移的过程，从而实现交易双方以及金融机构之间的在线货币支付、结算、资金清算、查询统计等过程，向电子商务和其他服务提供金融支持。网络支付以 Internet 作为基础，也必然成为以 Internet 为平台的电子商务的核心支撑流程。

从电子支付与网络支付的发展过程及其概念中可以看出，网络支付实际上是电子支付发展的一个新阶段，是电子支付中的一种形式，或者说，网络支付是以 Internet 为平台，更适应电子商务环境的电子支付。网络支付比 ATM、POS 等电子支付方式要出现得晚一些，但它将成为电子商务中最主要的电子支付方式。本章也将网络支付作为重要介绍内容。

## 二、电子支付的特点

在日常的交易中，人们主要使用现金作为支付工具，而目前，在传统的企业交易中，人们则普遍使用"三票一证"（支票、汇票、本票、信用证）。与这些传统的支付工具相比，电子支付的特点是：

（1）与现金与传统票据以纸质作为物理载体不同，电子支付过程中的资金转移是通过数字流转来进行信息传输，从而实现支付、结算与清算的环节。

（2）电子支付基于开放的公共互联网，而传统的支付则是通过邮寄、电报或是银行的专用网络来进行金融信息的传递。

（3）电子支付无时空限制。在电子支付过程中，用户只要拥有联入互联网的计算机，便可足不出户地办理支付业务。与此同时，银行借助电子支付的系统也可为更广范围的客户提供 24 小时不间断的优质服务。

（4）电子支付是低成本的。由于电子支付的实现仅仅涉及数字信息的流转，与依靠物理实体流转的传统支付相比，其成本仅是传统支付的百分之一。

综上，电子支付的优点是十分明显的，它是实现电子商务便捷、低成本优势的重要组成部分。同时，电子支付是完成资金转移的环节，因此，它也成为电子商务中准确性、安全性要求最高的业务过程，在进行电子支付活动的过程中，不可避免地会涉及很多技术问题，尤其是安全问题。

## 三、电子支付的安全要求

电子支付直接与金钱挂钩，一旦出现问题便会给使用者带来较大的经济损失，并会对整个支付链条产生相应影响，传递风险。众多调查报告显示，在消费者拒绝电子商务的原因当中，支付安全是其顾虑最多的内容。安全性成为制约电子支付发展的主要原因。一般来说，电子支付系统的安全性需求主要包括：完整性、身份认证、不可否认性、保密性、可用性和可靠性等。

（一）完整性与身份认证

完整性是指支付相关信息在存储或传输过程中不被偶然或蓄意地篡改、破坏和丢失，保证合法用户能够接收和完成准确、真实的指令。一个具有完整性的支付系统必须能使付款人相信他们能进行正确的支付，收款人也能收到正确的款项；在没有允许的情况下，系统也不会完成非法的支付指令或接受不明来历的款项；因此，在支付过程中，身份认证也是保证资金正确流动的最重要的环节。目前常用到身份认证的三种方式为：静态密码、动态密码和数字签名。

（1）静态密码。静态密码是最为常见的一种身份认证方式，在实际操作中，静态密码通常为用户自己设定的不变的密码。在登录时，通过验证用户输入密码的正确性，来认证操作者的合法性。大部分时候，用户习惯性地采用生日、电话号码、姓名缩写、门牌号等容易被猜测的字符作为密码，甚至为了防止忘记，将密码抄在纸上放在一个自认为安全的地方。因而，我们常常听到密码泄露的情况。除此之外，由于静态密码是不变的，在静态密码的验证过程中，极有可能会被木马程序通过记录键盘输入的方式所获取。静态密码机制虽然简单，但是一种不安全的身份认证方式。

（2）动态密码。动态密码也称动态口令，与静态密码的不变性不同，它是根据专门的算法生成的随机数字组合，每个密码只能使用一次。因此，动态密码是一种较为安全的身份认证方式，可以有效保护交易的认证安全。比如较为常见的短信密码。

（3）数字签名。在这种类型的交易中，检验方要求授权方的数字签名。数字签名不仅具有身份认证的作用，同时也提供了一个不可否认的支付证据，因为只有签名密码的拥有者才能签署有关信息，而人们可以根据其公开密钥来验证签名的真实性。

**（二）保密性**

保密性是指通过对信息的加密防止信息暴露给非法的信息获得者。在电子支付中，常常涉及用户金融账户的关键信息，如：收付款人身份、交易内容、金融、支付账户、密码等。保密性要求这些信息只能让交易的参与者知道，有时甚至要求只让参与方的部分人知道。

**（三）可用性和可靠性**

电子商务是无时空限制的，交易的参与方常常要求无论何时都可以进行支付和结算。付款人不希望他们的钱由于网络或系统的故障而丢失。电子支付的可用性和可靠性要求基本网络服务和软硬件系统要具有足够的可靠性。为能恢复故障系统的信息，交易方需要某些可靠的存储器和专用同步协议，同时对于关键信息与系统也需要单独备份。

**四、我国电子支付发展现状**

伴随着我国电子商务市场的快速发展，中国网上支付的市场规模发展迅速。2005年是中国的电子支付元年，在这一年，《电子签名法》的正式生效和《电子支付指引》的颁布，规范了电子商务网上支付环境，中国的电子支付实现了飞跃式增长。在这一年，第三方支付平台的蓬勃发展也极大地推动了在线支付问题的解决。在接下来的几年中，电子支付产业依然保持着快速增长，网上支付、移动支付、电话支付、电视支付等多种支付形式的出现加快了整个产业发展的步伐。电子支付在企业业务结算中得到了很好的应用。

在2008年，全球经济危机的蔓延，对网络经济和各个行业带来了深刻影响，同时，也给网络经济带来了一个新的契机。在经济危机下，网络经济无时空限制与低成本的优势更为明显。网络交易的快速增长必然带动国内的电子支付行业稳步前行。

近年来，中国互联网经济市场保持高速增长，中国互联网信息中心发布的第48次《中国互联网络发展状况统计报告》显示，我国网民规模达10.11亿，网络购物用户规模达8.12亿，手机上网比例更达99.6%。与此同时，中国的电子支付行业也步入快速发展的轨道。一方面，国家进一步推进电子票据的发展，各个商业银行的电子票据不断上线；另外，对于网上支付行业，国家政策对行业监管逐步明朗、细化，支付行业在监管层面已经获得相关部门的认可，已经获取了一个健康的发展环境；除此之外，作为电子支付重要组成部分的网上银行也持续高速发展。一直以来，各大银行持续增加对网上银行的研发和推广工作，网银用户不断增加，网银的业务范围逐步增大，市场竞争日趋激烈。另外，移动支付在近两年成为电子支付行业的新热点，艾瑞咨询发布的《2021年中国第三方支付行业研究报告》数据显示，2020年，第三方移动支付与第三方互联网支付的总规模达到271万亿元支付交易规模。其中，移动支付规模为249.2万亿元，占比92%。手机支付时代已经悄然来临，移动终端将成为人们新的消费、信息中心。显然，随着各种电子货币的推广以及电子支付方式的创新，我国电子支付市场的盛宴已经拉开帷幕。

## 第二节  电子支付工具

### 一、电子货币

**（一）电子货币的定义**

电子货币作为最新的货币形式，是以金融网络与互联网为基础，以电子计算机技术和通信技术为手段，以各类支付卡和其他无形货币为媒介，通过金融信息的电子化形式实现资金转移的货币。电子货币没有物理形态，其使用中传递的是一种货币信息，为持有者的金融信用。随着互联网的高速发展，这种支付办法越来越流行。常见的电子货币包括电子支票、信用卡和电子现金。

**（二）电子货币的特点**

（1）从形态上看，电子货币是现实货币价值尺度和支付手段职能的虚拟化，与传统的贵金属或纸质的货币形态不同，电子货币是一种没有货币实体的货币。

（2）从技术上看，电子货币依托计算机与通信技术，其发行、流通与回收等均采用现代科技的电子化手段。人们在使用电子货币进行交易时，实际上交换的是用户的身份、密码、金额、使用范围等内容的数据构成的特殊信息，这些信息传输到开设这种业务的商家后，交易双方进行结算，减少了巨额货币印钞、发行、现金流通、物理搬运和点钞等大量的社会劳动和费用支出，极大地降低了交换的时空成本。电子货币要比现实银行系统的方式更省钱、更方便、更快捷。

（3）从结算方式上看，电子货币在交易中可以自由流通，但不管在经济过程中经过多少次换手，其最后持有者均有权向电子货币发行者申兑。同时，电子货币的使用和结算不受时间、地点、服务对象等的限制，人们可以在自己方便的时间内完成交易，无论所购商品在国内还是在国外。

（4）电子货币仍依托于现实货币，人们在使用电子货币时，用一定金额的现金或存款从发行者处兑换并获得代表相同金额的数据，通过使用某些电子化方法将该数据直接转移给支付对象，以清偿债务。

（三）电子货币的类型

根据支付方式的不同，电子货币可分为以下几种类型。

（1）储值型电子货币。这类货币是一种预付型电子货币。人们在使用时，通常需要付出资金向发行机构购买相应储值卡，而在支付时，将相应的金额扣减。其发行机构不局限于银行，电信公司、学校、商业机构都常常发行此类货币。

（2）存款利用的即付型电子货币。这是我国最常见的一种电子货币，这类货币在支付过程中，利用银行的存款，在消费的同时，即时地转账结算、划拨资金。这种货币极大地减少了现金的数量，加快了资金流动的速度。

（3）"先消费，后付款"的后付型电子货币，也称信用卡利用型的电子货币。如目前国际通用的VISA卡等贷记信用卡。此类货币通常为商业银行发行的贷记卡，这种货币允许人们先透支消费，然后在规定的时间内还款。

（4）虚拟加密货币。虚拟货币是指由私人企业或者没有发行机构、无国家信用支持的数字货币。典型的代表有比特币、以太币等。

比特币简介

（四）电子货币的要求

与传统的货币一样，我们可以利用电子货币进行消费、转账、储蓄等。由于其网络特性，电子货币的产生和流通使实体货币与观念货币发生分离，真实货币演变为虚拟货币，突破了时空的限制，同时也有效地解决了市场全球化的大背景下，降低"信息成本"和"交易费用"的问题。但是，其虚拟性也给电子货币提出了新的要求。

（1）安全性：在完成交易的过程中，电子货币从生成到流通都要做到绝对安全，防止伪造、丢失和泄密。买卖双方应能确认其所使用或收到的电子货币是真实可信的，则支付的金额与相关内容应绝对保密，从而保证支付双方的隐私。

（2）合法性：要明确定义与电子货币相关方的权利义务，并可明确作为判决依据。同时，由于电子货币的转移具有虚拟性，电子货币在网络上跨国界支付的形式对罪犯具有特别的吸引力，因为罪犯可以将非法活动所得快速转移到法律薄弱的国家。目前，电子货币发展中涉及的有关法律、税收问题，已取得一些进展，但尚未见到整体的发展战略规划和实施策略的有关文件。

（3）发行问题：货币发行和监管是中央银行的重要职能之一。电子货币的发展对中央银行和其他政府部门提出了新的难题，中央银行主宰的权利地位也会受到侵蚀。货币政策的运行体系、中央银行的监管能力等都可能产生各种金融风险。

## 二、电子现金

（一）电子现金支付系统概述

在传统交易中，人们对于现金的偏好是毫无疑问的。电子现金（digital currency）其实就是对传统现金的模拟。人们希望电子现金也能与传统的现金一样，具有方便、最终结算、匿名、不可追踪等基本性质，为电子商务当中的小额支付提供方便。电子货币是以数字化形式存在的现金货币,它具有金钱所拥有的同等价值,以数字信息形式存在,通过互联网流通。因此电子现金比现有的实际现金(纸币和硬币)有更多的优点,具有互通性、可取用性、多用途、高易用性、高安全性和高私密性、快速简便等特点。自 1982 年 D. Chaum 发表第一篇关于电子现金系统的论文以来,在电子现金系统的研究方面已取得了很多成果,电子现金已经在国外的网上支付中作为实际的支付工具使用。但不是所有的电子现金系统都能完整地对现金进行模拟,也并非都具有现金的所有特性。

第一个电子现金方案由 Chaum 与 Fiat 在 1988 年提出,他利用"盲签名"技术来实现其匿名性,以保护用户的隐私,该系统虽然效率不高,却开创了电子现金的先河。但这种与现金相似的具有完全匿名与不可追踪特性的电子现金也为许多不法行为提供了方便,由于电子现金的匿名性,警方即便联络银行,也不能追踪资金,很难将犯罪分子正法。因此,一个合理的电子现金系统应该是不完全或条件匿名的。1993 年,Micali 等提出公平密码系统,以防止犯罪分子对于密码系统的滥用。Stadler 等人提出了公平盲签名(fair blind signature)技术,在匿名系统上设立第三方,这正是一种不完全或者说有条件匿名的技术。盲签名技术一经提出就受到了极大的关注,也不断有人对其进行研究、探索。各类盲签名技术的发展,使得电子现金的实现成为可能。

(二)电子现金系统流程

一般而言,一个典型电子现金系统的处理流程如图 3-1 所示。

图 3-1 电子现金系统基本流程图

通常一个电子现金系统涉及提供电子现金的银行、使用现金的消费者与接受电子现金的商家。其使用流程如下。

(1)要获得电子现金,电子现金的用户必须在提供电子现金业务的银行开设一个账户,提供相应的身份证明,并利用现金或银行存款,兑换一定金额的电子现金。

(2)商家与消费者对交易内容达成共识,签订订货合同,商家给消费者发货,与此同时,消费者将电子现金转移给商家,以完成结算。

(3)接受电子现金的商家将电子现金提交给电子现金发放银行,申请兑现或存入银行账户。

(三)电子现金的发展

随着电子现金基础技术的不断成熟,目前一些试运行的电子现金支付系统有:DigiCash、NetCash、Cybercoin、Modex、VisaCash 等。仅从技术上讲,各个商家都可以发行电子现金,但是,电子现金的发展如果不加控制,电子商务将不可能正常发展,甚至由此带来相当严重的经济金融问题。

电子现金在部分发达国家的使用已比较普遍,但电子现金的发行问题一直困扰着大家。其支付的效力也存在争议。由于任何一家有实力的企业都可以发行和流通电子现金,这就对中央银行发出了严峻的挑战。企业利用电子现金来逃避监管与税收,容易扰乱一个国家的金融秩序。同时,一些发展较好的电子现金,如荷兰阿姆斯特丹 Digicash 公司于 1994 年 5 月开发的在线交易用的电子现金支付系统——E-Cash,早在 20 世纪就已在美国、芬兰、日本等国家开始应用。对于无空间限制的电子商务应用来说，跨国的电子现金使用还存在众多法律、汇率等方面的潜在问题。这就需要严格的经济金融管理制度，以保证电子现金的正常运作与发展。

除此之外，电子现金的安全使用也是一个重要问题。这就包括匿名性、不可重复使用性等。同时，电子现金与普通货币一样，也会出现丢失的问题。当出现硬盘故障的时候，如果没有备份，电子现金就丢失了。而且，电子现金也可能存在伪钞，这种风险的后果常常是难以估量的。

尽管存在种种问题，电子现金的使用依然不断增长，随着技术以及相关法律法规的不断完善，电子现金一定会像银行界所预言的那样，成为电子商务尤其是小额交易的重要支付手段。

### 三、银行卡

（一）银行卡概述

20世纪70年代以来，随着科学技术的飞速发展以及我国金卡工程的推动，银行卡的使用高速发展。银行卡的普遍使用不仅减少了现金和支票的流通，而且使银行业务因突破时间和空间的限制而发生了根本性变化。现在银行卡支付已成为当今网络支付最流行的支付方式，同时，它也是人们最常用到的支付工具，我们常常可以在商场、饭店、车站等许多场所看到信用卡的使用。人们利用它进行刷卡记账、POS结账、ATM提取现金等。

通常银行卡的大小一般为85.60 mm×53.98 mm，也有比普通卡小43%的迷你卡和形状不规则的异型卡。因为各种银行卡都是塑料制成的，所以又称之为"塑料货币"。

银联标准卡图片

我国第一张银行卡诞生在珠海。1985年，中国银行在珠海分行发行了我国第一张银行卡，从此迈出了中国银行卡业务发展的第一步；1987年，工商银行开始发卡；1990年，中国建设银行发行"龙卡"；1991年，中国农业银行发行"金穗卡"；1992年深圳发展银行发行"发展卡"；1993年，交通银行发行"太平洋卡"……根据中国人民银行发布的统计数据，截至2020年末，全国银行卡在用发卡数量89.55亿张。其中借记卡在用发卡数量81.77亿张；信用卡和借贷合一卡在用发卡数量共计7.78亿张。全国人均持有银行卡6.4张。随着银行卡受理环境的不断改善，银行卡成为我国居民使用最广泛的非现金支付工具之一。

常见的银行卡一般分两种：借记卡和贷记卡。前者是储蓄卡，后者是信用卡。储蓄卡可以在网络或POS消费或者通过ATM转账和提款，不能透支，卡内的金额按活期存款计付利息。消费或提款时资金直接从储蓄账户划出。借记卡在使用时一般需要密码（PIN）。信用卡是根据发卡银行给予的信用额度，持卡人可在信用额度内先消费、后还款的银行卡。银行卡因其不同的种类而有不同的支付系统，包括"信用卡"支付系统、"储蓄卡"支付系统。本节只讨论信用卡支付系统。储蓄卡型支付系统，因其功能完全可由信用卡覆盖，其转账的支付方式又与后面的电子支票相似，故此不再介绍。

（二）信用卡的支付过程

信用卡是目前流通最为广泛的支付卡种，可以用于消费购物，也可用于支取现金。当它在电子商务中充当支付工具时,最简单的形式是当消费者与商家通过互联网达成交易后,消费者按商家的要求,在商家的页面上提交自己的信用卡账号、密码、有效期等信息。商家在收到消费者传来的支付信息后,将其转发给银行以验证其支付的合法性。商家在得到银行的信用授权后向消费者发货。这种网上支付模式出现于互联网早期。而消费者的关键信息对商家来说是完全公开的,这对于消费者来说具有极大的风险。后来人们采用了一种新的方式,在这种方式中,用户通常提前在某一第三方公司登记一个信用卡号码和口令,当用户通过网络在该公司购物时,用户只需将口令传送到第三方,购物完成后,用户通常会收到一个确认的电子邮件,询问购买是否有效。若用户对电子邮件回答有效时,公司就从用户的信用卡账户上减去这笔交易的费用。除此之外,为了保证信用卡支付的安全性,最近几年,人们还制定了两套用于信用卡支付加密的标准,一种是基于 SSL 协议的信用卡支付,另一种是基于 SET 协议的信用卡支付。SSL 加密 Web 浏览器和 Web 服务器间的传输过程(消费者的计算机和商家的计算机),而 SET 则更为复杂,它提供完整的支付解决方案,不仅包含消费者与商家,还包括银行。不同信用卡支付模式的技术细节与动作流程会有一些区别。这里我们介绍一个信用卡支付的基本过程,但不讨论不同模式的技术细节。

(1)消费者利用信用卡消费,获取银行授权,并在销售汇票上签字。通常票据上应写明交易的内容、金额、日期等。

(2)商家在得到银行授权后,向消费者提供产品和服务。

(3)商家通过自己的开户行,向发卡行申请,并获得款项。

(4)发卡行向消费者发出还款通知。

(5)消费者向发卡行归还贷款。一般发卡行每月向持卡人寄送一次账单,持卡人在收到账单后的一定宽限期内,可选择付清账款,则不需付利息。

(三)典型的信用卡支付系统

目前典型的信用卡支付系统有 First Virtual Corp(FVC)和 Cyber Cash 等。

1. First Virtual Corp(FVC)系统

First Virtual 产生于 1994 年 10 月,是 Internet 网上最早开展结算服务的系统。它也是唯一没有使用加密技术的安全的信用卡支付系统。其安全性是通过向顾客发一个确认电子邮件来得以保证的。成为 FV 的客户必须具备的基本条件是:具备互联网通信环境,并持 FV 所支持的信用卡。满足这两个条件之后,用户便可在 FV 开设账号,FV 持有用户账号和信用卡号,用户使用 FV 提供的账号向商家支付,商家将用户账号提供给 FV,FV 验证商家身份后,将信用卡信息传给银行,完成支付过程。这种支付过程中,用户账号的开设不通过网络,信用卡信息不在开放的网络上传送,FV 使用 e-mail 来确定身份,简单、安全且交易成本极低。到 1996 年 3 月 30 日,First Virtual 运行不久,就拥有了来自 166 个国家的 3 300 多个商家和 21.5 万个用户。

2. Cyber Cash

Cyber Cash 公司成立于 1994 年 8 月,其开发的支付系统于 1995 年 4 月开始运行。使用这种模式付费时,用户信用卡号码被加密,采用的加密技术有 S/SHTTP、SSL 等。用户在其网页中输入信用卡号时,该卡号会被加密,而这种加密的信息只有业务提供商或第三方付费处理系统能识别。这种支付方式对于用户来说是极为方便的,但由于涉及加密、认证、授权等，交易成本较高。目前，Cyber Cash 支持的信用卡很多，包括维萨卡（Visa Card）、万事达卡（Master Card）、美国运通卡（American Express Card）等。

3. 基于 SET 协议的信用卡支付系统

为了实现更加安全的即时电子支付，美国 Visa 和 Master Card 两大信用卡组织联合国际上多家科技机构，于 1997 年 6 月共同制定了应用于 Internet 上的以银行卡为基础进行在线交易的安全标准，即 SET 协议（Secure Electronic Transaction）。它采用公钥密码体制和 X.509 数字证书标准，主要应用于 B2C 模式中保障支付信息的安全性。SET 协议本身比较复杂，设计比较严格，安全性高，它能保证信息传输的机密性、真实性、完整性和不可否认性。但在实际应用中，SET 要求持卡人在客户端安装电子钱包，增加了顾客交易成本，交易过程又相对复杂，因此较少有顾客接受这种网上即时支付方式。

**四、电子支票**

（一）电子支票概述

比起电子现金与信用卡，电子支票的出现和开发是较晚的。在传统支付工具中，支票一直占有极为重要的席位，是银行大量采用的支付工具之一，也是所有票据中使用率最高的一种。而电子支票正是一种模拟纸质支票转账支付的优点而发展起来的网上支付工具，利用电子支票，我们可以将资金以电子付款形式从一个账户转移到另一个账户。

电子支票与传统支票极为类似，支票使用者从其开户银行收到电子文档，并在上面填入出票人的姓名、支付人金融机构名称、账号、收款姓名、支票金额等关键信息。不同于传统支票的人为签名，电子支票的签名是通过数字签名来完成的。从伪造签名意义上说，伪造一个电子支票远远比伪造传统支票亲笔签名的难度大，所以安全度比较高。在支票兑现时，需要付款人在电子支票上的数字签名。在美国和欧洲，支票的使用有所不同。但大多数现有的电子支票解决方案是建立在美国的系统基础之上的，由此，付款人和收款人都必须对支票进行数字签名。收款人将支票拿到银行进行兑现，银行又将支票送回给付款人。

由于电子支票与传统支票工作方式相同，易于理解和接受，再加之电子支票可以使支票的支付业务和支付过程电子化，易于流通，因此，很多电子银行和大多数金融机构，都通过建立电子支票支付系统，在各个银行之间发出和接收电子支票，向用户提供电子支付服务。而美国政府在 1996 年通过了《改进债务偿还方式法》。该法规定，自 1999 年 1 月起，政府部门的大部分债务通过电子方式偿还。此法推动了电子支票在美国的快速发展。

（二）电子支票的使用过程

电子支票的使用过程中，通常包含三个实体，即付款人、收款人以及金融机构。当完成某次交易，收款方要求付款人付款时，付款人从金融机构那里获得一张电子化付款证明，付款人将此证明交给销售方，销售方再转交给金融机构。整个过程与支票的使用过程基本相同，具体如下。

（1）买卖双方达成交易，并选择电子支票作为支付工具。

（2）买方签发电子支票。买方在提供电子支票服务的金融机构注册，获得签发电子支票的资格，写明支票款项等信息，并进行数据签名。

(3) 买方通过互联网向卖家传递电子支票，同时向银行发出付款通知单。
(4) 卖家对电子支票进行验证，验证无误后发货给买方。
(5) 卖家将电子支票送交银行提示付款。
(6) 银行对电子支票验证无误后，向卖家付款。

(三) 几种典型的电子支票系统

电子支票作为网上支付的有力工具，已经较为完善。早在1995年，美国一些大银行就和一些计算机公司组成了金融服务技术联合会（FSTC, Financial Services Technology Consortium），公开演示了使用互联网进行电子支票交易的过程。而在1998年1月1日，美国国防部与FSTC更是对美国财政部的财政管理服务支付了一张电子支票，以显示系统的安全性，极大地促进了电子支票的发展。目前，电子支票支付遵循BIP（Bank Internet Payment）标准（草案）。其支付一般通过金融专用网络、设备、软件及一套完整的用户识别、标准报文、数据验证等规范化协议来完成，以控制电子支票的安全性。但电子支票的支付并不是单一的，到现在，主要的电子支票系统有：FSTC Electronic Check、Netcheque系统和美国匹兹堡的Carnegie-Mellon大学的NetBill等。

1. FSTC电子支票系统

FSTC（金融服务技术联盟）成立于1993年，共有美国的银行、大学、企业、研究机构以及政府机关等60多个成员。参加的主要银行有：美洲银行、波士顿银行、曼哈顿银行、花旗银行等。作为一个非营利性的组织，其主要目的在于提高美国金融服务业的竞争力。为此，FSTC推行了一系列电子货币试验项目，其中，最引人注目的当属电子支票项目。该项目的基本内容是，使用密码技术将支票内容（如付款人姓名和金额等）加密之后，用电子邮件授信进行结算。同时FSTC提供了一些新的服务，如可以立即验证资金的可用性；数字签名的确认增加了安全性；支票支付能够很容易地与电子订单和票据处理一体化等。

2. Net Bill电子支票系统

Net Bill是由美国匹兹堡的卡内基梅隆大学（Carnegie Mellon）与美国的梅隆银行（Mellonbank）合作开发的电子支票系统。Net Bill中的基本业务涉及客户、商家和中心服务器三方。中心服务器上保留的账户可与金融机构中的传统账户相连。客户Net Bill账户可以从其银行转账来注入资金，而商家的Net Bill账户中的资金可以转入其银行账户存款。

3. Net Cheque电子支票系统

Net Cheque系统是在1995年由南加利福尼亚大学的信息科学研究所（Information Sciences Institute, ISI）开发的。系统中使用Kereberos实现认证，并且中心服务器在认为有必要时，可对所有主要的业务进行跟踪。Net Cheque包括NetCheque服务器（银行）的层次结构，提供了分布式清算账目服务，同时也允许用户在可信性、易接近性、可靠性等原则的基础上挑选其中意的银行。

【延伸阅读】

**招商银行移动支票**

"移动支票"是指付款人通过招商银行网上企业银行向招商银行提交电子支付指令,而该电子支付指令中的收款人相关信息由付款人通过招商银行企业手机银行直接确定后及时予以付款,亦可由付款人在电子支付指令中指定的招商银行小企业E家注册用户(包括该注册用户后续另行指定的其他注册用户,并依此类推)通过招商银行小企业E家系统将收款人相关信息发送至招商银行网上企业银行系统,付款人授权招商银行根据接收到的收款人信息予以付款。

"移动支票"是招商银行在业内首发的公司金融O2O闭环支付产品,重新定义了移动互联网中的银企生态:

在功能上,替代纸质支票,摆脱物理形式限制,降低银行与客户使用成本,简化流程,提高效率,实现客户与银行双赢;

在场景上,突破时空局限,连接线上与线下交易流程,结合远程支付和近场支付的优势,满足各类支付场景需求;

在安全上,通过多重成熟可靠的技术防范手段和严格缜密的业务控制手段,提供全面安全保障。

"移动支票"业务对接小企业E家系统是招商银行提供的电子商务服务。

——招商银行移动支票操作指引

## 第三节 网络银行

伴随着Internet应用环境的日渐成熟,电子商务的种类与规模都得到迅速发展。而网上购物、网上理财的快速发展,都要求商业银行与金融机构提供更高效、更便捷、基于Internet技术的开放的支付结算服务,银行作为支付与结算的中心,在电子商务的发展过程中,逐渐显现出这样一个现实:银行是促进电子商务茁壮成长的关键所在,而网上银行的建设与推广正是电子商务融入百姓生活的必要条件。

早在1995年10月,世界上第一家网上银行就在美国亚特兰大诞生,这就是安全第一网络银行(security first network bank,SFNB)。从此拉开了网络银行发展的序幕。根据Online Banking Report的资料,到1999年12月5日,美国共有512家提供在线交易服务的网上银行,而1997年5月27日这个数字仅为26家。在欧洲,包括德意志银行、巴克莱银行、国民威斯敏斯特银行等巨头在内的各知名银行纷纷推出网上银行服务,希望凭此与那些刚刚"破壳而出"的网上银行一争高下。据不完全统计,到1999年底,全欧洲已有超过2 000家金融机构开办了网上银行业务,数量比6个月前翻了一番还多。但在当时,由于客户需求不旺、市场上的交易方式支持有限以及安全性差等问题，网上银行发展受到很大限制；因为市场发展程度限制和客户需求有限，银行也不敢过于超前发展网上银行业务。这种情况在 2000 年以后得到了改善。目前，国内外的银行都把目光转向网上银行的发展，各家网络银行纷纷上线，电子银行已成为银行竞争的新热点。甚至有人预言，Internet 网络将会改变银行的排行榜。在网络银行的世界中，银行的规模不再以传统银行分行数、网点数、人员数衡量，这也为众多的中小银行提供了机会。万事达国际组织也认为："技术进步正使得传统银行固定销售点的交易方式转变为随时随地的交易方式。"来自国外的一份分析报告指出："互联网无疑将成为传递金融信息的极好渠道。最终，所有银行都将出现在网上，并且大多数银行未来几年内将拥有能进行大部分传统银行事务处理的高级虚拟柜台。"

### 一、网络银行概述

#### （一）网络银行的定义

网络银行（Internet Bank）又称网上银行、在线银行（Online Bank）、虚拟银行（Virtual Bank）或电子银行（Electronic Banking）等。随着网络银行的不断发展与成熟，人们对网络银行的认识随之变化，并仍在不断深化。目前，并不存在一个最终的、统一规范的网络银行的定义。

按照国际巴塞尔银行监管委员会的定义，网上银行是指那些通过电子通道提供零售与小额商品和服务的银行，如提供存贷、电子商务、账户管理等服务。从广义上看凡是基于独立的网站为客户提供有关银行业务与信息服务的银行均可称为网上银行。

根据美联储的定义，网络银行是指银行利用互联网来作为其产品、服务和信息的业务渠道，向个人和公司客户提供服务的银行。网络银行的产品和服务包括提存款、信贷、账户管理、金融顾问、电子票据以及其他一些诸如网络货币等电子支付的产品和服务。也就是说网上银行是银行客户在办理银行业务时，不受任何时空的限制，随时随地都可以通过因特网接受银行的服务，而不再需要到银行的营业大厅排队和在银行的办公时间进行办理。

撇开不同概念之间差异的表象可以看出，网络银行实际上就是互联网上的虚拟银行柜台，银行可以通过它向广大的客户提供更为方便、快捷、高效和可靠的全方位服务，并利用网络银行进行金融业务创新。

#### （二）网络银行的特征

网络银行是以互联网为基础的新的服务渠道，与传统的银行服务体系相比，具有鲜明的特征。

1. 依托计算机网络，提供虚拟和开放的服务

网上银行的产生依托计算机和网络通信技术的快速发展，银行利用渗透到世界各地的计算机网络，将其业务范围进行拓展，而其全部交易处理程序完全由计算机执行。可以这样说，离开了计算机和计算机网络，网上银行就没有生长的土壤，也就不可以出现。网络银行是银行的虚拟柜台，在这里，没有豪华的银行大厅，也没有营业网点和柜台工作人员，有的只是与国际互联网连接的服务器，顾客只要通过计算机与互联网连接，就可以进入网上银行选择所需的服务。因此，网络银行是一种融合了高科技的金融创新产物，是一种新的银行产业组织形式，使得银行从"真实型"向"虚拟型"转变。而且，与传统银行利用专用网络

提供服务不同，网络银行是借助开放性的互联网来向广大客户提供服务的，具有"开放性"的特征。网上银行以公共互联网为基础，它不再需要在各地设置物理分支机构来扩展业务，其组织结构、人力资源构成、分销渠道和营销策略将与传统银行产生极大变化，发生根本的变革。

2. 网络银行不受时空限制

在网络经济时代，互联网络把整个社会都紧密地联系起来，在各种安全机制的保护下，网络银行向客户提供全天候、大范围、跨地区乃至跨国界的实时金融服务。客户可以通过网银在任何地点，24小时不间断地进行充分的信息交流，办理多种银行业务，实现以客户为中心的服务。

3. 网络银行可以大幅降低银行成本

互联网使得银行的服务范围得到了最大范围的延伸，只要建立一个完整的网上银行便可以向全国甚至是全球的客户提供服务，且容量巨大。这比建设能处理同样业务量的营业网点要节省得多。通常情况下，客户在使用网络银行时，无须银行工作人员的帮助，可以自己在短时间内完成账户查询、资金转账、现金存取等银行业务，即可自助式地获得网络银行服务。这就极大程度地节省了银行的经营成本。据美国商务部的调查显示，银行利用营业机构来提供服务的单位成本是1.07美元，电话服务则为0.5美元，而通过网上银行只需0.01美元。这也是各家银行纷纷推出网络银行的一个极为重要的原因。

4. 网络银行向客户提供更优质的服务并有助于金融创新

利用网络银行来办理银行业务，使得客户的等待时间大大减少，操作简便易行，一笔交易往往可以在几分钟甚至几秒钟内完成，大大提高了银行的服务效率。同时，银行可以向网银客户介绍其业务种类、处理流程、最新信息、年报等财务信息和价格信息，极大地提高了金融信息的透明度。另外，网络银行打破了传统金融业的分工，模糊了银行业与证券业、保险业之间的界限，银行通过网络银行不仅能够提供存贷款、转账等传统业务服务，而且可以更加方便、全面地向客户提供多种理财和保险等综合性、全方位的金融服务。通过网银，银行还向客户提供网上购物、网络缴费、基金超市、电子钱包等新兴业务。在金融服务消费者的需求更加多元化、个性化的今天，网络银行充分发挥互联网络的互动性、敏捷性，为商业银行的业务创新提供了新的空间。

总之，可以看出：网络银行不仅仅是对现有银行业务的互联网移植，它是金融创新与科技创新相结合的产物，是一种新的银行产业组织形式和银行制度。其方便、低成本、高效等特性，必使其成为银行业发展的方向和竞争的新焦点。

**二、我国的网络银行**

(一) 我国网络银行发展概述

网络银行的出现引发了金融领域的一场革命，使得金融业的经营管理模式、业务类型、经营理念等都发生了重大的变革。网上银行最早起源于美国，其后迅速蔓延到Internet所覆盖的各个国家。1996年6月，也就是美国开始有了网上银行8个月后，中国银行在因特网上设立网站，开始通过国际互联网向社会提供银行服务。同年，招商银行开通"一网通"网站，率先在国内推出网上银行概念。随后，国内各大商业银行相继加入网上银行业务的角逐。

近年来,我国网上银行业务的发展突飞猛进,无论是市场交易额、用户注册数还是活跃用户,均保持高速增长。相关研究报告显示,2020年个人网银用户占银行客户数量的比例为59%(如图3-2所示)。其中,使用工商银行和建设银行的个人网银进行交易的用户比例较高。

2020年电子银行发展报告

图3-2　2011—2020年全国个人网银发展趋势图

数据来源:2020中国电子银行调查报告

在网银业务方面,转账汇款、查询账户与网络支付是用户通过网银办理的主要业务,经常办理以上各项业务的用户比例均在40%以上,其中用户最常办理的业务是转账汇款,常用用户比例为49%。随着各行网银功能的逐步完善,银行业务线上迁移基本完成,对线下网点的分流作用明显。

我国直销银行与互联网银行发展迅速。截至2018年底,国内直销银行已多达114家,其中城商行直销银行70家,占比61.4%;农商行直销银行26家,占比22.8%;股份制银行直销银行7家,占比6.1%。同时,以微众银行、网商银行为代表的互联网银行也迅速发展。截至2018年12月31日,微众银行与网商银行在成立后的3~4年间,皆已扭亏为盈,净利润分别为24.7亿元与6.58亿元。

(二)我国典型的网络银行

1. 中国工商银行

中国工商银行全称中国工商银行股份有限公司(Industrial and Commercial Bank of China Limited, ICBC),成立于1984年,是中国最大的商业银行之一,世界五百强企业之一。在科技手段的有力支持下,中国工商银行不断地进行业务创新:1997年12月建立www.icbc.com.cn网站;1999年9月,正式推出全统一电话银行服务号码"95588";2000年2月和8月分别开通企业网上银行和个人网上银行。经过十余年的发展,工商银行网络银行后来居上,在2009年,以32.6%以及31.3%的份额排在个人网银以及企业网银的首位。同时,多次被《环球金融》杂志评为"中国最佳个人网上银行"(Best Consumer Internet Bank in China)。目前,中国工商银行的网络银行是占中国市场份额最大的网络银行。

中国工商银行首页截图如图3-3所示。

图 3-3　中国工商银行首页截图

2. 招商银行"一网通"

1987 年，招商银行作为中国第一家完全由企业法人持股的股份制商业银行，以及中国政府推动金融改革的试点银行，在中国改革开放的最前沿——深圳经济特区成立。其主页截图如图 3-4 所示。

图 3-4　招商银行——一网通主页截图

## 【延伸阅读】

### 浙江网商银行

浙江网商银行股份有限公司是中国首批试点的民营银行之一，于2015年6月25日正式开业。网商银行将普惠金融作为自身的使命，希望利用互联网的技术、数据和渠道创新，来帮助解决小微企业融资难融资贵、农村金融服务匮乏等问题，促进实体经济发展。

网商银行是中国第一家将核心系统架构在金融云上的银行。基于金融云计算平台，网商银行拥有处理高并发金融交易、海量大数据和弹性扩容的能力，可以利用互联网和大数据的优势，给更多小微企业提供金融服务。

网商银行定位为网商首选的金融服务商、互联网银行的探索者和普惠金融的实践者，为小微企业、大众消费者、农村经营者与农户、中小金融机构提供服务。

目前，网商银行合作的平台覆盖餐饮、出行、货运、租房、汽车、母婴等各个行业，如淘宝、天猫、阿里巴巴、饿了么、滴滴、运满满等。

2017年底，网商银行的线下小微经营者贷款服务已经覆盖全国32个省342个城市，其中武汉、杭州的贷款户数最多，且排名超过北上广深。二、三线城市的线下小微经营者对贷款的需求普遍旺盛，郑州、苏州、温州、成都位列全国前十位。

## 第四节 移动支付

20世纪90年代兴起的电子商务，实现了商务活动向Internet的转移。阿里巴巴、淘宝、京东、亚马逊等，诸多成功的电子商务模式把网络经济的作用发挥到了极致。而近几年，随着移动通信网络的发展及手机用户的迅速增长，新型的互联网终端影响到了社会各个领域和阶层，移动商务已经成为当今互联网领域最热门的话题之一。据统计数据显示，当前中国的手机用户数量已逾8亿，其中，已开通移动互联网业务用户为3.03亿户，占全部手机用户的37.8%。手机在人们生活中扮演的角色不断丰富，也成为人们最不能缺乏的工具之一。"机不离身"已经成了人们的习惯，这就使得金融业务形成一种新的趋势——移动金融服务。

### 一、移动支付概述

（一）移动支付的定义

移动支付是指以移动终端，包括手机、个人数字助理（PDA）、智能手机、平板电脑等在内的移动工具，通过移动通信网络与近场支付等技术，实现资金由支付方转移到受付方的一种支付方式。

（二）移动支付的类型

随着智能终端的普及和移动互联网产品的创新，手机可承载的个性化业务也越来越多。手机作为人们日常生活中必不可少的工具，其随身携带与无线接入的特性，使得手机支付一经推出就引起了极大关注。目前，手机支付大概可以分为以下几种类型。

1. 电信账户移动支付

在消费者对所消费的商品或服务进行账务支付时，其金额通过手机账单扣除。在这种方式中，电信运营商为用户提供了代收费的功能。

2. 银行账户移动支付

在这种方式下，手机用户可以通过银行网络连接移动通信公司的短信息平台，实现通过手机直接进行账户查询、银行转账、自助缴费等个人理财服务。

3. 其他账户移动支付

在这种模式中，用户利用快钱、支付宝、财付通等第三方支付企业所提供的手机平台，办理付款、收款、充值、缴费等业务。

不管手机支付的资金来源到底是哪里，这种电子化交易方式正在掀起新一轮的竞争热潮。这块土地上，电信运营商、金融机构、第三方支付平台都希望占据更大的版图。事实上，看好移动支付这块大蛋糕的，除了银联、三大运营商以及第三方支付企业之外，移动终端设备商、芯片制造商等也蓄势待发，且大多已与电信运营商以及第三方支付企业合作，共谋移动支付市场大蛋糕。

**二、我国的移动支付发展**

早在 1999 年，业界对移动支付的尝试就已开始：当年中国移动就与中国工商银行、招商银行等金融部门合作，在北京、广东等地开始进行移动支付业务试点。2002 年 6 月，中国联通在无锡推出第一个"小额支付移动解决方案"实验系统。但一直以来，受限于技术、政策、商业模式等原因，手机支付发展缓慢。到 2002 年底，全国移动银行用户不到 14 万，仅仅占到两亿移动电话用户的 0.07%，月交易量 15 万次，相对于移动电话的用户量和商业银行的结算量，用"九牛一毛"来形容毫不为过。

直到 2009 年，随着 3G 的到来以及手机支付技术的不断成熟，移动支付开始快速增长。在这个巨大市场面前，银行以及运营商都加快了拓展手机业务的步伐。在 2009 年，移动支付技术标准初步确定，中国移动、中国电信、中国联通三家运营商开始地区试点，手机支付列入各移动运营商的发展优先级。比如中国移动于 11 月正式推出 RFID-SIM 卡，可以在星巴克等店铺以及未来的世博场馆内刷手机消费；联通则宣布与复旦微电子合作，通过定制机或者贴卡等方式实现手机消费。同时，国内各大商业银行纷纷推出手机银行服务，基本覆盖了银行的各类基础业务。以中国工商银行为例，其手机银行服务已经能够覆盖所有移动和联通手机用户，客户可以获得 7×24 小时全天候的服务：查询账户、转账/汇款资金瞬间到账、进行捐款、缴纳电话费和手机话费、网上消费实时支付等。

2014 年春节，微信新年红包在几乎没有做任何推广的情况下一夜爆红，拉开了第三方支付机构在移动支付领域快速进军与比拼的序幕。随着社交红包、扫码支付的普及，第三方支付机构快速占领移动支付市场。艾瑞咨询发布的《2020Q2 中国第三方支付市场数据发布报告》数据显示，2020Q2 中国第三方移动支付交易规模为 59.8 万亿，同比增长 8.8%。支付宝以55.6%的市场份额占据移动支付头名，腾讯财付通市场份额38.8%，位列市场第二位。总体上看，支付宝和腾讯金融二者的市场份额达到了94.4%，占据绝对主导的地位。具体如图3-5所示。

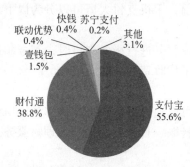

图3-5　2020Q2中国第三方移动支付交易规模市场份额图

### 三、典型的移动支付

**（一）手机银行**

手机银行是以手机为载体，依托移动通信运营商的网络，以客户端程序的方式，为客户提供账户查询、转账、信用卡、理财、基金、证券、资讯、挂失等金融在线服务，是一种全新的电子银行业务和渠道。

近年来，手机银行迅速兴起。手机银行以其使用便捷、安全高效、操作简单等特性，吸引了不少客户，成为当下多数消费者选择的一种全新理财方式，"随身银行""指"点个人金融业务等消费方式也逐渐被大众所接受。在手机成为我们生活必需品的时代，新科技派生出来的手机银行业务自然成为手机用户的"新宠儿"。国外手机银行起步较早，1996年捷克斯洛伐克率先推出手机银行业务。在欧洲，手机上网已经成为开展移动商务的重要手段，因而手机银行也日益流行。在亚太地区，个人电脑不够普遍、互联网发展较晚，网上电子商务发展较慢；而由于手机具有便宜、便捷、个人拥有的特点，手机用户增长速度超过个人电脑增长速度，因此手机银行业务有着广阔的发展空间和市场潜力。香港的许多银行都相继推出手机银行流动理财服务，如大通银行、运通银行、汇丰银行、恒生银行、东亚银行、花旗银行、道亨银行、泰富银行。

而在大陆地区，目前，除四大国有银行外，交行、招行、民生、光大、浦发、中信等多家商业银行也相继加入手机银行服务提供者的行列。各个加入手机银行业务的金融机构都认识到，手机银行绝不是传统银行的业务延伸，而是未来最具竞争力的独立创新业务。各银行也将手机银行作为重点投入对象，拓展推广，并不断创新其业务。据艾瑞咨询的调查，使用手机银行的网民用的较多的业务依次是查询银行账户、转账汇款、话费缴纳，使用率分别为84.4%、53.7%和53.1%。2020年手机银行用户比例达到71%，如图3-6所示。随着手机银行用户比例增速放缓，手机银行渗透率的高速增长期已基本结束，逐步进入稳步增长时期。

**（二）条码支付**

条码（二维码）支付业务是指会员单位应用条码技术，向客户提供的、通过手机等移

图 3-6　2011—2020 年全国个人手机银行发展趋势图

数据来源：2020 中国电子银行调查报告

动终端实现收付款人之间货币资金转移的行为。

早在 20 世纪 90 年代，二维码支付技术就已经形成，用户可把收付款账号、订单金额等交易信息汇编成一个二维码，并印刷在各种报纸、杂志、广告、图书等载体上。近年来条码支付业务快速发展，在小额、便民支付领域显现出门槛低、使用便捷的优势，市场份额持续增长，成为移动支付发展的重要体现形式。

条码支付业务包括付款扫码和收款扫码。

付款扫码指付款人通过移动终端读取收款人展示的条码完成支付的行为。

收款扫码指收款人通过读取付款人移动终端展示的条码完成支付的行为。

由于二维码生成方式简单，其内容可能是一段文字，也可能是一个超链接地址。因此，商户与用户侧的系统均可能生成假冒的二维码，而二维码支付发展早期，许多二维码扫码工具并没有恶意网址识别与拦截的能力，使得二维码支付风险较高。

（三）NFC 云闪付

借鉴日本成功经验，NFC 技术成为中国银联、手机生产商、运营商的发力点。

NFC 通过一个芯片、一根天线和一些软件的组合，实现各种设备在几厘米范围内的通信。这使得在支付方式上，银联云闪付与支付宝、微信支付有明显不同。通过在支持 NFC 的手机设备上绑定银联卡，在具有 Quick Pass 标志的 POS 机上轻轻一碰即可完成支付。但另一方面，NFC 的进入门槛也较高，它既需要用户有支持 NFC 功能的终端，也需要商户配备兼容的设备。

云闪付的合作商包括银行、国内外手机厂商、通信运营商等。通过带云闪付芯片的智能手机、设备，就可以使用银联卡申请云闪付卡进行支付。云闪付卡是一张存储在手

图 3-7　云闪付的使用流程图

机中的虚拟卡，相当于原银行卡的替身卡并非银行卡的真实卡号，相对较为安全。

【延伸阅读】

<h2 style="text-align:center">中国工商银行手机银行业务简介</h2>

手机银行是指工行依托移动通信运营商的网络,为手机客户提供的账户查询、转账、缴费付款、消费支付等金融服务的电子银行业务。工行手机银行业务具有随身便捷、申请简便、功能丰富、安全可靠等特点,主要涵盖以下内容。

(一)账户管理

为您提供余额查询、当日明细查询、历史明细查询、注册卡维护、账户挂失、默认账户设置、银行户口服务等功能。

注册卡维护是您自助添加、删除手机银行注册卡/账户的功能。默认账户功能是为了方便操作,将多张注册卡/账户中常用的一张指定为默认账户。

(二)转账汇款

为您提供工行汇款,跨行汇款,向e-mail、手机号汇款,定活转账,通知存款,本人外币转账,我的收款人维护,个人网银我的收款人,电话银行我的收款人等功能。

向e-mail、手机号汇款是指收款人只需绑定个性化别名和收款账号,汇款人汇款时输入收款人姓名、汇款别名和金额即可汇款。通知存款提供您将理财金账户卡或灵通卡内的活期子账户的资金,转存为通知存款的功能,通知存款最小起存金额为5万元。本人外币转账是提供您向指定账户进行本异地账户外币转账汇款的功能。

(三)缴费业务

您通过此功能可缴纳分行特色缴费项目费用,并支持您在非工作时间内进行缴费的预约指令提交,系统会在工作时间内为您办理业务。缴费成功后可将该项目存入我的缴费项目中,您还可以通过"我的缴费项目"进行个人缴费项目的缴费、查询、增删操作。

手机银行签订委托代扣协议的内容,支持您在手机银行-缴费业务功能下进行委托代扣协议的签订、查询、撤销。

(四)手机股市

您可通过手机银行查询上证、深证的股票信息,并且在"定制我的股票"中输入股票代码定制或删除自己关心的股票。您可以通过"第三方存管"功能进行银行转证券公司、证券公司转银行和相关查询交易,此外还可以链接到券商站点进行股票交易。

(五)基金业务

提供您根据基金公司、基金类型、基金代码及自选基金为条件,查询出某只基金详细信息(包括:基金代码、名称、类型、净值、历史净值等),并可将重点关注基金设置为自选基金的功能。还可以快速便利地进行基金申购、认购、定投、赎回、撤单、余额及历史明细查询等操作。

（六）国债业务

支持储蓄国债（凭证式）和记账式国债的一站式购买。

储蓄国债（凭证式）可以进行查询信息、购买、兑付、查询国债余额的操作。记账式国债可以进行查询国债相关信息、开立托管账户、购买、卖出、交易余额及明细查询的操作。

（七）外汇业务

提供您根据基本盘、交叉盘、所用盘及自选汇率等条件，查询外汇的实时交易汇率（包括：买入价、卖出价、中间价、最高价、最低价），根据即时外汇汇率，进行外汇买卖交易或设立外汇委托交易（包括获利委托、止损委托、双向委托、追加委托）以及账户余额、交易明细查询的功能。

（八）贵金属

提供您查询人民币/美元账户黄金、白银、铂金等账户贵金属的实时价格（包括：银行买入价、银行卖出价），根据即时账户贵金属价格，进行买卖交易或设立委托交易（包括获利委托、止损委托、双向委托）以及品牌金积存的余额和账户信息查询的功能。

（九）银期转账

通过期货公司在工行的保证金账户与期货投资者（以下简称"投资者"）银行结算账户之间的对应关系，投资者通过手机银行进行转账操作后，可以实现投资者银行结算账户与期货公司保证金账户的实时划转，期货公司根据其银行期货保证金账户的变动情况，实时调整期货投资者在期货公司的资金账户余额，为期货交易提供资金结算便利。

（十）信用卡

提供您查询信用卡的余额、交易明细信息，并向本人工商银行信用卡归还账户透支人民币、外币透支欠款的功能，同时支持信用卡分期付款功能。

（十一）客户服务

为您提供余额变动提醒定制/查询/修改/取消、主菜单定制、自助缴服务费、权限管理、修改登录/支付密码、电子银行注册/管理、注销手机银行、设置客户预留信息、对账单等功能。

主菜单定制功能是为了方便使用，提供您将常用功能设置为个性化菜单。权限管理是提供您自行选择关闭手机银行（WAP）的电子商务、缴费、对外转账等权限的功能。设置客户预留信息是提供您对预留信息内容进行查询、修改的功能，手机银行预留的信息为单独设置，与个人网银预留信息可以不一致。提供更换使用界面颜色的功能，使我行手机银行更具个性化。

（十二）小额结售汇

小额结售汇，是指您使用柜面注册卡通过手机银行办理指定额度内小额结售汇交易，并可在线查询小额结售汇交易明细信息。

（十三）住房公积金业务

提供您通过手机银行查询住房公积金账户、房补账户、公积金贷款账户基本信息（余额、发放月数、交缴金额等）及账户交易明细的功能。

（十四）个人贷款业务

提供您通过此功能查询未结清的贷款合同信息、借据信息、还款计划表和已还款明细等信息。公积金委托贷款查询不包括在此功能内。通过此功能，您可了解尚未结清的贷款余额、利息、积欠利息、利率和下次还款日等信息，以帮助您及时归还贷款，处理欠款。

（十五）分行特色业务

分行为其所属业务地区客户提供的特色服务。

资料来源：中国工商银行网站 www.icbc.com.cn

## 本章小结

本章首先介绍了电子支付和网络支付的基本概念与特征、安全要求以及我国电子支付的发展现状。然后介绍了电子货币、电子现金、银行卡等电子支付工具，对网络银行的定义和特点进行了分析，总结了我国网络银行的现状，最后介绍了移动支付的定义、类型及在我国的应用情况。

## 自测题

一、填空题

1. 电子支付是完成资金转移的环节，也是电子商务中准确性、安全性要求最高的业务过程。电子支付系统的安全性需求主要包括：_____、_____、_____、_____、_____和_____。

2. 根据支付方式的不同，电子货币可分为：_____、_____、_____、_____。

3. 第一个电子现金方案由 Chaum 与 Fiat 在 1988 年提出，它利用_____技术来实现其匿名性，以保护用户的隐私。

4. 目前，根据资金账户的来源不同，手机支付可以分为以下几种类型：_____、_____、_____、_____。

5. 条码支付业务包括_____和_____。

二、简答题

1. 什么是电子支付。
2. 简述电子支票的使用过程。
3. 简述电子现金的使用流程。
4. 简述电子货币的特点。
5. 简单说明网络银行的优势。

三、论述题

随着移动互联网的发展，移动支付在近两年突飞猛进，请结合移动支付的发展现状，分析移动支付发展的机会与阻碍。

# 第四章 电子商务物流管理

【学习目标】

通过学习本章,读者应当了解电子商务物流的概念、模式和应用。理解物流作为电子商务的基础条件的重要性,以及电子商务为物流提供的市场机会、技术改进支持以及成本控制上的作用。能够以战略管理为基础,构建和选择企业适宜的电子商务物流模式。

【导读案例】

## 电子商务企业绿色物流的实践启示

物流业作为我国经济社会中的基础性、战略性、先导性行业,绿色化是必由之路。特别是物流业本身的快速优质高效发展,使得绿色发展需求越发凸显。仅从物流包装来看,伴随海量网购消费,绿色快递需求巨大。根据国家邮政局公布数据显示,2019年,全国快递服务企业业务量累计完成635.2亿件,同比增长25.3%;业务收入累计完成7 497.8亿元,同比增长24.2%,我国快递行业规模体量已经连续六年全球第一。然而,快递物流中这些数百亿件的编织袋、缓冲物、塑料袋、胶带等必备材料,在现有物流体系中却大部分都无法进行回收,只能被用于焚烧发电或填埋处理,无法有效循环利用,从而导致土地资源被侵占、水资源被污染、空气质量下降等环境问题。

由于快递已成为生活和工作中的"必需品",快递包装垃圾已成为城市垃圾增量的主要来源。国家邮政局部署北京等十省市开展邮政业绿色网点和绿色分拨中心建设试点、湖北恩施等六城市开展行业生态环境保护城市综合试点、申通等六家快递企业在前期试点基础上深入开展可循环中转袋应用试点、顺丰等企业开展绿色采购试点,推动将行业生态环境保护纳入城市环保治理总体格局。支持国家生态文明实验区(海南)建设,推动海南加快绿色包装应用。2018年12月国家邮政局发布了《快递业绿色包装指南(试行)》(以下简称《指南》),规定了快递行业绿色包装工作的目标,这为快递行业绿色发展奠定了坚实基础。从《指南》落实情况来看,主要品牌的快递企业普遍采用电子面单,节约了传统纸质面单;同时,采取减少过度包装、循环利用纸箱等措施,也节约了快递封装用品。

但是,国家政策和企业措施只能相对减少一部分快递包装垃圾,由于回收成本高、回收率低，加上我国垃圾分类体系尚未完全建立，快递包装废弃物处理仍处于瓶颈期。经验表明，组织逆向物流的成本是开展正向物流的几倍。另外，根据《指南》要求，推广绿色包装势在必行。而实际情况是，使用生物降解塑料包装袋的成本，可能是现有包装袋的2倍以上，这对快递行业成本控制提出了新挑战，也需要消费者提高绿色环保意识，为未来可能实行的"环保快递"支付更多费用。

在2016全球智慧物流峰会上，菜鸟网络宣布联合32家中国及全球合作伙伴启动菜鸟绿色联盟——"绿动计划"，承诺到2020年替换50%的包装材料，填充物为100%可降解绿色包材。这一绿色联盟包括"四通一达"、中国邮政、俄罗斯邮政、加拿大邮政、Fedex、新加坡邮政、苏宁、日日顺等中国及全球知名物流企业。除了环保包材的替换计划，这一行动还承诺通过使用新能源车辆、可回收材料、重复使用包装，建立包材回收体系等举措。

2017年，京东物流联合九家品牌共同发起绿色供应链行动——青流计划，通过京东物流与供应链上下游合作，探索在包装、仓储、运输等多个环节实现低碳环保、节能降耗。2018年京东集团宣布全面升级"青流计划"，从聚焦绿色物流领域，升级为整个京东集团可持续发展战略，从关注生态环境扩展到人类可持续发展相关的"环境（Planet）""人文社会（People）""经济（Profits）"全方位内容，倡议生态链上下游合作伙伴一起联动，以共创美好生活空间、共倡包容人文环境、共促经济科学发展为三大目标，共同建立全球商业社会可持续发展共生生态。

依据以上资料，思考并回答以下问题：

（1）思考题：电子商务与物流之间是什么样的关系？

（2）思政德育思考："绿色"是"创新、协调、绿色、开放、共享"新发展理念之一，在这一背景下，作为国内电子商务代表性企业，菜鸟网络和京东集团分别推出的"绿动计划"和"青流计划"的意义何在？我们作为普通消费者能做哪些力所能及的事情？

## 第一节　物流

### 一、物流的产生与发展

物流是一个古老而现代的概念。论其古老，是因为物流是一种存在时间和人类商品生产一样悠长的人类活动；论其现代，是因为管理科学和信息技术为物流提供了全新的运作基础和方式，极大促进了这种生产活动的效率、更广泛地扩展了其时间和空间范围。

虽然人类社会早就存在物流现象，但1901年，在美国政府报告中，格鲁威尔首次提及了物流的书面观念。1921年，阿奇提出："物流是与创造需要不同的一个问题，物质经过时间和空间的转移，会产生附加价值。"第二次世界大战期间，美国陆军使用"Logistics Management"的理论和方法对战时供应中心进行后勤管理，并用Business Logistics代指商业物流，力求合理有效地组织商品的供应、保管运输和配送。

第二次世界大战后，日本考察团1958年提出实物分配（physical distribution）概念，并译为"物的流通",学者平原直简化为"物流"。本阶段强调商品实体凭借载体从供应方向需求方的移动。

进入20世纪80年代后,社会和技术环境急剧变化:经济自由化、信息技术快速发展、全球化生产和贸易。不仅强调商品的配送,而且关注原材料和部件的供应物流,关注退货和废弃物品的回收;强调物流对生产和销售在战略上的能动作用,配合JIT(just in time)生产体系的运作。

1986年美国物流协会的定义是:"以适合顾客的要求为目的,对原材料、在制品、制成品与其关联的信息,从产业地点到消费地点之间的流通与保管,为求费效比最小而进行计划、执行和控制。"2007年我国全国物流标准化技术委员会在国家标准《物流术语》(GB/T 18354—2006)中将物流定义为:"物品从供应地向接收地的实体流动过程。根据实际需要,将运输、储存、装卸、搬运、包装、流通加工、配送、回收、信息处理等基本功能实施有机结合。"

### 二、现代物流的参与者

现代物流体系可以视为一个包含很多节点,以及联系这些节点之间路线的网络模型。这些节点包括供应商、仓库、配送中心、零售商,以及物流运输商在各机构之间运输原材料、在制品库存和产成品。

在各个节点之间从事运输的参与者,按其作用不同,还可以划分为第一方物流、第二方物流、第三方物流和第四方物流。第一方物流(first party logistics,1PL)制造商拥有并操作所有的物流功能,如卡车运输和仓储。大多数买和卖在同一地点进行的小企业都是1PL。

第二方物流(second party logistics,2PL)的定义有许多种,最常见的定义是:第二方物流指买方、销售者或流通企业组织的物流活动。这些组织的核心业务是采购并销售商品,为了销售业务需要而投资建设物流网络、物流设施,并进行具体的物流业务运作和管理。严格地说,从事第二方物流的公司属于分销商。还有一种定义,认为第二方物流是指生产企业聘请车队、仓库来做仓储、货运,属于功能性的服务。无论从哪一种说法来理解第二方物流,这种概念都已经脱离了企业自身的自我服务,从自给自足开始向分工合作转化。

第三方物流(third party logistics,3PL)是一个更广泛的词,被频繁地用来涵盖货物运输或者合同物流领域的各种业务,也称作委外物流(logistics outsourcing)或是合同物流(contract logistics)。根据《中华人民共和国国家标准物流术语》(GB/T 18354—2006)规定,第三方物流是指独立于供需双方,为客户提供专项或全面的物流系统设计或系统运营的物流服务模式。3PL已被包含在供应链管理之中。它可能包括也可能不包括资产的所有权。3PL倾向于低资产性和高回报率。

第四方物流(fourth party logistics,4PL)提供商本质上是一个物流整合体,或者可以说是为制造商物流外包需求而设定的一站式服务。与第三方物流公司最大的区别在于,第四方物流公司不投资物流硬件设备,并且不具体实施相应的物流服务。它更多的是对第二方物流和第三方物流的产品链、基础设施(车队、仓库等硬件)进行计划、协调、优化;对生产型企业在其供应链上的供应商(包括供应商的供应商)、生产商本身、客户(包括分销渠道上的各级批发商、零售商)等的关系进行协调和优化,其目的是降低生产型企业整个物流链的总费用,为第三方物流企业实现更多的附加值,提供更多的咨询服务。它的任务是与各

2PL 和 3PL 提供商签订合同，整合和管理目标解决方案。不仅具有很强的物流和信息技术，而且能完善供应链理念，并能向制造商提供高附加值的咨询顾问服务。

### 三、高效物流的基础因素

物流是社会生产力的组成部分，也是物质资料生产的一般必要条件，它对生产配置和社会劳动生产率的水平具有巨大影响。现代大生产要求按时供应大量的原料、燃料和材料，并从生产地输出成品到消费区，为了完成这个任务，就必须有发达的物流。

因此，物流通常的功能包括：产品转移和产品储存。为了提高物流的效率，降低成本，一些基本的经济因素应该考虑进去，包括：

（1）节点的优化。物流网络构造涉及有关工厂、仓库和零售点布局的问题。这些问题属于战略决策问题，它们对企业物流成本具有长远和基本的影响。

（2）规模经济（economy of scale）。规模经济是指随着装运规模的增长，每单位重量的运输成本下降。

（3）距离经济（economy of distance）。距离经济是指每单位距离的运输成本随距离的增加而减少。

（4）商物分离。在交易中，一般只有最终消费者需要获得实际货物，分销渠道中各个环节的交易都是为了再次卖出，因此，这些交易过程中不一定伴随物的移动，只对最终消费者运输货物。商物分离可尽量减少货物的装运次数，并降低物流成本。

因此，高效物流的目的是要在最优网点布局的前提下，使装运的规模最大化、距离最大化、运输次数最小化。在这个过程中，电子商务能够起到重要作用。

### 四、智慧物流

当前，我国物流产业增速正在趋缓，传统的产业发展方式难以满足消费型需求快速增长的要求，现有的资源条件不足以支撑产业规模的持续快速增长。全球新一轮科技革命的到来，为产业转型升级创造了重大机遇，智慧物流正在成为物流业转型升级的重要源泉。

智慧物流是以物流互联网和物流大数据为依托，通过协同共享创新模式和人工智能先进技术，重塑产业分工，再造产业结构，转变产业发展方式的新生态。当前，物流企业对智慧物流的需求主要包括物流大数据、物流云、物流模式和物流技术四大领域。预计到2025年，智慧物流市场规模将超过万亿元。随着物流业与互联网深化融合，智慧物流出现了一些新特点。

1. 政策环境持续改善

2016 年，国务院总理李克强主持召开国务院常务会议，从国家层面部署推进"互联网+"高效物流。经国务院同意，国家发展改革委会同有关部门研究制定了《"互联网+"高效物流实施意见》，交通运输部、商务部和工信部等有关部门从各自职能领域出发部署了推进"互联网+"高效物流相关工作，为推动智慧物流发展营造了良好的政策环境。

2. 物流互联网逐步形成

近年来，随着移动互联网的快速发展，大量物流设施通过传感器接入互联网。目前，我国已经有超过 400 万辆重载货车安装北斗定位装置，还有大量托盘、集装箱、仓库和货物接入互联网。物流连接呈快速增长趋势，以信息互联、设施互联带动物流互联，"物流在线化"奠定了智慧物流的前提条件。

3. 物流大数据得到应用

物流在线化产生大量业务数据,使得物流大数据从理念变为现实,数据驱动的商业模式推动产业智能化变革,大幅度提高生产效率。如菜鸟网络推出智能路由分单,实现包裹跟网点的精准匹配,准确率达98%以上,分拣效率提高50%以上,大大缓解了仓库爆仓压力。通过对物流大数据进行处理与分析,挖掘对企业运营管理有价值的信息,从而科学合理地进行管理决策,是物流企业的普遍需求,其典型场景包括:数据共享、销售预测、网络规划、库存部署及行业洞察等。

4. 物流云服务强化保障

依托大数据和云计算能力,通过物流云来高效地整合、管理和调度资源,并为各个参与方按需提供信息系统及算法应用服务,是智慧物流的核心需求。近年来,京东、菜鸟和百度等纷纷推出物流云服务应用,为物流大数据提供了重要保障,"业务数据化"正成为智慧物流的重要基础。

5. 协同共享助推模式创新

智慧物流的核心是"协同共享",这是信息社会区别于传统社会,并爆发出最大创新活力的理念源泉。协同共享理念通过分享使用权而不占有所有权,打破了传统企业边界,深化了企业分工协作,实现了存量资源的社会化转变和闲置资源的最大化利用。如菜鸟驿站整合高校、社区、便利店和物业等社会资源,有效地解决了末端配送的效率和成本问题。近年来,"互联网+"物流服务成为贯彻协同共享理念的典型代表。利用互联网技术和互联网思维,推动互联网与物流业深度融合,重塑产业发展方式和分工体系,为物流企业转型提供了方向指引,其典型场景包括:互联网+高效运输、互联网+智能仓储、互联网+便捷配送及互联网+智能终端等。

6. 人工智能正在起步

以人工智能为代表的物流技术服务是应用物流信息化、自动化和智能化技术实现物流作业高效率、低成本的物流企业较为迫切的现实需求。其中,人工智能通过赋能物流各环节、各领域,实现智能配置物流资源、智能优化物流环节及智能提升物流效率。特别是在无人驾驶、无人仓储、无人配送和物流机器人等人工智能的前沿领域,菜鸟、京东和苏宁等一批领先企业已经开始开展试验应用,有望与国际电商和物流企业从同一起跑线起步。物流技术服务的典型场景包括:

(1)自动化设备:通过自动化立体库、自动分拣机与传输带等设备,实现存取、拣选、搬运和分拣等环节的机械化、自动化。

(2)智能设备:通过自主控制技术,进行智能抓取、码放、搬运及自主导航等,使整个物流作业系统具有高度的柔性和扩展性,如拣选机器人、码垛机器人、AGV、无人机和无人车等。

AGV

(3)智能终端:使用高速联网的移动智能终端设备,物流人员操作将更加高效便捷,人机交互协同作业将更加人性化。

## 第二节 电子商务环境下的物流

电子商务的主要优势在于能够降低企业运作成本，大大简化业务流程。而电子商务下，如果企业想保持成本优势，就必须以高效和可靠的物流运为保证；同时，电子商务的信息化特点，也为物流行业降低成本、提高效率提供了新的技术支持和手段。

### 一、电子商务与物流的关系

（一）物流是实施电子商务的基础

电子商务的任何一笔交易，都包含几种基本的"流"，即信息流、资金流和物流。所谓信息流，是指商品信息的提供、商业单证的转移、技术支持等多项内容。资金流主要指付款、转账等资金的转移过程。物流则是指物质实体（商品或服务）的流动过程。在电子商务下，三流中的前二流均可通过计算机和网络通信设备实现，但作为上述三流中最为特殊的物流，只有诸如电子出版物、信息咨询等少数商品和服务可以直接通过网络传输方式进行，但对于多数商品和服务，则需借助一系列机械化、自动化工具的应用，准确、及时的物流信息对物流过程的监控，使物流的流动速度加快、准确率提高，能有效地减少库存，缩短生产周期。

信息通信技术的革新，做到了信息流的瞬时传送、广泛共有及大量信息的储存、处理。信息活动贯穿经济活动的全过程，在物流作业的各个环节使用各种先进的物流专用设备和技术，是各物流企业提高作业效率和节约服务成本的主要手段，从而能够充分利用电子信息化的手段尤其是互联网技术来完成物流全过程的协调、控制和管理，实现从网络前端到最终客户端的所有中间过程服务。最终实现系统之间、企业之间以及资金流、物流、信息流之间的无缝连接，而且这种连接还具备预见功能，可以在上下游企业间提供一种透明的可见性功能，帮助企业最大限度地控制和管理库存。

（二）电子商务对物流运作的促进

首先，电子商务可使物流实现网络的实时控制。传统的物流活动在其运作过程中，不管是以生产为中心，还是以成本或利润为中心，其实质都是以商流为中心，从属于商流活动，因而物流是紧紧伴随着商流来运动。而在电子商务下，物流的运作是以信息为中心的，信息不仅决定了物流的运动方向，也决定着物流的运作方式。在实际运作过程中，通过网络上的信息传递，可以有效地实现对物流的实时控制，实现物流的合理化。

其次，网络对物流的实时控制是以整体物流来进行的。在传统的物流活动中，虽然也有依据计算机对物流实时控制，但这种控制都是以单个的运作方式来进行的。比如，在实施计算机管理的物流中心或仓储企业中，所实施的计算机管理信息系统大都是以企业自身为中心来管理物流的。而在电子商务时代，网络全球化的特点，可使物流在全球范围内实施整体的实时控制。

再次，电子商务将改变物流企业对物流的组织和管理。在传统经济条件下，物流往往是企业来进行组织和管理的，而电子商务则要求物流从社会的角度来实行系统的组织和管理，以打破传统物流分散的状态。要求企业在组织物流的过程中，不仅考虑本企业的物流组织和管理，更重要的是考虑全社会的整体系统。

最后，电子商务将改变物流企业的竞争状态。在传统经济活动中，物流企业之间存在激烈的竞争，这种竞争往往是依靠本企业提供优质服务、降低物流费用等方面来进行的。在电子商务时代，这些竞争内容虽然依然存在，但有效性却大大降低了。原因在于电子商务需要一个全球性的物流系统来保证商品实体的合理流动，一个企业的规模即使再大，也是难以达到这一要求的。这就要求物流企业应相互联合起来，形成一种协同竞争的状态，以实现物流高效化、合理化、系统化。

**二、电子商务物流的发展现状**

（一）我国电子商务物流发展相关政策

电子商务与快递物流是现代服务业的重要组成部分，与民生息息相关。电子商务与快递物流互为支撑，相互促进。推进电子商务与快递物流协同发展，是全面贯彻党的十九大精神，深入贯彻落实习近平新时代中国特色社会主义思想，落实新发展理念，推动经济发展质量变革、效率变革、动力变革的重要举措；是以行业协同撬动两个大市场、提升经济整体效率的创新举措。推进电子商务与快递物流协同发展，有利于快递物流转型升级、电子商务提质增效，有利于技术标准衔接统一、数据资源规范共享、供应链协同创新，有利于扩大消费、提升用户体验，更好地适应和满足网购消费者美好生活的需要。

2016年3月17日，商务部、发展改革委、交通运输部、海关总署、国家邮政局、国家标准委6部门共同发布《全国电子商务物流发展专项规划（2016—2020年）》（以下简称《规划》）。《规划》指出，近年来，我国电商物流保持较快增长，企业主体多元发展，经营模式不断创新，服务能力显著提升，已成为现代物流业的重要组成部分和推动国民经济发展的新动力。随着国民经济全面转型升级和互联网、物联网发展，以及基础设施的进一步完善，电商物流需求将保持快速增长，服务质量和创新能力有望进一步提升，

全国电子商务
物流发展
专项规划

渠道下沉和"走出去"趋势凸显，将进入全面服务社会生产和人民生活的新阶段。加快电商物流发展，对于提升电子商务水平，降低物流成本，提高流通效率，引导生产，满足消费，促进供给侧结构性改革都具有重要意义。

《规划》提出，到2020年基本形成"布局完善、结构优化、功能强大、运作高效、服务优质"的电商物流体系。《规划》明确了建设支撑电子商务发展的物流网络体系，提高电子商务物流标准化水平，提高电子商务物流信息化水平，推动电子商务物流企业集约绿色发展，加快中小城市和农村电商物流发展，加快民生领域的电商物流发展，构建开放共享的跨境电商物流体系等七项任务。同时提出了与之相对应的电商物流标准化工程、公共信息平台工程、农村服务工程、社区服务工程、冷链物流工程、绿色循环工程、跨境工程和创新工程等八项重大工程。在组织实施和保障方面，《规划》提出了五项要求：加强规划落实和组织实施，营造良好发展环境，加强和完善政策支持，完善信用和监管体系，健全电商物流统计监测制度等。

随着电子商务的快速发展，电子商务与物流快递协同发展方面暴露出一些问题，比如基础设施不配套、配送车辆通行难、快递末端服务能力不足、行业间协调联动不够等，成为制

约电子商务发展的重要瓶颈。自2014年10月开始，商务部会同财政部、邮政局在11个城市开展了电子商务与物流快递协同发展试点。试点工作取得了积极成效，上述问题得到了较好解决，形成了一批可复制推广的经验和做法。但从全国来看，快递物流制约电子商务发展的问题依然普遍存在。2017年以来，电子商务与快递物流协同中又暴露出数据互通共享的矛盾、过度包装影响环境等问题。在这一背景下，2018年1月，国务院办公厅印发了《关于推进电子商务与快递物流协同发展的意见》（国办发〔2018〕1号，以下简称《意见》），其目的是要全面复制推广试点经验，加快推动制度创新，解决发展中的新问题，进一步提高电子商务与快递物流协同发展水平。

关于推进电子商务与快递物流协同发展的意见

《意见》坚持问题导向，聚焦协同发展，明确了六个方面的政策措施。

（1）强化制度创新，优化协同发展政策法规环境。简化快递业务经营许可程序，改革快递企业年度报告制度；创新产业支持政策；健全企业间数据共享制度；健全协同共治管理模式。

（2）强化规划引领，完善电子商务快递物流基础设施。统筹规划电子商务与快递物流发展，构建适应电子商务发展的快递物流服务体系，保障基础设施建设用地；完善优化快递物流网络布局，推动电子商务和快递物流园区建设与升级。

（3）强化规范运营，优化电子商务配送通行管理。推动各地从规范城市配送车辆运营入手，完善城市配送车辆通行管理政策，对快递服务车辆给予通行便利。

（4）强化服务创新，提升快递末端服务能力。鼓励将推广智能快件箱纳入便民服务、民生工程等项目，推广智能投递设施；鼓励建设快递末端综合服务场所，促进快递末端配送、服务资源有效组织和统筹利用，发展集约化末端服务。

（5）强化标准化智能化，提高协同运行效率。加强大数据、云计算、机器人等现代信息技术与装备在电子商务和快递物流领域应用；加强快递物流标准体系建设，引导电子商务企业与快递物流企业加强系统互联和业务联动；发展仓配一体化服务，优化资源配置，提升供应链协同效率。

（6）强化绿色理念，发展绿色生态链。鼓励电子商务与快递物流企业开展供应链绿色流程再造，促进资源集约；推广绿色包装，制定实施电子商务绿色包装、减量包装标准，开展绿色包装试点示范，鼓励电子商务平台开展绿色消费活动；推动绿色运输与配送，加快调整运输结构，鼓励企业优化调度，逐步提高快递物流领域新能源汽车使用比例。

（二）我国电子商务物流发展现状

1. 发展现状

近年来，随着电子商务的快速发展，我国电商物流保持较快增长，企业主体多元发展，经营模式不断创新，服务能力显著提升，已成为现代物流业的重要组成部分和推动国民经济发展的新动力。

（1）发展规模迅速扩大。2020年，中国电子商务交易额达37.21万亿元，同比增长4.5%。其中，商品类电商交易额27.95万亿元，服务业电商交易额8.08万亿元，合约类电商交易额1.18万亿元。全国网上零售额达11.76万亿元，同比增长10.9%。其中，实物商品网上零售额9.76万亿元，同比增长14.8%。农村网络零售额达1.79万亿元，同比增长8.9%。农产品网络零售额达4158.9亿元，同比增长26.2%。2020年，全国快递服务企业业务量累计完成833.6亿件，同比增长31.2%；业务收入累计完成8795.4亿元，同比增长17.3%。其中，同城业务量累计完成121.7亿件，同比增长10.2%；异地业务量累计完成693.6亿件，同比增长35.9%；国际/港澳台业务量累计完成18.4亿件，同比增长27.7%。总体来看，电子商务引发的物流仓储和配送需求呈现高速增长态势。

（2）企业主体多元发展。企业主体从快递、邮政、运输、仓储等行业向生产、流通等行业扩展，与电子商务企业相互渗透融合速度加快，涌现出一批知名电商物流企业。

（3）服务能力不断提升。第三方物流、供应链型、平台型、企业联盟等多种组织模式加快发展。服务空间分布上有同城、异地、全国、跨境等多种类型；服务时限上有"限时达、当日递、次晨达、次日递"等。可提供预约送货、网订店取、网订店送、智能柜自提、代收货款、上门退换货等多种服务。

（4）信息技术广泛应用。企业信息化、集成化和智能化发展步伐加快。条形码、无线射频识别、自动分拣技术、可视化及货物跟踪系统、传感技术、全球定位系统、地理信息系统、电子数据交换、移动支付技术等得到广泛应用，提升了行业服务效率和准确性。

2. 面临形势

随着国民经济全面转型升级和互联网、物联网发展，以及基础设施的进一步完善，电商物流需求将保持快速增长，服务质量和创新能力有望进一步提升，渠道下沉和"走出去"趋势凸显，将进入全面服务社会生产和人民生活的新阶段。

（1）电商物流需求保持快速增长。随着我国新型工业化、信息化、城镇化、农业现代化和居民消费水平的提升，电子商务在经济、社会和人民生活各领域的渗透率不断提高，与之对应的电商物流需求将保持快速增长。同时，电子商务交易的主体和产品类别愈加丰富，移动购物、社交网络等将成为新的增长点。

（2）电商物流服务质量和创新能力将显著提升。产业结构和消费结构升级将推动电商物流进一步提升服务质量。随着网络购物和移动电商的普及，电商物流必须加快服务创新，增强灵活性、时效性、规范性，提高供应链资源整合能力，满足不断细分的市场需求。

（3）电商物流"向西向下"成为新热点。随着互联网和电子商务的普及，网络零售市场渠道将进一步下沉，呈现出向内陆地区、中小城市及县域加快渗透的趋势。这些地区的电商物流发展需求更加迫切，增长空间更为广阔。电商物流对促进区域间商品流通，推动形成统一大市场的作用日益突出。

（4）跨境电商物流将快速发展。新一轮对外开放和"一带一路"倡议的实施，为跨境电子商务的发展提供了重大历史机遇，这必然要求电商物流跨区域、跨经济体延伸，提高整合境内外资源和市场的能力。

### 三、电子商务物流模式

（一）电子商务物流的模式分类

1. 自营

自营物流配送是指企业物流配送的各个环节由企业自身筹建并组织管理，实现对企业内部及外部货物配送的模式。这是国内生产、流通或综合性的企业集团普遍采用的一种物流模式。企业集团通过在企业集团内部组建自己的物流中心，实现了对内部各部门、场、店的物品供应。电子商务的进化是离不开物流的优化和规范的。阿里巴巴入股部分物流公司并与它们开展仓储及快速流通方面的技术合作。京东也自建物流。

2. 第三方物流模式

第三方物流（third-party logistics，3PL）在20世纪80年代中后期盛行时，主要指对物流环节的要素进行外包。第三方物流是指独立于供需双方，为客户提供专项或全面的物流系统设计或系统运营的物流服务模式。

3. 共同物流配送模式

共同配送是物流配送企业之间为了提高配送效率以及实现配送合理化所建立的一种功能互补的配送联合体。

4. 互用物流配送模式

互用配送模式是几个企业为了各自利益，以契约的方式达到某种协议，互用对方配送系统而进行的配送模式。

物流配送存在多种模式，电子商务企业需要根据自身情况和企业战略，选择适合自身的物流配送模式。

（二）电子商务物流模式的选择

选择何种电子商务物流模式，从根本上取决于企业战略。如果根据企业战略规划，配送处于企业的核心竞争能力范围内，那么应该自建物流；如果物流和配送并不是企业的核心能力，那么可以将其外包。总之，企业在选择物流配送模式时，应坚持物流配送与战略发展相协调、服务水平和企业能力相协调的原则。

1. 企业物流职能的实现方式

对于电子商务企业来说，有四种基本方式来确保实现物流方面的职能。①内部活动。如果可能，一家企业会使用内部资源和技能来完成工作。当内部活动是企业的一个核心能力时，这种方式可能是完成相应工作的最佳选择。②收购。如果一家企业内部不具备这种技能或特殊资源，他可以收购另一家能完成该工作的企业。这种方式使收购方可以全面控制该特殊职能的实现过程，但可能存在几个缺点：收购一家成功的企业是困难和昂贵的；被收购方的企业文化可能与收购方有冲突，收购方的有效性也许会在融合过程中丧失；被收购方也可能先与收购方的竞争者达成交易，收购方将失去有关业务；这样的结果会伤害企业的整体有效性。如果有多种其他选择，收购并不一定是最合适的决策。③正常交易。大多数商业交易都是这种类型。一家企业需要一种特定的货物或服务，如装载货物的发运、车辆的维修、物流管理软件的设计和安装以及购买或租赁货物或服务等。许多情况下，正常交易是最有效和最合适的安排。当然，供应商的目标和战略可能不符合购买者的要求。一般来说，这种短期安排可以实现一种特殊商业需求，但不会带来长期战略优势。④战略联盟。这是共享风险与收益的两家企业之间的一种典型多方位的、目标导向的长期合作关系。在许多情况下，一方面可以避免直接收购的缺陷，另一方面，共同的目标可以带来正常交易所不会有的更多资源的承诺。战略联盟会为合作双方带来长期战略利益。

2. 企业战略与资源的分配

因此，使用何种物流模式与判断电子商务企业的核心能力非常相关，这是一个重要而困难的工作。一个电子商务企业的核心能力不一定和大量的资源投资有关，可能是无形的东西，如管理技能或头脑中的想法。

判断企业的核心能力，要考虑该企业的内部能力是如何使企业区别于竞争者的，这需要使用到战略管理学中的理论。

1970 年 Thune,House 历时 7 年对 6 个不同行业的 36 家企业进行运用战略管理的对比考察，发现运用了正式战略规划的企业在投资收益率等指标上都明显好于对照组。正规战略规划企业较非正规战略规划企业能更好地预见未来的发展，20 世纪 70 年代开始，美国的企业开始建立起有效的战略管理系统，帮助最高层管理者进行战略管理。

德国军事学家冯·克劳塞维茨认为：战略是为了达到战争目的而对战斗的运用。毛泽东则认为：战略问题是研究战争全局规律性的东西。哈佛大学 K. Andrews 说：战略是一种决策模式，这种模式决定和揭示企业的目的与目标，指出达到这些目标的重大方针和计划，战略不仅指出 Where we are，而且指出 What and we should do。

战略管理框架分析主要内容包括：①企业资源分析（内部、外部）；②企业核心竞争能力分析；③企业战略单元分析；④企业战略规划。

电子商务企业需要通过战略分析，来确定物流是否是自己的核心竞争能力，从而选择不同的方式来分配企业资源，实现物流功能。如果物流只是企业的辅助功能，那么可以通过外包、正常交易等方式实现；如果确认物流是企业独一无二的核心能力，就不应该将其外包，以避免核心能力的丧失。

## 【延伸阅读】

> 在 1981 年决定进入个人计算机市场时，IBM 没有适当的部件来设计和制造个人计算机。IBM 没有花时间来发展这些能力，而是从外部购入大部分个人计算机部件。例如，微处理器由英特尔设计和制造，操作系统由微软提供。
>
> 很快，IBM 在三年内就取代苹果公司成为个人计算机的第一大供应商。截至 1985 年 IBM 的市场份额超过 40%。然而当竞争者康柏公司能利用同样的供应商进入市场时，IBM 的战略弱点很快就暴露出来，由于大部分个人计算机部件都是由外部厂家生产，IBM 能够采购，竞争者也同样能够采购，IBM 的个人计算机不存在不可进入的壁垒，在这个业务上 IBM 没有难以模仿的核心能力。
>
> 由于在制造个人计算机的核心能力上无法建立起技术和市场壁垒，在竞争对手的攻击下，IBM 开始丧失原有的市场统治地位。到 1995 年底，IBM 的市场份额下降到低于 8%，落后于市场领先者康柏公司 10 个百分点。最后，到将笔记本电脑业务出售给联想为止，IBM 彻底退出了个人计算机市场。

在企业战略的指导下，电子商务企业的物流模式可采用矩阵决策法。电子商务零售企业在选择物流配送模式时其决策矩阵如图 4-1 所示。当企业的配送能力很强并且配送在企业的经营发展中占有重要的战略地位时，自营是企业可以选择的一种模式，这种情况更加适合直销型电子零售商和个别实雄厚的完全电子零售商以及水泥加鼠标型零售商。当企业的配送能力很强并且配送在企业的经营发展中占有相对不重要的战略地位时，企业可以选择自营或者共同配送模式。当企业的配送能力不强并且配送在企业的经营发展中占有重要的战略地位时，企业可以选择互用配送模式和第三方物流。当企业的配送能力不强并且配送在企业的经营发展中占有相对不重要的战略地位时，第三方物流是最好的选择，同时也可以采用供应商物流。

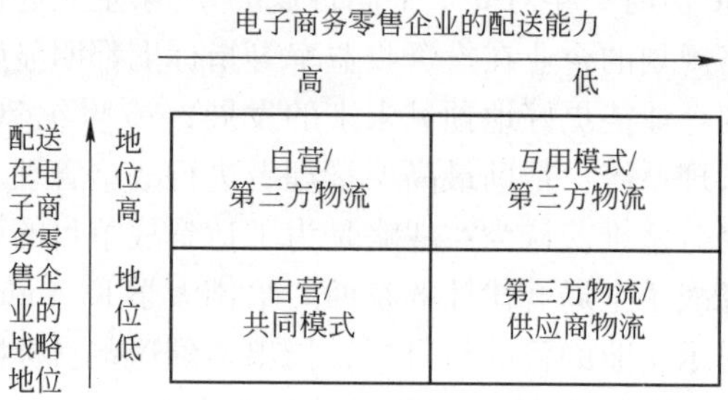

|  | 电子商务零售企业的配送能力 | |
|---|---|---|
|  | 高 | 低 |
| 配送在电子商务零售企业的战略地位 — 地位高 | 自营/第三方物流 | 互用模式/第三方物流 |
| 配送在电子商务零售企业的战略地位 — 地位低 | 自营/共同模式 | 第三方物流/供应商物流 |

**图 4-1　电子商务物流模式选择矩阵图**

需要注意的是,当外部市场发育不完善,即使物流不是企业的核心能力,但在市场上没有合格的物流供应商的时候,自建物流也是企业唯一的选择。

## 【延伸阅读】

### B2C 电子商务物流:两大模式谁适合?

2009 年 4 月初,京东网上商城对外宣布,投资达 2 000 万元的"上海圆迈快递公司"在上海正式成立。不久,"阿里巴巴将在华东建立电子商务配送网络"的消息也不胫而走。一时间,仿佛中国的电子商务企业要开启一个"自卖自送"的新时代。然而,随着阿里巴巴有关负责人的出面否认以及其他各家电子商务企业的表态,才让人清楚电子商务企业并非都要自建物流炉灶,只是自建物流系统与寻找第三方合作的两大模式的分化越来越明显。

在这种情况下,采取自营与外包相结合的配送模式,对于国内的 B2C 电子商务企业似乎更加实际。尤其适合那些拥有一部分物流资源,还不能满足商务扩展需要的公司——建立自己的配送体系投资太大,资金不足;对市场估计不足而害怕承担太大的风险;配送体系建设周期太长,不能满足自己的盈利期望等。

行业有关人士指出,电子商务是未来的主流商务模式,而在今后的一段时间里,中国电子商务将继续保持高速发展,如何处理好配送系统的问题,将是决定其发展快慢的一个重要因素。

到底是自建物流,还是外包服务?目前只能说,适合自己的模式,才是最好的模式。

资料来源:物流科技. 2009 (7):88.

### 四、电子商务物流系统的构建

(一)电子商务物流系统的基本组成

(1) Web 系统:电子商务网站的网页系统。这是实现网上订单提交的前提条件。该系统主要包括页面设计、页面内容维护、客户登记、客户提交订单等多项内容。

(2) 订单系统：订单系统是进行订单接收、检查、处理、反馈等业务活动的软件系统。此系统是一个后台处理系统，接受了用户在 Web 系统里提交的订单，检查其真实可靠性，对订单进行相应的处理，最后反馈给客户。

(3) 库存系统：库存管理系统是对库存商品进行全面管理的系统。主要管理包括商品、入库、出库、库存盘点、条码等部分。

(4) 配货系统：配货系统对客户订单进行系统处理，介于订单系统和库存系统之间。系统先是总结客户订单，然后处理订单的情况，相应地传递每一种处理结果。主要包括管理收货、存货、发货、信息和财务等部分。

(5) 运输系统：运输系统是配货系统的后续，相应地处理运输的相关业务。包括安排运输、调度车辆、比较分析运输方式、结算运输等内容。

(6) 追踪系统：追踪系统是一个全程追踪系统，记录客户从提交订单到客户收到货的每一个环节，客户可以在互联网上对物流状况进行查询。

(7) 第三方系统：第三方系统是第三方配送公司或第三方物流公司系统，由于部分物流业务需要由物流公司处理，所以必须与合作方系统进行连接，实现资源共享。

(二) 电子商务物流系统的系统设计与集成

电子商务物流系统集成是以科技为导向、以因特网为依托、以信息技术为手段，通过建立高速、安全、可靠、简便管理的电子商务与物流信息化集成平台，辅助企业进行商务信息、物流人员、车辆、货物以及仓储等信息管理，大幅提升公司电子商务和物流管理信息化水平，使公司管理的各个步骤都科学化、规范化，最后达到整个产业的服务水平和信息化管理得到提升的目的。

项目实施的结果是建设一个智能的电子商务和物理信息化集成平台，平台包括电子商务中心、企业 ERP 管理中心和物流 GPS 监控中心三大部分，能够对公司商务信息、物流人员、车辆、货物以及仓储等信息进行管理，并实现 GPS 对物流车辆行驶状态的监控，使公司在进行商务活动和物流运输时，能够实现运营成本最小化、企业效益最大化。

电子商务物流项目建设的物流管理系统分为三大部分：第一部分为电子商务平台，主要实现对企业电子商务信息的管理；第二部分为 ERP 系统，主要实现对企业和物流信息的管理及决策的制定等功能；第三部分为 GPS 物流监控中心，通过采用 GPS 全球定位技术，实现对车辆的实时监控，结合管理流程，实现车辆实时监控调度功能。

整个系统具有以下特点。①建立完整的业务和交易体系。根据业务需要为客户提出了完整的前后台业务系统技术解决方案，包括对企业间交易、产品采购、销售管理、库存管理、业务过程监控等各方面。②实现业务过程可跟踪，以完整的仓储、物流管理作为支撑，提供面向用户的企业信息门户。③项目 ERP 子系统包括供应商信息管理、车辆信息管理、货物信息管理、司机信息管理、发车信息管理、管理员信息维护等模块，通过实施该 ERP 系统，基本建成了覆盖公司现有各个业务领域的物流信息化综合管理平台。④货物和车辆 GPS 监控。物流监控子系统将 GPS 卫星定位技术、GSM 数字移动通信技术、GIS 地理信息系统技术以及 Internet 技术等多种世界上先进的科技成果相结合，使企业可以在监控界面对车辆进行监控、调度、即时定位等多项操作，既实现了车辆实时动态信息的全程管理，又能够省却自己建设 GPS 系统监控中心/基站所需的大量经费、时间、人力。

（三）电子商务物流系统应用

1. 条码技术

电子商务物流技术是指在电子商务物流活动中将商品（或物品）进行移送和储存，为社会提供无形服务的技术。它的作用是把通过电子商务方式提供的各种商品（或物品）从生产者一方转移给消费者。商务电子化的目的就是打破时空界限，快速、高效地完成交易过程。而物流系统作为电子商务服务系统更需要借助信息传播的有效性和共享性实现物流全过程的有效组织与控制，目前以条码技术为代表的物流信息技术是物流技术中发展最快的领域。

条码是指由一组按一定编码规则排列的条、空符号，用以表示一定的字符、数字及符号组成的信息。条码技术是为实现对信息的自动扫描而设计的，是实现快速、准确而可靠地采集数据的有效手段。条码技术的应用解决了数据录入和数据采集的瓶颈问题。条码技术提供了一种对物流中的物品进行标识和描述的方法，企业可以借助自动识别技术、POS 系统、EDI 等现代化技术，对自己产品在供应链上的位置随时了解，并即时做出反应。在电子商务物流系统中，货物和车辆信息的收集是系统设计和运营的重要内容。运用物流条码可以实现以最小的投入获得最大的经济效益。

2. RFID 与条码

条码分为普通条码和射频条码（radio frequency identification，RFID）。RFID 是一种自动识别技术，是集编码、载体、识别与通信等多种技术于一体的综合技术。与其他自动识别技术一样，主要应用目标是实现信息系统的自动化信息采集，保证被识别物品的信息化管理。典型的 RFID 系统由 RFID 读写器和 RFID 标签组成，标签承载物品信息，作为标识附着于物品上；读写器利用感应无线电波、微波实现标签信息的识别与采集，并将信息输入信息管理系统。RFID 不局限于视线，识别距离比光学系统远，射频识别卡具有读写能力，可携带大量数据、难以伪造并且有智能。

RFID 并不是新生事物，它最早的应用可以追溯到 20 世纪 40 年代，但由于技术成本标准等多方面因素，长期以来没有形成在开放的物品流通领域的系统化应用，而分散的单一的应用状态并没有引起人们对 RFID 的关注。直到 EPC（Electronic Product Code，产品电子代码）系统概念提出，形成全球化 RFID 应用大系统的诱人前景才引发了全球 RFID 热。

RFID 在物流领域中应用于物料跟踪、运载工具和货架识别等要求非接触数据的采集和交换。基于 RFID 技术的电子商务物流功能主要体现在以下几个方面。

（1）仓储管理。将 RFID 系统用于智能仓库货物管理，有效地解决了仓库里与货物流动有关信息的管理，它不但增加了一天内处理货物的数量，还监督这些货物的一切信息。射频卡贴在货物通过仓库的大门边上，读写器和天线放在叉车上，每件货物均贴有条码，所有条码信息都被存储在仓库的中心计算机里，该货物的有关信息都能在计算机里查到。当货物被装走运往别处时，由另一读写器识别并告知计算中心它被放到哪个拖车上。这样管理中心可以实时地了解到已经生产了多少产品和发送了多少产品，并可自动识别货物，确定货物的位置。

（2）生产线自动化。用 RFID 技术在生产线上实现自动控制和监视，能提高效率、降低成本。德国宝马汽车公司在装配线上应用射频卡以尽可能大量地生产用户订制的汽车。宝马汽车的生产是基于用户提出的要求式样而生产的：用户可以从上万种选项中选定自己喜欢的颜色、引擎型号及轮胎式样等，这样一来，装配线上就会配上百种式样的宝马汽车，如果没有一个有高度组织的、复杂的控制系统，是很难完成如此复杂的任务的。宝马公司在其装配流水线上配有 RFID 系统，他们使用可重复使用的射频卡，该射频卡上带有详细的汽车所需的各种要求，在每个工作点处都有读写器，这样可以保证汽车在各个流水线位置处毫不出错地完成装配任务。

（3）分析和预测。企业通过 RFID 对物流体系进行管理，不仅可对产品在供应链中的流通过程进行监督和信息共享，还可对产品在链中各阶段的信息进行分析和预测。企业通过对物流信息进行分析，利用全球统一标识系统给每个实体对象唯一的代码，构造一个实现全球物品信息实时共享的实物互联网。这是继条码技术之后在物流配送及产品跟踪管理领域的又一革命性技术。

3. 物联网的广阔前景

物联网的技术思想是"按需求连接万物"。具体而言，就是通过各种网络技术及射频识别（通过无线电进行数据交换以达到信息识别）、红外感应器、全球定位系统、激光扫描器等信息传感设备，按照约定协议将包括人、机、物在内所有可能够被独立标识的物端（包括所有实体和虚拟的物理对象及终端设备）无处不在地按需求连接起来，进行信息传输和协同交互，以实现对物端的智能化信息感知、识别、定位、跟踪、监控和管理，构建所有物端之间具有类人化知识学习、分析处理、自动决策和行为控制能力的智能化服务环境。

许多制造业也开始在自动化物流系统中尝试应用 RFID 技术。种种迹象表明，物联网系统相关的核心技术 RFID 已开始在物流系统应用，EPC 标准也开始推广，今后几年我国必将掀起物联网应用的热潮。可以预见，物联网必将给现代物流运作和供应链管理带来革命性变化，更会创造物流服务新模式，这是所有物流企业必须关注的技术创新，也是时代带给我们的巨大商业机遇。

4. 条码技术的比较与应用

从概念上来说，两者很相似，目的都是快速准确地确认追踪目标物体。区别是普通条码的内存不能更改。射频条码特有的辨识器不能被复制。普通条码是"可视技术"，扫描仪在人的指导下工作，只能接收它视野范围内的条码。相比之下，射频条码不要求看见目标。射频条码只要在接收器的作用范围内就可以被读取。由于普通条码成本较低，有完善的标准体系，已在全球散播，所以已经被普遍接受，从总体来看，射频条码只被局限在有限的市场份额之内。

普通条码的特点：①输入速度快；②可靠性高；③采集信息量大；④灵活实用；⑤条码标签易于制作。射频条码的特点：①快速扫描；②体积小型化、形状多样化；③抗污染能力和耐久性；④可重复使用；⑤穿透性和无屏障阅读；⑥数据的记忆容量大；⑦安全性高。

与传统手工作业方式相比，应用条码技术具有无可比拟的优越性。在速度上，商品条码完全由机器来自动识别读写，比手工录入快百倍。在出错率上，出现条码扫描错误的可能也非常低。因此，使用条码技术可以节省大量的人工和时间，能更好地满足物品位数多、快和准确的需要。此外，制作容易、成本低廉且应用广泛的商品条码本身具有编码唯一性、永久性、无含义、全数字的特点，是商品的身份证。低成本、可移动的信息化解决方案，能帮助其解决数据采集和传输问题，实现及时、完整的商务数据管理，应用条码技术也成为电子商务物流的理想切入点。

**【延伸阅读】**

**电商快递持续推动智能物流系统升级发展**

2020年"双11""双12"电商大促期间,一段段关于自动化输送分拣设备在电商物流中心高效应用的视频火爆了微信朋友圈。

对于物流装备来说,电商、快递行业无疑是重要的应用领域。特别是在输送分拣环节,随着电子商务、新零售等新经济模式的崛起和发展,客户对快递服务的要求越来越高,对物流装备和技术的智能化升级也提出了更强烈的需求。而且,未来的电商、快递行业将会呈现持续稳步增长态势,这将为物流装备行业的发展提供巨大机遇。

作为一家全方位自动化物流系统提供商,上海欣巴自动化科技股份有限公司(简称"欣巴")以出色的输送分拣系统和解决方案享誉行业,虽然仅成立短短五年,但依托安全可靠的产品和突出的技术优势,在电商、快递领域大放异彩。记者采访到了上海欣巴自动化科技股份有限公司副总裁王骞先生,请他结合本公司的实际发展,从行业需求角度,就物流装备企业在电商快递领域所面临的机遇与挑战话题进行深入分享。

记者:近年来,电商、快递行业迅猛发展,对物流装备行业产生了深远影响。首先,请您分析一下我国快递行业发展的整体特点,以及对物流装备的强烈需求。

王骞:毋庸置疑,我国电子商务大发展直接带动快递包裹量快速增长,特别是在"双11"等电商大促活动期间,急剧飙升的快件量更是对快递企业运营系统提出了巨大挑战。自2011年起我国快递业开启高速增长模式,业务收入保持着每年30%以上增速、业务量保持每年约50%增速,于2019年达到635.2亿件,其中电商件占比超过80%。2020年更是突破800亿件。如此巨大的快递处理量,对物流中心内自动化物流装备的稳定性、高效性都提出了强烈要求。

与此同时,快递企业面临越来越大的成本压力,特别是在北、上、广、深等一线城市,人员招聘成本越来越高,快递利润空间被大幅压缩。采用更高效的自动化分拣系统无疑成为替代人工、实现作业提速的有效方案。

值得一提的是,随着新技术的发展,近年来快递行业的技术革新步伐在逐渐加快。在物联网、大数据、云计算、人工智能、5G等新技术的驱动下,快递业迎来智能化发展新阶段,这也对物流装备和技术的智能化水平提出了更高要求。

面对新趋势,为了在激烈的市场竞争中脱颖而出,为了进一步拓展市场,延伸快递业务价值链,很多快递企业不断加大技术投入,在物流中心积极引入新产品和新技术以实现物流系统优化升级。如有些快递企业在处理中心内应用自动分拣系统替代人力操作,以减少成本;有些企业寻求更加柔性的机器人分拣方案;有些引入单件分离系统,以提高物流作业效率;有些企业尝试采用多元化的自动化处理方案,以解决大件、小件的高效分拣等。这也为物流装备企业提供了发展良机。

资料来源:张颖川,王骞. 电商快递持续推动智能物流系统升级发展:访上海欣巴自动化科技股份有限公司副总裁王骞. 物流技术与应用. 2021(1):101-103.

**五、跨境电子商务物流**

跨境电子商务是指以信息网络技术为基础进行的跨境商务活动,其交易的实现是以跨境物流将商品送达至目的地为前提,跨境电商物流是跨境电子商务发展的重要保障。"一带一路"倡议又称"丝绸之路经济带"和"21世纪海上丝绸之路",旨在促进我国与沿线国家地区的经济发展、推进产业结构升级和调整。"一带一路"倡议推动了我国外贸的转型,促进了我国跨境电子商务的发展。据统计,2020年中国跨境电子商务交易规模为12.5万亿元,同比增长19%。

"一带一路"倡议积极推动着我国与"一带一路"沿线国家在贸易、投资、金融等各方面的合作,也为跨境电商物流带来了前所未有的发展机遇。在物流基础设施方面,"一带一路"倡议的实施加速亚欧非大陆的互联互通,加强枢纽港口、机场、铁路等各类口岸基础设施建设。据统计,截至2021年6月22日,可通达欧洲22个国家的160多个城市的中欧班列,已累计开行突破40 000列,打通73条运行线路,合计货值超过2 000亿美元;在合作方面,通过投资、协议合作等方多元化方式与沿线国家进行物流合作;在物流技术方面,国内各大物流企业相继开拓了"一带一路"沿线国家的快件物流网络,重点发展以信息化、智能化技术为依托的"智慧物流"。

"一带一路"倡议背景下跨境电商物流发展存在如下制约因素。

1. 基础设施及物流信息技术滞后

由于"一带一路"沿线大多数国家经济尚欠发达,物流基础设施较差,主要交通枢纽的货物吞吐量难以满足货运需求,导致配送时间延长。先进的物流信息技术也未得到广泛应用,如西亚、南亚地区的物流技术无法与国际智能物流相匹配。这些问题是导致跨境电商物流服务水平较低的重要原因。

2. 跨境电商物流运营成本过高

跨境电商物流跨越了国境,物流过程涉及国际结算、境内外清关、转运、境外配送等较多环节,存在运送周期长、风险高、受到报关商检、通关阻碍等问题,这些都将造成物流成本和时间的增加,使跨境电子商务的发展步伐受到羁绊。据统计,跨境电子商务企业的物流成本约占到总成本的30%。

3. 跨境电商物流相关政策不完善

繁杂的通关手续及各种贸易保护政策是跨境电商物流面临的难题之一。由于"一带一路"倡议涉及国家较多,导致跨境电商物流在关税、检验检疫等方面存在一定的阻碍。许多国家还出台了各种贸易保护政策,这都将是未来跨境电商物流发展的巨大挑战。以EMS国际包裹为例,沿线国家对其包裹的重量尺寸设置了不同限制,导致双边跨境电商物流业务难以顺利开展。

【延伸阅读】

### 菜鸟国际：构建领先的全球物流网络

面对全球疫情笼罩下的外贸环境，在我国构建新发展格局的背景下，一方面为了帮助中小企业以更低成本参与国际贸易，另一方面也让国内消费者在全球购物中更快地收货和更好地体验，菜鸟全球物流网络立足中国的进口和出口，也在向其他国家提供Global to Global的服务。具体而言，根据不同的场景和细分市场提供多样化跨境物流服务，包括全球包裹网络、全球供应链服务、全球货运网络。

首先，跨境包裹服务是通过数字关务、干线包机、智能合单等创新，为全球速卖通等平台上的中小跨境卖家提供"5美元10日达"等极致性价比的跨境包裹服务，帮助中小企业以低于市场30%的物流成本参与国际贸易，配送范围覆盖220多个国家和地区。

其次，全球供应链服务可以为全球大型品牌提供海外头程、港到仓、保税仓和海外仓发货，以及清关和配送等全链路物流平台服务，且全球TOP20城市可实现5日达。2019年，菜鸟全球供应链通过提高效率、降低库存，帮助卖家节省20%的整体供应链成本。当前，天猫国际、网易考拉等进口跨境电商平台超九成卖家使用菜鸟全球供应链服务。

最后，全球货运服务是一项除了B2C的包裹投递和库存管理，菜鸟为客户提供的B2B服务，帮助卖家把库存从源头运到全世界。

资料来源：杨云飞. 菜鸟国际：构建领先的全球物流网络. 中国物流与采购. 2021 (8)：23-24.

## 第三节　电子商务物流典型应用

### 一、服务于用户的电子商务物流

（一）C2C物流

在构建C2C电子商务物流应用模型的时候，应以影响客户选择物流的因素作为决策依据。客户对物流的选择主要受以下几方面因素的影响。

1. 物流费用

买家在C2C电子商务网站购物不仅仅是由于网上的商品品种多样，浏览选择便利，更主要的原因是网上的商品价格比实体店的价格便宜，商品交易总费用是决定交易成败的一个重要因素。我国目前的C2C交易仍然以小商品为主，但物流费用占交易额的比重偏高，客户在选择物流时必定会偏向于费用较低的物流公司。

2. 物流投递速度

在网上购物买家只能通过卖家提供的图片进行商品的挑选，并不能见到商品的实物，因此，在买到商品后买家都有一种急切拿到商品的欲望，由此可以看出，物流投递速度是客户选择物流公司的另一个重要因素。

3. 物流服务态度

物流配送的最后一个环节就是由物流公司的投递人员将快件送到收件人手中，而这一环节出现的问题也往往是最多的。购物消费本该是一件使人愉悦的过程，但是由于投递人员自身素质参差不齐，投递人员对收货人态度恶劣，让收货人到指定地点取货，或是在未征得收货人同意就将快件丢在门卫室的情况时有发生，甚至在发生快件损坏或是丢失时物流公司工作人员推卸责任、置之不顾、拖延时间的事件也不少见，致使消费者产生不愉快的购物经历。从长远发展来看，必须提高物流的服务态度。

4. 物品追踪

随着信息技术的发展与电脑网络的普及，客户对物流的信息追踪也有了一定的要求，希望能够随时了解到物流的运送情况，以便安排合适的时间收取快件。

（二）B2C 物流

1. B2C 物流及其形式

B2C 电子商务又称"网上销售"，是指企业和消费者之间采用数字化电子方式进行商务数据交换和开展商务的活动。电子商务活动的每一笔交易都包含着三种基本的"流"，即信息流、资金流、物流等。其中物流是基础，信息流是桥梁，资金流是目的。物流作为三流中最为特殊的一种，是指物质实体（商品或服务）的流动过程，具体指运输、储存、配送、装卸、保管、物流信息管理等各种活动。在电子工具和网络通信技术的支持下，信息流、商流、资金流都可通过单击鼠标来完成，而对于物流，只有少数商品和服务可以直接通过网络传输的方式进行配送，如电子出版物、软件等，大多数商品和服务的物流过程必须通过物理活动才能完成。

目前，B2C 电子商务的具体实现模式主要有两类：第一类称为电子商务直销模式，第二类称为 B2C 亚马逊模式。电子商务直销模式是指传统制造型企业。在互联网上建设了自己的网站，从而可以实现消费者在网上购买本企业产品的电子商务模式。这种电子商务模式的优点是，厂商熟悉自己的产品，能给顾客提供全面的信息和售后服务支持，同时厂商能控制产品的生产流程及存货水平。而其不足主要体现在这种电子商务模式提供的商品品种单一，且厂商应付数量小、批次多的 B2C 电子商务会对企业的生产、管理带来一定的影响，增加了成本。B2C 亚马逊模式是指专门从事电子商务的网站建立起产品生产厂商与消费者之间的购物平台。再从产品的生产厂商处进货后销售给最终消费者。它的作用和地位相当于现实生活中一般的流通企业。这是目前 B2C 类电子商务普遍采用的一种模式。这一模式的主要优点是网站提供的商品种类丰富、顾客选择余地大。而其不足主要表现在购进销售所需的产品成本较高，且容易因为产品编制、顾客购买偏好转移等原因造成库存风险。

以上两种模式都希望通过减少中间环节、减少人员开支和经营场所的运行开支等手段来实现商品价格优势，从而吸引消费者。但是，目前电子商务使用的物流配送模式所带来的配送成本高、运货时间长等问题，在很大程度上削弱了电子商务的优势。

目前，国内 B2C 类电子商务所采用的物流形式主要有三类。①邮政体系配送：指厂商网站或虚拟网站在其营业地点建立产品仓库，根据消费者网上购物清单和消费者家庭地址信息，办理邮政递送手续将货物送到消费者手中。这种方式的不足之处主要是普通邮递速度

慢，而EMS服务收费偏高，且邮政体系服务水平偏低，容易造成包装破损、货物损坏。②网站自建配送体系：指网站在网民较密集的地区设置仓储中心和配送点，由消费者所在地附近的配送中心或配送点配货并送货上门。这种配送方式，可以克服前一种模式不够快的问题，但存在的主要问题是配送中心和配送点建设需要大量投资，将带来成本的增加。③借助第三方物流企业：指网站根据消费者网上购物清单和消费者家庭地址信息，利用"第三方物流企业"的交通、运输、仓储连锁经营网络，把商品送达消费者。采用这种送货方式速度快，但送货费用一般比EMS还高。

2. B2C物流的目标

（1）利用现实资源，优势互补。对于传统的流通企业来说，与网站合作就意味着自己多了一条销售渠道；而对于网站来说，与传统流通企业合作，最主要的目的就是要利用流通企业的物流设施及供应链资源。

（2）配送时间短、效率高。

（3）符合消费者目前的消费心理，为将来的发展奠定基础。将虚拟的电子商务网站与传统流通企业实体的店铺、商场相结合。更加符合大部分消费者目前的消费心理。也更利于网站在消费者心中树立信心，为网站将来的发展奠定良好的基础。

（4）解决电子商务售后服务的难题。售后服务一直是困扰电子商务的难题，而在新的模式中，网站委托传统流通企业代理其售后服务工作，可以在节约网站投资售后服务所需要的大笔开支的条件下为消费者提供很好的服务。

（5）可以灵活地应对市场变化。当市场情况出现变化时，网站可以灵活地调整自己的策略，重新选择目标城市、改变合作伙伴等。

## 二、服务于企业的电子商务物流

制造业电子商务物流

1. 制造业电子商务物流总体框架

随着计算机网络技术和经济全球化的不断加强，制造业作为所有行业的基础，在当今全球电子商务的发展趋势之下，将会得到更加快速的发展，而作为制造业重要环节的电子商务下的物流将在其中起着非常重要的作用，要使制造类企业电子商务下的物流成为制造业发展的推动器，就必须要对其物流管理方案进行有效的设计。

制造类企业物流主要由供应物流、生产物流、销售物流组成，其中生产物流处于中心地位，它和生产同步进行，是企业内部所能控制的。供应物流包括原材料的采购、进货运输、仓储、库存控制、用料管理和供料配送，是生产物流的上延部分。销售物流是企业物流系统的最后一个环节，销售是企业参与竞争的战场，关系到企业的生死存亡，销售物流规划是企业物流规划的重点。

制造类企业电子商务下的物流管理规划的目标是：建立以物流管理技术为核心，计算机网络为纽带，集供应物流、生产物流、销售物流、废弃回收物流为一体，是信息流、物流、资金流三流合一的现代化电子商务物流管理系统。实现上述目标必须达到以下四个要求：第一，整体规划物流信息管理系统，集供应物流、生产物流、销售物流和废弃回收物流为一体。第二，物流信息的收集、加工、整理、分析和发布由三级物流管理组织执行。第三，通过计算机网络，将三流合一的管理集中在高层物流管理机构。第四，系统应简单实用、易操作、易维护、易扩充。

制造类企业电子商务下的物流管理系统总体规划框架如图 4-2 所示。

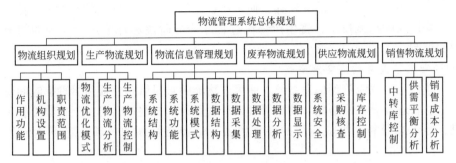

图 4-2 制造类企业电子商务下的物流管理系统总体规划框架图

2. 制造业电子商务物流的设计要求

制造类企业生产物流和企业的生产是紧密相连的，要保证生产过程的顺利进行必须合理组织生产物流，保证物料供应和流动的畅通有序，为此生产物流应达到以下基本要求。

第一，物流过程的连续性：连续性就是物料在生产过程中的流转是连续不断的，始终处于转换运动状态之中，可消除或减少不合理的生产停留时间。

第二，物流过程的单向性：单向性可消除或减少生产物流过程中的迂回往返运输。

第三，物流过程的均衡性：生产物流的均衡性一方面是指生产过程中物料能够按照计划进度有节奏地生产并在相同的时间间隔内生产出大致相同的产量；另一方面指生产作业活动的同步性，即互相平行的生产环节的物流节奏同步进行，以及每一个环节的物流量流入与流出应平衡。

第四，物流过程的计划性：计划性是指从物流合理化的角度来通盘统筹安排，从数量和时间上进行计划。

第五，物流过程的准时性：物流活动应按计划的进度要求准时完成。

第六，物流过程的经济性：应从生产物流的全过程考虑，使所有包装、搬运费、保管费、装卸费、流通加工费、信息流通费等项尽可能少。

3. 制造业电子商务物流的设计措施

第一，应增加物料的移动活性，采用新的载运工具，如标准集装箱和运输车，尽可能减少移动前后的等待时间。

第二，系统生产计划部门做好生产计划，充分利用现在的在制品，同时减少生产中新的在制品的积压。

第三，供应部门应做到直接送料到场，不能因为缺少某种材料、工具等造成生产的停工和物料移动的停滞，避免物料流动时间过长。

第四，现场在制品严格实行定置管理，库房车间环境达到 5S 管理的要求，避免混串、丢失影响生产物流进度（注：5S 管理就是整理（SEIRI）、整顿（SEITON）、清扫（SEISO）、清洁（SETKETSU）、素养（SHITSUKE）五个项目）。

第五，加强各级物流管理部门和参与人员的管理意识，尤其是现场物流管理人员的物流意识，牢固树立责任心和荣誉感，做到账、物、卡一致，日清月结，不留死角。

第六，加强直供，减少供料过程中因点数、堆码所耗费的不必要的物流时间。

第七，应用先进的电子商务物流信息管理系统对生产物流的全过程进行全面的监管，以缩短产品的生产周期、优化产品的库存，使生产物流的各个环节做到效率的最大化。

第八，采用新的物流技术，将生产物流过程逐步分阶段和环节进行合理的物流量、流向、时间的控制。

4. 制造业电子商务物流实施步骤

第一，建设生产物流管理信息系统，使生产物流的数量管理、质量管理、时间管理、成本管理和信息管理计算机网络化。物流管理人员利用计算机终端，迅速上传物流管理所需的各种信息，经汇总分析，生成所需的各种报表，将物流管理的各项决定下达到各个生产部门。

第二，制定和完善物流管理的各项规章制度，使各个部门的物流工作在规范的制度下有序进行。

第三，在销售物流和废弃物物流上，主要确定销售物流合理化的目标，明确销售物流合理化的途径，做销售物流的全面调研分析工作，开展产品的电子商务下的销售，制定销售物流合理化的工作计划；对废旧物资产生的各个环节建立统计，分析产生废旧物资的原因，建立废旧物资管理制度，做到专人跟踪管理，提出压缩不合理废旧物流的指标，建议废旧物新的出路用途，最终完善废旧回收物流的计算机管理系统。

第四，全面实施物流管理信息系统，使物流管理信息系统与供应部的计算机联网、与材料库和辅料库的计算机联网、与销售网点联网、与生产物流联网，完成其物流管理信息系统的全面建设，使其物流管理信息系统将其生产物流、供应物流、销售物流、废旧回收物流集成为一体，将信息流、物流、资金流三流合一，使制造类企业物流在电子商务的环境下得到全面的发展。

第五，开展物流成本的确定工作，提出物流成本的计算方法，借助物流管理信息系统的标准成本核算系统，计算各种物流成本，并对物流成本进行分析，提出降低物流成本的方法，定期提出物流成本分析报告，并根据这些报告提出各种库房的计算机管理计划。

## 本章小结

本章主要介绍了物流和电子商务的关系，电子商务物流的模式和选择的方法，以及典型的电子商务物流应用等内容。

## 自测题

一、判断题

1. 高效物流的目的是要在最优网点布局的前提下，使装运的规模最大化、距离最小化、运输次数最小化。（    ）

2. 物流是物品从供应地向接收地的实体流动过程，根据实际需要，将运输、储存、装

卸、搬运、包装、流通加工、配送、回收、信息处理等基本功能实施有机结合。（　　）

3. 第二方物流指卖方或流通企业组织的物流活动。（　　）

4. 第四方物流提供商本质上是一个物流整合体，或者说是为制造商物流外包需求而设定的一站式服务。（　　）

5. 共同物流配送模式是物流配送企业之间为了提高配送效率以及实现配送合理化所建立的一种功能互补的配送联合体。（　　）

6. 电子商务物流技术是指在电子商务物流活动中把商品（或物品）进行移送和储存，为社会提供有形服务的技术。（　　）

7. 条码技术是为实现对信息的自动扫描而设计的，是实现快速、准确而可靠地采集数据的有效手段。条码技术的应用解决了数据录入和数据采集的瓶颈问题。（　　）

8. RFID 是一种手动识别技术，是集编码、载体、识别与通信等多种技术于一体的综合技术。（　　）

9. RFID 在物流领域中应用于物料跟踪、运载工具和货架识别等要求接触数据的采集和交换。（　　）

10. 跨境电子商务是指以信息网络技术为基础进行的跨境商务活动。其交易的实现是以跨境物流将商品送至目的地为前提，跨境电商物流是跨境电子商务发展的重要保障。（　　）

二、填空题

1. 1921 年，阿奇提出："物流是与创造需要不同的一个问题，物质经过时间和空间的_____，会产生附加价值。"

2. 运输原理中的规模经济（economy of scale）指随着装运规模的增长，每单位重量的运输成本_____。

3. 使用何种物流模式与判断电子商务企业的_____非常相关。

4. 如果确认物流是企业独一无二的核心能力，就不应该将其_____，以避免核心能力的丧失。

5. 在_____的指导下，电子商务企业的物流模式选择时可采用矩阵决策法。

6. 制造类企业电子商务下的物流管理规划的目标是：建立以物流管理技术为核心，计算机网络为纽带，集供应物流、生产物流、销售物流、废弃回收物流为一体，是信息流、_____、资金流三流合一的现代化电子商务物流管理系统。

7. 对于电子商务企业来说，有四种基本方式来确保实现物流方面的职能：_____、收购、正常交易、战略联盟。

8. 一个通用的电子商务物流配送系统主要由_____、作业系统和网络系统输入、输出环境系统四部分组成。

三、简答题

1. 电子商务和物流之间有什么样的相互促进作用？

2. 如何使用战略性的方法决定一个企业的电子商务物流模式？

四、案例分析题

曾经，一个包裹从下单到送货，最快也要 3 天时间。随后，隔日达、次日达、当日达、半日达，相继出现。如今，手机下单，等待半个小时，足以。

6·18 对于电商企业与物流企业来说，无异于一场期中考。日前，央视消费主张栏目应景推出了6·18特别节目，对电商新潮流进行了一轮盘点。其中，从下单到收货，17分钟完成交付的苏宁样本，成为物流升级的典型代表。

"我下单时候想的是，半个小时能送过来就不错了。但是我没想到，会提前20分钟就送过来。"家住北京市丰台区东铁营的消费者王女士在"闪收"到自己在线上下单的产品后直呼"超乎想象"。

王女士的这单到底是如何流转的？央视镜头还原了全过程。王女士通过苏宁小店App下单，购买了常温产品和冷冻产品，属于典型的"复合包裹"。订单到了东铁营苏宁小店，而这家小店正是一家前置仓，覆盖周围3公里内的20个社区、8个门店。首先经手王女士包裹的是前置仓内名叫冉凭仓的拣货员。冉凭仓通过手机的微仓系统，单击拣货功能，把王女士这单待领取的订单点入，找到商品对应的货架，通过核对二维码、扫描二维码，完成拣货。从接到订单到拣货完成，用时4分钟。完成备货、打包，冉凭仓将商品放在快递交接区。2分钟后，苏宁秒达配送员于明师赶到前置仓取货。10分钟后，于明师到达消费者楼下，在电话通知消费者后，上楼完成了配送。从消费者下单到送达，全程用时共计17分钟。

事实上，这并不是于明师的最快纪录。于明师每天能完成20~30个秒达订单，从前置仓取货到送达消费者手中，平均送货时间在10分钟左右，最快则只需5分钟。于明师坦言，"秒单配送单和普通配送单最大的区别就是要求时效。"

那么秒单配送时效和普通单配送时效相比，到底相差了多少？北京苏宁物流有限公司总经理胡潘算了一笔账。以北京为例，消费者下单后，物品会从六环外的大仓发货；设置前置仓后，消费者下单物流就会从距他最近的前置仓发货。

胡潘进一步举例："如果说消费者的需求是在刘家窑，从大仓出货是25公里，按照半日达速度来讲，给客户的履约时间要7~8个小时，上午买下午送也要5~6个小时。现在苏宁的前置仓布到了消费者楼下，离顾客最远的距离也不会超过3公里，客户有即时需求的时候，苏宁能够保证在半个小时来快速响应顾客需求。消费者收货的时间可能就比以前提高了7个小时甚至8个小时。"

正如央视所说，如果说大仓发货是拼单、拼车、到点发货，那么秒单订单就是一趟专列，消费者只要有需求，随时都能发货。

**打造1小时服务圈，做最有温度的交付**

在胡潘看来，前置仓能够提高配送时效的根本原因，是从配送模式上做出了改变。生鲜品类对于物流配送的要求很高，为了让消费者享受到更快、更保鲜的配送服务，苏宁把消费者高频次购买的商品在苏宁小店进行前置，形成灵活的、高效的小仓库。仓库位置前置，借助数据预测和深度运营，提升社区服务的精准性和即时性。

苏宁前置仓主要服务对象为线下的苏宁小店、苏鲜生，每一个前置仓能辐射周边10~15家苏宁小店，提供快速补货，减少门店库存压力。同时，前置仓也和苏宁小店形成了"App+前置仓"的即时响应模式，苏宁小店3公里范围内的线上订单，可直接由前置仓完成存储、加工、拣选发货、即时配送等配套功能。用户手机下单，商品最快30分钟就能送货上门。

目前，经过苏宁大数据以及周边消费者画像，全国苏宁小店前置仓在售商品以生鲜为重点类目，涵盖了日配、食品、非食、鲜食等品类共计近2000个SKU。6·18期间，苏宁物流全国布局的前置仓突破100+。到2019年底，苏宁物流会在全国布局1 100家前置仓。胡潘表示，苏宁希望通过前置仓的概念，不断提高配送速度，更好满足消费者需求，也希望在更大范围内推广前置仓，给更多消费者带来更好的消费体验。"我们在一、二线城市已经完成了布局，未来我们会下沉到三线甚至农村市场去，让农村市场的消费者享受和城里一样的服务。"

当然，在前置仓与消费者之间起到重要串联作用的，还有苏宁秒达配送人员。苏宁秒达是苏宁物流在2018年推出的即时配送产品，为3公里社区生活提供30分钟达、1小时达等多种极速配送服务以及预约时间精准送达的定时达服务，以保障消费者体验到有品质的3公里社区生活圈服务。

此外，6·18期间，苏宁"1小时服务圈"正式上线，社区智慧零售服务内涵也得到进一步延伸。主打快递代收代寄、家电维修清洗两大核心业务的"生活帮"正式入驻苏宁小店。苏宁物流搭建的社区服务网络核心开始呈现出三大价值点：专注社区生活即时服务、打造"在身边的快递站"、家电难题一键响应。

随着1小时服务圈的出现，可以说，苏宁物流真正将有温度的交付推到了消费者的身边。以更高效率、更好体验为消费者提供商品和服务，智慧零售时代里苏宁这始终如一的追求，在物流领域可谓体现得淋漓尽致。

资料来源：探访电商新潮流：物流升级，中央电视台财经频道《消费主张》栏目，2019年6月14日。

请回答以下问题：
1. 案例中，苏宁为实现17分钟即时配送，采取了哪些措施？
2. 前置仓的设立对传统配送模式有何创新之处？
3. 你认为在智慧零售领域中物流处于什么样的地位？

# 第五章 客户关系管理

## 【学习目标】

通过本章学习，了解客户关系管理产生的背景，理解客户关系管理的含义与内涵，熟悉客户关系管理系统的分类，掌握客户关系管理 IDIC 模型。基于企业与客户关系的测评与维护，明确企业实施客户关系管理的最终目标是实现客户忠诚。

## 【导读案例·思政结合】

### 王永庆卖大米的故事

王永庆小学毕业后，到一家小米店做学徒。第二年，他用借来的 200 元钱作本金自己开了一家小米店。为了和隔壁那家日本米店竞争，王永庆颇费了一番心思。

当时大米加工技术比较落后，出售的大米里混杂着米糠、沙粒、小石头等，买卖双方都是见怪不怪。王永庆则多了一个心眼，每次卖米前都把米中的杂物拣干净，这一额外的服务深受顾客欢迎。

王永庆卖米多是送米上门，他在一个本子上详细记录顾客家有多少人、一个月吃多少米、何时发薪等。算算顾客的米该吃完了就送米上门；等到顾客发薪的日子，再上门收取米款。

他给顾客送米时，并非送到就算，他会帮人家将米倒进米缸里。如果米缸里还有米，他就将旧米倒出来，将米缸刷干净，然后将新米倒进去，将旧米放在上层。这样，米就不至于因陈放过久而变质。他这个小小的举动令不少顾客深受感动，铁了心专买他的米。

就这样，他的生意越来越好。从这家小米店起步，王永庆最终成为台湾工业界的"龙头老大"。后来，他谈到开米店的经历时，不无感慨地说："虽然当时谈不上什么管理知识，但是为了服务顾客做好生意，就认为有必要掌握顾客需要，没有想到，由此追求实际需要的一点小小构想，竟作为起步的基础，逐渐扩充演变成为事业管理的逻辑。"

分析上述案例，思考并回答以下问题：

（1）同样是卖米，为什么王永庆能将生意做到这种境界呢？

（2）思政德育思考：在日益激烈的竞争环境下，企业在获取客户的过程中，是否应该继续遵守商业伦理？应该坚持哪些正向营销价值观？

# 第一节　客户关系管理的产生及含义

客户关系管理（customer relationship management，CRM），这个概念最初由 Gartner Group 提出来。对 CRM 的定义，目前还没有一个统一的表述，但就其功能来看，CRM 是通过采用信息技术，使企业市场营销、销售管理、客户服务和支持等经营流程信息化，实现客户资源有效利用的管理软件系统。其核心思想是以"客户为中心"，提高客户满意度，改善客户关系，从而提高企业的竞争力。那 CRM 究竟是什么呢？我们还是先看看 CRM 的产生背景，以便更好地理解它。

## 一、客户关系管理的产生

现代客户关系管理产生的原因可以归纳为以下 3 个方面：客户资源价值的重视（管理理念的更新）、客户价值实现过程需求的拉动，以及信息技术的推动。如图 5-1 所示。

1. 客户资源价值的重视

获得和维持竞争优势是企业生存与发展的基础，企业的竞争优势从内容看包括规模优势、绝对的低成本优势、差别化优势等。资源能力学派认为：在今天形成企业竞争优势和核心竞争力的，再也不是那些有形的机器设备、厂房、资本、产品等物质资源，因为这些资源很容易被任何一家企业及其竞争对手从市场中得到，而管理、人才、技术、市场、品牌形象等无形资源，则起着非常关键的作用。这些资源不易流动、不易被复制、交易频率低，其他企业不容易从市场中得到，具有相对的垄断性，可以产生一定的垄断优势。客户资源就是这样一种重要的市场资源，它对企业具有重要价值。

图 5-1　CRM 产生的原因示意图

客户资源对企业除了市场价值，即客户购买企业的产品、服务，使企业的价值得以实现外，主要体现在以下几个方面。

（1）成本领先优势和规模优势。

一方面，有事实表明，客户能够提供一个成本优势，从而也就能提供收入优势。为新客户服务花费的费用比老客户昂贵得多，因为对新客户服务需要更高的初始化成本。如果公司能够增加回头客的比例，那么总成本会呈现出显著的下降趋势。另一方面，如果企业的忠诚客户在企业的市场中占据相对较大的份额，那么就会为企业带来相应的壁垒，形成规模优势，也会降低企业的成本。一般客户从众心理很强，大量的客户群也会成为其考虑的重要因素。

（2）市场价值和品牌优势。

从战略的角度讲，客户不仅是承兑收入流的资金保管者，而且是能够提高市场价值的宝贵财富，这主要是通过商标价值表现出来的。商标价值是一个企业与其消费者或与起决定性作用的客户之间相互发生联系的产物，商标不能孤立地存在，它们因客户的认可而存在。没有客户作为出发点,企业便不能创造或维持商标的价值。较大的市场份额本身代表着一种品牌形象。另外,客户的舆论宣传对企业的品牌形象也有重要作用,特别是客户中的舆论领袖起的作用更不能忽视。应当注意的是,客户的舆论宣传有两种价值取向,一是客户对企业的产品服务很满意,就会正面宣传企业的品牌;另一种则是不满意企业的产品服务,对企业进行负面宣传。两方面的影响都非常大,企业只有提供高质量的、令客户满意的服务,树立良好的企业形象,才能获得客户的正面宣传。

(3) 信息价值。

客户信息对企业来讲是最为重要的价值,它会直接影响企业的经营行为以及对客户消费行为的把握。如沃尔玛连锁超市会根据会员客户的购买行为、消费习惯等信息的分析结果,制定面向该客户的产品服务组合和提供相应的企业关怀。亚马逊通过会员客户的资料、会员浏览网页的习惯和程序等分析客户的消费特点与个人爱好,并据此制定服务不同客户的不同策略。

(4) 网络化价值。

客户的网络化价值是指有一商业客户使用某企业的产品、服务,这位商业客户的客户为了便于与其进行商业行为,也可能采用该企业的产品服务;同理,商业客户的客户的客户也可能采用该企业的产品、服务,因此形成了一种网络化的消费行为。

基于以上对客户价值的认识,企业十分重视转变经营管理理念和利用现代科学技术为客户提供更为满意的产品或服务,以此维持和发展与客户的关系。越来越多的企业已经或者正在经历从"以产品为中心"向"以客户为中心"的重心转移。

2. 客户价值实现过程需求的拉动

与客户发生的业务几乎涉及公司所有的部门,但在很多企业,销售、营销和服务部门的信息化程度越来越不能适应业务发展的需要,越来越多的企业要求提高销售、营销和服务的日常业务的自动化和科学化,这是客户关系管理应运而生的需求基础。企业常常从客户、销售、营销和服务人员、企业经理那里听到各种抱怨。

(1) 来自销售人员的声音。

从市场部提供的客户线索中很难找到真正的客户,销售人员常在这些线索上花费大量时间。如出差在外与老客户见面时,销售人员可能会抱怨无法看到公司电脑里的客户、产品信息等。

(2) 来自营销人员的声音。

假如某企业去年在营销上开销了 2 000 万。该企业销售部的营销人员可能会有如下疑惑:怎样才能知道这 2 000 万的回报率?在展览会上一共收集了 4 700 张名片,怎么才能利用好这些名片?通过展览会向 100 多人发放了公司资料,这些人对我们的产品看法怎样?其中有多少人已经与销售人员接触了?应该和哪些真正的潜在购买者多接触?怎样才能知道谁是真正的潜在购买者?怎样才能知道其他部门的同事和客户的联系情况,以防止重复地给客户发放相同的资料?有越来越多的人访问过企业站点,但怎样才能知道这些人是谁?企业的产品系列很多,消费者究竟想买什么?

(3) 来自服务人员的声音。

例如一家电脑企业,很多客户提出的电脑故障都是自己的误操作引起的,很多情况下都可以自己解决,但回答这种类型的客户电话占去了售后服务人员很多时间,工作枯燥而无聊；售后服务部门被企业其他部门抱怨只是花钱而无法挣钱。

（4）来自客户的声音。

例如某客户从企业的两个销售人员那里得到了同一产品的不同报价，哪个才是可靠的？某客户以前买的东西现在出了问题，问题还没有得到解决却又遇到该企业的销售员上门推销。某客户向企业的邮箱发了一封 e-mail，要求销售人员与其联系，可是一个月后仍未得到回复。某客户已经向企业提出不希望再收到该企业的宣传邮件，可是情况并没有改变。某客户的维修请求已经提出一个月了，还是没有等到上门服务。

（5）来自经理人员的声音。

例如某客户半小时以后就要来企业谈最后的签单事宜，但一直跟单的员工最近辞职了，而作为销售经理，对与这个客户联系的来龙去脉还一无所知。有三个销售员都和某位客户联系过，作为销售经理，却不知道他们都给客户承诺过什么。企业即将获得一个大订单，作为销售经理，该派哪个销售员去洽谈才放心呢？某次服务的产品维修技术要求很高，作为销售经理，该派哪一个维修人员去提供维修服务呢？

上面的问题可归纳为两个方面：一方面是企业的销售营销和客户服务部门难以获得所需的客户互动信息；另一方面来自销售、客户服务、市场、制造、库存等部门的信息分散在企业内，这些零散的信息使得各部门无法对客户有全面的了解，难以在统一信息的基础上面对客户。这就需要各部门对面向客户的各项信息和活动进行集成，组建一个以客户为中心的企业，实现对面向客户的活动的全面管理。

3．技术的推动

计算机、通信技术、网络应用的飞速发展使得上面的需求不再停留在梦想阶段。信息技术的发展使得信息在以下几个方面的应用成为可能。

（1）企业的客户可通过电话、传真、网络等访问企业，进行业务往来。

（2）任何与客户打交道的员工都能全面了解客户关系，根据客户需求进行交易，了解如何对客户进行纵向和横向销售，记录自己获得的客户信息。

（3）能够对市场活动进行规划、评估，对整个活动进行 360°的透视。

（4）能够对各种销售活动进行追踪。

（5）系统用户可不受地域限制，随时访问企业的业务处理系统，获得客户信息。

（6）拥有对市场活动、销售活动的分析能力。

（7）能够从不同角度提供成本、利润、生产率、风险率等信息，并对客户、产品、职能部门、地理区域等进行多维分析。

上面的所有功能都是围绕客户展开的，与"客户是上帝"这种可操作性不强的口号相比，这些功能把对客户的尊重落到了实处。办公自动化程度、员工计算机应用能力、企业信息化水平、企业管理水平的提高都有利于客户关系管理的实现。电子商务在全球范围内正开展得如火如荼，正在改变着企业做生意的方式。通过 Internet，可开展营销活动，向客户销售产品，提供售后服务，收集客户信息。重要的是，这一切的成本非常低。

客户信息是客户关系管理的基础。数据仓库、商业智能、知识发现等技术的发展，使得收集、整理、加工和利用客户信息的质量大大提高。在可以预期的将来，我国企业的通信成本将会降低。这将推动互联网、电话的发展，进而推动呼叫中心的发展。网络和电话的结合，使得企业以统一的平台面对客户。

## 二、客户关系管理的含义

1. 客户关系管理的定义

关于客户关系管理的定义,不同的研究机构有不同的表述,具有代表性的有以下4种。

(1) Gartner Group 认为,客户关系管理就是为企业提供全方位的管理视角,赋予企业更完善的客户交流能力,最大化客户的收益率。

(2) 卡尔松营销集团 (Carlson Marketing Group) 把客户关系管理定义为:通过培养公司的每一位员工、经销商或客户对该公司更积极的偏爱或偏好,留住他们并以此提高公司业绩的一种营销策略。其主要任务是:①搞清楚与某一笔生意相关的客户价值;②了解这些价值对于每一类客户的相对重要程度;③判断如果提供这些价值对公司利益能否产生积极影响;④以客户愿意接收信息的方式与客户进行交流,为每一类客户提供他们需要的价值;⑤测算结果,验算投资收益。

(3) Hurwitz Group 认为,客户关系管理的焦点是自动化并改善与销售、市场营销、客户服务和支持等领域的客户关系有关的商业流程。客户关系管理既是一套原则制度,也是一套软件和技术。它的目标是缩减销售周期和销售成本,增加收入,寻找扩展业务所需的新的市场和渠道,提高客户的价值、满意度、赢利性和忠实度。客户关系管理应用软件将最佳的实践具体化,并使用先进的技术来协助各企业实现这些目标。客户关系管理应用软件将客户当作企业运作的核心。客户关系管理应用软件简化了各类业务功能(如销售、市场营销、服务和支持)的过程,并将其注意力集中于满足客户的需要上。客户关系管理应用还将多种与客户交流的渠道,如面对面沟通、电话接洽以及Web访问等协调为一体,这样企业就可以按客户的喜好使用适当的渠道与之进行交流。

(4) IBM 所理解的客户关系管理包括企业识别、挑选、获取、发展和保持客户的整个商业过程。IBM把客户关系管理分为3类:关系管理、流程管理和接入管理。

2. 客户关系管理的内涵

综合所有 CRM 的定义,我们可以将其理解为理念、技术、实施三个层面,理念是 CRM 成功的关键,它是 CRM 实施应用的基础和土壤;信息系统、IT 技术是 CRM 成功实施的手段和方法;实施是决定 CRM 成功与否、效果如何的直接因素,三者构成 CRM 稳固的"铁三角"。

CRM 理念源自关系营销学,其核心思想概括为"为提供产品或服务的组织,找到、留住并提升价值客户,从而提高组织的赢利能力(经济效益、社会效益)并加强竞争优势"。因此,对于 CRM 理念的理解是组织能够向建立"以客户为核心、以市场为导向"经营管理模式转变的第一步。组织中当然包括其中的人员、业务单元、机构,在心理、潜意识、工作习惯上都有一个惯性冲力,需要逐步调整转弯,需要适应期。但这个适应期又不能太长,愿不愿意接受、能否接受、如何接受 CRM 理念,不是每一个组织都能顺利过关的。要充分考虑到各阶层的利益及他们的需求,同时组织要有配套改革的规章制度并能够长久地执行。对于 CRM 的万能论、无用论都是不可取的,应该考虑到组织所面对的市场主体及发展阶段,在适合的时间、适合的地点以适合的手段引入 CRM 理念。

CRM 技术集合了很多当今最新的科学信息技术,包括 Internet 和电子商务、多媒体技术、数据仓库和数据挖掘、专家系统和人工智能、呼叫中心等。这些技术体现在客户关系管理软件中。但 CRM 软件不等于 CRM 理念，它是先进理念的反映与体现，吸纳了当今先进的软件开发技术、企业经营管理模式、营销理论与技巧。CRM 软件是将 CRM 理念具体贯彻到组织并实现其目标的有效、有形的工具与平台，CRM 软件提供的不一定都用到，或者还需要其他的软件、平台进行集成。同时，CRM 软件不是一种交付即用的工具，需要根据组织的具体情况进行 CRM 实施。

CRM 实施是结合软件与组织状况，在调研分析的基础上做出的解决方案。实施之初则需要确定实施的目标与范围，确保在限定的资源与时间内完成项目，规避风险或将风险降到最低。树立风险意识是 CRM 实施能否成功的重要保障，实施的目标不是越高越好，实施的范围也不是越大越好，风险意识是需要双方协调一致的，70%的 CRM 项目最终以失败而告终，很大一部分就是风险机制的不健全。CRM 实施是一个艰苦而渐进的过程（国际标准的厂商都有严格规范的实施方法论），立竿见影、拔苗助长、一蹴而就的做法都是危险和错误的。需要设定分阶段的目标，达成每一阶段目标后再前行，信心增强、经验增加、工作扎实的 CRM 实施就会使得"铁三角"完美无缺。CRM 的实施能力是许多厂商所缺乏的，而实施又是许多组织容易忽视的，购买前期通过谨慎的选择、激烈的竞标，但购买后没有认真实施或是认为没有必要花费人力、物力实施，使得 CRM 软件没有经过多长时间就束之高阁，成为"食之无味弃之可惜的鸡肋"。因此，准备引入 CRM 软件的组织不但要评价软件本身，也要从实施能力的角度进行考虑，厂商的实施能力需要经过大量实战的千锤百炼并拥有专业敬业的专家队伍，在软件与实施两方面俱优的厂商应是组织的首选。

企业客户关系管理中，理念、技术、实施一个都不能少，只有借助先进的理念，利用发达的技术，进行完美的实施，才能优化资源配置，在激烈的市场竞争中获胜。

## 第二节 客户关系管理系统的类型

客户关系管理涵盖了直销、间接销售以及互联网等所有的销售渠道，能帮助企业改善包括营销、销售、客户服务和支持在内的有关客户关系的整个生命周期。在新技术和新应用的推动下，全球 CRM 市场正在飞速增长。随着 CRM 市场的不断发展，新公司的加入和现有公司以合并、联合以及推出新产品的方式重新定位，这一领域可谓日新月异，CRM 解决方案呈现出多样化的发展。为便于快捷地了解 CRM 的全貌，本节从以下几个角度对 CRM 进行分类梳理。

### 一、按目标客户分类

并非所有企业都能够执行相似的 CRM 策略，这又意味着，当同一公司的不同部门或地区机构在考虑 CRM 实施时，可能事实上有着不同的商务需要。同时，另一个经常出现的因素是不同的技术基础设施。因此，根据客户的行业特征和企业规模来划分目标客户群，是大多数 CRM 的基本分类方式。在企业应用中，越是高端应用，行业差异越大，客户对行业化的要求也越高，因而，有一些专门的行业解决方案，比如银行、电信、大型零售等 CRM 应用解

什么是客户关系管理系统？

决方案。而对中低端应用，则常采用基于不同应用模型的标准产品来满足不同客户群的需求。一般将 CRM 分为 3 类：以全球企业或者大型企业为目标客户的企业级 CRM；以 200 人以上、跨地区经营的企业为目标客户的中端 CRM；以 200 人以下企业为目标客户的中小企业 CRM。

在 CRM 应用方面，大型企业与中小企业相比有很大的区别。大型企业在业务方面有明确的分工，各业务系统有自己跨地区的垂直机构，形成了企业纵横交错的庞大而复杂的组织体系，不同业务、不同部门、不同地区间实现信息的交流与共享极其困难；同时，大型企业的业务规模远大于中小企业，致使其信息量巨大；再次，大型企业在业务运作上很强调严格的流程管理。而中小企业在组织机构方面要简洁很多，业务分工不一定明确，运作上更具有弹性。因此大型企业所用的 CRM 软件比中小企业的 CRM 软件要复杂、庞大得多。而一直以来，国内许多介绍 CRM 的报道和资料往往是以大型企业的 CRM 解决方案为依据的，这就导致一种错觉：好像 CRM 都是很复杂、庞大的。其实，价值几千美元的面向中小企业的 CRM 软件也不少，其中不乏简洁易用的。

不过，有关公司规模方面的要求现在越来越随意，因为越来越多的 CRM 提供商是依据不同情况来提供不同产品。主要的 CRM 提供商一直以企业级客户为目标，并逐渐向中型市场转移，因为后者的成长潜力更大。以企业级客户为目标的公司包括 Siebel、Oracle 等。另外一些公司，如 Onyx、Pivotal、用友 iCRM 等则与中型市场相联系，并试图夺取部分企业级市场。MyCRM、Goldmine、Multiactive 和 Sales Logix 等公司瞄准的是中小企业，他们提供的综合软件包虽不具有大型软件包的深度功能，但功能丰富实用。

**二、按应用集成度分类**

CRM 涵盖整个客户生命周期，涉及众多的企业业务，如销售、支持服务、市场营销以及订单管理等。CRM 既要完成单一业务的处理，又要实现不同业务间的协同。同时，作为整个企业应用中的一个组成部分，CRM 还要充分考虑与企业的其他应用，如与财务、库存、ERP、SCM 等进行集成。但是，不同的企业或同一企业处于不同的发展阶段时，对 CRM 整合应用和企业集成应用有不同的要求，为满足不同企业的不同要求，CRM 在集成度方面也有不同的分类。从应用集成度方面可以将 CRM 分为：CRM 专项应用、CRM 整合应用、CRM 企业集成应用。

1. CRM 专项应用

以销售人员主导的企业与以店面交易为主的企业，在核心能力上是不同的。销售能力自动化（SFA）是以销售人员主导的企业的 CRM 应用关键，而客户分析与数据库营销则是以店面交易为主的企业的核心。

在专项应用方面，还有著名的 Call Center（呼叫中心）。随着客户对服务要求的提高和企业服务规模的扩大，呼叫中心在 20 世纪 80 年代得到迅速发展，与 SFA 和数据库营销一起成为 CRM 的早期应用。到目前为止，这些项目应用仍然具有广阔的市场，并处于不断的发展之中，代表厂商有 AVAYA（Call Center）、Goldmine（SFA）等。

对于中国企业，特别是对于中小企业而言，CRM 的应用尚处于初期阶段，根据企业的销售与服务特点，选择不同的专项应用实施 CRM 不失为一条现实的发展之路。当然，在启动专项应用的同时，应当考虑后续的发展并选择适当的解决方案，特别是应考虑业务组件的扩展性和基础信息的共享。

2. CRM 整合应用

由于 CRM 涵盖整个客户生命周期，涉及众多的企业业务，因此，对于很多企业而言，必须实现多渠道、多部门、多业务的整合与协同，必须实现信息的同步与共享，这就是 CRM 整合应用。CRM 业务的完整性和软件产品的组件化及可扩展性是衡量 CRM 整合应用能力的关键，这方面的代表厂商有 Siebel（企业级 CRM）、Pivotal（中端 CRM）、MyCRM（中小企业 CRM）。

3. CRM 企业集成应用

对于信息化程度较高的企业而言，CRM 与财务、ERP、SCM 以及群件产品（如 Exchange/MS-Outlook 和 Lotus Notes 等）的集成应用是很重要的。这方面的代表厂商有 Oracle、SAP 等。

### 三、按系统功能分类

1. 操作型 CRM

操作型 CRM 用于自动的集成商业过程，包括销售自动化（sales automation，SA）、营销自动化（marketing automation，MA）和客户服务与支持（customer service& support，CS&S）三部分业务流程。

2. 合作型 CRM

合作型 CRM 用于同客户沟通所需手段（包括电话、传真、网络、e-mail 等）的集成和自动化，主要有业务信息系统（operational information system，OIS）、联络中心管理（contact center management，CCM）和 Web 集成管理（Web integration management，WIM）。

3. 分析型 CRM

分析型 CRM 用于对以上两部分所产生的数据进行分析，产生客户智能，为企业的战略、战术决策提供支持，包括数据仓（data base/warehouse，DB）和知识仓库（knowledge base，KB）建设，以及依托管理信息系统（management information system，MIS）的商务智能（business intelligence，BI）。

## 第三节　客户关系管理模型——IDIC 模型

### 一、IDIC 模型概述

IDIC 模型是由营销专家唐·佩珀斯与玛莎·罗杰斯提出的作为企业进行客户关系管理的基本参考架构，他们认为有 4 个阶段至关重要：

（1）识别客户（identify）；

（2）区分客户（differentiate）；

（3）与客户互动（interactive）；

（4）调整产品或服务以满足每个客户的需要（customize）。

美国消费者协会主席艾拉马塔拉说："我们现在正从过去大众化的消费进入个性化消费

时代，大众化消费时代即将结束。现在的消费者可以大胆地、随心所欲地下指令，以获取特殊的、与众不同的服务。"哪怕部分消费者总体上倾向于和大众保持同质化的产品或服务消费，但是也期望在送货、付款、功能和售后服务等方面，商家能够满足其特别的需求。正因为每个客户都有着不同的需要，所以通过市场细分将一群客户划归为有着共同需求的细分市场的传统做法，已不能满足每个客户的特殊需要。而现代数据库技术和统计分析方法已能准确地记录并预测每个客户的具体需求，从而为每个客户提供个性化的服务。

IDIC 模型营销不只关注市场占有率，还尽量增加每一位客户的购买额，也就是在 IDIC 模型的基础上提升对每一位客户的占有程度。传统营销靠区分产品来进行竞争，而 IDIC 模型营销靠区分客户来竞争。传统营销通过推出新产品以及对产品进行延伸，尽量对产品进行实际意义上的区分，或者利用品牌和广告制造出一种观念上的区分；而 IDIC 模型营销的企业追求的是一次照料一位客户，所依赖的是将每一位客户与其他人区分开来。

## 二、IDIC 模型的主要内容

1. 识别客户

企业要设法找出和了解客户，掌握其基本资料。要知道目标客户是谁、谁是最有价值的客户、谁是最具成长潜力的客户。人们不会跟不认识的人产生关系，所以企业识别客户非常重要。企业对客户资料掌握得越详细越好，力争能够在所有的客户接触点认出客户。

2. 对客户进行差异分析

企业要进一步将客户依照其对企业的价值加以分析和分类，找出并设法留住有价值的客户，避免花过多的力气在无价值的客户上。

客户对企业具有不同程度的价值，而他们也有不同的需求。企业要知道如何以价值（value）和需求（needs）去区分客户。一旦确认客户之后，下一步就是区分不同客户，好让企业能够分出优先级，向最有价值的客户争取最大的利益，并针对每位客户特定的需求来调整企业的做法。这表示企业将会发展某种等级的标准，或是客户获利能力及价值模型；这也表示企业必须依照客户不同的需求做分类，准备以不同的方式对待不同的客户。

3. 与客户保持互动

与客户互动，进行对话与交换信息，有效了解客户的需求。掌握客户的反应，将每一次和客户间的互动转变为关系，同时将每一次的互动经验转换为对客户更了解的洞见。要实行一对一营销，企业必须改善和客户之间互动的成本效益与有效性。也就是说企业与客户的互动要节省成本，或者更自动，在获取信息以强化与深化客户关系方面更有用。

此外，每次与每位客户的互动都必须跟上一次的互动情形相关。不论上一次互动发生的时间和方式如何，企业与客户的每次对话应该延续上一次的讨论。互动的步骤与区分步骤及定制化步骤息息相关，除了了解客户的需求有何种程度的不同，还必须有方法从某特定客户身上，利用互动的结果，推论出其需求。然后针对该项信息，进行下一个行动。

4. 调整产品或服务以满足每个客户的需要

为客户提供量身定做的贴心服务，针对客户需求之不同、客户价值之不同，提供大量定制化、个人化的产品或服务。要将一个客户带入学习性的关系，公司必须改变某些方面的行为来配合客户个人所表达的需求。这可能表示大量定制化某项产品，或是定制化和某产品相关的服务。即用不同的方式对待不同的客户，而该方式对客户具有独特的意义。

## 第四节　客户满意与客户忠诚

**一、客户满意的含义及测度**

1. 客户满意的含义

美国学者 Cardozo 在 1965 年首次将客户满意（customer satisfaction，CS）的观点引入市场营销领域。而后，随着市场竞争的日趋激烈，客户满意日益受到学术界和企业界的重视。从 20 世纪七八十年代开始，美国将客户满意作为现代企业经营活动中的一种重要理念和手段，随后其他发达国家也开始重视客户满意。

Philip Kotler 将客户满意定义为：一个人通过对一种产品的感知效果与他的期望相比所形成的愉悦或失望的感觉状态。该定义表明，满意水平是感知效果和期望之间的差异函数。如果感知效果低于期望值，客户就不会满意；如果感知效果高于期望值，客户就会高度满意。Howard 和 Rheth 认为满意是付出成本与预期使用产品获得效益的比较结果。Wirtz 和 Miller 认为客户满意度是客户对产品或服务预期的绩效与感知的绩效进行比较而产生的，而 Cadotte，Jerkins Woodnift 认为客户会将先前购买经验与购买后的实际感知做比较，用以评价满意的程度。

综上所述，虽然学者们对于客户满意的定义不同，但是都倾向于：①客户满意是一种心理活动，是客户在使用产品或者服务之后的一种感觉。②客户满意是一个相对值，是实际体验与期望值之间的差。③客户满意具有个体性。由于客户满意与客户的期望有关，而不同客户的期望是千差万别的，因此对同一产品或者服务，不同客户的满意是不同的。④客户满意具有道德性。客户的满意行为是建立在道德、法律和社会责任的基础之上的，有悖于道德、法律和社会责任的满意行为不是客户满意的本质。本节将客户满意定义为：客户满意是客户的一种心理活动，是客户通过对一个产品或者服务的可感知的效果与其期望值相比较之后形成的感觉状态。

客户满意对企业的客户关系管理而言至关重要。有数据表明平均每个不满意的客户会将其不满意的经历告诉 20 个人以上，而且这些人都表示不愿意接受这种恶劣的服务；而平均每个满意的客户会将其满意的经历告诉 12 个人以上，这 12 个人在没有其他因素干扰的情况下，有超过 10 个人表示有购买意愿。可见客户满意不仅对企业的客户关系管理战略有着重要影响，同时对企业未来的发展也起着举足轻重的作用。具体而言，客户满意对企业客户关系管理战略的重要性体现在以下几个方面。

首先，客户满意有助于提高企业的利润率。满意的客户比不满意的客户有更高的品牌忠诚度，更有可能再次购买企业的产品或者服务，这种重复的购买行为将会增加企业的销售额。此外，满意的客户通常愿意为产品或者服务支付更高的价格，对价格上涨也有更高的容忍度。这样，企业就有机会制定更高的价格水平。

其次，客户满意是抵御竞争对手的有效手段。在日趋激烈的市场竞争中，客户对产品或服务能满足或者超出他们预期的要求日益显著。如果竞争对手能更好地满足客户需求，让客户更满意，那么客户很有可能会转投竞争对手。只有能让客户满意的企业才能建立长久的竞争优势，有效抵御竞争对手。

最后，客户满意有助于降低企业的成本。这主要表现在两个方面。其一，客户满意有助于降低交易成本。满意的客户在其购买过程中，基于以往的经历，对所购买的产品和服务有一定的了解，这有助于降低企业的交易成本；同时满意的客户通常购买的数量或者金额比一般客户大，这也会降低企业的交易成本。其二，客户满意有助于企业降低沟通成本。正如上文所述，满意的客户会向周边的朋友推荐产品或者服务，而这些人当中有很大一部分会购买企业的产品或服务，这将有助于企业扩大其客户群体，降低企业用于广告等方面的沟通成本。

2. 客户满意度的衡量

客户满意度通常可用以下三方面的评价指标进行衡量。

（1）核心产品（服务）。

这是最基本的利益和价值考察，在竞争性的市场上，如果企业核心产品或者服务出了差错，那就永远不会出现满意的客户。核心产品（服务）方面的测度指标主要包括产品的品质、性能、设计、外观和可靠性等方面。在竞争性的市场上，不同企业所提供的核心产品（服务）之间的相似性越来越高，由此优秀的核心产品（服务）成为企业获得成功的基础，而不是独特的不同于竞争对手的长期优势。

（2）服务支持。

此方面主要考察企业对客户需求的反应速度和反应质量。主要包括如下细化指标：①服务的可靠性，即企业能够按照约定在规定时间内完成相应的服务；②及时性，即企业会迅速对客户的需求做出反应，如快速处理客户投诉等；③方便性，即客户可以很方便地与企业取得联系，快速地接受服务等。当企业无法通过核心产品（服务）树立独特竞争优势时，可以通过服务支持来获取更高的客户满意度。

（3）企业与客户的情感。

此方面的指标主要考察客户对于企业的情感，这种情感可能是正面的也可能是负面的。这些情感来自企业与客户的互动，主要包括：①企业员工对待客户的礼貌程度，如企业员工的仪表；②员工与客户之间的沟通，如员工是否能耐心倾听客户的陈述、帮助客户解决问题，员工是否根据客户的需求提供独特的关怀等。

由于不同企业的具体情况不同，无法给出一个适合不同企业的具体指标体系，而只能从宏观的角度提出从哪些方面测度客户满意度。企业可以根据自身的实际情况来选择合适的指标。

## 二、客户忠诚及其影响因素

1. 客户忠诚的含义

"忠诚"一词源自古代臣民对皇室无条件的服从与归顺，后来被学者们引入市场营销领域。Jacoby 和 Chestnut 回顾了 300 多篇与忠诚相关的文献，发现迄今为止对忠诚的定义多达 50 余个。这些对忠诚的定义包含两种不同的思路，一种是从行为的角度，将客户忠诚定义为客户对产品或者服务所承诺的一种重复购买的行为；另一种基于态度的观点则把客户忠诚定义为对产品或者服务的一种偏好和依赖。从不同学者对客户忠诚的定义看，客户忠诚具有以下 3 个方面的特征。

（1）行为特征。

客户忠诚一般意味着客户对企业所提供产品或者服务的重复购买。这种重复性的购买行为可能来自客户对于企业的偏好和喜爱，也可能是出于习惯，还有可能是因为企业所举办的促销活动。

（2）心理特征。

客户忠诚经常体现为客户对企业所提供产品或者服务的高度依赖。这种依赖来源于客户之前购买产品或者服务的过程中形成的满意，进而形成的对产品或者服务的信任。

（3）时间特征。

客户忠诚具有时间特征，它体现为客户在一段时间内不断关注、购买企业的产品或者服务。

2. 客户忠诚的类型

不同的学者从不同的角度将客户忠诚划分为不同的类型。

（1）根据客户重复购买行为产生的原因划分。

美国凯瑟琳·辛德尔博士根据客户重复购买行为的原因，将客户忠诚划分为以下7种类型：垄断忠诚、惰性忠诚、潜在忠诚、方便忠诚、价格忠诚、激励忠诚和超值忠诚。

① 垄断忠诚是因为市场上只有一个供应商或者由于政府的原因而只允许有一个供应商。此时，该供应商就形成了产品或者服务的垄断，客户别无选择，只能选择该供应商提供的产品或服务。

② 惰性忠诚也称为习惯忠诚，是指客户由于惰性方面的原因而不愿意去寻找新的企业。

③ 潜在忠诚是指客户希望能够不断地购买企业的产品或者再次享受服务，但由于企业的一些内部规定或者其他因素限制了这些客户的购买行为。

④ 方便忠诚是指客户出于供应商地理位置等因素考虑，总是在该处购买。但是一旦出现更为方便的供应商或者更为满意的目标之后，这种忠诚就会减弱，甚至消失。

⑤ 价格忠诚是指客户对价格十分敏感，产生重复购买的原因在于该供应商所提供产品的价格符合其期望。价格忠诚的客户倾向于能提供最低价格的供应商，价格是决定其购买行为的关键因素。

⑥ 激励忠诚是指在企业提供奖励计划时，客户会经常购买。具有激励忠诚的客户重复购买产品或者服务的原因在于企业所提供的奖励，因此一旦企业不再提供奖励，这些客户就会转向其他提供奖励的企业。

⑦ 超值忠诚是指客户在了解、消费企业产品或者服务的过程中与企业有了某种感情上的联系，或者对企业产生正面的评价而表现出来的忠诚。具有超值忠诚的客户不仅在行为上体现为不断重复购买，同时在心理上也对企业的产品或者服务有高度的认同感。

根据客户对企业产品或者服务的依恋程度及客户重复购买的频率，在上述7种类型的客户忠诚中，超值忠诚属于高依恋度、高重复购买行为；垄断忠诚、惰性忠诚、方便忠诚、价格忠诚和激励忠诚是低依恋度、高重复购买行为；潜在忠诚则是高依恋度、低重复购买行为。

（2）根据客户对产品或服务的需求、对于品牌的态度和满意度分类。

全球著名的战略咨询公司麦肯锡根据客户对产品或服务的需求、对于品牌的态度和满意度，将客户忠诚度由高到低划分为六种类型：感情型忠诚、惯性型忠诚、理智型忠诚、生活方式改变型、理智型、不满意型。

① 感情型忠诚客户：此类客户喜欢公司的产品或服务，认为该公司提供的产品或者服务符合自己的品位、风格。

② 惯性型忠诚客户：由于固定的消费习惯带来的客户忠诚。

③ 理智型忠诚客户：经常重新对品牌进行选择，反复推敲消费决策。

④ 生活方式改变型客户：客户自身需求的改变，导致消费习惯和方向改变。

⑤ 理智型客户：通过理性的标准选择新的品牌，经常反复比较消费。

⑥ 不满意型客户：因为曾经的不满意购买经历而对品牌重新考虑。

以上的客户类型中，前三种是企业的忠诚客户，后三种则是正准备转向其他企业产品或者服务的客户。

3. 客户忠诚的衡量

综合不同学者的观点，客户忠诚可以从时间、行为和情感几个方面来衡量。

（1）时间维度。

客户忠诚具有时间特征，它体现为客户在一段时间内不断关注、购买企业的产品或者服务。如果客户与企业只有一次交易记录，那自然不能认为该客户的忠诚度很高。因此客户与企业交易关系的持续时间是测度客户忠诚的指标之一。

（2）行为特征。

① 客户重复购买率。

客户的重复购买率是指客户在一段时间内购买企业产品或者服务的次数。在确定的时间内，客户购买公司产品或者服务的次数多，自然说明客户偏爱该产品或者服务，反之则相反。

需要注意的是，在衡量客户重复购买率这一指标时，首先，需要确定在多长的单位时间内衡量客户购买次数。单位时间需要根据产品的用途、性能和结构等因素来合理确定。例如，对于汽车、家具、家电等耐用消费品而言，客户购买的时间间隔一般都在3年以上，如果以1年来衡量客户的重复购买率，显然是不合适的。对于银行、饭店以及许多快速消费品而言，其衡量客户重复购买率的单位时间则以月计算较为合适。

其次，在衡量客户重复购买的产品或者服务时，并不仅仅局限于同一类产品或者服务，而是应当从企业经营的产品品种的角度考虑。如果客户并不是重复购买同一种产品，而是购买某企业不同种类或者品牌的产品，那么也应当认为客户具有较高的重复购买率。

② 客户挑选时间的长短。

有关消费者行为的研究表明：客户购买产品都会经历挑选这一过程。挑选意味着客户花费时间用于了解企业产品，同时也包括了客户比较不同企业产品的过程。如果客户对企业的忠诚度较低，那么客户就会花费较长的时间来收集信息，比较不同企业提供的产品，最后才决定是否购买。相反，如果客户信任企业的产品，那么用于挑选的时间就会缩短，会快速决定购买产品。因此客户挑选产品的时间长短，也可以用来衡量客户忠诚。

③ 购买费用。

购买费用包括两个部分：其一是客户用于某一品牌或者产品的金额；其二是在客户用于某一产品的预算中，企业所占的比重，这也被称为客户钱包份额或者客户占有率。对企业而言，在客户用于某一产品预算不变的情况下，购买本企业产品的金额增加，则表明客户对本企业产品的信任程度提高，忠诚度增加；或者客户扩大产品预算用于增加购买某企业产品，也表明客户忠诚度提高。

④ 客户对价格的敏感程度。

价格是影响客户购买产品或者服务的重要因素之一，但这并不意味着客户对各种产品的价格变动都有同样的态度和反应。许多研究和企业实践都表明：对喜爱和信赖的产品或服务，客户对其价格变动的承受力较强，其购买行为较少受到价格波动的影响，即客户对价格的敏感度低；相反，对不喜爱或者没有信赖感的产品或服务，客户对其价格变动的承受力较弱，一旦价格上涨，客户立刻会减少购买行为，即客户对价格的敏感度高。可见，客户对企业产品或者服务的价格敏感程度可以用来衡量客户忠诚。

（3）情感特征。

① 客户对企业的信赖。

客户对企业的信赖来源于客户与企业交易过程中累积形成的满意，是由满意累积以后形成的对企业产品和品牌的信任与维护。这种信赖会让客户主动向周围的人推荐企业的产品和品牌，提升企业的口碑和影响力。

② 客户对产品质量问题的态度。

对企业而言，再仔细的产品质量检查，也无法保证产品100%没有问题。因此，不论是知名企业还是一般的中小企业，其生产的任何产品或者服务都有可能出现各种质量问题。当出现产品质量问题时，如果客户对企业的忠诚度较高，那么客户会采取相对宽容的、协商解决的态度；相反，若客户对企业的忠诚度较低，则会让客户感到强烈的不满，会要求企业给予足够的补偿，甚至会通过法律途径解决问题。

③ 客户对待竞争品牌的态度。

客户对待竞争品牌的态度也是衡量客户忠诚的重要指标。一般而言，当客户对某企业的忠诚度较高时，自然会减少对竞争品牌的关注，而把更多的时间和精力用于关注该企业的产品或服务。相反，如果客户对竞争品牌的产品或者服务有兴趣或者好感，并且花费较多的时间了解竞争品牌，那么就表明客户对该企业的忠诚度较低。

4. 客户忠诚影响因素

影响客户忠诚的因素包括提升客户忠诚的积极因素以及维持客户忠诚的消极因素。其中，积极因素是指能够驱动客户主动保持与企业关系的因素，主要是企业能够给客户带来的更多的收益。消极因素是指推动客户被动维持关系的因素，如由于客户退出关系需要遭受的损失和代价。对于企业而言，一方面需要不断增加为客户提供的价值，增强客户对企业的心理依附；另一方面，也需要不断提高客户退出关系的壁垒，让客户更长时间维持与企业的关系。另外，不少研究和企业实践都表明客户满意是影响客户忠诚的重要因素，本节扩展理论部分专门阐述客户满意与客户忠诚之间的关系。

（1）积极因素。

① 增强客户从企业获得的利益。

客户从企业购买产品或者服务的原因在于客户能够从中获得满意的收益。有调查数据表明，客户一般乐于与企业建立长久关系的主要原因是希望从忠诚中获得优惠和特殊关照。客户从忠诚中获得的额外收益包括：更低的购买成本或者额外的奖励，例如，许多超市、百货商店都实行了会员卡制度，那些经常光顾、频繁购买的客户可以获得额外的奖励；在提供产品之外，为客户提供额外的服务。例如，宝洁的成功在很大程度上得益于他们对经销商的扶持。宝洁公司每开发一个新的市场，原则上只物色一家经销商，大城市会有2~3家，并派驻一名厂方代表。厂方代表的办公室一般设在经销商的营业处，其核心职能是管理经销商及其下属的销售队伍。宝洁要求经销商组建宝洁产品专营小组，宝洁会不定期派专业销售培训师前来培训，同时厂方代表与专营小组成员一起拜访客户，不断进行指导以及培训。为了确保厂方代表对专营小组的管理，专营小组成员的工资、奖金、差旅费等都由宝洁公司提供。

② 客户的情感因素。

客户的情感因素主要涉及客户对企业的信任以及对企业的喜爱，这种情感因素体现了客户对企业及其产品的良好印象。《情感营销》一书的作者认为情感是成功的市场营销唯一的、真正的基础，是价值、客户忠诚和利润的秘诀。例如，招商银行针对其金葵花信用卡客户，专门举行了中秋联谊活动，邀请金葵花信用卡使用者及其家人参加，这一活动大大拉近了招商银行与客户之间的距离，增强了客户对企业的信任。

（2）消极因素。

① 沉没成本。

沉没成本是指客户过去在关系中投入的、在终止关系时将损失的关系投资。对客户而言，这种关系投资只有在特定的关系中才有价值，一旦关系终止，所做的投资都将失去其价值。这些沉没成本一般包括学习特定的产品使用而花费的时间、精力以及培训费用，为了使用某种产品或者流程、系统而进行的投资等。

② 转移成本。

转移成本是指客户从一个供应商转移到另一个供应商的过程中所付出的成本，主要包括：信息收集成本，与新供应商进行谈判所花费的时间、金钱、人力等费用，调整现有业务，流程体系所需的各种费用等，熟悉新供应商产品或者服务所需要的学习成本等。

（3）其他因素。

客户满意与客户忠诚的关系

除了上述两方面因素之外，还有其他因素也会影响客户忠诚，如企业的内部管理。如果企业不注重对员工进行培训，不注重对客户抱怨的处理，都将会影响客户忠诚。法国有一家名为Au Bon Pain的咖啡饼屋连锁店，该店经理Gary Aronson只雇用愿意每周工作50~60小时的人。在这一行业中，每位员工的平均工作时间是40小时，他愿意为此对员工多工作的10~20小时支付加班工资。他这样做的目的是希望每天光顾的大部分客户能够见到同一张面孔为其服务，该店的许多员工也因此能够记住一百多位老客户的名字和喜好，正是这样，该店的客户回头率非常高。

## 第五节 客户流失管理

客户流失管理，就是在明确客户流失的根本原因的基础上，有针对性地制定各种层面的应对措施。通过企业的销售、营销服务等部门及其渠道分销商，运用商务的、技术的手段全方位进行客户挽留的管理。

**一、客户流失的原因分析**

客户可能会出于种种原因终止与企业的关系。一般而言，客户流失的原因主要来自企业自身和客户两方面。

1. 企业自身原因分析

（1）产品质量问题。

产品质量是企业的生命线。如果产品质量存在瑕疵或者不稳定，那么企业就无法满足客户的基本需求，进而损害客户的利益。一旦利益不能得到保障，客户自然会选择新的供应商。

（2）服务质量欠佳。

有统计数据表明：对客户的服务不好，将造成94%的客户离去。服务是客户购买产品时最重要的附加值。一般而言，服务包括两个方面：其一是客户在购买产品的过程中，企业员工给予客户的服务；其二是客户抱怨和投诉时，企业员工给予客户的服务。不论哪方面的服务发生问题，都会造成客户的不满和流失。

（3）内部员工跳槽。

很多企业强调销售额、销量，而不注重企业与客户的关系管理。由此造成企业与客户的关系转变成了企业的业务员与客户的关系，企业对客户缺乏影响力。当业务员因为跳槽离开企业的时候，一些客户也会跟着业务员离开，由此带来的是竞争对手实力的增强。

（4）企业缺乏创新。

在新产品层出不穷、客户需求不断变化的时代，产品的生命周期被大大压缩。企业如果不能推陈出新、进行产品的升级换代以满足客户不断变化的需求，那么客户很容易由于找不到合适的产品而选购竞争者的产品。

（5）主动放弃。

这是指企业主动放弃客户，包括：企业主动终止与低价值客户的关系；企业由于战略调整，或者业务变更，终止与原来某些客户的关系。

2. 客户方面原因分析

（1）被竞争对手吸引。

这主要包括两个方面的原因。其一是在产品或者服务质量相同的情况下，竞争对手通过提供更优惠的政策来吸引客户。在市场的激烈竞争中，企业都想通过打折、特价、特别优惠等各种促销方式来吸引更多的客户，尤其是那些能够给企业带来更多利润的优质客户。面对各种优惠，客户有选择的自由，一旦认为竞争对手能够比企业提供更好的利益，自然会选择离开企业。其二是竞争对手通过为客户提供具有更高质量的产品和服务吸引客户。在新产品层出不穷的市场上，如果企业不能及时更新产品，那么就给了竞争对手可乘之机。竞争对手可以通过在产品或者服务的技术和质量上的及时创新，增强对客户的吸引力。

（2）需求变化。

客户的需求不是一成不变的，而是在不断发生变化。例如，随着年龄的增长，个人客户的消费观念、生活方式都在不断发生变化，由此造成了客户需求的连锁变化，那么客户就会选择其他能满足其新需求的产品或者服务。同样，组织客户的需求也在发生变化，随着组织的发展、壮大，其对产品或者服务的需求也会发生变化，一旦发现现有企业不能满足其新需求，自然会选择其他供应商。

(3) 恶意离开。

在有些情况下，客户会对企业提出额外的要求。例如，一些客户自恃实力强、购买数量大，会向企业要求更低的价格、更长的账期、更快的送货服务等额外要求。如果这些额外的要求得不到满足，客户就会选择离开。此外，有些客户存在信用风险，如拖欠货款等，如果企业对此类风险缺乏足够的防范，那就会让客户欺诈成功。

(4) 客观原因。

客户流失并不是客户本身的意愿，而是由于客观条件的变化而导致的流失。例如，个人客户由于搬迁、死亡等原因不再继续购买企业的产品或者服务。组织客户由于破产、更改经营业务与范围等原因而终止与企业的关系。

## 二、流失客户的挽回

有研究表明：企业向流失客户销售产品或服务，每4个中会有1个可能成功，但是向潜在客户和目标客户销售，每16个才有1个成功。可见，争取流失客户的回归比争取新客户容易得多，企业挽回流失客户的步骤如下。

1. 建立客户流失预警体系

针对客户流失的原因，企业可以通过相应的措施来防范客户流失。这些措施包括：

(1) 树立"客户至上"的意识，切实提高企业产品或者服务的质量。一旦发现产品或者服务方面存在缺陷，及时、主动修补，让客户真正感受到企业对客户的关怀。

(2) 增强与客户的互动，通过日常拜访、节日问候、有针对性的访谈等方式，增强企业与客户的互动，提高客户对企业的满意程度，进而增强客户对企业的忠诚度。

(3) 确定客户流失预警点。企业可以根据自身的情况、行业特点以及竞争对手的情况，设置客户流失的警戒点，以此了解客户的流失情况。例如，有些企业会根据不同的客户类型设置不同的警戒点，如为大客户、中等客户、小客户设置不同的警戒点。

什么是客户流失预警

2. 分析流失客户状况

不同的客户对企业的价值存在很大差异，有些客户是企业利润与销售额的重要创造者，有些客户只能为企业带来微薄的收益。同样，在流失的客户中，既有给企业带来高额回报的大客户，也有小客户。因此，企业需要分析流失的客户中有多少重要客户，有多少小客户。一般而言，大客户的流失给企业带来的损失更为严重，企业需要引起高度重视。

3. 分析客户流失的原因

对客户流失原因的分析一方面是企业挽回客户的基础，另一方面也是企业未来设立预警机制的基础。因此，企业需要深入分析客户为什么会流失，究竟是企业自身的原因导致客户流失，还是因为客户的原因导致客户流失。

4. 采取措施挽回流失客户

企业需要根据流失客户的类型，针对具体的流失原因，采取有针对性的措施。应估算挽回客户所需要花费的成本，以及挽回的客户能够给企业带来的价值。

对于那些对企业有重要价值的客户，企业需要深入分析客户流失的原因。若是由于企业的原因而导致重要客户流失，则需要针对流失原因，尽力弥补企业工作的失误，以期能够重新赢回客户。

对那些低价值客户，则需要分析是哪些原因造成了客户的流失。如果是企业主动放弃的低价值客户，则不需要挽回；而对那些由于企业产品质量、服务等原因而流失的客户，企业则应分析原因，努力提高产品和服务质量，重新赢回客户。

对于那些无法给企业带来高价值又是由于客户原因而离开的客户，则应采取基本放弃的策略。因为即使企业努力挽回与这些客户的关系，这些客户也无法为企业带来丰厚的回报。因此对这些客户，企业不必花费过多的精力挽回。

对那些因为欺诈而离开的客户，企业应当终止和这些客户的关系。因为这些客户不仅不能给企业带来价值，还会占用企业资源，对企业有百害而无一利。

利乐：为客户创利、与客户同乐

## 本章小结

本章首先介绍了客户关系管理的产生背景及含义，并分析了客户关系管理的几种类型，然后介绍了客户关系管理的经典模型——IDIC 模型，探讨了客户满意与客户忠诚，最后对客户流失的原因进行了分析，并介绍了流失客户的挽回策略。

## 自测题

一、填空题

1. 客户关系管理的最终目标是实现_____。
2. 客户忠诚的特征包括心理特征、时间特征和_____。
3. 客户满意包括基本期望满意和_____。

二、单项选择题

1. 下列对客户关系管理内涵的描述不正确的是（　　）。
A. 理念是 CRM 成功的关键，它是 CRM 实施应用的基础和土壤
B. 信息技术是客户关系管理成功实施的方法和手段
C. 理念是客户关系管理成功的关键，信息技术可有可无
D. 实施是决定客户关系管理成功与否、效果如何的直接因素

2. 以下对客户满意的描述正确的是（　　）。
A. 客户满意是客户对产品的感知效果与客户的价值对比所形成的感觉状态
B. 客户对产品的感知效果等于期望值则会极其满意
C. 客户对产品的感知效果小于期望值则会满意
D. 客户对产品的感知效果大于期望值则会满意

三、多项选择题

1. 客户关系管理产生的原因包括（　　）。

A. 企业对客户价值的重视　　　　　B. 信息技术的推动
C. 客户价值实现过程需求的拉动　　D. 历史演化的结果

2. 按系统功能，CRM 系统分为（　　）。

A. 操作型 CRM　　B. 合作型 CRM　　C. 分析型 CRM　　D. 战略型 CRM

3. 客户满意度陷阱的概念的相关表述正确的有（　　）。

A. 对于客户而言，基本期望和潜在期望是同时存在的，但是客户首先要求满足基本期望，否则就会不满，更谈不上忠诚
B. 客户的基本期望得到了极大的满足，客户忠诚度接近平均忠诚度时，客户会更关注潜在期望的实现
C. 接近客户满意度陷阱时，如果企业仍致力于提高客户基本期望的满意水平而忽略客户的潜在期望，就无法有效提高客户的忠诚度，形成客户满意度陷阱
D. 生产和提供标准化的产品和服务则可避免客户满意度陷阱

四、名词解释

CRM 系统

五、简答题

1. 简述 IDIC 模型中的 4 个字母含义。
2. 简述企业提升客户忠诚的策略。

# 第六章 网络营销

【学习目标】

通过学习本章,读者应当理解网络营销的概念与特点、功能与分类及理论基础;理解网络消费者的行为模式、特点和影响因素;理解和掌握基本的网络营销产品、价格、渠道和促销策略;了解常见的网络营销工具与方法。

【导读案例·思政结合】

> 根据中国电子商务研究中心的统计,"网络欺诈、网络售假、退换货难、虚假促销等已成为'2017年上半年全国零售电商十大热点被投诉问题'"。其中价格方面的欺诈,在平日的销售中出现较少,但在"双11"或"6·18"电商购物节期间呈现高发态势。通常采用的都是"先抬价再打折"的虚假促销伎俩,尤其是进入11月,一些所谓的网络爆款或促销款至少要提价50%,等"双11对折大促销"过后,再恢复正常价位。由于消费者很难查询到网购商品的历史价位,因此很容易被促销冲昏头脑。
>
> 近年来,随着政府有关部门对网上市场价格监管力度的增强,加上各种比价机制的完善和越来越多消费者的日渐成熟,虚标价格的现象已明显减少。但受电商市场竞争日趋白热化的影响,仍会有经营者去踩价格违法的红线。
>
> 对此,《人民日报》曾撰文指出:相比于网络售假、退换货难等问题,虚假促销透支了电商平台的公信力。如果说网络售假是伤害消费者的一记重拳,那虚假促销就是伤害消费者的连环绵掌,看似轻柔,但却造成内伤,带来的负面影响将会持续发酵。电商要走得又稳又快,就应告别"价格搏眼球"的老套路,回归商业的本质,守住诚信的底线,努力为消费者带来更优质的产品和服务,在高水平供需平衡中实现自身持续发展。
>
> 资料来源:刘新燕,陈志浩. 网络营销. 3版. 武汉:华中科技大学出版社,2020.

根据案例,思考并回答以下问题:

(1)常见的网络营销价格策略有哪些?

(2)思政德育思考:诚信经营始终是企业持续发展应该坚守的初心和价值底线,要做到"言必信,行必果。"请运用网络营销有关知识,分析网络营销中部分价格策略和网络促销实现方式可能存在的负面影响。

## 第一节 网络营销概述

### 一、网络营销的概念与特点

（一）网络营销的概念

1. 网络营销的定义

关于网络营销的定义，学术界和实业界至今尚未达成共识。从名称上，"网络营销"经历了从早期的电子营销（electronic marketing）、在线营销（online marketing）、互联网营销（internet marketing）、虚拟营销（cyber marketing）、网络营销（network marketing）、数字营销（digital marketing）、万维网（web marketing）到如今的移动营销（mobile marketing）、社会化媒体营销（social media marketing）、新媒体营销（new media marketing）、全媒体营销（omnimedia marketing）等的变化过程。

综合近年来国内外关于网络营销的研究成果，本书给出网络营销的定义如下：网络营销（internet marketing）是企业整体营销战略的组成部分，是为达到一定的营销目的和目标，以互联网和移动互联网为支撑，借助于 Web、e-mail 等传统互联网技术和大数据、云计算、物联网、人工智能、虚拟现实等新兴信息技术与手段，依托各种线上（online）或线下（offline）资源开展的市场营销活动。它既包括面向网络消费者的营销活动，也包括面向传统消费者的营销活动。

2. 如何理解网络营销

（1）网络营销不等于网上销售。

网络营销是为实现网上销售目的而进行的一项基本活动，还包含为了实现营销目标而开展的市场调查、网上促销活动、网络广告、营销组合的设计以及营销战略的制定。网络营销的效果也表现在多个方面，如企业品牌价值的提升、加强与客户之间的沟通、作为一种对外发布信息的工具等。在某些情况下，网络营销并不一定能实现网上直接销售的目的，但是有利于增加总的销售；同时，网上销售的推广手段也不仅仅靠网络营销，往往还要采取许多传统的方式，如传统媒体广告、发布新闻、印发宣传册等。

（2）网络营销不仅局限于网上。

一个完整的网络营销方案，除了在网上做推广之外，还很有必要利用传统营销方法，如传统媒体广告等，进行网下推广。这可以理解为关于网络营销本身的营销。

（3）网络营销建立在传统营销理论基础之上。

网络营销是企业整体营销战略的一个组成部分，不可能脱离一般营销环境而独立存在，网络营销理论是传统营销理论在互联网环境中的应用和发展，只不过网络营销在宣传促销方式、产品特性、价格制定与销售渠道等方面从理论到方法都发生了很大变化。

（4）网络营销不同于电子商务。

电子商务主要是指借助互联网开展的一切商务活动，而网络营销则把商务活动的范围缩小到为了实现营销目标开展的营销活动。电子商务活动中包含网络营销，网络营销属于电子商务的范畴。

(二) 网络营销的特点

网络营销通过营造一个虚拟市场环境，使交易双方没有时空障碍，从而增加交易机会，降低交易成本，改善服务质量，拓展服务范围，提高交易效率，改善营销效果。相对于传统的市场营销来说，网络营销的特点可以概括如下。

1. 跨时空与全球性

通过互联网，人们可以超越时间约束和空间限制进行信息交换与商品交换。企业有更多的时间在更大的空间中进行营销，可以每周 7 天、每天 24 小时随时随地向客户提供全球性的营销服务，以达到尽可能多地占有市场份额的目的。网络营销可以在一种无国界的、开放的、全球的范围内去寻找目标客户、供应商和合作伙伴，因此市场竞争更加激烈，更大范围成交成为可能。

2. 交互性与服务优化

通过互联网，企业可以与客户基于在线客服、网络社区、电子邮件等工具，随时进行双向互动式的交流沟通，可以收集有关商品的市场情报，可以进行产品的测试与消费者满意度的调查等；消费者则有机会对产品从设计到定价和服务等发表意见。这种双向互动的沟通方式是一对一的，可以提供更人性化、长期、良好的服务，提高了消费者的参与性与积极性，更重要的是它能使企业的决策有的放矢，从根本上提高消费者满意度。

3. 便利性与经济性

网络营销的一个重要价值在于，可以使从生产者到消费者的价值交换更便利、更充分、更有效率。由于在线客服、第三方支付等工具的出现，信息传播、客户服务、货币支付、物流信息追踪等变得更高效、更便捷、更经济。网络营销既能满足消费者"闭门家中坐，货从网上来"这一足不出户、轻松购物的愿望，又能在一定程度上为企业节省费用、降低运营成本和商品价格。

4. 即时性与多媒体效果

通过互联网，交易双方可以收发文字、图片、声音、图像、动画和视频等多种媒体，能够充分发挥营销人员的创造性和能动性。这些多媒体的营销信息在互联网上的传播具有即时性特征。这种即时性具体表现在三个方面。①即时信息，公司有关信息能够得到及时更新，如商品价格、市场活动等信息；消费者可以多媒体形式及时获取到所需信息，而且更快、更省、更好。②即时购买，企业提供全天候服务，网络消费者可以随时随地网上购物。③即时配送，网络营销针对数字化商品可实现即时线上配送，对于非数字化商品也可实现快捷线下配送。

(三) 网络营销与传统营销的关系

传统营销是相对于网络营销这一新营销模式而言的。目前，营销界对此并无明确的划分，一般可从两个方面来理解：从营销手法看，传统营销是没有借助信息技术和手段、未利用互联网上资源进行的营销；从营销理念看，传统营销在观念和思想上未受到互联网的冲击和影响。

从营销策略的角度看网络营销与传统营销的区别，1960 年由美国杰罗姆·麦卡锡（Jerome McCarthy）教授提出的 4P 营销组合策略即产品（product）、价格（price）、渠道（place）、促销（promotion），是以企业为中心的经典的传统营销策略。该理论奠定了营销学及其实践的分析框架。1990 年由美国学者罗伯特·劳特朋（Robert Lauterborn）教授提出的

4C营销理论，即消费者的需求与欲望（consumer's needs and wants）、消费者愿意支付的成本（cost）、消费者购买商品的便利性（convenience）和从促销的单向信息传递到实现与消费者的双向交流与沟通（communication），是以消费者为中心的，后来成为整合营销传播（IMC）理论的核心，这与网络营销所依托的互联网强调用户参与、开放互动特性是一致的。因此，某种程度上，4C营销的分析框架成为网络营销的重要分析思路。事实上，4C并非完全取代4P，两者都是企业市场营销战略的重要组成部分，相互补充。从营销实践出发，企业可以4C为营销理念，以4P为营销运作的框架，将消费者的需求与欲望和产品、消费者愿意支付的成本和产品的价格、消费者购买商品的便利性和渠道与消费者的双向交流沟通和促销有效组合起来。

因此，尽管互联网的发展使营销环境及营销活动发生了根本性的变革，网络营销的产生与发展顺应了这一变革，必将成为企业市场营销发展的主流模式之一。但是，作为企业营销体系的一部分，网络营销是利用现代信息技术手段并通过互联网进行的营销活动，必将涉及市场营销的方方面面，从市场环境到与消费者的关系，都离不开传统营销的支持与配合。两种营销各有优势和不足，经营者应处理好两者的关系，取长补短，实现其有机地整合，才能提高企业营销的整体效益，增强市场竞争的实力。

**二、网络营销的职能与分类**

（一）网络营销的职能

1. 网络品牌

网络营销的重要任务之一就是在互联网上建立并推广企业的品牌。网络营销为企业利用互联网建立品牌形象提供了有利的条件，无论是大型企业还是中小企业，都可以用适合自己企业的方式展现品牌形象。大型企业可以企业网站建设为基础，通过一系列的推广措施，使企业的网下品牌在网上得以延伸和拓展，从而提升企业品牌的核心竞争力。中小企业则可以通过互联网自有网站或在无网站情况下采取合作的形式借助于第三方互联网平台快速创建网络品牌并树立形象，达到顾客和公众对企业的认知和认可，并提升企业整体形象。

2. 销售促进

市场营销的基本目的是为最终增加销售提供支持，网络营销也不例外。各种网络营销方法大都具有直接或间接促进销售的作用，同时还有许多针对性的网上促销手段，这些促销方法并不限于对网上销售的支持。事实上，网络营销对于促进网下销售同样很有价值，这也是一些没有开展网上销售业务的企业同样有必要开展网络营销的原因。

3. 网上销售

一个具备网上交易功能的企业网站本身就是一个网上交易场所，网上销售是企业销售渠道在网上的延伸。网上销售渠道建设并不限于企业网站本身，还包括建立在各类电子商务平台上的网上商店，以及与其他电子商务网站不同形式的合作等。因此，网上销售并不仅仅是大型企业才能开展的，不同规模的企业都有可能拥有适合自己的在线销售渠道。一般情况下，大型企业较多地凭借自身实力拥有基于企业官方网站的网上商城，部分中小企业则依托第三方电子商务平台实现网上销售。

4. 网站推广

现在越来越多的企业（或组织）都开发建设了自己的官方网站，网站推广已成为网络营销的一项基本职能，是网络营销的基础工作。企业营销信息的发布与传播的主要媒介是企业官方网站，网站获得必要的访问量是网络营销取得成效的基础。中小企业由于经营资源的限制，通过互联网进行网站推广的意义显得更为重要。即使对于大型企业，网站推广也是非常必要的。网站推广的常用方法包括：搜索引擎推广、电子邮件推广、微博推广、微信推广、广告推广、电商平台推广、网站联盟推广等。

5. 信息发布

网络的本质是一种信息传播媒介。网络营销的核心思想就是通过各种网络工具，将企业营销信息以高效的方式向目标用户（顾客或潜在顾客）、合作伙伴、公众等群体进行适时的传递或传播。因此，信息发布成为网络营销的一种基本功能。互联网为企业发布信息创造了便利的条件，不仅可以通过企业网站、微博、微信、电子邮件、网络社区、网络直播等平台或工具向特定的用户发布信息，还可以利用互联网搜索引擎、供求信息发布平台、网络广告服务商、合作伙伴网站等渠道向更大的范围传播信息。网络营销以其特有的信息发布环境可以在任何时间将任何信息以多媒体的形式适时发布并传播到全球的任何一个地点。

6. 在线顾客服务

互联网提供了更加便捷的在线顾客服务手段，从形式最简单的 FAQ（常见问题解答），到电子邮件、在线论坛（或网络虚拟社区）、即时信息服务（如 QQ、微信）等。在线顾客服务具有成本低、效率高、随时随地、方便快捷、多媒体信息支持等优点，在提高顾客服务水平、降低顾客服务费用等方面具有显著作用，同时也直接影响到网络营销的效果。

7. 顾客关系管理

顾客关系一般是指产品的生产者（或供应者）与购买者（消费者）之间的广泛联系，是与顾客服务相伴而生的一种结果。良好的顾客服务才能带来稳固的顾客关系。企业可以利用邮件列表、在线论坛、FAQ 和各种即时信息服务等，为用户提供在线收听、收视、订购、交款等选择性服务，以及无假日的紧急需要服务、信息跟踪、信息定制等服务，增进顾客关系，提高顾客的满意度。

8. 网上调研

市场调查是为了满足营销需要而进行的调查活动，包括对消费者、营销环境、市场运行状态、营销效果等营销过程每一阶段或方面的调查。传统的市场调查是在线下（offline）完成的，新型的网上调研则是依托互联网资源开展的线上（online）市场调查，其实现方式包括：基于企业网站的在线调查问卷以及通过电子邮件、QQ、微信、网络社区等社交媒体平台发送的调查问卷等。网上调研既可以依靠其他网络营销功能的支持而开展，也可以相对独立进行。通过网上调研，企业可以收集用户信息，了解客户需求，对消费者画像，洞察市场发展动态和趋势，为企业营销决策提供支持。

（二）网络营销的分类

1. 按 Web 技术发展阶段分类

随着 Web 技术不断进步，互联网上的信息生产、分发、传播与消费形式也在不断变化。据此，网络营销分为：①Web1.0 时代的网络营销；②Web2.0 时代的网络营销；③Web3.0 时代的网络营销。

Web1.0时代的典型特征是信息创建者开发网页提供给用户浏览。在Web1.0时代，常见的网络营销形式有：网站营销、搜索引擎营销、电子邮件营销、即时通信营销、论坛营销、网络广告营销、网络会员制营销等。

Web2.0时代的典型特征是网络用户都是信息的创建者和消费者，他们可以而且乐意通过互联网分享信息。在Web2.0时代，常见的网络营销形式有：网络社区营销、博客营销、微博营销、问答平台营销、SNS营销、播客营销等。

Web3.0时代的典型特征是数据能够按照用户（或消费者）要求呈现和分享。在Web3.0时代，常见的网络营销形式有：数据库营销、大数据营销、移动网络营销等。

2. 按企业的网络营销目标和应用水平分类

一般来说，企业网络营销目标主要有品牌宣传、网上销售、顾客服务等。不同的网络营销目标通常对应着不同的网络营销应用水平。据此，网络营销分为：①品牌型网络营销；②销售型网络营销；③服务型网络营销；④综合型网络营销。

品牌型网络营销是网络营销最基本的应用方式，其目标是在网上建立企业品牌形象，加强与顾客（或潜在消费者）的直接联系与沟通，增强品牌忠诚度。例如，麦当劳、百事可乐等知名品牌企业的网络营销就属于此类。

销售型网络营销是网络营销最典型的应用方式，其目标是帮助企业拓宽销售渠道、提升网络销量或促进线下销售。例如，京东商城、戴尔等工商企业的网络营销属于此类。

服务型网络营销的目标是为顾客提供在线顾客服务，降低服务成本，提升服务效率和水平。例如，中国移动、招商银行等服务企业的网络营销属于此类。

综合型网络营销是网络营销应用水平最高的一种模式，其目标是同时实现品牌、销售、服务等营销目标。例如，亚马逊、阿里巴巴、海尔、华为等综合型企业的网络营销属于此类。

3. 按网络营销的主体分类

网络营销的主体既包括各类组织，也包括个人。这里的"组织"既包括工商企业等营利性组织，也包括学校、公益机构、政府机关等非营利性组织。最典型的网络营销主体是企业，但在互联网和移动互联网环境下，其他组织和个人也成为越来越重要的网络营销主体。因此，按网络营销的主体分类，网络营销分为：①企业网络营销；②个人网络营销；③非营利性组织的网络营销。

作为网络营销主体的企业既包括各类互联网企业，也包括大量传统企业。这些传统的企业在互联网+条件下，借助网络营销的策略、理论、工具与方法，可以更好地实现营销效果并达成营销目标。同样，在互联网和移动互联网时代，更具个性化的互联网用户借助各种互联网应用平台和工具相对以前更容易张扬个性、与好友互动和分享信息，对个人进行网络营销。例如，"网红"、关键意见领袖（大V）等通过自媒体、网络事件、网络推手炒作快速爆红。这些网络名人能够给个人、合作的商家带来可观甚至是巨大的流量红利，最终通过产品销售进行变现。

除上述分类方式外，还可根据是否建立网站，分为基于企业网站的网络营销和无站点的网络营销；根据是否通过中间商，分为直接网络营销和间接网络营销；根据网络营销的交易模式，分为B2B网络营销、B2C网络营销和C2C网络营销。

### 三、网络营销的理论基础

作为营销活动在网络环境下的延伸与拓展,网络营销是在传统营销理念的积淀与实践探索基础上发展起来的。

#### (一)网络营销的"三基础"理论

一般将直复营销、整合营销和网络软营销称为网络营销的"三基础"理论。作为网络营销实践的基础理论,加之篇幅所限,下面仅对"三基础"理论的概念做简要介绍,有兴趣的读者可查阅专门的网络营销教材或相关文献。

1. 直复营销

美国直复营销协会的定义:"直复营销是使用一种或多种广告媒体在任何地点产生可度量的反应或实现交易的相互作用的市场营销体系。"该定义描述了直复营销的三个基本特征:①互动性;②可度量性;③渠道的广泛性。

网络营销具有效果可测试、可度量、可评价和可控制的特征,这与直复营销的理念、特征十分吻合,两者的运作机理也有许多共同之处。可以说,直复营销为网络营销奠定了成功的基础。

2. 整合营销

整合营销亦称整合营销传播(Integrated Marketing Communication,IMC),是一种实战性与操作性都比较强的营销理念,其核心思想是:以顾客为中心,以整合企业内外部所有资源为手段,再造企业的生产行为与市场行为,充分调动一切积极因素以实现企业统一的营销目标。

整合营销不仅要协调传统营销与网络营销的关系,还要整合传统环境与网络环境中各种营销因素;同时,网络环境下实现整合营销的方法与手段是多种多样的,从战略层面的资本运作(包括金融、人才资源、技术等方面的资本运作)、合作经营,到战术层面的各种技术工具和营销手段的运用,是全方位、多层次的整合。

3. 网络软营销

网络软营销理论是在网络营销发展初期,针对工业时代以传统的媒体广告和人员推销为特征的"强势营销"提出来的。该理论认为,消费者对于商家发布的"硬广告"和上门推销有着本能的"抵触",互联网的特性赋予了用户可以抵制商家推送的e-mail和Web广告的手段。因此,网络软营销理论站在消费者的角度,提出在网络环境中开展营销必须尊重消费者的感受和体验,使其能舒心地接受企业的营销活动。

随着网络营销的发展,人们对网络软营销理论进行了拓展,可将其归纳为关系营销和营销伦理两大理论。由于篇幅所限,在此不再赘述。

#### (二)网络营销理论的新发展

近年来,随着互联网和网络营销的发展,一些经济学、管理学的理论被陆续运用于网络营销的实践,并推动了营销理论与方法的研究和探索。

1. 双边市场理论

随着社会分工的细化,尤其是互联网的发展和服务手段的改进,经济活动中越来越多地出现这样一种市场形态:该市场中的交易在某个第三方平台进行,该平台通过向产品或服务的交易双方提供所需的服务,促成交易并获取收益,这种市场形态称为"双边市场"

(bilateral markets)。一个双边市场的建立需满足三个必要条件：

（1）平台——一个具有中介作用并联系市场两边主体的平台；

（2）定价权——平台拥有定价（收取费用）的权利；

（3）量价相关——平台上的交易量与平台的定价结构有关，不同的定价结构可能会导致不同的交易量。

双边市场的最主要特性是"网络外部性"（network externalities），即用户在消费或使用产品时所获得的效用并不是由产品本身价值提供的，而是由其他用户消费或使用同一产品而产生的，而且随着使用该产品或服务用户数量的变化，每个用户从消费此产品或服务中所获得的效用也在发生变化。正是这种外部性的存在，为在交易双方之间设计一个"平台"，以降低交易费用、充分利用买卖双方之间的正向外部性效果提供了空间。双边市场理论就是基于这样的思路产生并逐步发展和完善的。

根据平台建设运营者不同，网络环境下的双边市场分为以下三类。

（1）自营电子商务平台。它是由有交易需求（销售或采购）的企业自行投资建设并运营的电商平台，大型企业通常选择此形式，如华为商城（vmall.com）、海尔商城（ehaier.com）等。还有一类被称为"产业电子商务平台"的形式，也属于这种类型，如航空业的Exostar和Aeroxchange，它们在支持交易、优化供应链、制定行业内电子商务标准、获取战略资源和联合开发产品等方面都发挥着引领作用。

（2）第三方电子商务平台。它是由专门从事电商服务的企业投资、运营，平台提供商为交易各方提供活动场所（虚拟空间）和环境。由于这类平台适应了因资金、技术、人力等因素不能自建自营电子商务体系的中小企业的需求，因此是当前最活跃并富有成效的形式，如阿里巴巴B2B交易平台、淘宝C2C交易平台、天猫B2C交易平台以及支付宝诚信支付平台等。

（3）自组织电子商务平台。它是由一些有交易需要的个人或小微企业，在不能自建或难以参与第三方平台的情况下，利用各种网络渠道（如Web网站、e-mail、IM以及各种社交媒体等）自发形成的交易平台。这些平台没有明显的表象，但却实际存在着，不过其范围和规模均受到很大限制，多表现出区域性特征，如校园内书刊、饮食、娱乐、旅游等供需信息，多见于BBS、QQ群、微信、手机短信等信息交流环境中。这种自组织电商平台大多没有正规的运营机制，处于自生自灭状态，但一旦有需求和价值得到深入发掘，运营机制得以完善，成长为第三方电商平台的可能性很大。

电子商务平台虽具有典型的"双边市场"特征，但并非全部如此。对于自营电商平台，实际上自身就是交易的一方，其主要努力目标是吸引另一方参与，这是一种典型的单边市场形式；自组织型电商平台由于缺乏清晰可见的"交易平台"，或即使有平台但其目标多样化而并非集中于交易双方，加上定价权的缺失，故也不是双边市场，但这种类型却可以通过"独立平台"或"专门频道""专业群"的建设来获得双边市场特征，以实现交易双方的交互性（网络外部性）对交易的正向促进。只有第三方电商平台才真正具备双边市场所需要的三个必要条件：平台、定价权和量价关系。

2. 共享经济

1978年，美国得克萨斯州立大学社会学教授马科斯·费尔逊（Marcus Felson）和伊利诺伊大学社会学教授琼·斯潘思（Joe L. Spaeth）在《美国行为科学家》杂志上发表的论文中就提及了这一概念,不过当时被称作"协作型消费"或"合作式消费"（collaborative consumption, 2C）。他们认为,共享经济主要是由第三方创建的平台并借助信息技术,实现点对点（P2P）的商品或服务交换。

中国共享经济
发展年度报告
（2019）

虽然概念早已被学者提出并为人们所认识,但作为一种新的经济形态和商业模式,共享经济却是随着"互联网+"时代的到来,在移动智能终端设备的普及与发展推动下才迅速崛起,并引发了新一轮商业革命。与此同时,学者们对共享经济的研究也有了新的进展。哈佛大学商学院教授南希·科恩（Nancy F. Koehn）认为,共享经济是个体共享社会资源,以不同方式交换商品或服务。按照经济学家杰里米·里夫金（Jeremy Rifkin）的观点,共享经济的边际成本接近零,将传统的价值交换模式转化为价值共享模式,带来了全球经济的颠覆性革命。梳理众多定义,一个共同的观点是共享经济需要有一个由第三方创建的、以信息技术为基础的市场平台,个体借助这些平台,以获取报酬为目的提供闲置物品的使用权或服务,分享自己的知识、经验,或向企业、某个创新项目筹集资金。

共享经济商业模式的基本运作就是将闲置的资源通过移动互联技术提供给有需求的用户,互联网平台在其中主要发挥资源组织和管理调度的功能,具有进入门槛低、规模扩张快、灵活性大、资本效率高等特点。在消费观念的变化和互联网与信息技术的推动下,共享经济的出现创造了新的市场。P2P 的闲置物品租赁市场、短租服务、在线租车（拼车）、共享单车、网络众筹等不仅受到广大消费者的青睐,也受到创业者的欢迎,除催生了一批以共享经济为经营模式的创业公司外,也推动了一些传统企业经营方式的变革。无论从国外还是从国内的案例来看,共享经济都表现出了鲜活的生命力。

共享经济的理念早已在欧美等发达国家得到广泛认同,因此,共享经济模式呈现国外先行国内跟进的态势,而且发展势头稳健。对经营者来说,探索适合于这种新商业模式的网络营销策略是一个新课题。

3. 计算机媒介影响人际交流方式的相关理论

计算机和互联网的应用不仅改变了人际交流的信息载体,也衍生出各种新的交流媒介。网络环境中经营者与客户间的沟通大都是以计算机为媒介的交流（computer-mediated-communication, CMC）。CMC 与传统营销中的面对面交流或电话交流有着很大的差异,而随着移动互联网的发展,人际交流的工具又拓展到智能手机等移动终端,如何改善这些以互联网和智能设备为媒介的人际交流效应,已成为网络营销面临的新挑战。目前,国外学术界对计算机媒介影响人际交流方式的相关理论研究已经积累了大量的成果,为互联网环境中的教育培训、企业经营提供了重要的理论指导。这里简要介绍与网络营销有较大关联性的两个理论。

（1）社会临场感理论。

亦称社会在场理论,1976 年由 Short 等人提出,是传播学与社会学研究领域的重要理论之一。该理论认为,不同交流媒介会传达不同水平的社会临场感（social presence）——"其他交流者在现场与我一起参与交流的一种感觉",社会在场取决于交流者是否能够得到交流对象的视、听觉甚至触觉信息。按照该理论,人在面对面沟通时,所有的线索都很齐全,因此对社会临场知觉的程度最高,而以计算机为媒介的交流由于缺乏非语言线索,因而降低交流者在沟通过程中所感受到的与他人面对面交流的感知程度,即社会临场程度,这种交流缺少友好性、情感性，或者说人性化少了。

在 IM 的交流中，虚拟表情符一直是用户喜爱的情感表达工具，如今为增强虚拟环境中的社会临场感，越来越多的品牌开始在网络营销中使用表情符。2016 年，美国移动应用凭条 Appboy 曾就英、美两国手机用户对表情符号使用情况进行了调研，结果表明，39%的受访者认为品牌营销使用表情符是件好事，女性对此的认可度明显高于男性，但还有 11%的受访者认为品牌营销使用表情符是不适宜的，他们主要是一些中老年手机用户。

（2）超人际交流理论。

最初作为一种理论框架，由美国社会心理学教授 Joe Walther 于 1992 年提出，后经逐步改进和完善成为超人际交流理论。该理论认为，以网络为媒介的交流是一种"超人际的交流"（hyper-personal interaction），它具有自己独特的社会规范。与面对面的人际交流相比，网络交流并非以往研究者所认为的那样是反社会的，而是过度社会化的。人们在这种"超人际的交流"中更容易把交流对象理想化，更容易运用印象管理策略给对方留下好印象，从而更容易形成亲密关系。按照超人际交流理论，一个完整的超人际交流过程由以下四个沟通要素构成。

① 信息接收者。由于在以互联网为媒介的交流过程中可得的社会线索非常少，因此信息接收者会利用这些极其有限的线索对信息发送者的行为进行"过度归因"，以至于忽视了信息发送者的不足（如拼写错误、语法错误等），即将交流对象"理想化"。

② 信息发送者。Joe Walther 研究发现，信息发送者会运用诸如调整时间、使用个性化语言、选择长短句等一系列的技术、语言与认知策略和印象管理手段来展现一个最佳的自我。

③ 传播通道。由于以网络为媒介的交流可以延迟做出反应，使得信息发送者可以有充足的时间整理观点、组织语言，从而为"选择性自我展现"提供前提条件。

④ 反馈回路。在面对面交流中存在"行为确证"，而且这种效应在以网络为媒介的交流中会被放大。

超人际交流理论为分析网络环境下的沟通提供了一种新的理论解释，它与社会临场感理论对网络营销的研究与实践都具有借鉴和指导价值。

## 第二节  网络消费者行为分析

### 一、网络消费者的行为模式

由于传统的市场是单向的，缺乏互动与沟通，因而传统的消费者行为模式的形成也具备单向的特点。传统的消费者行为模式可概括为 AIDMA，它认为消费者在整个购买过程中的行为可以划分为五个阶段，分别为：引起关注（attention）、激发兴趣（interest）、产生欲望（desire）、留下记忆（memory）、实现购买（action）。

然而，随着网络的飞速发展，网络购物环境的演变为消费者的购物行为提供了极大的便利，由此网络消费者的行为模式也发生了新的变化。在网络环境下，消费者的行为模式已逐渐演变为 AISAS 模式，即引起关注（attention）、激发兴趣（interest）、自主搜索（search）、购买行为（action）、分享体验（share）。

网络消费者行为模式的改变主要在于自主搜索和分享体验两个环节，这两个环节的出现指出了互联网时代下搜索（search）和分享（share）的重要性，不能再一味地向用户进行单项的理念灌输，充分体现了口碑的重要性，也体现了互联网对于人们生活方式和消费行为的影响与改变。

### 二、网络消费者的行为特点

生活在现实环境中的消费者通过网络实现消费，即成为网络消费者。因此，年龄、性别、职业、受教育程度、生活方式、地理环境等人口统计特征同样适用于他们。但是，与传统环境相比，网络消费者具有一些新的特征，这些特征在不同的市场或产品上会有不同的表现，但以下三个特征是具有共性的。

1. 年轻化

随着中国社会、经济的发展，消费主体和消费习惯也在悄然发生变化，年轻一代正在成为中国消费的主力，这种变化趋势在互联网环境中表现得尤为突出。根据中国互联网络信息中心（CNNIC）发布的第47次《中国互联网络发展状况统计报告》显示，截至2020年12月，20~29岁、30~39岁、40~49岁网民占比分别为17.8%、20.5%和18.8%，高于其他年龄段群体（这三个年龄段群体合计占比57.1%）；50岁及以上网民群体占比由2020年3月的16.9%提升至26.3%，互联网进一步向中老年群体渗透。

中国互联网络发展状况统计报告

2. 知识性

互联网应用的技术门槛决定了其用户的这一特征，尽管互联网的应用正随着信息技术的发展变得越来越容易，然而要成为一个成熟的网络消费者，熟练使用互联网的各种功能与工具是不可或缺的。譬如，尽管支付宝、微信钱包正在我国成为流行的交易支付方式，但实现的全过程仍比"一手交钱一手交货"的传统交易方式复杂。该特征还表现在，许多网络用户具有自己成熟的消费理念，在消费过程中能够保持理性，比较注重对商品品质或性价比的追求，而且他们中的许多人善于运用各种互联网工具来达到自己的消费目的。

3. 角色多元化

互联网赋予了消费者新的权力，使他们不只是单纯的消费者和商业活动中的受众，而且可以利用各种互联网的功能和环境发布或传播与消费相关的各种信息，成为商业活动中消费需求的创造者、消费行为的指导者、消费信息的传播者以及企业经营行为的评论者。

### 三、网络消费者行为的影响因素

消费者不是在真空里做出自己的购买决策，他们的购买决策在很大程度上受到文化、社会、个人和心理因素等各方面因素的影响。尽管其中大部分因素是营销人员所无法控制的，但是也必须予以充分重视。

（一）宏观环境影响因素

1. 文化环境

文化是决定一个人需要和行为的最基本的因素，它对于消费者行为的影响是多方面的。

网络文化的特点主要表现在数字化与虚拟化、高时效性和文化共享以及自由与可选择性。网络文化深刻影响着人们的思维模式、行为方式和人际关系，进而影响了人们对消费的看法和消费的行为。由于网络文化强调互动并平等对待每一个使用者，同时，网络正逐渐由共享性向更加商业化的个人主义转变，这些特性决定了网络消费者是一个强调人与人之间平等、追求个性化生活的群体。同时，对于低水平不确定性规避的适应性又决定了网络消费者群体有一定的风险适应性和抗风险能力。

2. 社会环境

社会环境对于消费者的影响是多方面的。社会环境因素包括社会阶层、社会群体和家庭对于网络消费者行为的影响。社会阶层是理解和预测消费者行为的一个重要因素，同一社会阶层的成员之间往往具有相类似的价值观、兴趣和行为特征，不同社会阶层的成员之间在消费行为上存在明显差异。传统上一般认为电子商务消费者是一群受过良好教育、较为富有的、所处的社会阶层较高的网络消费者。然而近年来的人口统计数据显示，这一群体正在实现从社会精英向社会主流的转化，网络使用者也正在由富有者向中等收入者延伸。

由于个人的行为会受到各种参照群体的影响，而网络是一个信息传播很快的媒介，因此人们受到影响的来源也随之增多，可能是亲朋好友，也可能是千里之外的网友。在电子商务的环境下，消费者的家庭成员所组成的这种"购买组织"的影响弱化了，产生了"虚拟的购买组织"，体现在"集体议价"时，议价联盟参与者的互相影响。现实中的"购买组织"与"虚拟的购买组织"共同作用，对网络消费者的购买行为产生影响。

3. 法律环境

法律环境的改善对于消费者行为的影响在传统渠道购物中的作用已经得到了证实。虽然目前还没有系统性的研究表明法律环境对于网络购物的影响，但是网络购物是伴随着相关法律环境的改善而发展的。以我国为例，2005年是我国网络购物发展较为迅速的一年，同时，这一年也是我国电子商务法律建设步伐加大的一年，电子签名法等一系列法律、法规的颁布，为电子商务在我国步入快速发展时期奠定了良好的基础。

（二）微观环境影响因素

网络消费者的消费行为受多种因素影响，除了宏观环境因素的影响，还有消费者、企业等微观环境因素的影响。

1. 消费者因素

年龄、性别、受教育程度等因素对电子商务消费者的行为选择是有影响的。首先年龄影响消费者的需要、兴趣和资源，年龄大的消费者变革性较低，年轻人有更多的时间上网，并拥有更多的网络知识。从性别角度讲，男性比女性更经常在网上购物，但是也有研究指出，职业妇女受时间压力和家务负担的影响，一般较为喜欢家庭式购物，女性对于网络的使用越多，其作用也就越明显。从受教育程度来看，不同教育背景和知识水平的网络消费者在上网时间、地点、访问内容和购买行为上都会有差异。研究表明：受教育程度与网络购物具有正相关关系。

2. 企业因素

（1）企业的产品和服务。

企业所提供的产品或服务的特征会影响网络消费者的购买行为。

网络消费者大多是追求时尚和新颖的青年人，重视商品的款式、格调和流行趋势，而不太在意商品使用价值和价格的高低。所以网上销售的产品，首先要考虑产品的新颖性，以引起消费者的注意。其次，要考虑产品购买的参与程度。对消费者要求参与程度比较高，且要求消费者现场购物体验的产品，比如医疗家用的保健按摩产品，一般不宜在网上销售。再次，网上销售的商品都具有网络化的特点，借用网络使得它们更易传播和出售。

（2）企业的网络营销策略。

企业出色的网络营销策略对网络消费者的行为会产生积极的影响。在网络平台上，企业的营销策略可以更加多样化，对消费者产生更加深刻的影响。比如促销活动的开展，往往会吸引更多的网络消费者。企业能否提供便捷的网上购物渠道也是影响网络消费者购买行为的重要因素。网上购物的便捷性主要体现在以下两个方面。一是时间上的便捷性。网上虚拟市场随时提供销售服务，随时准备接待顾客，而不受任何限制。二是商品挑选范围的便捷性。消费者可以足不出户就在很大范围内选择商品。对个体消费者来说购物可以"货比多家"，精心挑选。对单位采购进货人员来说，其进货渠道和视野也不会再局限于少数几个定时、定点的订货会议或几个固定的供应厂家，而是会大范围地选择品质最好、价格最便宜、各方面最适用的产品。

（3）企业的在线客户服务。

据统计报告，超过一半有过网络购物经历的消费者认为，产品质量、售后服务以及厂商信用得不到保障是他们目前在网络交易中遇到的最大问题。由此可见，网络购物中的售后服务是否完善已成为影响网络消费者购买决策过程实施的因素之一。网络购物的售后服务环节一般包括售后的物流配送、与消费者的及时沟通、对消费者咨询的及时回应以及货物运达的及时性、退换货制度等，这些环节服务水平的整体提高会从根本上解决消费者网络购物的后顾之忧。完善的物流配送系统是实物商品网络营销的一个关键点，也是网络消费者十分看重的地方。良好的物流配送系统提供安全、快速的配送服务，能提高网络消费者的满意度。网络营销的客户服务不仅仅包含了传统营销的客户服务的内容，更加注重的是企业为用户提供的资讯与信息交流。

（4）企业的网络交易平台。

网络环境对网络消费者行为的影响主要是指网站设计因素、网络交易环境、网络交易模式等。

① 网站网页的用户友好性。

网站进入障碍通常是指由于网络速度、搜寻的便利性等造成的进入企业网站的难易程度。由于浏览网站信息通常是网络消费者购买的前奏，因此网站进入的障碍大小是影响网络消费者购买行为的环境因素之一。第48次《中国互联网络发展状况统计报告》调查结果显示，我国搜索引擎用户规模保持平稳增长，已达7.95亿人。一方面，搜索引擎用户规模和渗透率持续增长；另一方面，用户使用搜索引擎的频率增加，生活中各种信息的获取更多地诉求于互联网和搜索引擎。用户在互联网上获取信息最常用的方法也是通过搜索引擎查找相关的网站。因此，对于广大企业而言，通过搜索引擎减少网站进入障碍是促进消费者购买行为实现的有效途径。

② 网站的互联网搜索特性。

消费者搜索成本是一个关键的决定因素，无论对商店流量还是对销售额。网络商店的使用特性（如产品目录单子的存在，降低搜索障碍）显著影响商店之间的消费者流量的变化。商品搜索功能和降低网上购物时间可以解释61%的网上销售额的变量和7%的客流量。搜索包括商品搜索功能、网址地图、商品指数、整个商店的设计和组织。详细描述商品信息，如价格、形象等可以促进消费者购买决策的形成。设计网上商店时，花费在网上的时间应该考虑。最近的研究表明，网上购物与时间相关的因素将影响消费者，商店管理者应该不仅要考虑广度（花费在网上的时间最大化）、深度（浏览的页数），更要关注重复访问的比例和每个消费者的花费。

③ 订单支付方式的多样性。

购物环节设计是指当消费者产生购买意向，进入购买阶段时，网站所提供的购物流程安排，如购物车位置、支付流程等对于消费者购买行为的影响。简单、易操作的购物环节会帮助消费者购买行为的实现，而过于复杂的流程设计和不恰当的流程安排可能会使消费者中断购买，因此，购物环节设计也是影响消费者网络购买行为的因素之一。

④ 网络安全性。

从网络环境角度讲，网络购物安全包括两个方面的因素，首先是消费者的隐私安全，其次是消费者的支付安全。对于处于购前阶段的消费者而言，其隐私权是否能够得到有效的保护是其在注册阶段重点考虑的问题，支付的安全性则贯穿消费者网络购物决策过程。虽然随着网络购物的发展，这些问题都在逐步解决之中，类似支付宝、货到付款等新的支付方式的出现都有效地增强了网络用户的安全感知，但是，安全因素对于网络消费者购买决策的影响仍不可忽视。支付企业提供的网上支付手段是否多样、是否方便、是否安全，很大程度上影响网络消费者的消费行为。我国迄今为止，还没有建立起完善、可靠、便捷的电子支付系统，是电子商务推广应用的一大障碍。

## 第三节　网络营销策略

网络营销策略是企业根据自身所在市场中所处地位不同而采取的一些网络营销组合，它包括网络营销产品策略、网络营销价格策略、网络营销渠道策略和网络营销促销策略。

**一、网络营销产品策略**

网络营销与传统营销一样，在虚拟的网络市场上，营销者必须以各种产品，包括有形（tangible）的和无形（intangible）的产品，来实现企业的营销目标。

（一）网络营销的产品概念

任何一个企业都要向市场提供产品，无论是虚拟的线上市场，还是现实的线下市场，但其内容却各有不同。狭义的产品是指被生产出来的物品；广义的产品是指任何一种能提供满足市场欲望和需要的载体，包括有形物品、服务、体验、事件、人物、地点、财产、组织、信息和想法等。因此，产品既包括有形的实体，也包括无形的利益提供。

产品的这些性质并未因互联网和移动互联网的出现而发生任何改变。在网络环境中，产品依然发挥着同样的作用。但是互联网及网络营销的发展，使许多产品从外在形式到内在价值、从研发生产到市场拓展都发生了不同程度的变化。因此，网络营销对产品的定义是：通过互联网或其他现代通信工具及手段提供给市场以引起消费者注意、获取、使用或消费,从而满足市场欲望或需要的一切东西。

网络营销的实践已经证明,利用互联网和移动互联网的交互性可以实现个性化、差异化产品的开发与经营,改变包括产品线宽度与深度的产品组合方式,而且可以将传统的产品物理包装方式变为以多媒体方式实现的信息化、数字化包装方式。不仅如此,互联网和移动互联网对网络营销产品策略的影响主要体现在以下两个方面:一是为产品的价值创造提供了新的空间,二是产品的交易由出售所有权转为出售使用权。

(二)网络环境下的产品选择策略

1. 产品选择

一般而言,企业在网络营销时,可优先选择经营下列产品。

(1)大多属于易于数字化、信息化的高技术性能或与计算机相关的产品。

(2)容易判断产品质量,符合国际/国家标准、质量差异不大的同质产品或非选购品。

(3)市场需要覆盖较大地理范围的产品。

(4)不太容易设店的特殊产品或传统市场不愿经常经营的小商品。

(5)网络群体目标市场容量较大或以网络用户为主要目标的产品。

(6)网络营销费用远低于其他销售渠道费用,有低价优势的产品。

(7)品牌影响力比较大的名牌企业的产品或名牌产品。

(8)网上取得信息,即可做出购买决策的产品。

(9)方便配送的产品。

2. 选择产品时应注意的问题

一是要充分考虑产品性能。标准化产品比可鉴别性产品更加适合网络营销。二是要充分考虑实物产品销售的覆盖范围与物流配送体系的有效支撑。避免出现在与远距离客户达成销售意向后却因物流配送环节难以满足要求或费用过高而使企业声誉受损的问题。

(三)新产品的市场开拓策略

目前,网络营销在新产品市场开拓中除广告、网上路演等传统手段外,主要通过新产品在线试销、通过互联网提供产品信息服务和虚拟产品体验等方式来实现。

1. 新产品在线试销

与产品正式上市后的大规模销售不同,新产品的试销是以获得客户反馈信息为主要目的,因此尤其要注重客户数据库的建立,搜集包括客户购买的产品数量、价格、原因、客户习惯、偏好等尽可能多的基础数据,以及企业与客户交往的记录等,这些都是开发与改进产品、实现个性化营销的前提。

新产品的在线试销,一是要将新产品在线试销与新产品研发结合起来,二是要注重实现产品与客户的"共鸣"。前者可能是一个概念产品或一组产品方案的在线展示,通过与客户的互动获得反馈后完成产品的研发,相当于产品研发方案的一种市场"试探",这将有助于降低新产品开发的市场风险。后者是接受客户的"面试",广泛收集在线试销产品的市场反应,尤其是应鼓励用户对产品的批评和建议,实现产品与客户的"共鸣",即客户愿意谈论、购买和推荐的产品或服务。

2. 通过互联网提供产品信息服务

企业在开展网络营销时,可通过互联网和移动互联网向用户提供更丰富的产品信息和服务支持。可选择：

（1）建立网上"虚拟展厅"。即用立体逼真的图像与VR、AR技术的整合，从内到外对产品进行全面展示，使用户如身临其境般地体验产品的功能和品质，激发他们的需求与购买欲望。

（2）设立"虚拟组装室"。在"虚拟展厅"展示产品的基础上，企业还可以利用虚拟仿真技术和3D技术以"虚拟组装室"的形式实现产品的定制化，用户可通过"虚拟组装室"直接观察"组装"的过程和产品成型后的效果。

（3）建立实时信息沟通系统。为了让用户尽快了解新产品的相关信息，消除他们的疑虑，企业不仅要利用互联网建立快捷、及时的信息发布系统，使企业的各种信息能及时地传递给网络用户，而且要建立即时有效的信息沟通系统，加强与用户的交流互动，随时搜集用户的意见、要求和建议。同时还要建立便捷、高效的用户查询系统，让用户快速查找到其想要了解的产品信息。

3. 虚拟产品体验

虚拟产品体验（virtual product experience，VPE）是指置身于网络环境中的用户通过计算机或手机等移动终端对产品进行在线观察、触及、感觉或试用的过程，通过这种虚拟体验尽可能多地获得产品属性、功能、理念等信息，以增强其对产品价值的感知。

随着4G、5G通信以及多媒体、VR、AR等技术的发展，互联网和移动互联网已被公认为完全能够实现高社会临场感（social presence）的传播媒体。通过网络和信息技术手段实现的虚拟产品体验方式已从单纯的文字、静态图片发展到三维图像交互和其他多媒体互动方式，大大提升了社会临场感和产品感知度，也更能提升用户在网络环境中对于产品的感知诊断和沉浸程度。

如今，体验营销已成为企业广泛认同并积极采用的网络营销方式。以互联网为核心的高新技术为体验营销的实施提供了广阔空间和先进手段。体验营销突破了关于"理性消费者"的假设，认为消费者是理性与感性兼具的，他们因理智和因追求乐趣、刺激等一时冲动而购买的概率是相同的。因此，体验营销从客户的感官、情感、思维、行动等方面重新定义和设计了营销的运作方式。

**二、网络营销价格策略**

网络营销价格策略是指根据产品特征和市场结构的具体情况，从定价的目标出发，灵活运用价格手段来实现企业的营销目标。对于产品性质、生产工艺和流程以及市场的组成结构并未因互联网而发生变化的传统实体产品来说，传统的定价策略仍然适用于网络环境，而且借助互联网的特性可以使某些定价策略得到创新性的发挥，甚至更加有效。而对于数字化产品或基于互联网实现的服务来说，互联网对其生产及交易方式、成本等产生了实质性的影响，使得免费、定制定价等新策略有了运作的空间。下面简要介绍几种重要的网络营销价格策略。

（一）新产品定价策略

渗透与撇脂定价等经典的定价策略在网络环境下仍在使用，但实现方式则随着网络营销技术工具和手段的发展而不断创新。

1. 渗透定价

该策略将新产品价格定得相对较低,以吸引客户,刺激需求,提高市场占有率,阻止竞争对手的进入和向其所占据的市场渗透。由于实施网络营销降低了诸如店铺、人工等交易成本,使企业有可能在网上采用渗透定价策略吸引客户。渗透定价策略的实施条件是:①产品的市场规模较大,企业具有较强的竞争潜力;②产品的需求弹性大,顾客对产品价格比较敏感。例如,第三方电子支付、网约车、共享单车等具有网络效应的产品几乎无一例外地采用了渗透定价(低价甚至免费策略)来抢占市场。

2. 撇脂定价

与渗透定价相反,撇脂定价将产品的价格定得很高,以获得最大利润。该策略一般用于定位在高端市场的产品,利用消费者求新、求异的心理,通过高价来提升新产品的声望,以利于企业获取高利润,尽快收回投资,而且还有利于企业掌握降价的主动权。通常情况下,当产品具有独特性、差异性较大,顾客的价格敏感性小和竞争对手少时,采用撇脂定价效果更佳。

(二)折扣定价策略

折扣(discounts)是价目表上价格的变化,是由卖主为放弃一些营销功能的购买者提供的一定比例的优惠价格。这是一种非常流行的定价策略,简单易行。常用的折扣定价策略有:数量折扣、现金折扣和季节折扣。

1. 数量折扣

数量折扣(quantity discounts)即为鼓励消费者大量购买商品而采用的价格减让策略。该策略有累积数量折扣和非累积数量折扣两种方式。与当顾客一次购买的金额或数量达到一定标准时,按其总量的多少给予不同折扣的累积折扣策略相比,非累积数量折扣是一种建立和发展与顾客长期稳定关系的策略,它不仅对顾客有利,亦可降低企业销售成本。目前,众多电商平台为鼓励顾客重复购买自己的产品,纷纷采用消费积分,亦称常客积分(frequency program 或 loyalty program)的做法,实际上就是非累积数量折扣的策略。

2. 现金折扣和季节折扣

现金折扣(cash discounts)即为鼓励消费者快速支付其账单而采用的价格减让策略。

季节折扣(season discounts)是在业务淡季提供的价格减让策略,以鼓励中间商淡季进货或消费者购买过季商品。从本质上看,季节折扣也是时间折扣,即在特定的时刻或时间段实施的一种价格减让策略。

在网络营销中,除面向渠道成员的商业折扣、临时性的推销价格等传统的折扣策略继续有效地应用外,数量折扣、现金折扣、季节折扣等策略方法也得到了创新性的应用。

(三)动态定价策略

由于交易双方所处的立场和目的不同,对产品的价值认知也存在差异,加上市场因素千变万化,因此,为实现交易,企业可采取动态定价策略,亦称定价变更策略,即基于不同因素或模型对产品进行实时定价。在网络市场环境中,影响价格调整的因素众多而且复杂,与此同时,随着各种数据的获取越来越容易,以及大数据分析、机器学习等技术的持续发展,以价格优化为核心的动态定价策略得到越来越广泛的应用。

1. 定制定价

定制定价即针对不同客户制定不同的产品价格。该策略是在企业能实行定制生产的基础上，利用网络技术和辅助设计软件，帮助消费者选择配置或者自行设计能满足自己需求的个性化产品，同时承担自己愿意付出的价格成本。这种策略是利用网络互动性的特征，根据消费者的具体要求，来确定商品价格的一种策略。网络的互动性使个性化行销成为可能，也将使个性化定价策略有可能成为网络营销的一个重要策略。由于消费者的个性化需求差异性大，需求量又少，因此企业实行定制生产必须从管理、供应、生产和配送各个环节上，都适应这种要求小批量、多式样、多规格和多品种的生产和销售变化。

2. 使用定价

所谓使用定价，就是顾客通过互联网注册后可以直接使用某公司产品，顾客只需要根据使用次数进行付费，而不需要将产品完全购买。这一方面减少了企业为完全出售产品进行大量不必要的生产和包装的浪费，同时还可以吸引过去那些有顾虑的顾客使用产品，扩大市场份额。采用这种定价策略，一般要考虑产品是否适合通过互联网传输，是否可以实现远程调用。目前比较适合的产品有软件、音乐、电影等。

（四）免费价格策略

将产品或服务以零价格或近乎零价格的方式提供给顾客使用，以满足其需求，是常用的营销策略。在传统市场中，"免费"是一种强有力的推销手段，如"买一赠一""免费试用"等，而在互联网时代，免费却成为一种新的经济模式。对网络营销来说，免费不仅是一种促销策略，更是一种长期且行之有效的企业定价策略。

1. 免费价格策略的实现模式

（1）完全免费。即从产品购买、使用以及售后服务的所有环节都实行免费。例如，互联网上的信息搜索、e-mail、新闻、音乐、影视、游戏以及各种IM交流工具等都采用完全免费方式，一些电商网站也实行免送货费、退货费等。

（2）限制免费。即产品或服务有所限制地实行免费，又可分为限定时间、限定功能、限定用户数量和限定用户类别的免费。

（3）捆绑式免费。即企业向市场提供某产品或服务时赠送其他产品或服务，其好处是有助于扩大产品的市场份额。典型的例子是微软公司将Windows操作系统和Internet Explorer浏览器进行捆绑销售。

（4）第三方付费。也称为第三方营销，这个第三方是指那些能帮助企业降低顾客直接购买产品的价格的人、物或企业。例如，通过在线视频网站，用户可以免费收看各种电视节目或点播自己喜爱的影视内容，但在此过程中，用户必须接受节目中插播的各种广告，除非缴费成为VIP用户。这是由广告商（第三方）来为消费者（第二方）获得免费的信息付费。

2. 免费产品的特性

免费产品要受到市场的限定，并不是所有的产品都适合免费。一般免费产品具有下列特性。

（1）易于数字化。

（2）具有无形化特点。

（3）零制造成本，主要指产品开发后，只需通过简单复制就可以实现无限制的生产。

（4）成长性：利用产品成长性推动和占领市场。

（5）冲击性：目的是推动市场成长，开辟出新的市场领地，同时对原有市场产生冲击。
（6）具有间接收益的特点。

互联网上最早出现这样的先例是浏览器，Netscape 把它的浏览器免费提供给用户，开创了互联网上免费的先河，后来微软公司同样免费发放浏览器，想从后续经营中得到商业利润。但不是每个公司都能成功，都要承担一定的风险性。

3. 免费价格策略的实施步骤

免费价格策略一般与企业的商业计划和战略发展紧密关联。其具体实施应从以下几个方面考虑问题。

（1）免费价格策略必须与成功的商业运作模式吻合。
（2）提供的产品（服务）是否是市场迫切需要的。
（3）分析免费策略产品推出的时机。
（4）考虑产品（服务）是否适合采用免费价格策略。
（5）策划推广免费价格产品（服务）。

互联网上信息产品的免费性已深入人心，免费价格策略是网络营销中常用的价格策略。许多新兴公司凭借这一策略一举成功。目前，企业在网络营销中采用免费策略的目的，一是先让用户免费使用，等习惯后再开始收费；二是想发掘后续商业价值，是从战略发展的需要制定免费价格策略，主要目的是先占领市场，然后再在市场中获取收益。

### 三、网络营销渠道策略

（一）网络营销渠道功能

一个完善的网络营销渠道具有四大基本功能：交易、结算、配送和服务。

1. 交易

一个完善的交易系统不仅能够为消费者提供产品信息，同时能让供应商获取消费者的需求信息，以最大限度降低库存，减少销售费用，实现供求平衡。利用互联网实现在线交易最大的优势是信息丰富，检索便捷，为供需双方的沟通和交易提供良好的环境。

2. 结算

随着电子商务的发展，在线交易的资金结算方式已经电子化、网络化，其中包括银行卡、电子货币、银行转账、第三方支付、移动支付等主流的电子支付方式。与此同时，货到银讫、邮局汇款等传统支付方式也在继续使用。

3. 配送

一般来说，产品分为有形产品和无形产品。对于无形产品，如服务、软件、音乐等产品，可以直接通过网上进行配送。对于有形产品，配送涉及运输和仓储问题。分销渠道的核心功能是实现产品从生产者向消费者的转移。

4. 服务

承担各种服务既是渠道成员（中间商）的责任，也是他们获得收益和吸引客户的重要营销方式。网络环境下渠道成员的分工更为精细，渠道的服务功能有了新的拓展，除第三方物流、提供支付结算服务的第三方支付外，还有帮助供求各方在网上发布相关信息、提供交易信息传播和网站建设与运营的 ISP、社会化媒体营销提供商以及各类电子商务应用服务商，如搜索引擎提供商、电商交易平台等。

### (二)网络营销渠道类型

按照科特勒的观点,渠道分为营销渠道与分销渠道,它们是两个不同的概念。网络营销渠道是借助网络相互协作、共同促使产品或服务被生产、分销和消费的整个组织系统;网络分销渠道是产品或服务通过网络从生产者向消费者的转移过程中,取得其所有权或帮助转移(直接或间接)其所有权的所有企业或个人。

浅析网络营销的四个渠道

互联网的发展改变了营销渠道的结构。在网络营销活动中,企业必须通过一定的渠道策略来实现网络营销目标。相对于传统的营销渠道,根据商品从生产商开始到最终消费者手中的中间流通过程有无中间商,网络分销渠道又可分为直接分销渠道和间接分销渠道。

1. 直接分销渠道

这是指通过互联网实现的从生产者到消费(使用)者的网络直接营销渠道,不存在任何中间环节,也称网络直销。具有以下优点。

(1)网络直销促成产需直接见面。网络直销使得传统中间商的职能发生了改变,由过去环节的中间力量变成为直销渠道提供服务的中介机构,如提供货物运输配送服务的专业配送企业,提供货款网上结算服务的网上银行,以及提供产品信息发布和网站建设的 ISP 和电子商务服务商。

(2)网络直销对买卖双方都有直接的经济利益。网络营销降低了企业的营销成本,使得网络营销的产品更具竞争力。

(3)营销人员可以利用网络工具,如电子邮件、公告牌等,随时根据用户的愿望和需要,开展各种形式的促销活动,迅速扩大产品的市场占有率。

(4)企业能够通过网络及时了解到用户对产品的意见和建议,并针对这些意见和建议提供技术服务,解决疑难问题,提高产品质量,改善经营管理。

网络直销也有其自身的不足。由于越来越多的企业在 Internet 上建立网站,面对数以万计的企业站点,网上用户往往处于一种无所适从的境地。访问者不可能一个个去访问所有企业的主页,特别是对于一些不知名的中小企业,大部分网上漫游者不愿意在此浪费时间,或只是在路过时看一眼。

2. 间接分销渠道

商品和服务的推销者不直接面对消费者,消费者也不直接面对推销者。商品和服务通过网络商品交易中介机构完成向消费者的转移。为了弥补网络直销的不足,网络商品交易中介机构应运而生。这类机构成为连接买卖双方的枢纽,使得网络间接销售成为可能,中国商品交易中心、中国国际商务中心以及阿里巴巴网站等都属于这类中介机构。虽然这一新事物在发展过程中仍然有很多问题需要解决,但其在未来虚拟网络市场的作用却是其他机构所不能代替的,具有以下优点。

(1)简化了市场交易过程。网络商品交易中介机构的存在,大大简化了市场交易过程,使生产者和消费者都感到方便和满意,其效果是十分明显的。

(2)有利于平均订货量的规模化。网络商品交易中介机构可以有效地克服传统营销渠道的弊端。一方面,它能够以最短的渠道销售商品,满足消费者对商品价格的要求;另一方面,它能够通过计算机自动撮合的功能,组织商品的批量订货,满足生产者对规模经济的要求。

（3）实现了网上交易活动的常规化。网络商品交易中介机构在商品价格、购买数量、运输方式、交货时间和地点、支付方式等方面不断努力尝试，使之在一定条件下常规化，并且全天候运转，消除了时间和时差上的限制；买卖双方的意愿通过固定的交易表格规范地表达，避免了纠纷；中介机构所属分散在全国各地的配送中心，可以最大限度地减少运输费用；严密的支付程序，使得交易双方彼此增加了信任感。显然，由于网络商品交易中介机构的规范化运作，减少了交易过程中大量的不确定因素，降低了交易成本，提高了交易成功率。

（4）便利了买卖双方的信息搜集过程。传统交易中的信息搜集过程既要付出成本，也要承担一定的风险。信息来源的局限性使得生产者不能确定消费者的需要，消费者也难以找到自己所需的商品。网络商品交易中介机构的出现，改变了这种状况，为信息搜寻过程提供了极大的便利。网络商品交易中介机构本身是一个汇集了国内外众多厂商和成千上万种商品的数据库，其中厂商和商品实行多种分类，并可以从不同的角度检索。例如，阿里巴巴商业网站提供了 32 个行业 700 多个产品分类的商业信息供访问者查阅。通过这种网络商业中介机构，买卖双方完全可以在不同的地区、不同的时间，在同一个网站上查询不同的信息，方便地交流与沟通，并可在中介机构的撮合下，匹配供应意愿和需求意愿。

（三）网络营销渠道建设

一般来说网上销售主要有两种方式，第一种是 B2B，即企业对企业的模式，这种模式每次交易量很大、交易次数较少，并且购买方比较集中，因此网上销售渠道建设的关键是建设好订货系统，方便购买企业进行选择；由于企业一般信用较好，通过网上结算实现付款比较简单；由于量大次数少，因此配送时可以进行专门运送，既可以保证速度也可以保证质量，减少中间环节造成的损伤。第二种是 B2C，即企业对消费者模式，这种模式每次交易量小、交易次数多，而且购买者非常分散，因此网上渠道建设的关键是结算系统和配送系统，这也是目前网上购物必须面对的门槛。由于国内的消费者信用机制还没有建立起来，加之缺少专业配送系统，因此开展网上购物活动时，特别是面对大众购物时必须解决好这两个环节才有可能获得成功。

在选择网络销售渠道时还要注意产品的特性，有些产品易于数字化，可以直接通过互联网传输；而对大多数有形产品，还必须依靠传统配送渠道来实现货物的空间移动，对于部分产品依赖的渠道，可以通过对互联网进行改造以最大限度地提高渠道的效率，减少渠道运营中的人为失误和时间耽误造成的损失。

**四、网络营销促销策略**

网络促销是利用现代信息技术手段，以网络媒介为中介，向网络市场传递具有价值诱因的有关产品信息，以刺激需求，引起客户购买欲望和购买行为的各种活动。网络环境下，促销媒介、促销工具与方式等都发生了深刻的变化，使网络促销有着与传统促销不同的特点，并面临新的机遇与挑战。

（一）网络促销的功能

促销的目的是说服受众并引导其采取预期的行动。网络促销也是如此，其主要功能并未发生变化，包括：①告知。通过网络促销，把企业的产品、服务及各种经营信息传递给目标受众，以引起关注。②说服。通过网络促销，解除目标市场对产品或服务的疑虑。③创造需求。网络促销不仅要诱导需求，而且要激发和创造需求，发掘潜在的消费群体，进而开拓市场，提高产品的市场占有率。④稳定销售。根据市场的变化，及时开展针对性的网络促销活动，以增进和改善客户对企业及产品的认识与印象，树立良好的企业和产品形象，达到稳定销售的目的。⑤反馈。借助于网络促销的各种媒体和平台，实时搜集各种市场信息和用户反馈，及时调整企业的营销策略。

（二）网络促销的特点

1. 以互联网与现代通信技术为支撑

网络促销主要通过互联网来传递各种促销信息（包括产品与服务的品质、效能及特征等），网络（包括计算机网络和通信网络）和现代通信技术是实现网络促销的基础。因此，实施网络促销不仅要熟悉营销传播的知识和方法，而且要掌握互联网与现代通信技术的手段和技能。

2. 在全球化的虚拟市场中实施

借助互联网，网络促销突破了传统促销受时空局限的软肋，然而面对这个汇聚不同种族、文化的全球虚拟市场，必须清晰地认识到网络促销与传统市场环境下促销的区别与联系，摆脱传统市场环境对促销思维的羁绊，实现在全球化虚拟市场中的促销策略创新。

（三）网络促销的实现方式

实现网络促销的方式、方法与手段很多，而且还在持续创新中，即使是同一种促销方式，也可以有多种手段和方法来实现。借鉴传统促销的分类方法，按实现手段将网络促销分为网络广告、网上销售促进、网络公共关系和人员促销四种方式。

1. 网络广告

网络广告借助互联网实现广告的发布与传播，是应用最早和最普遍的网络促销方式，也是许多企业首选的网上促销形式。随着信息技术的发展，网络广告的表现形式越来越丰富，发布途径日益广阔，市场规模也逐渐增长，已经占据国内广告市场的半壁江山。

2. 网上销售促进

销售促进是企业为刺激消费者购买产品和服务而采取的除广告、公共和人员推销之外所有营销活动的总称。网上销售促进（online sales promotion）是指在网络环境中企业利用各种销售促进手段进行的短期推销活动，除面向 B2C 市场消费者的促销，也包括制造商对分销商的交易促销和对 B2B 市场客户的产业促销。

3. 网络公共关系

公共关系作为一种重要的促销方式，是社会组织为塑造组织形象，通过某种手段与利益相关者，包括供应商、客户、员工、股东、社会团体等建立良好的合作关系，为经营营造良好的环境氛围。互联网已经成为企业开展公共关系活动的新领域和新手段，同时也使企业开展公关活动面临许多新的问题。如何把握网络公共关系的优势、特点及规律，利用互联网开展有效的公关活动，是企业实施关系营销所要解决的现实课题。

4. 人员促销

人员促销是最常用和最重要的促销方式，尤其在 B2B 市场和 B2C 市场的购买后期等都是非常有效的。与 B2C 市场相比，B2B 市场中的潜在客户较少、购买量较大，以及专业化购买和购买决策的影响者较多等特点，使人员促销在 B2B 市场中占据了主要地位。

在互联网环境中,现实环境中那种面对面接触的人员促销方式已经被 e-mail 和社会化媒体以及 App 等移动媒介所取代。随着自媒体的发展,不少普通用户变成某些产品或服务方面的"专家",并涌现出一批被称为"网络推手"(又名"网络推客")的专门从事网上商业推广的策划人员,推销的内容包括各种产品或服务,推销对象是企业、组织和广大消费者。

(四)网上销售促进

目前常用的网上销售促销策略主要有以下几种。

1. 优惠策略

这是传统的销售促进策略,在网络促销中主要采用四种形式。

(1)有奖促销。这种促销方式多样,如各种消费品、旅游产品、金融产品,以及电信服务、航空公司、酒店普遍采用的竞猜、竞赛游戏、抽奖等有奖促销活动,几乎成为这些行业的"标准"促销模式。在网络环境中,这些方式仍然能够制造卖点,吸引众多消费者的眼球,并获取潜在的客户资源,但对老客户难以产生有效吸引力。

(2)折扣促销。折扣作为市场竞争的手段之一,不仅用于定价策略,而且在促销策略中也常用不衰。数量折扣、季节折扣,以及返利、买一送一等传统促销中司空见惯的手段,如今也都应用在网络折扣促销中。

(3)拍卖促销。在线竞价拍卖可吸引大批用户参与,而且快捷方便,主要目的是吸引用户的注意力,树立品牌形象。因此,企业应注重利用拍卖促销在吸引用户关注和参与的契机,获取参与活动的用户群体特征、消费习惯以及对产品的评价等信息,为企业的经营战略和营销策略调整提供依据。

(4)免费促销。与提供免费资源的免费价格策略不同,网上免费促销采用的主要方式是通过互联网为用户提供各种免费试用的产品,目的是让用户通过试用获得有效的产品体验,以刺激其购买或促使他们转换品牌,或协助既有品牌强化分销渠道。

2. 限时限量策略

这是网络促销中常用的策略,包括限制销售时间、限制用户规模等,而且通常与其他促销策略结合使用。例如"限时抢购",商家推出一些限量的超低价商品,并规定只能在有限时间内购买,最典型的是"秒杀",这种方式能给商家平台带来巨大的流量。

3. 互动体验策略

针对目标市场的需求和用户偏好,以及移动用户碎片时间多的特点,结合促销主题,策划和开发能够吸引用户参与、互动、体验的各种营销活动,是互动体验促销策略的实施重点。在线销售促进活动的互动体验应遵循娱乐性、趣味性为主的原则,尽量淡化推销之类的商业氛围。除可以利用网站提供娱乐、增智等游戏外,还可以在 App 中嵌入"涂鸦""比较",以及各种小测试等互动性强的小游戏。

## 第四节 网络营销工具与方法

随着现代信息技术和通信技术的发展,基于互联网的网络营销工具与方法很多,而且在不断的创新发展和变革中。

由于篇幅限制，本节只重点介绍新媒体营销，其他网络营销工具与方法如 e-mail 营销、搜索引擎营销、即时通信营销、论坛营销、网站营销、移动网络营销、大数据营销，在此不再赘述，有兴趣的读者可查阅专门的网络营销教材或相关文献。

### 一、新媒体及新媒体营销的概念

**（一）新媒体的概念及主要特性**

1. 新媒体的概念

什么是新媒体

按照国内外学者的观点，"新媒体"是一个相对的概念，是伴随着传播媒体的发展而不断变化的。加拿大学者罗伯特·洛根（Robert K. Logan）教授指出所谓的"新媒体"是涉及计算机处理和双向互动传播的数字媒体，与电话、广播、电视等旧媒介相对。联合国教科文组织对新媒体的定义为：新媒体是以数字技术为基础，以网络为载体进行信息传播的媒介。综合国内外学者的相关论述，新媒体可定义为：在计算机信息处理技术基础上产生和影响的媒体形态，包括在线的网络媒体和离线的各种数字媒体形式。

2. 新媒体的主要特性

新媒体的种类很多，而且还在不断发展。各种新媒体所共有的主要特性如下。

（1）双向传播。传统媒体以"广播"的形式，将信息单向传递给受众。新媒体中的信息是双向传播的，受众不仅能获取信息，还可与信息的传播者或其他受众交流和互动。

（2）信息容易获取和传播。超文本（hypertext）实现了新媒体中各种碎片化信息的整合与紧密相连，而搜索引擎则使用户方便快捷地获取各种信息，这些都是传统媒体难以实现的。

（3）媒体融合。新媒体可以实现不同媒体的融合，通过链接，不仅融合了文本、图片、音视频以及会议、聊天、电话、可视电话等媒体功能，而且可将其融合到同一个设备上。

（4）互操作性。手机用户在微信中与好友进行交流时，可能并不知道其好友是在个人电脑上使用微信；人们在 Web 网站上浏览的信息可以分享到微信、QQ 等社交媒体中。这些就是新媒体在技术上所具有的互操作性——不同媒体之间能互相对话。互联网提供了一个共同的基础结构，促成了不同媒体间的互操作性。

上述特性影响了新媒体的传播规律，也改变了人们的阅读行为，使移动化、碎片化和场景化阅读与分享传播逐渐成为主流。

**（二）新媒体营销的概念及特点**

1. 新媒体营销的概念

新媒体营销就是利用包括社会化媒体、网络自媒体在内的各种数字媒体开展的营销活动或方式方法。例如，Twitter 在问世之初只是作为网络用户传递和分享信息的工具，2007 年 Dell 公司开创了用 Twitter 进行社会化营销的先河。此后，耐克、可口可乐、SAP、星巴克、惠普、麦当劳、百思买等诸多品牌和企业纷纷借助博客，以及后来的微博、微信等开展品牌推广、广告促销、客户沟通等营销活动，于是有了社区营销、博客营销、微博营销、微信营销以及口碑营销、病毒营销等，人们将这些利用社会化媒体开展的营销称为社会化营销。

2. 新媒体营销的特点

（1）创造性。在新媒体条件下，每位用户被赋予了创造并传播内容的能力，他们可将自己的内容带入各种网络媒体，并根据自己的需要改变内容，用户从信息的需求者、搜索者，成为内容的制造者、发布者、传播者和评论者。因此，在新媒体营销中传播内容的主要创作来源有三类：一是专业生产内容（professionally generated content，PGC），亦称为 PPC（professionally produced content，PPC），是由专业团队或人员创作的内容；二是用户原创内容（user generated content，UGC），是由广大的普通互联网用户自己创作生成的内容；三是职业生产内容（occupationally generated content，OGC），是以创作和生产专业内容为职业的机构或人士提供的内容。

（2）互动性。新媒体不仅实现互动的方法和手段很多，而且形式也非常丰富。利用用户间的互动实现分享与传播是新媒体营销突出的特点和优势。例如，企业可以充分利用微博、微信等公共交流沟通工具，实现企业与客户之间、客户相互之间随时随地的互动交流。

（3）聚合性。新媒体营销可以将相同的营销内容，以不同形式的信息、不同的表达方式，通过不同媒体平台或渠道进行传播。例如，用户在手机淘宝 App 中看到一款打折促销的商品，可以立即单击"分享"，将该信息以微博、微信、QQ 或短信息方式与其他用户分享。这种营销的聚合性正是利用新媒体的媒体融合与互操作性实现的。

（4）碎片化。在移动互联网环境下的信息传播呈现碎片化特点，尽管内容的创作和传播是完整的，但用户往往是在碎片化的时间里阅读碎片化的信息，即对内容的接受是碎片化的。因此，新媒体营销不仅需要吸引用户关注，更需要企业与用户以及用户之间的互动。

**二、新媒体营销的主要应用模式**

随着新媒体的发展，利用新媒体开展营销的方式也层出不穷。目前，应用较多的新媒体营销主要有以下几类。

（一）博客营销

博客（blog）兴起于 20 世纪末的美国，原本是一种个人的网络日志（Web Log），随着其应用越来越广泛，其内容由简单的个人日志扩展到企业信息的传播、热点时事评论、人际间的情感交流等，表现形式也变得丰富多彩，由一般的文本发展到图片、音频、视频等多媒体形式。

博客营销（blog marketing）是借助于博客的知识性、自主性、共享性等基本特征开展的营销活动。博客营销作为一个全新的营销平台，其核心价值是将传统意义上"大众化的单向传播"转变为"小众化的互动传播"，让营销的本质回归到口口相传的口碑营销，使营销的传播效果从数量上的成功（如点击率、关注度）转移到传播质量与效率（如影响力、精准度、客户忠诚度）的提高。

博客营销具有两大突出特点。

一是具有"深度营销"的价值。博文的篇幅不受限制，因此具有深入分析事物前因后果、全面介绍产品或品牌的能力。这有助于实现精细化营销，提高受众的忠诚度和营销传播的效果。

二是在搜索引擎中的可见性。每一篇博文都是一个独立的网页，因此，能够被搜索引擎收录和检索，而其他自媒体或社交平台上发布的信息则难以做到这一点。这使博文具有长期被用户发现和阅读的机会，由此造就了博客营销的独特优势。

## （二）微博营销

微博最早起源于美国的 Twitter，是微型博客（microblog）的简称，它也由博主掌控信息的发布，通过其内容吸引用户的关注，并聚集粉丝。微博的出现迎合了碎片化的移动互联时代用户在任何地点、任何时间发布信息的需求。在生活节奏日益加快的背景下，微博显然比博客更具时代特点，更能满足大众的需求，让每个用户都有了展示自己的空间，促进大量用户原创内容的爆发式增长。与博客不同的是，提供微博空间的网站将每条微博的信息限制在 140 个字符之内，此举在于鼓励用户发布微博的积极性。但要提高粉丝的忠诚度，对其内容的质量也提出了更高的要求，这也成为企业或商家利用微博开展营销时必须坚持的基本标准。

微博营销具有两大特点：

一是传播精准度高。2013 年 4 月，阿里巴巴与新浪微博签署了战略合作协议，双方在用户账户互通、数据交换、在线支付、网络营销等领域进行深入合作。现如今，新浪微博用户首页上的"热门商品推荐"栏目中放置的都是根据淘宝的搜索内容向用户推荐的淘宝商家的热卖商品广告。这是基于淘宝平台大数据挖掘的结果，阿里与新浪微博的这种合作，将微博用户的黏性与消费需求和商家的促销整合在一起，提高了广告投放的精准度。

二是传播效率高。除明星、"网红"外，微博上还存在着一个特殊的群体——微博大 V。他们拥有大量粉丝，其微博内容对粉丝有很大的吸引力。通常大 V 们只要一发微博，马上会有粉丝转发、评论，可以说他们在一定程度上能引导舆论的走向，其影响力不容小觑。正是微博大 V 的这种特殊影响力，许多企业都会借助他们进行品牌推广。

## （三）微信营销

微信营销是网络经济时代企业或个人营销模式的一种，是伴随着微信的火热而兴起的一种网络营销方式。用户注册微信后，可与周围同样注册的"朋友"形成一种联系，用户订阅自己所需的信息，商家通过提供用户需要的信息，推广自己的产品，从而实现点对点的营销。

微信营销主要体现在以安卓系统、苹果系统的手机或者平板电脑中的移动客户端进行的区域定位营销，商家通过微信公众平台，结合转介率微信会员管理系统展示商家微官网、微会员、微推送、微支付、微活动，已经形成了一种主流的线上线下微信互动营销方式。

微信一对一的互动交流方式具有良好的互动性，精准推送信息的同时更能形成一种朋友关系。基于微信的种种优势，借助微信平台开展客户服务营销也成为继微博之后的又一新兴营销渠道。微博的天然特性更适合品牌传播，作为一个自媒体平台，微博的传播广度和速度惊人，但是传播深度及互动深度不及微信。

1. 微信营销的形式灵活多样

位置签名：商家可以利用"用户签名档"这个免费的广告位为自己做宣传，附近的微信用户就能看到商家的信息，如：饿的神、K5 便利店等就采用了微信签名档的营销方式。

二维码：用户可以通过扫描识别二维码身份来添加朋友、关注企业账号；企业则可以设定自己品牌的二维码，用折扣和优惠来吸引用户关注，开拓 O2O 的营销模式。

开放平台：通过微信开放平台，应用开发者可以接入第三方应用，还可以将应用的 LOGO 放入微信附件栏，使用户可以方便地在会话中调用第三方应用进行内容选择与分享。如美丽说的用户可以将自己在美丽说中的内容分享到微信中，可以使一件美丽说的商品得到不断的传播，进而实现口碑营销。

微信公众平台：在微信公众平台上，每个人都可以用一个 QQ 号码，打造自己的微信公众账号，并在微信平台上实现和特定群体的文字、图片、语音的全方位沟通和互动。

2. 微信营销的优点

（1）高到达率。

营销效果很大程度上取决于信息的到达率，这也是所有营销工具最关注的地方。与手机短信群发和邮件群发被大量过滤不同，微信公众账号所群发的每一条信息都能完整无误地发送到终端手机，到达率高达 100%。

（2）高曝光率。

曝光率是衡量信息发布效果的另外一个指标，信息曝光率和到达率完全是两码事，与微博相比，微信信息拥有更高的曝光率。在微博营销过程中，除了少数一些技巧性非常强的文案和关注度比较高的事件被大量转发后获得较高曝光率之外，直接发布的广告微博很快就淹没在了微博滚动的动态中了，除非你是刷屏发广告或者用户刷屏看微博。而微信是由移动即时通信工具衍生而来，天生具有很强的提醒力度，比如铃声、通知中心消息停驻、角标等，随时提醒用户收到未阅读的信息，曝光率高达 100%。

（3）高接受率。

微信用户已达 3 亿之众，微信已经成为或者超过类似手机短信和电子邮件的主流信息接收工具，其广泛和普及性成为营销的基础。由于公众账号的粉丝都是主动订阅而来，信息也是主动获取，不存在招致抵触的情况。

（4）高精准营销。

微信拥有庞大的用户群，借助移动终端、天然的社交和位置定位等优势，每个信息都是可以推送的，能够让每个个体都有机会接收到这个信息，继而帮助商家实现点对点精准化营销。比如酒类行业知名媒体佳酿网旗下的酒水招商公众账号，拥有近万名由酒厂、酒类营销机构和酒类经销商构成的粉丝，这些精准用户粉丝相当于一个盛大的在线糖酒会，每一个粉丝都是潜在客户。

（5）高便利性。

移动终端的便利性再次增加了微信营销的高效性。相对 PC 电脑而言，未来的智能手机不仅能够拥有 PC 电脑所能拥有的任何功能，而且携带方便，用户可以随时随地获取信息，这会给商家的营销带来极大的方便。

（四）App 营销

随着智能手机的流行，第三方应用程序 App（application）迅速成为移动终端上的主要应用之一。从各种游戏到后来的购物、订餐、导航、车票/机票订购、共享单车……各种移动端的应用平台都是基于 App 的机理。如今 App 已渗透到社会生活的方方面面，成为越来越多企业竞相采用的商业模式，并成为移动互联时代众多企业的网络标识。

App 营销是通过智能手机、平板电脑等移动设备上运行的应用程序开展的营销活动。从营销的角度看，App 是一种连接品牌与消费者使之形成消费关系的重要工具和渠道，也是连接线上（online）、线下（offline）的理想纽带。App 营销的目标是让用户深入了解企业和品牌，并建立起两者间的情感关联，最终实现既提升品牌认知度又促进销售的目的。

App 营销的对象主要是手机用户，即个体消费者。因此，实施 App 营销的过程中，要精准地把握用户心理，深入挖掘他们的内在需求与兴趣偏好，注重品牌元素的有机融合，引发消费者对产品和品牌的共鸣，才能最大限度地引导用户参与营销过程，实现营销目标。

App营销的实现形式十分丰富，包括提供信息、产品体验、定制消费、延伸服务、休闲游戏、社交服务和有奖竞逐等。根据消费者需求由低级向高级的递进关系，可将App营销的实现方式分为动态展示、产品及品牌体验、与客户的互动、延伸服务四类。

## 本章小结

本章从四个方面介绍了网络营销的主要内容。首先，简要论述了网络营销的概念与特点、职能与分类及其理论基础。其次，从消费者的角度，分析了网络消费者行为的模式、特点及其影响因素。然后，基于4P营销组合理论，探讨了网络营销的产品策略、价格策略、渠道策略和促销策略。最后，网络营销工具与方法重点介绍了新媒体营销的概念及其主要应用模式。

## 自测题

一、单项选择题

1. 在网络时代，网络营销策略由4P's营销策略向4c's营销策略转变。4c's营销策略除顾客欲望与需求、满足欲望与需求所需的成本、方便购买等内容外，还包括（　　）。
   A. 相互沟通　　　　　B. 加强沟通　　　　　C. 有效沟通　　　　　D. 定时沟通
2. 网络促销除具有说服功能、反馈功能、引发需求、稳定销售外，还有（　　）。
   A. 告知功能　　　　　B. 引导功能　　　　　C. 稳定功能　　　　　D. 启迪功能
3. 影响消费者网上购买的因素主要是（　　）。
   A. 商品的价格　　　　　　　　　　　　　B. 购物的时间
   C. 购物的地区　　　　　　　　　　　　　D. 商品的新颖性
4. 利用互联网通过网上问卷等形式调查网络消费者行为及其意向的市场调查被称为（　　）。
   A. 公告栏市场调查　　　　　　　　　　　B. 网上间接市场调查
   C. 网上直接市场调查　　　　　　　　　　D. 搜索引擎市场调查
5. 网络营销定价的特点是全球性、低价位和（　　）。
   A. 顾客主导　　　　　　　　　　　　　　B. 企业主导
   C. 商品主导　　　　　　　　　　　　　　D. 政府主导

二、多项选择题

1. 根据商品从生产商开始到最终消费者手中的中间流通过程有无中间商，网络营销渠道可分为（　　）。
   A. 直接分销渠道　　　　　　　　　　　　B. 间接分销渠道
   C. 网上销售渠道　　　　　　　　　　　　D. 线下直接销售渠道

2. 一个完善的网上销售渠道应有（　　）的功能。
A. 交易　　　　　　　B. 结算　　　　　　　C. 服务　　　　　　　D. 配送
3. 网上销售促进的主要形式包括（　　）。
A. 实物促销　　　　　B. 拍卖促销　　　　　C. 有奖促销　　　　　D. 免费促销
4. 企业在网络营销时，就产品选择范围而言可首先选择（　　）。
A. 数字化、信息化的高技术产品　　　　　B. 传统市场经常经营的小商品
C. 名牌企业的产品　　　　　　　　　　　D. 便于配送的产品
E. 网络营销费用远低于其他销售渠道费用，有低价优势的产品
5. 对网络营销描述正确的是（　　）。
A. 网络营销就是网上销售产品　　　　　　B. 网络营销就是网站推广
C. 网络营销不等于电子商务　　　　　　　D. 开展网络营销需要大量资源投入

### 三、简答题

1. 什么是网络营销？其主要职能有哪些？
2. 与传统环境相比，网络环境下的渠道面临的风险更多一些，请举例说明原因。
3. 结合实例，谈谈你对网络市场中实施免费价格策略应遵循的主要原则的理解。
4. 为什么说开展新媒体营销对企业既是机遇也是挑战？
5. 举例说明网络营销与传统营销不是相互独立和排斥的，而是相互协调、配合与促进的关系。

### 四、论述题

为什么电商平台会成为假货流通的主要渠道？如何解决当前这一突出的社会伦理问题？

### 五、实践操作题

1. 入驻头条号、企鹅号、百家号等新媒体平台，并发表相关文章。
2. 对入驻的上述新媒体进行推广运营，并总结心得。
3. 设计一份调查问卷，通过网络发放、回收问卷并统计分析调查结果。

# 第七章 电子商务与供应链管理

【学习目标】

通过本章的学习,应该掌握供应链和供应链管理的定义、精益型供应链和敏捷型供应链的内涵,理解并掌握供应链中常见的牛鞭效应、曲棍球棒现象、双重边际效应,了解供应链的结构、类型、特征以及电子商务环境下的供应链管理。

【导读案例·思政结合】

### 零件供应引发的惨案致使宝马全球停产

2017年5月,宝马发布声明德国莱比锡城工厂、慕尼黑工厂、沈阳铁西工厂和南非罗斯林工厂相继停产,声明表示此次停产是因为博世集团未能按时为宝马1系、2系、3系和4系车型提供足够的转向齿轮造成生产速度放缓。而博世方面表示,此次未能及时供货是其在意大利一家供应商造成的,该供应商未能准时向博世的电子转向系统提供外壳。

梳理整个事件,不难发现事实真相是:一家意大利供应商未能准时向博世集团提供电子转向系统的外壳,导致博世集团也未能向宝马交付转向齿轮,最终导致了此次宝马全球多个工厂停产。博世集团是德国重要的工业企业之一,从事汽车与智能交通技术、工业技术、消费品和能源及建筑技术的产业。

据德国投资银行分析,宝马1系、2系、3系、4系每周的产量最高可达17 500辆。如果第二季度未能弥补此次停产耽搁的产量,销量损失每周可达4亿~5亿欧元,约合人民币30亿~40亿元,每天损失近亿元。

英国《金融时报》称,宝马采用的是"准时生产"的方式,即只在需要零部件的时候才会订购。2009年,时任宝马高级副总裁菲利浦·埃勒(Philip Christian Eller)在接受采访的时候,专门介绍了宝马在采购和供应链方面的成就。他表明宝马生产目标是"零库存",并强调采购链"零库存"是未来的趋势。如今看来,宝马真的做到了零配件的"零库存"。正是"准时生产"这一先进管理技术,将零配件采购这种非可控因素也纳入了宝马流水一般的生产线。而也正因如此,一个小小的零件未能及时供货,才会导致宝马各地汽车生产线断流,被迫停工。

根据以上案例，思考并回答以下问题：

（1）讨论供应链管理的重要性。

（2）虽然宝马通过准时制的生产方式有效降低了一直以来高昂的库存成本，但是缺乏零部件库存，也就缺少了风险承担能力，因而任何事物都有两面性，如何正确认识和看待事物的两面性？

# 第一节　供应链概述

## 一、供应链的概念

关于供应链（supply chain），国内外众多学者对其进行了定义。苏尼尔·乔普拉（Sunil Chopra）和彼得·迈因德尔（Peter Meindl）认为供应链包括满足顾客需求的过程中直接或间接涉及的所有环节。供应链不仅包括制造商和供应商，还包括运输商、仓储商、零售商，甚至包括顾客本身。在每个组织中，其供应链包括接受并满足顾客需求的所有职能部门。这些职能部门包括新产品开发、营销、运营、分销、财务和客户服务，但又不仅限于此。史道文斯（Stevens）认为通过增值过程和分销渠道控制，从供应商的供应商到用户的用户的流就是供应链，它开始于供应的源点，结束于消费的终点。哈里森（Harrison）将供应链定义为：供应链是执行采购原材料，将它们转换为中间产品和成品，并将成品销售给用户的功能网链。菲利普（Phillip）和温德尔（Wendell）认为供应链中战略合作伙伴关系是很重要的，通过建立战略合作伙伴关系，可以与重要的供应商和用户更有效地开展工作。马风才认为供应链就是通过物流、资金流和信息流联系起来的从供货商到制造商、分销商、零售商直至最终用户的联合体。大卫·辛奇-利维，菲利普·卡明斯基，伊迪斯·辛奇-利维指出供应链也称为物流网络，由供应商、制造中心、仓库、配送中心和零售商网点组成，而原材料、在制品和成品在这些设施之间流动。

国务院办公厅发布的《关于积极推进供应链创新与应用的指导意见》（国办发〔2017〕84号）中对供应链的定义为：供应链是以客户需求为导向，以提高质量和效率为目标，以整合资源为手段，实现产品设计、采购、生产、销售、服务等全过程高效协同的组织形态。

本书采用马士华、林勇的定义，即供应链是围绕核心企业，通过对信息流、资金流、物流的控制，从采购原材料开始，制成中间产品（零部件）以及最终产品，最后通过销售网络把产品送到消费者手中的将供应商、制造商、分销商、零售商直到最终用户连成一个整体的功能网链结构（如图7-1所示）。供应链包含所有节点企业，从原材料供应开始的供应商，到流通过程中的生产加工、流通加工、组装、分销企业，以及最终用户。原材料因经过运输、装卸、搬运、生产、包装、组装等活动，增加了产品价值，因而供应链不仅是连接供应商到最终用户的物流链、信息链、资金链，还是一条增值链。

## 二、供应链的结构

供应链中通常包含核心企业、供应商、供应商的供应商、用户、用户的用户等，其结构形成一个强大的、包含供应链各节点企业的网络链状结构，如图7-2所示。

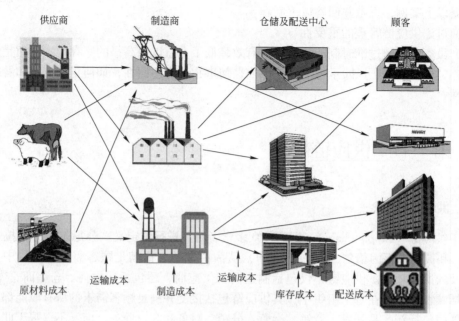

图 7-1 供应链网链结构图

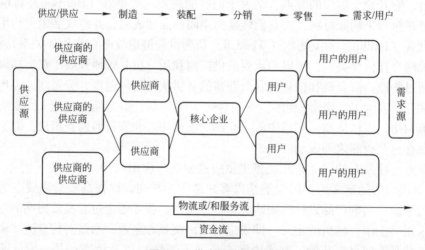

图 7-2 供应链的结构图

## 三、供应链的类型

（1）根据产品特点分类，供应链可分为精益型供应链和敏捷型供应链。

首先，根据产品特点，产品可分为功能性产品（functional product）和创新性产品（innovative product）。

① 功能性产品的特点。

面向基本需求，具有生命周期长、需求稳定、产品改型变异程度小等特点。

② 创新性产品的特点。

面向创新性需求，具有生命周期短、需求不稳定、产品改型变异程度大等特点。功能性产品与创新性产品的比较如表 7-1 所示。

表 7-1 功能性产品与创新性产品的比较

| 比较类别 | 功能性产品 | 创新性产品 |
| --- | --- | --- |
| 产品生命周期 | 长于 2 年 | 3~12 个月 |
| 边际贡献率 | 5%~20% | 20%~60% |
| 产品改型变异程度 | 低 | 高 |
| 需求预测误差程度 | 10% | 40%~100% |
| 平均缺货比率 | 1%~2% | 10%~40% |
| 季末降价幅度 | 0% | 10%~25% |
| 订单提前期 | 6~12 个月 | 1 天~2 周 |

其次，不同的产品决定了不同的供应链类型。根据产品特点对应的供应链有两种类型，分别是精益型供应链（lean supply chain）和敏捷型供应链（agile supply chain）。

与功能性产品相匹配的供应链类型是精益型供应链（如图 7-3 所示），其核心是减少或消除一切形式的浪费，以尽可能降低产品成本，在市场上形成比竞争对手更有利的价格优势。与创新性产品相匹配的类型是敏捷型供应链，其核心是提高产品的柔性，快速满足复杂多变的市场需求，赢得更多的客户。

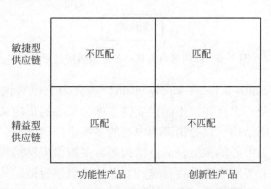

图 7-3 供应链类型与产品类型的匹配图

（2）根据供应链的级数，可分为二级供应链、三级供应链和多级供应链。

二级供应链（two echelon supply chain）是最简单的供应链类型，也是常见的供应链结构情形。通常为"制造商—顾客"或者"供应商—制造商"的结构。制造商通过直营店直接将产品卖给顾客的供应链就属于"制造商—顾客"的二级供应链结构。

三级供应链（three-echelon supply chain）通常含有供应商、制造商和顾客，根据供应链成员在供应链中的不同地位，又可将供应链分为以制造商为核心的三级供应链、以供应商为中心的三级供应链。以制造商为核心的三级供应链如图 7-4 所示，制造商占据供应链主导地位，供应商处于跟随地位。此种类型的供应链广泛存在于生产加工制造行业。

以供应商为中心的三级供应链如图 7-5 所示，供应商在供应链中占据主导地位，制造

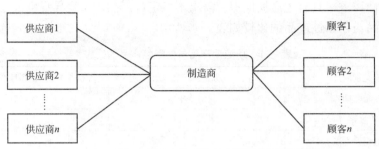

图 7-4　以制造商为核心的三级供应链示意图

商处于跟随地位。此类供应链由单一供应商、多个制造商和顾客组成。此种类型的供应链多存在于垄断行业，如石油、煤炭、矿产等行业。

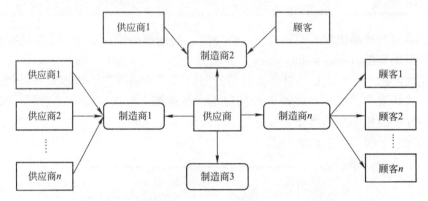

图 7-5　以供应商为核心的三级供应链示意图

多级供应链结构（multi-echelon supply chain）包含多个原料供应商、制造商、分销商和顾客，其结构较为复杂，也存在以不同供应链主体为核心的供应链结构形式，如存在以制造商为中心的多级供应链结构、以分销商为中心的多级供应链结构、以零售商为中心的多级供应链结构、以供应商为中心的多级供应链结构等。多级供应链结构会形成一个强大且复杂的供应链网络结构，企业实践中也常存在这种复杂的多级供应链结构。

（3）根据供应链所属的行业，可以分为制造供应链、农产品供应链、医疗供应链等。

按照供应链所属行业进行分类，可以分为制造供应链、农产品供应链、医疗供应链等。制造供应链主要面向制造行业，农产品供应链主要针对农产品，医疗供应链主要针对医疗产品。近几年，农产品供应链和医疗供应链的研究得到快速发展，为农产品的发展和医疗系统的完善提供了良好的借鉴作用。

### 四、供应链的特征

供应链是一个网链结构，由围绕核心企业的供应商、供应商的供应商和用户、用户的用户组成，彼此存在供应与需求关系。供应链主要具有以下几个特征。

（1）复杂性。

由于供应链往往由多个、多类型甚至多国企业构成，节点企业众多，所以供应链的结构、供应链的沟通和管理等比一般单个企业的结构模式更为复杂。

(2) 动态性。

为了实现企业战略,满足适应市场需求变化的需要,供应链节点企业需要进行动态更新,这就使得供应链具有明显的动态性。供应链是一个网链结构,节点企业众多,任何节点企业信息的变化,都会使得整个供应链的信息呈现动态性变化。

(3) 面向用户需求的特性。

供应链的形成、存在、重构,都是基于一定的市场需求而发生的,并且在供应链的运作过程中,用户的需求拉动是供应链中信息流、产品/服务流、资金流运作的驱动源。

(4) 交叉性。

供应链的节点企业可以是这条链的成员,也可以是另一条链的成员,众多的供应链形成交叉结构,增加了协调管理的难度。

### 五、供应链中常见的问题

#### (一) 牛鞭效应

牛鞭效应(bullwhip effect)反映的是供应链中需求变异放大的现象,其定义是指从供应链的下游到上游订货量的波动性逐级放大的现象。当供应链中的各节点企业只根据其下游企业的订单做出自身的生产决策或向其上游企业的订货决策时,往往会因需求预测不准或担心缺货损失等原因而使得自身生产量或向其上游的订货量波动性放大。当下游零售商的订单数据通过上游各节点企业逐级传递到最终供应商处,发现其获得的订单数据与零售商终端需求数据偏差很大,终端需求数据被放大了,产生需求变异放大的现象,也即产生了牛鞭效应。图 7-6 显示了牛鞭效应的过程。

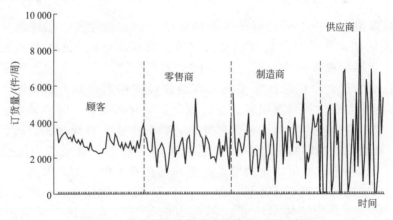

图 7-6 供应链中牛鞭效应的传导过程示意图

之所以称为牛鞭效应,是因为如果将供应链上不同节点企业的订单信息变化曲线从市场端到供应端依次首尾相连,其图形很像美国西部牛仔赶牛使用的长鞭,当挥动手部鞭子的根部,则会带来鞭子尾部巨大的变动,因而形象地称为"牛鞭效应"。

牛鞭效应最先由宝洁公司发现。1980 年,宝洁公司在考察其畅销品尿不湿的订货规律时,发现零售终端的销量是相当稳定的,销售的波动性并不大。但当他们考察分销中心向宝洁订货时,吃惊地发现波动性明显增大了。有趣的是,他们进一步考察宝洁向其供应商 3M 公司订货时,发现订货变化更大。除了宝洁,惠普也发现,当订单从经销商沿供应链向上传递到打印机部门,再到集成电路板部门时,其波动性出现了大幅增加,这使得惠普难以按时履行订单,且履行订单的成本也大幅增加。

实际上,早在 1961 年,Forrester 教授在研究工业动力学中就发现了牛鞭效应。1989 年,Sterman 通过啤酒游戏验证了该现象,该游戏实验是针对生产与销售某单一品牌啤酒的产销模拟游戏,其中有四个参与者,分别是零售商、批发商、分销商和生产商。1997 年,斯坦福大学教授 Hau L. Lee 构建了该现象的模型,并将其产生原因归纳为四个方面:需求预测修正、订货批量决策、价格波动、短缺博弈。

若要降低牛鞭效应,可以进行:①需求信息共享;②联合库存管理;③供应商管理库存;④稳定产品的价格;⑤简化供应链的结构;⑥协同计划、预测与补货(CPFR,Collaborative Planning, Forecasting and Replenishment);⑦减弱商品短缺时客户的博弈行为等。

### (二)曲棍球棒现象

曲棍球棒现象(hockey stickeffect)指在某一个固定的周期(月、季或年)中,前期销量很低,到期末销量会有一个突发性的增长,而且在连续的周期中,这种现象会周而复始出现,其需求曲线的形状类似于曲棍球棒,因而被称为曲棍球棒现象。

曲棍球棒现象产生的原因有:①企业对销售人员的考核机制可能会导致曲棍球棒现象的产生。因为如果按周期(月、季或年)考核,销售人员会想方设法在期末完成目标,或者在期末尽可能多地冲量完成目标。②企业在与经销商合作时,为了让经销商能够长期购买更多的产品,通常采用总量折扣(volume discounts)的价格政策,即经销商在一个周期内的订货总量达到或超过双方事先约定的数量,可以享受一定的价格折扣,这也会导致曲棍球棒现象的产生。

曲棍球棒现象会对企业的经营产生不良营销,例如会导致:①订单分布不匀,企业在每个周期的期初几乎收不到经销商的订单,而在临近期末的时候经销商的订货量又大幅增加。②库存成本增大。对运用备货型生产模式的企业来说,为了平衡生产能力,必须按每期的最大库存量而非平均库存量建设或租用仓库,从而使企业的库存费用比需求均衡时高很多。③资源设备等时而闲置、时而紧缺。曲棍球棒现象的存在使企业的订单处理能力、物流作业人员和相关设施、车辆在每个考核周期的期初因订单太少而处于闲置状态,造成能力浪费。而到了期末,由于订单出库量剧增,甚至超出正常工作能力的限度,所以厂内搬运和运输的车辆不停运转。但有时还是短缺,即使拼命加班也处理不完。这时,企业为了按单出货,不得不向外部寻求支援。无论出现哪一种情况,企业都必须付出额外的加班费和物流外援费用,不仅费用上升,由于订单太多,工作人员的差错率也大幅增加,送货延误的情况也时有发生,企业的服务水平显著降低。

回购合同

收益共享合同

数量柔性合同

### (三)双重边际效应

双重边际效应(double marginalization)是指供应链上、下游企业为了谋求各自收益的最大化,在独立决策的过程中确定的产品价格高于其生产边际成本的现象。双重边际效应是美国经济学家斯宾格勒在早期对产业组织行为的研究中发现，当市场上的产业链存在单个上游企业（供货方，如制造商）和单个下游企业（买方，如分销商）时，上、下游企业为实现各自利益的最大化而使整个产业链经历两次加价（边际化）。

数量折扣合同

为了弱化或降低双重边际效应，可以采用不同的合同（如回购合同、收益共享合同、数量折扣合同、数量柔性合同等）进行供应链的协调，使得分散化供应链的水平尽可能达到中心化的供应链运作水平。

## 第二节 供应链管理概述

### 一、供应链管理思想的产生

供应链管理的思想之所以产生，有以下几个方面的原因。

（1）现代企业所面临的市场空间和形态与以往不一样。

进入 21 世纪，企业所面临的市场空间和形态与以往不一样，这种变化必然会给因传统管理所形成的思维方式带来挑战。同时，信息社会或网络社会已经影响了人们的生活，必然会带来工作和生活方式的改变，其中最主要的就是消费需求的变化。在短缺经济时代，供给不足是主要问题，因而企业的管理模式主要以提高效率、最大限度地从数量上满足用户的需求为主要特征。随着经济水平的提高，人们对于产品的个性化需求越来越明显。多样化需求对企业管理的影响越来越大，而品种的增加必然增大管理和获取资源的难度。企业在兼顾社会利益方面面临的压力也越来越大，如环保问题、可持续发展问题等，企业既要考虑自己的经济利益，也要考虑社会利益。

（2）传统管理模式在新环境下不适应。

传统管理模式以规模化需求和区域性的卖方市场为决策背景，通过规模效应降低成本，获得效益。这样，生产方式必然是少品种、大批量。虽然这种生产方式可以最大限度地提高效率、降低成本，取得良好的规模效益，但它应对变化的能力很差。另外，管理层次多必然影响整个企业的响应速度。企业组织结构呈现多级递阶控制，管理跨度小、层次多，且采用集权式管理，以追求稳定和控制为主。

（3）传统的"纵向一体化"管理模式存在众多弊端。

企业出于对制造资源的占有要求和对生产过程直接控制的需要，传统上采用的策略是扩大自身规模或参股供应商，与为其提供原料、半成品或零部件的企业建立一种所有关系，形成"纵向一体化"的管理模式。例如，许多企业拥有从铸造、毛坯准备、零件加工、装配、包装、运输等一整套设备、设施及组织机构，形成了"大而全""小而全"的经营管理模式，但其构成比例是畸形的。在产品开发、加工、市场营销三个基本环节上呈现出"中间大、两头小"特征的橄榄球形企业，在市场环境下无法快速响应客户需求，最终将丧失市场机遇。纵向一体化模式会产生种种弊端，具体如下。

首先，纵向一体化模式会增加企业投资。不管是投资建设新的工厂，还是用于其他公司的控股，企业都必须花费人力、物力在金融市场中筹集资金。由于项目建设需要一定的周期，企业并不能迅速投入生产，因此纵向一体化模式对企业的生产会造成不利影响，使其承担丧失市场时机的风险。

其次，纵向一体化模式会迫使企业从事不擅长的业务活动。企业进行纵向一体化会使企业生产管理范围沿价值链方向延伸，企业将有限的资源、精力投入到扩大的业务范围中去，这些扩展的业务可能是企业并不擅长的。一个可能的结果是：这些扩展的业务不能很好地开展，又影响了企业的核心业务，导致企业的关键业务无法发挥核心作用，企业不仅失去了竞争的优势，而且增加了生产成本。例如通用汽车公司自己生产了70%的零部件，福特公司有50%，而戴姆勒·克莱斯勒公司只有30%。通用汽车公司因生产零部件而耗去的劳动费用高于其他两个公司，每生产出一辆汽车的动力系统，就比福特公司多支付440美元，比戴姆勒·克莱斯勒公司多支付600美元，在市场竞争中始终处于劣势。中国也有类似的情况，某机器制造厂为解决多余人员的就业问题，成立了一个附属企业，把原来委托供应商生产的某种机床设备转由自己生产。由于缺乏先进的技术和管理不善，不仅购买机床设备的成本比外购高很多，而且产品质量低劣，最后影响了整机产品的性能和质量，一些老客户纷纷取消订单，使企业蒙受了不必要的损失。

最后，纵向一体化模式导致企业竞争力分散。采用纵向一体化模式的企业必须在不同的业务领域中与不同的业务竞争对手进行竞争，企业在资源、精力、经验十分有限的情况下四面出击，会导致企业核心竞争力的分散，即便是 IBM 这样的大公司，也不可能拥有开展所有业务活动所必需的才能。从 1980 年起，IBM 就不再纵向发展，而是与其他企业建立广泛的合作关系。

（4）交易成本增加带来的压力。

20 世纪 90 年代，全球制造的出现导致全球竞争日益加剧，同时用户需求呈现多样化、变化频繁的趋势，因而企业面临着前所未有的"超竞争"。原有的"纵向一体化"管理模式给企业造成了大量的机会成本，企业已完全不适应市场发展的需要。企业要想生存与发展，必须制定以尽可能快的速度、尽可能低的成本、尽可能多的产品品种为特征的战略，将主要精力用于培养核心竞争力，同时尽可能地利用外部资源。因而形成了以某个企业为核心的、将若干个资源互补的企业聚集起来的、面向共同市场机会的企业群。这个企业群在其中一家主导企业的协调下相互配合与合作，降低资源整合带来的交易成本，使得群体中的每个参与企业都能获益。

在企业内外部环境的变化之下，企业寻求合作，适应内外部环境的发展，因而供应链管理思想得以产生和发展。

### 二、供应链管理的定义

供应链管理（supply chain management，SCM）是一种集成的管理思想和方法，它从供应链整体的角度进行供应链各环节的计划、组织与控制。关于供应链管理的概念，国内外有众多学者给了不同定义。早期供应链管理的重点在于管理库存，以平衡有限的生产能力与变换的用户需求，如 Houlihan 认为供应链管理强调以不同的观点看待库存，将其看作新的平衡机制。现代供应链管理则把供应链上的各个企业作为一个不可分割的整体，使供应链上分担采购、生产、分销和销售职能的各个企业形成一个协调发展的有机体。如马丁·克里斯托弗认为供应链管理是从供应链整体出发，管理上游供应商和下游客户，以更低的成本传递给客户更多的价值。其指出供应链管理的焦点是通过管理相互"关系"，为整个供应链中的所有成员带来更多的利润。伊文斯（Evens）指出供应链管理是通过前馈的信息流和反馈的物料流及信息流，将供应商、制造商、分销商、零售商，直到最终用户连成一个整体的管理模式。菲利普则认为供应链管理不是供应商管理的别称，而是一种新的管理策略，它把不同企业集成起来以提升整个供应链的效率，注重企业之间的合作。大卫·辛奇-利维，菲利普·卡明斯基，伊迪斯·辛奇-利维指出供应链管理是用于有效集成供应商、制造商、仓库和商店的一系列方法，通过这些方法，使生产出来的商品能以恰当的数量，在恰当的时间，被送往恰当的地点，从而实现在满足服务水平要求的同时使系统的成本最小化。

Cooper 等认为供应链管理是管理从供应商到最终客户的整个渠道的总体流程的集成哲学。Mentzer 等定义为供应链管理是对传统的企业内部各业务部门之间及企业之间的职能从整个供应链的角度进行系统的、战略性的协调，目的是提高供应链及每个企业的长期绩效。Ling Li 则表明供应链管理是一组有效整合供应商、制造商、批发商、承运人、零售商和客户的协同决策及活动，以便将正确的产品或服务以正确的数量在正确的时间送到正确的地方，以最低的系统总成本满足客户服务要求。马风才认为供应链管理是为了满足消费者的需求，通过供应链建立了零售商、分销商、制造商、供应商之间低成本、高效率、多方共赢的业务联系。供应链管理就是对供应链中的信息流、物流和资金流实行计划、组织与控制。马士华、林勇则表示供应链管理是使以核心企业为中心的供应链运作达到最优化，以最低的成本，令供应链从采购开始到满足最终顾客的所有过程，包括工作流（work flow）、实物流（physical flow）、资金流（funds flow）和信息流（information flow）等均高效率地操作，把合适的产品以合理的价格及时准确地送到消费者手上。

综上所述，本书对供应链管理的定义为：从供应链整体的角度，对供应链中的信息流、物流、资金流进行设计、规划、组织和控制，并通过对上下游企业资源的整合和协同运作，提高供应链各成员的效率和效益，进而提高整条供应链的竞争力。

**三、供应链管理的方法**

常见的供应链管理方法有供应商管理库存、快速响应、准时制生产、有效客户响应等。

1. 供应商管理库存

供应商管理库存（vendor managed inventory，VMI）是指供应商根据需求方的库存水平、周转率、需求信息，以及交易成本产生自己的生产订单并及时将产品或物料送到需求方指定的库存位置，它采用的是一种连续补货策略，由供应商决定什么时候补货，补多少货。需求方与供应商共享需求预测、库存、销售报告等信息是供应商管理库存成功的关键。供应商管理库存体现了供应链的集成化管理思想。

2. 快速响应

快速响应（quick response，QR）是由美国纺织服转业发展起来的一种供应链管理方法。目的是通过供应链企业间的信息共享、协同运行、优化流程，对最终消费者需求迅速地做出反应，减少原材料到销售点的时间和整个供应链上的库存，最大限度地提高供应链管理的运作效率，从而达到提高客户服务质量、降低供应链总成本的目标。

快速响应的发展经历了三个阶段：第一个阶段为商品条码化；第二个阶段是内部业务处理自动化；第三个阶段是实现更有效的企业间合作，要求供应链伙伴间协同工作，通过共享信息来预测商品的未来补货需求，并不断地预测市场未来的发展趋势，探索和开发新产品以适应消费者的需求变化。

3. 准时制生产

准时制生产方式的产生与发展

丰田汽车公司提出的七种浪费

准时制生产（just-in-time，JIT），或称适时生产，是精细生产方式在生产现场的体现，它是围绕减少成品库存、在制品库存和原材料库存而形成的一套原则和方法。JIT 的基本思想是：只在需要的时候、按需要的量、生产所需的产品。准时制生产的概念传播较早，它是通过看板管理来实现的。因此，JIT 又被称为适时生产方式、看板生产方式、无库存生产（stockless production）、零库存（zero inventories）、一个流（one-piece flow）或者超级市场生产方式（supermarket production）等。JIT 的核心是实现零库存及快速应对市场变化。通过准时制生产，可以消除丰田公司提出的七种浪费中的大部分浪费。

JIT 是一种理想的生产方式，有两个原因。一是它设置了一个最高标准，一种极限，那就是"零"。实际生产可以无限地接近这个极限，但却永远不可能达到。有了这个极限，才使得改进永无止境。二是它提供了一个不断改进的途径，即降低库存—暴露问题—解决问题—降低库存等。这是一个无限循环的过程。例如，通过降低在制品库存，可能发现生产过程经常中断，原因是某些设备出了故障，来不及修理，工序间在制品少了，使后续工序得不到供给。要使生产不发生中断，可以采取两种不同的办法：一种是加大工序间在制品库存，提供足够的缓冲，使修理工人有足够的时间来修理设备；另一种办法是分析来不及修理的原因，是备件采购问题还是修理效率问题？能否减少修理工作时间？后一种办法符合 JIT 的思想。按 JIT 的思想，"宁可中断生产，决不掩盖矛盾"。找到了问题，就可以分析原因，解决问题，使管理工作得到改进，上升到一个新的水平。当生产进行得比较正常时，再进一步降低库存，使深层次问题得以暴露，解决新的问题，使管理水平得到进一步提高。因此，推行 JIT，是个持续改进的动态过程，非一朝一夕可完成。

4. 有效客户响应

有效客户响应（efficient consumer response，ECR）是指以满足客户要求、最大限度地降低物流过程费用为原则，能及时做出迅速、准确的反应，使提供的物品供应或服务流程最佳化而组成的协作系统。其核心理念是基于消费者的需求致力于创造价值最大化的活动和摒弃没有附加价值的活动，力求降低成本，从而使客户享受到顾客让渡价值最大的服务或产品。

有效客户响应主要解决供应链上的以下四个问题。

（1）以最合理的价格、最恰当的时间，向消费者提供需要的产品。

（2）维持一个合理库存，既不会占用过多资源，又不会导致供货中断。

（3）有效地向消费者传递商品的价值。

（4）有效地引入与开发新产品。

## 第三节 电子商务与供应链管理

### 一、电子商务环境下供应链发展的背景

2014 年 11 月 11 日，习近平在出席 2014 年亚太经合组织（APEC）领导人非正式会议

记者会中表示，会议决定实施全球价值链、供应链的领域合作倡议。这是供应链首次在国际会议上被各国（或地区）领导人明确提出。

2017年10月，国务院办公厅发布了《关于积极推进供应链创新与应用的指导意见》，将供应链创新与应用从企业行为上升到整个国家的社会经济体系建设层面，赋予供应链创新更重要的职能，使得供应链创新成为国家战略。

2018年4月，商务部等8部门联合发布了《关于开展供应链创新与应用试点的通知》，入围的共有55个试点城市、269家企业，涵盖了电商平台、物流公司、供应链公司、银行、制造企业、商贸流通企业等全领域企业，其中京东、阿里巴巴等行业巨头赫然在列。

2019年8月，国家新一代智能供应链人工智能开放创新平台发布，包括京东智能供应链在内的15家企业入选，助力国家战略的发展。

2020年第21期《求是》杂志发表了习近平总书记重要文章《国家中长期经济社会发展战略若干重大问题》。文章指出，要优化和稳定产业链、供应链，并强调产业链、供应链在关键时刻不能掉链子，这是大国经济必须具备的重要特征。

**二、电子商务环境下供应链管理的重要性**

随着市场竞争环境的日益加剧和科学技术的快速发展，以及消费者个性化需求带来的波动风险，使得企业所面临的竞争已逐渐由企业之间的竞争演变为供应链间的竞争。德勤咨询公司针对美国和加拿大200多个大型制造商和分销商的调查报告指出，航空航天、电信、汽车制造、消费类产品、高技术产品等行业均已呈现出供应链与供应链竞争的态势。电子商务环境下企业之间的竞争已不仅仅是企业所处供应链之间的竞争，更是企业、合作平台、平台物流服务商等构成的平台供应链与平台供应链之间的竞争。对于电子商务环境下的传统企业而言，需要借助电商平台、互联网+、直播平台等提升其供应链的竞争力，使得企业产品供应链结构更简、运作效率更高、管理成本更低。对于电子商务环境下的平台而言，需要构建平台、平台的供应商（软件供应商、硬件供应商、内容/产品提供商等）、平台上的零售商、物流服务提供商等组成的供应链（如图7-7所示），以提升平台及平台所在供应链的竞争力。

**三、电商环境下供应链的新特征**

在电子商务环境下，电商企业的零售已经是新型业态的零售，其供应链已变成新零售时代的供应链。特别是随着新基建的到来，人工智能、云计算、区块链等新技术的应用，现代供应链不再是人、流程、硬件设施等要素的简单堆砌和叠加，而是要实现供应链的数字化和技术化的变革，让供应链变得更加智慧和全能，新零售时代电商环境下的供应链是由消费者驱动的，供应链由传统的推式供应链转为拉式供应链，其具体特征如下所示。

什么是新基建

1. 供应链可视化

供应链可视化就是利用信息技术，采集、传递、存储、分析、处理供应链中的订单、物流以及库存等相关指标信息，按照供应链的需求，以图形化的方式展现出来。供应链可视化可以有效提高整条供应链的透明度和可控性，从而大大降低供应链风险。

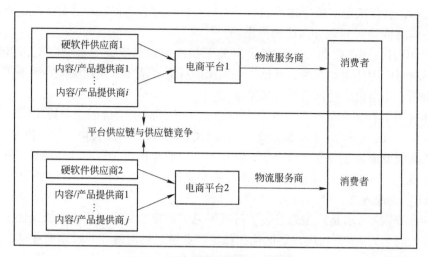

图 7-7 平台型供应链竞争的模型图

电商环境下供应链的可视化未来将持续向消费者、SKU、店员延伸,并且由传统网络向云计算系统发展。通过可视化集成平台,战略计划与业务紧密连接,需求与供应的平衡、订单履行策略的实施、库存与服务水平的调整等具体策略将得到高效的执行。

盒马鲜生作为目前新零售中最典型的案例,在其运营中对商品广泛使用了电子标签,将线上、线下数据同步,如 SKU 同步、库存同步、价格同步、促销同步;实现线上下单,线下提货,后合统一促销和价格,这些都为供应链可视化的构建打下了基础。

2. 供应链人工智能化

电商环境下,供应链中存在众多数据,包括消费者、商品、销售、库存、订单等大量运营数据在不同的应用场景中产生,结合不同的业务场景和业务目标,如商品品类管理、销售预测、动态定价、促销安排、自动补货、安全库存设定、供应计划排程、物流计划制订等,再匹配上合适的算法,即可对这些应用场景进行数字建模,其逻辑就是"获取数据—分析数据—建立模型—预测未来—支持决策"。

人工智能的本质是一种预测科技,而预测的目的不是为预测而预测,而是用来指导供应链的各项行为决策,所以其有两大类核心模型:一是预测模型,二是决策模型。

3. 供应链智慧化

智慧供应链自上而下分为三个部分,包括智慧化平台、数字化运营、自动化作业。如果把智慧供应链比作人,那么智慧化平台是"大脑",数字化运营是"中枢",而自动化作业则是"四肢"。智慧供应链利用智慧化平台去计算、思考、决策,通过数字化运营平台去量化供应商供货量、供货合理价格、仓储量、入仓位置、用户喜好等,作出精准预测,从而指导企业经营以及仓储、运输等自动化作业。

## 【延伸阅读】

### 不懂新基建能干啥？京东智能供应链给出答案

中共中央政治局常务委员会在2020年3月4日召开会议指出，要加快5G网络、数据中心等新型基础设施建设进度。短短一句话，让"新基建"成为热词。京东集团表示，坚决支持新基建战略部署，更加积极地开放资源、加大投入、聚焦研发，将自身战略全面融入新基建总体部署中来。

**京东：新基建的践行者**

人类正生活在数字时代。新基建镌刻着这个时代的鲜明烙印。5G、数据中心、人工智能等信息科技对今天的人们来说并不陌生。以这些技术为载体的新基建是经济高质量发展的"数字底座"，它更大的价值在于承载众多新模式、新业态、新服务。

京东聚焦供应链，深信新基建将极大推动中国智能供应链和智能物流的建设步伐。这份自信源于京东本身就是新基建的践行者。作为新基建之一，人工智能是催生智能经济的通用型技术。人工智能贵在应用。科技部主推的"国家新一代人工智能开放创新平台"以应用场景为导向，现有的两批15家平台涉及自动驾驶、城市大脑、金融、教育等一级行业领域，每个平台各有特色和侧重点。京东在人工智能方面的布局与企业自身业务优势紧密相连，其技术研发得到国家认可。2019年8月，京东集团入选国家新一代智能供应链人工智能开放创新平台，助力智能供应链国家战略发展。此外，在城市数字科技领域，京东数科率先推出"智能城市操作系统"，可以管理智能城市中的各项资源，支撑公共安全、智能交通、智能能源等各类垂直应用。

另外，5G被认为是与电力一样的通用技术，5G更大的价值在于赋能垂直行业。工业和信息化部明确，2020年将加快5G特别是SA建设步伐，尤其推动5G与垂直行业融合发展，丰富应用场景、促进信息消费。物流就是5G赋能的应用领域之一。2019年6月，作为北京第一批开通5G室内信号服务的试点商业办公楼宇，京东总部大厦率先完成联通/移动的5G信号覆盖。京东携手各大手机厂商、运营商，一方面在消费端推动5G设备和应用的普及，另一方面协同合作伙伴构建更为出色的5G产业生态。与此同时，京东物流已在全行业率先建设了国内首个5G智能物流示范园区，依托5G网络通信技术，通过AIoT、自动驾驶、机器人等智能物流技术和产品融合应用，打造高智能、自决策、一体化的智能物流示范园区。

作为一家"以供应链为基础的技术与服务企业"，京东已构建起以人工智能（AI）、大数据（Big Data）、云（Cloud）、物联网设备（Device）及前沿探索（Exploration）的"ABCDE"技术战略。京东正在以技术为基础、以数据为驱动、以供应链和物流为依托，全力打造高效的新一代基础设施。

**智能供应链应对疫情挑战大显身手**

受疫情影响，来自供应链的掣肘让部分电商平台陷入困境。调查显示，近一半电商最主要的困难是"供应链没有保障"。与此同时，一些长期投资物流体系，注重上下游产业链整合布局的电商平台则在危机中凸显优越性。它们在打赢抗疫攻坚战中彰显担当，成为新基建重塑的智能供应链经受极端考验的注脚。京东数字化的供应链具备的出色柔性、弹性，以及智能物流的扎实布局，在抗击疫情中彰显出了显著优势。在很多消费者看来，京东就像是一个巨大水库，面对疫情下爆发的供给需求，也稳稳地保障着万千家庭的安定生活，其背后是京东数字化供应链的深厚"内功"。

在与上游供应商的合作中，数字化供应链打下的基础优势得以充分发挥。例如受疫情影响，正大供应给京东的禽肉、鸡蛋、面点、方便餐等民生食品，在春节期间遭遇了一轮空前的订单暴增。在补货过程中，通过京东平台强大的供应链能力，帮助正大协调车辆、运输、入库等，有效解决了物流上的困难，保障了疫情期间民众急需物品的供应。凭借在技术、供应链及物流方面的优势，京东在疫情到来时，通过供应链基础设施确保应急用品运送和生活必需品供应，让更多用户得到保障，也让大量制造商、品牌商等实体经济感受到了京东强大的供应链能力。

针对抗疫中后期迎来的企业复工潮，京东通过发挥供应链的整合协同能力，从防疫物资保障、生产运营物资的快速寻源、远程在线协同等数字化技术支持、中小微企业专项帮扶等多个方面提供重点支撑。例如2020年2月12日，京东企业业务携手合作伙伴们发起"企业复工保障计划"，解决企业运营中高频通用物资的供应问题，打造的"京东慧采SaaS专属采购平台"免费开放给全国企业客户，超过3万个京东企业业务合作伙伴充分发挥其供应链能力及服务能力，为企业提供丰富充足且高性价比的物资保障服务。

**供应链升级降本增效显著**

大量事实表明，企业的竞争优势实际上来自支撑产品和服务的供应链。早在2001年，《财富》杂志就将供应链管理列为21世纪最重要的四大战略资源之一。乔布斯在1997年一回到苹果就改革了供应链，使产品更快地到达消费者手中。供应链管理专家马丁·克里斯多弗曾在20多年前预言，"未来的竞争不是个体或组织之间的竞争，而是供应链之间的竞争。"如今，这一预言正变成现实。在全球经济一体化的当下，供应链水平成为影响各国产业和企业在全球范围紧密协作与快速发展的关键因素。

京东智能供应链首席科学家申作军认为，世界经济的分工模式由基于比较优势的产业分工向基于要素优势、技术优势的供应链分工转变，参与全球分工的跨国企业正在逐步围绕智能供应链的创新和应用，重塑全球经济的血脉和神经，形成新的互惠式依存关系，带来供应链协同效率的大幅提高和供应链成本的显著降低。据专业咨询机构评估，智能供应链能够推动企业收入增长10%，采购成本下降20%，供应链成本降低50%。因此掌握供应链管理的方法，就能帮助企业走通一条低成本、低风险、高效率、高收入的可持续路径。如果结合费率来展望智能供应链和智能物流所带来的效益，就会发现这种投资产生的红利可观。国家统计局数据显示，2019年社会消费品零售总额411 649亿元，网上零售额106 324亿元，占比只有约25%。相比于构筑在传统供应链体系下的线下零售超过20%的费用率，以智能供应链为基础的线上零售拥有更具竞争优势的费用率。以京东为例，其整体的费用率只有10%左右，而自营业务的费用率则更低，以目前全国41万亿的社零基数，如果都能像京东那样，通过智能供应链和智能物流体系，让现有费用率下降一半，则相当于每年产生约4万亿的消费红利。中国物流与采购联合会曾预测，通过实施供应链管理，到2025年中国物流总成本与GDP的比率将降至10%左右，企业的物流费用率降至5%左右。这一目标并非不能实现，如今美国、日本已经做到了。中国加速新基建，无疑将引发供应链和物流效率的一场变革。

疫情期间出现供应链体系的调整、创新，特别是供应链体系加快上线、上云，在相当程度上反映了未来市场需求和供应链创新的方向，进一步凸显了供应链在满足消费、保障市场供应、带动生产、支撑创新方面的重要作用，以及对各行业转变传统运行模式和加快利益格局调整的促进作用。

时不我待，各企业应紧紧抓住新基建契机，顺势而为，对标世界先进水平，积极推进智能物流和智能供应链的发展，打造经济的增长极。

### 四、电商环境下供应链的结构演变过程

供应链的结构发展过程包括传统商业时代的供应链结构、电商C2C时代初期的供应链结构、电商C2C时代后期的供应链结构、电商B2C时代初期的供应链结构、电商B2C时代后期的供应链结构。

阶段一：传统商业时代的供应链结构如图7-8所示。传统的供应链节点成员包含生产厂家、总经销商、地区经销商、门店或商超、消费者，即产品通过一级一级分销后卖给终端消费者，没有线上平台的销售。

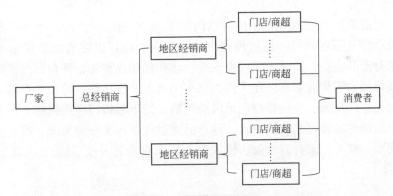

图7-8 阶段一：传统商业时代的供应链结构图

阶段二：电商C2C时代初期的供应链结构如图7-9所示。淘宝兴起，零售商可以通过在淘宝开店将产品销售给终端消费者，此时供应链节点成员包括工厂/生产厂家、总经销商、地区经销商、线下门店或商超形式的零售商、淘宝零售商家、消费者，即产品通过线下分销渠道和线上淘宝平台将产品卖给终端消费者。

阶段三：电商C2C时代后期的供应链结构如图7-10所示。此时，不仅零售商可以通过在淘宝开店将产品销售给终端消费者，生产厂家也可以通过在淘宝开设直营皇冠店铺将产品销售给终端消费者，无须经过中间的总经销商、地区经销商等分销环节。供应链节点成员包括生产厂家、总经销商、地区经销商、线下零售门店或商超、线上淘宝零售商家、消费者，即产品通过线下传统的分销渠道、线上淘宝普通零售商家和厂家直营皇冠店铺将产品卖给终端消费者。

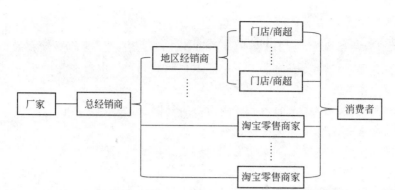

图 7-9　阶段二：电商 C2C 时代初期的供应链结构图

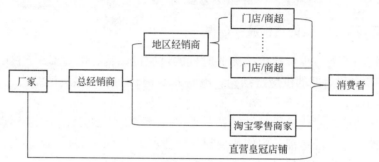

图 7-10　阶段三：电商 C2C 时代后期的供应链结构图

阶段四：电商 B2C 时代初期的供应链结构如图 7-11 所示。此时，生产厂家不仅可以通过在淘宝开设直营皇冠店铺将产品销售给终端消费者，也可以在天猫或京东平台开设直营店，生产厂家对产品定价，通过天猫或京东平台将产品销往市场，平台商提供销售平台并收取相应的管理费用。零售商家亦可在天猫或京东平台上开设零售店铺销售产品。因而，供应链节点成员包括生产厂家、总经销商、地区经销商、线下零售门店或商超、在天猫或京东平台上经营零售店铺的零售商家、消费者，即产品通过线下传统分销渠道、线上天猫或京东平台上的零售商家、线上厂家直营皇冠店铺或线上厂家直营的天猫店铺/京东店铺将产品卖给终端消费者。

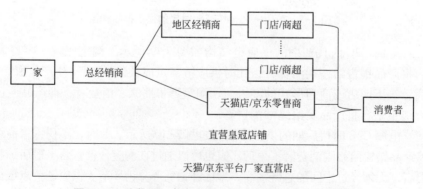

图 7-11　阶段四：电商 B2C 时代初期的供应链结构图

阶段五：电商 B2C 时代后期的供应链结构如图 7-12 所示。此时，生产厂家可以通过在各个平台上，如天猫、京东、唯品会、自营网站、其他直销平台等开设直营店将产品销售给终端消费者。

图 7-12　阶段五：电商 B2C 时代后期的供应链结构图

### 五、电商环境下的供应链管理系统

供应链管理系统可以把企业的采购过程、生产过程，以及从供应商到企业的物资流动无缝连接起来，同时通过与订单自动录入系统的集成，把企业供销两端的客户也纳入整个系统。有了供应链管理系统连续补货，企业能够实现零库存，其产品生产可以在订单到达后才正式开始。这对于那些易腐产品或产成品市场价值下跌迅速的行业而言尤为重要。

将电子商务与供应链管理结合起来，可以构建电子商务环境下的供应链管理系统，如图 7-13 所示。电子商务环境下的供应链管理系统主要包括以下几个部分。

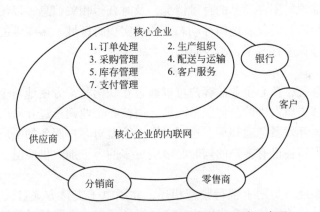

图 7-13　基于电子商务的供应链管理系统示意图

1. 订单处理

通过电子商务系统进行订单设定和订单状况管理。当收到客户订单时，核心企业要及时分析所需产品的性能要求，判断其是否能达到订单中的技术指标，在能够达到要求的前提下进一步分析订单中产品的成本、数量和利润。如果能够从该订单中获利，便可以与客户签订订货合同。然后，查询现有库存，若库存中有客户需要的产品，便立即发货；否则及时组织生产。借助电子商务处理订单，供应链可以大幅度地降低订单成本和订单处理的出错率，缩短订单的循环周期，大大提高了营运效率。

2. 生产组织

核心企业使用电子商务系统与供应商达成准时供应关系，与多个供应商之间协调制定生产计划。此外，由于在订单处理中可以提供有关核心企业产品销售和服务的实时信息，这样在一定程度上会使销售预测更加精确，反过来又大大改善了生产的组织和管理。

3. 采购管理

通过电子商务系统，核心企业能有效地实现与供应商的信息共享和信息传递。一方面，通过互联网向供应商提供有关需求信息和产品退回的情况，同时获得供应商的报价、产品目录、查询回执，从而形成稳定、高效的采购和供应体系；另一方面，通过网上采购招标等手段，发挥采购招标和互联网优势，扩大采购资源的选择范围、使采购工作合理化，大大减少了采购人员，有效地降低了采购成本。此外也使核心企业与供应商之间的协商合理化。

4. 配送与运输

通过电子商务系统，核心企业可以对配送中心的发货过程进行监视，对货物运至仓库的过程进行跟踪，同时实现对配货、补货、拣货和流通加工等作业的管理，使整个配送作业过程实现一体化的管理。此外，通过对运输资源、运输方式、运输线路的管理和优化，对运输任务进行有效的组织和调度，降低运输成本，并实现对运输状态和货物的有效跟踪和管理，确保指定的货物能够在指定的时间被运送到指定的地点。

5. 库存管理

通过电子商务系统，核心企业通知供应商有关订单的交送延迟或库存告急，使库存管理者和供应商能够追踪现场库存商品的存量情况，及时获得相关信息，以便有所准备；实现对存储物资的有效管理，及时反映进销存动态，并且实现跨区域、多库区的管理，提高仓储资源的利用率，进而降低库存水平，减少总的库存维持成本。

6. 客户服务

应用电子商务系统，核心企业的客户可以通过互联网非常方便地与企业沟通有关服务的问题，通知并要求解决所发生的任何服务问题，而核心企业则通过互联网接受客户投诉，向客户提供技术服务，互发紧急通知等。这可以大大缩短对客户服务的响应时间，改善与客户的双向通信流，在保留住已有客户的同时，吸引更多的客户加入供应链。

7. 支付管理

通过电子商务系统，与网上银行紧密相连，并用电子支付方式替代原来的支票支付方式，用信用卡方式替代原来的现金支付方式，这样既可以大大降低结算费用，又可以加速货款回笼，提高资金的使用效率。同时，安全电子交易协议可以保证交易过程的安全性，消除人们对网上交易的顾虑。

## 本章小结

本章主要介绍了电子商务与供应链管理的相关知识。首先介绍了供应链的概念、结构、类型、特征，对供应链中常见的牛鞭效应、曲棍球棒现象、双重边际效应等问题进行了分析。然后对供应链管理思想的产生、供应链管理的定义及供应链管理的方法进行了介绍。最后对电子商务环境下供应链发展的背景、电商环境下供应链管理的重要性、供应链呈现的新特征、供应链的结构演变过程及供应链管理系统等进行了探讨。

## 自测题

一、名词解释

供应链　　供应链管理　　牛鞭效应　　曲棍球棒现象　　双重边际效应

二、单项选择题

1. 产品改型变异程度低是针对（　　）。
   A. 创新性产品　　　　　　　　　　B. 功能性产品
   C. 易逝性产品　　　　　　　　　　D. 服务性产品
2. 与功能性产品相匹配的供应链类型是（　　）。
   A. 敏捷型供应链　　　　　　　　　B. 响应型供应链
   C. 精益型供应链　　　　　　　　　D. 易逝品供应链
3. 与功能性产品相匹配的供应链类型是（　　）。
   A. 敏捷型供应链　　　　　　　　　B. 响应型供应链
   C. 精益型供应链　　　　　　　　　D. 易逝品供应链
4. 牛鞭效应反映的是（　　）。
   A. 供应链中需求变异放大的现象
   B. 某一个固定的周期中，前期销量很低，到期末销量会有一个突发性增长的现象
   C. 由上游到下游订货量的波动性逐渐放大的现象
   D. 供应链中需求风险逐渐增大的现象

三、多项选择题

1. 按照产品特点分类，产品有（　　）类型。
   A. 功能性产品　　　　　　　　　　B. 易逝性产品
   C. 创新性产品　　　　　　　　　　D. 服务性产品
2. 根据供应链的级数，可分为（　　）。
   A. 一级供应链　　　　　　　　　　B. 二级供应链
   C. 三级供应链　　　　　　　　　　D. 多级供应链
3. 供应链的特征有（　　）。
   A. 复杂性
   B. 动态性
   C. 交叉性
   D. 面向用户需求的特性
4. 电商环境下供应链的新特征有（　　）。
   A. 供应链可视化　　　　　　　　　B. 人工智能化
   C. 智慧化　　　　　　　　　　　　D. 简单化
5. 电商环境下供应链管理系统有（　　）功能。
   A. 订单管理　　　　　　　　　　　B. 生产组织

C. 采购管理                                   D. 库存管理

四、思考题

1. 供应链中常见的问题有哪些？是如何产生的，又如何解决这些问题？
2. 电商环境下供应链的结构演变过程是什么？
3. 电子商务环境下供应链管理的重要性是什么？

# 第八章 移动电子商务

【学习目标】

通过本章的学习,读者将能够掌握移动电子商务的基本概念;了解移动电子商务的技术及主要模式;熟悉移动电子商务的市场及应用;明确移动电子商务发展现状和发展趋势。

【导读案例·思政结合】

## 5G时代背景下电子商务的发展趋势

2019年7月12日,全球未来科技大会在上海召开,腾讯、阿里巴巴、网易、粉象生活、唯品会等企业高管共同展望即将到来的5G时代背景下我国电子商务未来的发展。全球未来科技大会已成功举办八届,被誉为"行业发展风向标"。本届大会以"科技赋能·新生活"为主题,600余家行业龙头企业与创新优势企业,各行各业的参会代表达3 000余人;汇聚政府主管部门、行业专家、企业龙头代表以及资深分析师等上百名演讲嘉宾;聚焦行业热点领域,传递行业发展新思路。通过高峰论坛、成果展示、标杆评选等形式呈现全球最前沿的科技力量。

2020年8月20日,由艾媒咨询(iiMedia Research)主办的2020全球未来科技大会夏季线上峰会召开,以"科技向夏 焕新消费"为主题,分设"新科技·新基建"和"新模式·新消费"两大专场,汇聚各行业精英领袖、专家学者共同畅谈前瞻观点,为促进企业转型升级、谋划未来发展及推动全球经济增长出谋划策。在国家政策的推进和支持下,加强新型基础设施建设,"新基建"拓展5G,大数据、人工智能、物联网等大量新技术建设,加速智能经济的落地和智能社会的到来,激发新消费需求,助力产业升级。

"天行健,君子以自强不息",如今5G引领的移动电商发展会出现什么新的模式?5G时代背景下中国电子商务的发展将出现社交电商的爆发,抖音快手等短视频广告业态将进一步革新,更多的移动社交工具将成为电商的新流量入口;电商将从产品思维升级到用户思维,原来的产品为渠道将变成人人为渠道。这也从另一个方面反映了在5G时代背景下,电商将会以何种方式去实现新的增长,市场对未来的这种发展趋势也普遍看好。

分析上述案例,思考以下问题:

（1）全球未来科技大会的主题给你带来了哪些思考？

（2）思政德育思考：我国在发展5G过程中受到西方多个国家的重重阻挠，甚至禁止华为5G设备进入他们的市场，这些给予了我们哪些警示？如果我国的自主创新能力跟不上发展的需要，屈服于外来的压力，又怎能挺直脊梁，实现伟大的民族复兴？你是怎么理解"天行健，君子以自强不息"这句话的？

## 第一节 移动电子商务概述

移动电子商务（M-commerce）是从电子商务的概念衍生出来的。它的出现是移动通信技术和计算机技术发展的产物。现在的电子商务以PC机为主要界面，可称之为"有线的电子商务"；而移动电子商务，则是通过手机、PDA等手持移动终端与我们的生活相联系。无论何时、何地都可以方便地操作。在某种意义上而言，移动电子商务改变了人们日常生活的消费理念。

### 一、移动电子商务的含义

#### （一）移动电子商务的定义

移动电子商务，是通过手机、PDA等移动通信设备与互联网相结合进行的电子商务活动，它是无线通信技术和电子商务技术结合所构成的一个统一体。

相对于传统的电子商务而言，移动电子商务将互联网、移动通信技术、短距离通信技术及其他信息处理技术完美结合，可以真正使任何人在任何时间、任何地点进行各种商贸活动。例如，随时随地的交易、在线支付、商务活动、金融活动以及相关的综合服务活动等。

在商务活动中，移动电子商务是一种新电子商务模式。它通过移动通信网络进行数据传输，利用手机、PDA等移动终端来开展各种商业经营活动。对消费者而言，个体消费者主要购买一些娱乐信息内容，包括图片、铃声、游戏、赛事成绩等。在技术层面，移动电子商务突破了互联网的局限，使移动通信网与互联网有机结合，更加高效、直接地进行信息互动。

移动电子商务较多地应用在信息服务、支付、娱乐、学习等商务活动方面。人们可以使用手机等移动通信设备，随时随地上网，购买产品，查询信息，预订服务，既节约了时间，又节省了一定的人工成本。

#### （二）移动电子商务的特点

与传统的电子商务相比，移动电子商务更为简单、灵活方便。移动电子商务能满足消费者的个性化要求。消费者通过移动电子商务可以随时随地获取所需；可以根据自身的时间安排使用智能电话或PDA完成诸如采购、选择服务、商业决策、付费。移动电子商务的出现改变了人们的商务和生活方式，与传统的电子商务相比，具有明显的优势与特点。

第一，移动电子商务可以使用户随时随地地响应工作，不受时间和地点的限制，提高了效率，具有即时价值。

第二，移动电子商务可以提供更好的个性化服务。用户根据自己的需求和喜好能更加灵活地定制服务。用户在任何时间、地点所传送的信息，经过技术分析将形成具有一定价值的资讯。另外，移动计算环境的改善也为个性化服务的提供创造了更好的条件。

第三，位置定位和跟踪是移动电子商务的特色。移动通信网通过获取和提供移动终端的位置信息，提供与位置相关的交易服务。

第四，在移动电子商务活动中，用户通过移动终端从事商务活动，并可通过多种方式进行网上支付，使支付更加快捷方便。

第五，相对于 Internet 的电子商务，移动电子商务更具安全性。移动电话所用的 SIM 卡储存着用户的信息，对应唯一的用户身份。另外，移动数据通信的数据更难以截取，移动用户可以使用银行可靠的密钥进行信息加密。相对于 Internet 更安全可靠地进行电子商务活动。

### 二、移动电子商务兴起的驱动因素

移动电子商务因其快捷方便和无所不在的特性，已逐步成为电子商务发展的新方向。移动通信技术和其他技术的组合创造了移动电子商务，移动电子商务的兴起离不开服务市场的发展。

1. 电子商务的兴起和发展

电子商务起源于美国。20 世纪 60 年代美国商业领域就广泛使用计算机，70 年代至 80 年代又推行了企业间的电子数据交换，以及与其相联系的增值网，进入 90 年代后，互联网的商业应用，掀起了电子商务热潮。我国的电子商务从 1995 年起步，政府非常重视电子商务的发展，给予了大力的支持。

2. 移动设备的普及和移动技术的发展

移动互联网急速成长、移动电话的普及、移动通信技术特别是 3G 的迅速发展等这些都为移动电子商务提供了极大的发展基础。第三代网络（3G）的发展实现了带宽的增加，蓝牙技术使个性化的带宽分配极为高效，多媒体的融合使各种通信十分便利。3G 成为移动电子商务有力的推动因素。第四代网络（4G）的建设提高了移动互联网的网速，移动应用场景得到极大的丰富和发展。第五代网络（5G）的出现加快了实现万物互联的步伐。

3. 人们消费需求和意识的提高

现代社会的生活节奏越来越快，人们的生存压力越来越大，对消费有了更高的要求。现阶段电子商务由于互联网络和计算机设备并不是随时随地都可以使用和访问，而移动电话基于它的低成本性、高拥有率和便利性使它成为计算机的一种有效补充。移动电子商务的应用使人们更高的消费需求得以实现。

4. 我国地理条件优势

我国地域辽阔，地质条件复杂，三分之二面积为山地、丘陵和高原。复杂的自然地理环境和多发的自然灾害使我国发展移动电子商务比发展有线的电子商务更有意义。

### 三、我国移动电子商务的应用

（一）我国移动电子商务的应用分析

移动电子商务在中国有着广泛的应用空间和庞大的用户群体，相关技术日臻成熟。移动电子商务解决方案也逐渐应用到纵向的服务领域。2013 年 10 月 31 日，商务部以商电函〔2013〕911 号印发《关于促进电子商务应用的实施意见》。该《意见》重点任务是引导网络零售健康快速发展；加强农村和农产品电子商务应用体系建设；支持城市社区电子商务应用体系建设；推动跨境电子商务创新应用；加强中西部地区电子商务应用；鼓励中小企业电子商务应用；鼓励特色领域和大宗商品现货市场电子交易；加强电子商务物流配送基础设施建设；扶持电子商务支撑及衍生服务发展；促进电子商务示范工作深入开展。虽然我国移动电子商务市场的潜力巨大，具有一些有利的发展因素，但也存在不利因素，应用的现状仍比较落后。

1. 移动电子商务发展的有利因素

（1）技术因素。3G、4G 和 5G 网络建设为移动电子商务发展提供了良好的平台基础。2009 年 1 月，中国移动、中国联通和中国电信分别获得工业和信息化部发放的三张 3G 牌照。3G 牌照发放加速了移动电子商务领域的竞争，标志着我国移动通信正式进入 3G 时代。2013 年 12 月工业和信息化部正式向中国移动、中国联通和中国电信三大运营商发放了 4G 牌照。4G 网速的提高催生了利用移动互联网业务的开展，比如秒拍、快手、花椒和映客等。

2019 年 6 月 6 日，工业和信息化部向中国移动、中国联通、中国电信这三家运营商发放 5G 商用牌照。北京、上海、广州、深圳、天津、青岛、苏州、沈阳在内的全国 20 多个一、二线城市的消费者将率先体验 5G 带来的便捷。2020 年国内的省会城市以及部分二、三线城市也能实现 5G 的信号覆盖。

（2）政策因素。移动电子商务被列入《电子商务十一五规划》的重点引导工程。这标志着国家移动电子商务试点示范工程正式启动，将推动移动电子商务创新探索。宏观政策环境有利于移动电子商务良性发展。

（3）用户因素。工业和信息化部官网数据显示，截至 2019 年 4 月，我国目前移动电话用户已达 15.9 亿户。其中，移动宽带用户（即 3G 和 4G 用户）总数达 13.4 亿户，占移动电话用户的 84.4%；4G 用户规模为 12.1 亿户，占移动电话用户的 75.9%。庞大的用户资源和认知度不断提升，为移动电子商务的发展奠定了良好的用户基础。

移动定位、二维码及移动支付为移动电子商务提供技术支持。通过二维码的识读和被读，引导用户进入商家无线应用协议（WAP）站点，降低用户进入移动电子商务界面的门槛，充分体现了移动电子商务分众、定向、及时和互动的优势；移动支付则为移动电子商务的应用提供了安全便捷的支付通道和技术支持。

2. 中国移动电子商务发展不利因素

（1）支付安全因素。安全性是影响移动电子商务发展的关键问题。目前产生移动支付行为是基于移动终端绑定银行卡、信用卡与商家之间完成支付；或者基于手机 SIM 卡与 POS 机近距离完成。如果发生丢失移动终端、密码破解、信息被复制、病毒等安全问题都可能造成移动支付的损失。另外，移动商务平台运营管理的漏洞也会对移动支付的安全造成威胁。提高用户移动交易安全性的信心，需要进一步规范移动支付的环境、提升技术保障能力等。

（2）交易机制因素。移动支付基本解决了传统的支付安全问题、支付费用等问题，但在银行的电子通道承载能力、安全保障、易用性、资费定价等方面需要优化。移动支付体系仍不够完善。构建安全灵活的移动支付机制是完善移动支付商业模式的重要问题。

（3）专业人才因素。移动电子商务人才培养与实际需求存在差距。虽然每年有大量电子商务专业毕业生走出校园,但电子商务往往需求的是有一定行业背景和营销经验的复合型人才。专业人才的不足也是影响移动电子商务应用和发展的一个重要因素。

(二) 我国移动电子商务的服务形式

移动互联网应用和无线数据通信技术的发展,为移动电子商务的发展提供了坚实的基础。目前,推动移动电子商务发展的技术主要包括:WAP、移动 IP 技术、蓝牙技术、GPRS、MPS、3G、4G 和 5G 等。目前,移动电子商务提供的服务主要有银行业务、交易、订票、购物、娱乐、无线医疗、移动应用服务提供商等。

(1) 银行业务。移动电子商务进一步完善了互联网银行体系。用户可以使用移动终端进行核查、支付、转账、接收付款通知等功能。用户能随时随地在网上安全地进行个人财务管理。

(2) 交易。移动设备可用于接收实时财务新闻和信息,也可确认订单并安全地在线管理股票、基金、期货等交易。

(3) 订票。互联网有助于方便核查票证的有无,并进行购票和确认。通过互联网预订机票、车票、订餐、住宿、电影院入场券等已经发展成为一项主要业务。另外,用户借助移动设备,可以浏览电影剪辑、阅读评论等。

(4) 购物。通过移动电子商务,可以改善传统的购物方式。用户能够通过其移动通信设备进行网上购物。也可以使用"无线电子钱包"等具有安全支付功能的移动设备,在商店里或自动售货机上进行购物。

(5) 娱乐。移动电子商务可以提供一系列的娱乐服务。用户可以通过移动设备订购、下载特定的曲目,可以在网上玩交互式游戏等。

(6) 无线医疗。医疗行业十分适合移动电子商务的开展。在紧急情况下,借助移动技术,救护车可以在动态情况下同医疗中心和病人家属建立快速、实时的信息交换。这种服务在时间紧迫的情形下,可以为专业医疗人员提供关键的医疗信息,有利于抢救病员。这项服务甚至可以扩展到全国乃至全球,存在巨大的市场空间。

(7) 移动应用服务提供商。移动应用服务提供商(MASP)结合定位服务技术、短信息服务、WAP 技术,以及 Call Center 技术,为某些特定行业用户提供及时的服务,提高用户的工作效率。

移动电子商务作为一种新型的商务方式,是对传统电子商务的有益补充和拓展。尽管目前移动电子商务的开展还存在这样或那样的问题,但移动电子商务具有许多明显的优势,受到了世界各国的普遍关注。

(三) 我国移动电子商务行业市场现状

随着移动智能终端的普及,中国移动电子商务用户消费习惯逐渐形成,传统电商纷纷向移动电商转型。比如受疫情影响,直播带货的电商模式在 2020 年发展势头迅猛。移动电商市场交易额呈现增长趋势(如图 8-1 所示)。

中国互联网信息中心数据显示,2011 年至 2020 年,手机网络购物用户规模呈爆发式增长。截止到 2020 年 6 月底,我国手机网络购物用户规模达 7.47 亿人,手机网络应用使用率高达 79.7%(如图 8-2 所示)。

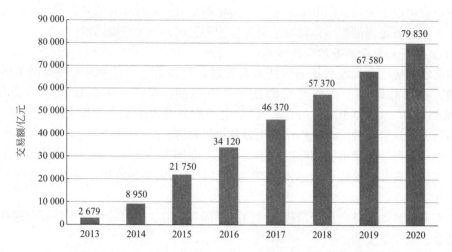

**图 8-1　2013—2020 年我国移动电子商务市场交易规模示意图**
资料来源：中国电子商务研究中心　前瞻产业研究院整理

**图 8-2　2011—2020 年手机网络购物应用用户规模及使用率示意图**
资料来源：中国互联网信息中心　前瞻产业研究院整理

## 第二节　移动电子商务技术基础

移动电子商务作为一种新型的电子商务模式，改变了人们的交流方式。移动电子商务充分利用了移动无线网络的优点，通过移动终端，人们可以随时随地进行交流或获取信息。它通过移动终端和无线网络（或移动通信网络）与有线网络中的电子商务平台相连接，随着通信技术、信息技术、计算机技术与网络技术的发展，推动移动电子商务发展的新技术不断出现，这些技术主要包括通用分组无线业务、无线应用协议、移动网络协议技术、蓝牙技术、移动定位系统技术、3G、4G、5G、无线公开密钥体系技术和短消息系统等。

## 一、移动电子商务技术环境

（一）移动终端

移动终端体积小，携带方便。虽然用户可以随时随地使用移动终端获取信息，但这也给移动终端的使用带来限制。

（1）计算能力。相对于一般的 PC，移动终端的计算能力有限。在处理复杂的运算时满足不了用户要求。

（2）存储器。移动终端的存储空间有限，升级扩展较难。

（3）电池续航能力。移动终端一般是通过电池供电来维持运转。由于受电池技术和终端体积的限制，电池的续航能力也是受限的。

（4）显示屏。终端的体积大小制约了显示屏的面积，虽然市场推出了可以折叠的新显示屏，但整体的显示信息的能力还是有限。

（5）键盘。移动终端一般只配备了简易的键盘，用户不易输入大量信息。

（二）移动通信网络

（1）第一代移动通信技术主要采用的是频分多址技术。第一代移动通信有多种制式，如 AMPS 系统、TACS 系统和 NMT 系统。它使用的是模拟技术，有很多不足之处。如实时性较差、容量有限、制式太多、互不兼容、保密性差、通话质量不高、不能提供数据业务、不能提供自动漫游、查询请求不会立即得到回答等。

（2）第二代移动通信技术主要采用的是时分多址技术和码分多址技术。第二代移动通信也有多种制式，如 GSM 系统和 IS-95A 系统。它使用的是数字技术，提供了数字化的话音业务及低速数据业务，克服了模拟移动通信系统的弱点，话音质量、保密性能得到很大提高，并支持漫游。第二代数字移动通信系统带宽有限，如 GSM 系统中 CSD 服务的传输速率只有 9.6 kbps。这限制了数据业务的应用，无法实现高速率的业务，如移动多媒体业务。

（3）第三代移动通信技术主要基于 SOA 的架构，同时融合了 3G 移动技术、智能移动终端、VPN、数据库同步、身份认证及 Web service 等多种移动通信、信息处理和计算机网络的最新技术。第三代移动通信也有多种制式，如 WCDMA 系统、CDMA2000 系统和 TDS-CDMA 系统。与前两代移动通信技术相比，具有更宽的带宽。在室内、室外和行车环境中，能够分别支持至少 2 Mbps、384 kbps 以及 144 kbps 的传输速率。为电子商务人员提供了一种安全、快速的移动商务途径。

（4）第四代移动通信技术。4G 也称为宽带接入和分布网络，具有非对称的超过 2 Mbps 的数据传输能力。它包括宽带无线固定接入、宽带无线局域网、移动宽带系统和交互式广播网络。4G 可以在不同的固定、无线平台和跨越不同频带的网络中提供无线服务，也可以在任何地方用宽带接入互联网（包括卫星通信和平流层通信），能够提供定位定时、数据采集、远程控制等综合功能。4G 是集成多功能的宽带移动通信系统，是宽带接入 IP 系统。

（5）第五代移动通信技术。5G 也是 4G 之后的延伸，网速可达 5~6 Mbps。2015 年 6 月 24 日，国际电信联盟（ITU）公布 5G 技术标准化的时间表，5G 技术的正式名称为 IMT-2020，5G 标准计划在 2020 年制定完成。

华为技术有限公司在 2009 年就已经展开了 5G 相关技术的早期研究，并在 2013 年 11 月 6 日宣布将在 2018 年前投资 6 亿美元对 5G 的技术进行研发与创新，在 2020 年用户会享受到 20 Gbps 的商用 5G 移动网络。

5G 是新一代移动通信技术发展的主要方向，是未来新一代信息基础设施的重要组成部分。与 4G 相比，不仅将进一步提升用户的网络体验，同时还将满足未来万物互联的应用需求。

### 二、移动电子商务相关技术

#### （一）通用分组无线业务（GPRS）

GPRS（General Packer Radio Service）是一项高速数据处理的技术，即以分组的"形式"把数据传送到用户手上。GPRS 将分组交换模式引入 GSM 网络中，突破了 GSM 网只能提供电路交换的思维定式。它通过增加相应的功能实体和对现有的基站系统进行部分改造来实现分组交换，从而提高资源的利用率。GPRS 的突出优点主要体现在以下三个方面。

（1）永远保持在线状态。由于建立新的连接几乎无须任何时间，因而用户随时都可以与网络保持联系。

（2）数据传输速度数倍增长。GPRS 速度 10 倍于 GSM，可以稳定地传送大容量的高质量音频与视频文件，更好地满足用户的需求。

（3）按数据流量计费能节约费用。根据传输的数据量来计费，而不是按上网时间计费，实现了少用少付费。

其主要应用领域如下。

（1）银行、证券、保险等金融机构建数据网络。

（2）税务、公安、交警、交通稽查等系统实时信息查询。

（3）联通、移动等新兴的电信营运商开展移动增值服务。

（4）电力、煤气、自来水集中监控、抄表、收费系统。

（5）支持笔记本电脑、掌上电脑、PDA 无线上网。

#### （二）无线应用协议（WAP）

无线应用协议（Wireless Application Protocol，WAP）是开展移动电子商务的核心技术之一，用来标准化无线通信设备。WAP 提供了一套开放、统一的技术平台，定义了一套软硬件的接口。用户使用移动设备很容易访问和获取以统一的内容格式表示的 Internet 或企业内部网信息和各种服务。同时，WAP 提供了一种应用开发和运行环境，能够支持当前最流行的嵌入式操作系统。

WAP 可以支持目前使用的绝大多数无线设备。WAP 技术将移动网络和 Internet 以及公司的局域网紧密地联系起来，提供一种与网络类型、运营商和终端设备都独立的移动增值业务。目前，它已经成为数字移动电话、互联网或其他个人数字助理机（PDA）、计算机应用之间进行通信的全球统一的开放式标准。WAP 的体系结构如图 8-3 所示。

WAE：无线应用环境。一个融合了 WWW 和移动电话技术的通用的应用开发环境。WAE 的目标是建立一个兼容的环境，以便让运营商和服务的提供者能在各式各样的无线平台上高效地建立应用程序。WAE 的主要功能有无标记语言（WML）、WML 脚本语言、无线电话应用、内容格式。

WSP：无线会话协议。第一种会话服务是面向连接的服务，它工作在无线事务协议（WTP）之上；第二种会话服务是无连接的服务，它工作在安全或非安全的 WDP 之上；

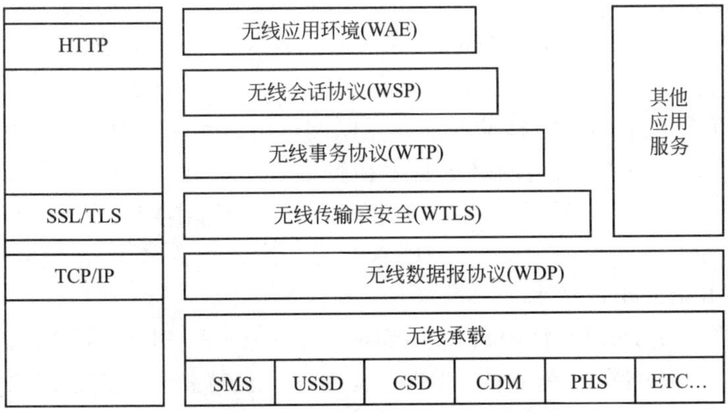

```
     ┌──────┬─────────────────────────┬────┐
     │      │   无线应用环境(WAE)      │    │
     │ HTTP ├─────────────────────────┤ 其 │
     │      │   无线会话协议(WSP)      │ 他 │
     │      ├─────────────────────────┤ 应 │
     │      │   无线事务协议(WTP)      │ 用 │
     ├──────┼─────────────────────────┤ 服 │
     │SSL/TLS│  无线传输层安全(WTLS)  │ 务 │
     ├──────┼─────────────────────────┤    │
     │TCP/IP │  无线数据报协议(WDP)   │    │
     ├──────┴─────────────────────────┴────┤
     │              无线承载                │
     ├────┬─────┬─────┬─────┬─────┬────────┤
     │SMS │USSD │ CSD │ CDM │ PHS │ ETC... │
     └────┴─────┴─────┴─────┴─────┴────────┘
```

图 8-3　WAP 的体系结构图

WSP 协议簇特别针对窄带和长延时的承载网络进行了优化。WSP/B 允许 WAP 代理把 WSP/B 客户端连接到标准 HTTP 服务器上。

WTP：无线事务协议。运行在数据报服务之上，是一个轻量级的面向事务的协议。

WTLS：无线传输层安全。这是一种基于工作标准的传输层安全协议。WTLS 专门设计与 WAP 传输协议配套使用并针对窄带通信信道进行了优化。

WDP：无线数据报协议。它工作在有数据承载能力的各种类型的网络之上。作为一种通用的传输服务，WDP 向上层的 WAP 协议提供统一的服务。WDP 协议向上层的 WAP 协议提供了一个通用接口，从而使安全层、会话层、应用层与底层的无线网络无关，这样他们就能相对独立地工作。在确保传输层接口和基本特征一致性的前提下，通过网关的协议转换，可以实现全球互通。

WAP 可以支持目前使用的绝大多数无线通信设备，包括移动电话、双向无线电通信设备等。在传输网络上，WAP 也可以支持目前的各种移动网络，如 GSM、CDMA、HPS 等，它也可以支持第三代移动通信系统。

（三）移动网络协议（IP）技术

移动 IP 通过在网络层改变 IP 协议，从而实现移动计算机在 Internet 中的漫游。移动 IP 技术使得节点在从一条链路切换到另一条链路上时无须改变其 IP 地址，也不必中断正在进行的通信。移动 IP 技术在一定程度上能够很好地支持移动电子商务的应用。

无线接入中的移动 IP 技术使得多媒体全球网络连接成为可能，它适应了时代的需求。然而现有的移动 IP 技术还有很多不足之处。基于移动 IP 技术的第三代移动通信系统和 Internet 网络相结合已是大势所趋。移动 IP 技术为移动节点提供了一个高质量的实现技术，可应用于用户需要经常移动的所有领域。如无线上网，用户可以使用手提电脑随时随地上网，通过 IP 技术还可以与公司的专用网相连；扩展移动 IP 技术，可以实现网络移动，把移动节点改成移动网络。这种技术广泛地应用于轮船、列车等活动网络中。

移动 IP 技术已是业界的研究重点。在 IMT-2000 中明确规定第三代移动通信系统必须支持移动 IP 分组业务。而 IEEE 也正在扩展互联网协议，开发用于移动 IP 的技术规范。移动 IP 不是移动通信技术和互联网技术的简单叠加，也不是无线话音和无线数据的简单叠加，它是移动通信技术和 IP 的深层融合，将真正实现话音和数据的业务融合。移动 IP 的目标是将无线话音和无线数据综合到一个技术平台上传输，这个平台就是 IP 协议。移动通信的 IP 化进程将分为三个阶段，即移动业务的 IP 化、移动网络的分组化演进、在第三代移动通信系统中实现全 IP 化。

21 世纪，人们的生活离不开移动通信和互联网。可以预见，移动通信网络和 IP 通信网络的融合，在一个统一的 IP 通信网络平台上传输话音、数据、视频、图像和消息等，而移动终端将使互联网的作用发挥到极点，两者的结合将创造出难以估计的产业机会和商业前景。

（四）蓝牙（Bluetooth）技术

蓝牙名称取自公元 10 世纪征服丹麦、挪威的国王 Herald Bluetooth 的名字。它是一种短距离无线连接技术。1998 年，爱立信、IBM、诺基亚、英特尔和东芝公司共同推出一项短程无线连接标准，旨在取代有线连接，实现数字设备间的无线互联，为大多数常见的计算机和通信设备提供一个低成本、高可靠性、支持高质量的语音传输和数据传输的无线通信网络。通过蓝牙可以使不同厂家生产的设备间达到无线连接状态下的信息交换和交互操作的网络。

蓝牙技术是一种无线数据与语音通信的开放性全球规范。其实质内容是为固定设备或移动设备之间的通信环境建立通用的无线电空中接口，将通信技术与计算机技术进一步结合起来，使各种 3G 设备在没有电线或电缆相互连接的情况下，能在近距离范围内实现相互通信或操作。

蓝牙作为一种低成本、低功率、小范围的无线通信技术，可以使移动电话、PDA、便携式电脑、打印机及其他计算机设备在短距离内无需线缆即可进行通信。例如，使用移动电话在自动售货机上进行支付，这是实现无线电子钱包的一项关键技术。蓝牙支持 64 kbps 实时话音传输和数据传输，传输距离为 10~100 米。国际著名的市场研究公司 ABI Research 研究表明：奥迪、凌志、林肯、宝马、沃尔沃、本田和丰田等越来越多的汽车厂商都已采用蓝牙技术；蓝牙技术在消费电子、办公设备、计算机外设、家用电器、医疗设备等领域具有广阔的应用前景。

（五）移动定位系统技术

移动电子商务的主要应用领域之一就是基于位置的业务，移动定位业务的具体应用可大致分为：公共安全业务、跟踪业务、基于位置的个性化信息服务、导航服务以及基于位置的计费业务等。移动定位可帮助个人和集团客户随时随地获得基于位置查询的各种服务与信息。

目前，移动通信行业纷纷开发基于移动平台的定位业务，这种业务是通过移动通信网和定位技术获取移动终端的位置信息，开展一系列应用服务的新型移动数据业务。北美、欧洲和亚太地区的主要移动通信运营商都已开通了移动定位业务。运营商可以利用自己的移动网络资源，结合短信息服务系统、GPS 和地理信息服务系统，与内容和业务提供商合作，为个人和集团客户提供丰富多彩的移动定位应用服务。

移动定位与目前比较通用的全球卫星定位有所不同。移动定位系统建立在移动跟踪和通信处理软件之上，采用普通的手机或手机信号收发模块作为定位终端，大大降低了定位业务市场的进入门槛和终端成本；移动定位技术采用永远在线、永远连接的全球卫星定位系统进行数据传输；基于移动运营商基站进行定位的定位系统能全天候地运作，包括在全球卫星定位常遇到的地下隧道、地下室等信号盲区，同时又能兼容全球卫星定位系统。

目前使用的移动定位技术有多种方式。

（1）起源蜂窝小区定位技术。这是最简单的一种定位方式。它根据移动台所处的小区识别号 ID 来确定用户的位置。它的优点是无须对网络和手机进行修改，响应时间短。但是精度较差。

（2）抵达时间差异定位技术。通过检测信号到达两个基站的时间差来确定移动台位置。精度较高，实现容易，但是需要改造基站设备以保证定时精度。

（3）增强型观测时间差定位技术。根据手机对服务小区基站和周围几个基站之间的时间差，计算用户相对于基站的位置。这仅需要使用软件计算而不需要增加硬件设备，但终端必须要有足够的处理能力和存储容量。

（4）辅助全球卫星定位系统定位技术。全球卫星定位系统与通信网结合，将实现一种精度高、速度快的定位方式，即辅助全球卫星定位系统。这种定位系统在精度和响应时间上都有很大的提高。但它需要新型的手机，需要对移动台进行调整，网络也要做相应的调整。

（5）角度到达定位技术。根据信号到达的角度，确定出移动台的位置。改善了天线增益模式和话音质量，可以在话音信道上工作，不需要高精度的系统定时。缺点是易出现定位盲点，需要复杂的天线，施工成本较高。

（6）抵达时间定位技术。它是基于测量信号从移动台发送出去并到达三个或更多的消息测量单元时间来定位的。这种定位技术可以使用现有的 CDMA 网络，在城区的定位精度较好，但是要求精确的时间同步，且响应耗时较长。

（六）第三代移动通信系统（3G）

3G（3rd-Generation）即第三代移动通信技术，是指将无线通信与国际互联网等多媒体通信结合的新一代移动通信系统。它能够处理图像、音乐、视频流等多种媒体形式，提供包括网页浏览、电话会议、电子商务等多种信息服务。第三代移动通信系统的目标是让世界范围内的设计保持高度一致性，与固定网络的各种业务相互兼容，提供高质量的服务，具有全球范围内的漫游功能，支持多媒体功能和众多的终端业务。

第三代移动通信系统不同于现有的第一代和第二代移动通信系统，它是一个在全球范围内覆盖和使用的系统，使用共同的频段、统一的标准。第三代移动通信系统具有支持多媒体业务的功能，特别是支持 Internet 业务，其业务能力比第二代有明显的改进。国际电联（ITU）规定第三代移动通信无线传输技术的最低要求必须满足在三个环境中的三个要求，即：快速移动环境，最高速率达 144 kbps；室外到室内或步行环境，最高速率达 384 kbps；室内环境，最高速率达 2 Mbps。

1985 年 ITU 就提出了 3G 的概念，许多国家和地区的著名电信设备制造商先后提出了十多种空中接口建议。经过充分协商和融合，最后形成了三大主流标准，即欧洲提出的 WCDMA、美国提出的 CDMA2000 和中国提出的 TD-SCDMA。目前，中国对三种主流的 3G 标准都有使用。例如，中国移动选择了 WCDMA，中国联通选择了 CDMA2000，中国电信选择了 TD-SCDMA。

（七）第四代移动通信系统（4G）

4G（4th-Generation）即第四代移动通信技术。4G 也称为宽带接入和分布网络，具有非对称的超过 2 Mbps 的数据传输能力。它包括宽带无线固定接入、宽带无线局域网、移动宽带系统和交互式广播网络。4G 数据传输速率达到了 3G 传输速率的 50 倍，是一种超高速传输的无线通信环境。

4G改变了我国的无线应用方式，使智能手机的用户群体持续增加。4G可以在不同的固定、无线平台和跨越不同频带的网络中提供无线服务，也可以在任何地方用宽带接入互联网（包括卫星通信和平流层通信），能够提供定位定时、数据采集、远程控制等综合功能。4G是集成多功能的宽带移动通信系统，是宽带接入IP系统。4G时代是推动我国移动电子商务购物市场快速扩张的根本原因。

（八）第五代移动通信系统（5G）

5G（5th-Generation）即第五代移动通信技术。5G是4G之后的延伸。2015年国际电信联盟（ITU）公布5G技术标准化的时间表，5G技术的正式名称为IMT-2020，5G标准计划在2020年制定完成，包括我国的华为公司在内共有29个参与者。

5G的频谱利用率高、网络兼容性好，高效的系统性能可以为我们带来高容量、低延迟、低功耗、超可靠的移动数据体验，最明显的优势就在于传输速率上得到了极大的提高。2018年2月，中国宣布首先在上海、广州、深圳等地正式开通5G试验网络，并在2019年开始推出5G手机。5G网络将朝着更加智能化、多元化、综合化的方向发展，不仅将进一步提升用户的网络体验，同时还将满足未来万物互联的应用需求。

（九）无线公开密钥体系（WPKI）技术

WPKI即无线公开密钥体系。它是将互联网电子商务中PKI安全机制引入到无线网络环境中的一套遵循既定标准的密钥及证书管理平台体系，用它来管理在移动网络环境中使用的公开密钥和数字证书，有效建立安全和值得信赖的无线网络环境。

WPKI并不是一个全新的PKI标准，它是传统的PKI技术应用于无线环境的优化扩展。它采用了优化的ECC椭圆曲线加密和压缩的X.509数字证书，利用证书管理移动网络环境中的公钥，验证用户的身份，建立安全的无线网络环境，从而实现信息的安全传输。

一个完整的WPKI系统必须具有权威证书签发机关、数字证书库、密钥备份及恢复系统、证书作废系统、应用接口等基本构成部分，其构建也将围绕这五大系统进行。

证书签发机关：数字证书的申请及签发机关，证书签发机关必须具备权威性。

数字证书库：用于存储已签发的数字证书，用户可由此获得所需的其他用户的证书及公钥。

密钥备份及恢复系统：为避免用户丢失解密数据的密钥，WPKI提供备份与恢复密钥的机制。但密钥的备份与恢复必须由可信的机构来完成，而且，密钥备份与恢复只能针对解密密钥，签名私钥为确保其唯一性而不能够作备份。

证书作废系统：证书作废处理系统是WPKI的一个必备组件。与日常生活中的各种身份证件一样，证书有效期以内也可能需要作废，如密钥介质丢失或用户身份变更等。

应用接口：一个完整的WPKI必须提供良好的应用接口系统，使各种各样的应用能够以安全、一致、可信的方式与WPKI交互，确保安全网络环境的完整性和易用性。

目前，WPKI技术的应用主要集中在无线存取电子邮件和移动商务。如移动商务的网上银行、网上证券、网上缴税等方面。另外，WPKI技术在其他领域内也将有广泛的应用，如仓储盘点人员需要通过无线网络直接将相应资料以加密的方式传给相关部门；在市场调研中，需要及时通知企业补给缺货或者调整，WPKI技术可保证信息传输的及时性和安全可靠性等。

## （十）短消息系统（SMS）

SMS（short message service）即短消息系统，是用手机通过移动网络收发简短文本消息的一种通信机制。SMS 属于 GSM 第一阶段标准，但目前已经被集成到了很多网络标准中。一般的移动网络都支持 SMS，如 GSM、CDMA、TDMA、PHS、PDC 等，这使得 SMS 成为一项非常普及的移动数据业务。

SMS 采用存储转发模式：短消息被发送出去之后，不是直接发送给接收方，而是先存储在短消息中心，然后再由短消息中心将短消息转发给接收方。如果接收方当时关机或不在服务区内，SMC 就会自动保存该短消息，等到接收方在服务区出现的时候再发送给他。

SMS 是非对称业务，系统可以支持短消息与话音、数据、传真等业务的同步传输。即使在业务信道处于高峰期的情况下，也照样可以使用短消息顺利通信。同时，SMS 也是一项有保证的双向服务。发送方可以在将短消息发送出去之后得到一条确认通知，返回传递成功或失败的信息以及不可到达的原因。此外，SMS 还可以实现全国甚至国际漫游。

GSM 标准中定义的点到点短消息服务使短消息能够在移动台和短消息服务中心之间传递。目前，手机短信的主要应用范围涉及办公自动化、商业、服务行业中的产品推销和用户咨询服务、电信信息服务、电话银行以及居家办公等方面。

短信以其低廉的价格、方便的操作，在中国获得了广泛使用。绝大部分的终端，如手机、PDA、电话等都支持短信服务。随着中国通信网络短信业务的进一步发展，手机短信的局限性也逐渐反映出来。首先发送的消息长度受限；其次，数据传输速率低，等待时间长；另外，输入手机短消息的过程比较浪费时间，当字数较多时感觉更为明显。现在，不少厂商在手机短消息的文本输入方式上开发出了其他更为简便的方式，将大大改善短信息输入的不足。

## 第三节  移动电子商务的应用模式

### 一、移动电子商务的商业模式

移动电子商务的商业模式是在智能终端上开展商业活动，需要移动运营商的移动网络支持，平台提供商搭建一个平台提供内容服务商，将服务呈现给用户，在整个流程进展中，参与主体互利互赢共同创造企业的价值。在整个商务过程中，商业模式贯穿每一个环节，是由企业的内部资源、盈利模式、外部协作模式、支付模式、商家信用等级等部分组成。

移动电子商务的商业模式涉及的环节较多，其中有移动运营商、内容服务提供商、平台提供商、终端设备商、第三方支付机构共同协作创造利润。企业以移动网络为依据，使用移动终端进行商务活动，实现企业的商业价值。但移动电子商务的商业模式也应考虑环境因素，适合政治、经济、环境因素。

随着物联网研究的兴起，3G、4G、5G 牌照相继在我国颁发，移动电子商务的应用已进入社会生活的诸多方面。通过移动电子商务，用户可随时随地获取所需信息，进行商务活动。人们可以在自己方便的时候，使用智能电话或 PDA 以短信、即时通信、WAP、RFID 等方式实现交易。另外，利用移动电子商务，用户可以根据自己个性化的需求和喜好预先定制。智能手机作为移动性和便携性最强的移动电子终端,其功能从单纯的通信工具演变为人们日常生活中不可或缺的一部分,已形成以之为载体的移动电子商务业务和难以估算的移动商务产业价值链。

## 二、我国移动电子商务的运营模式

### (一)运营模式的类型

中国移动、中国联通和中国电信三家公司在我国移动电子商务的产业链中处于垄断竞争地位。国内采用的模式以借鉴 NTTDoCoMo 为主,同时加入终端应用。由平台、服务、应用等环节分享整个移动通信产业价值。平台包括电信网络平台、业务支持平台、客户管理平台和手机系统平台等。运营商涉足手机的定制和操作系统的研发,使终端更加贴合用户需求。

NTTDoCoMo 提出运营商的服务范围,除丰富的语音服务外还要提供数据通信服务,把手机角色转换为用户生活行为的助手。现三大运营商都在发展各自的应用商店,此方面需要把握用户全方位需求,提供基于通信网络和手机平台的一体化服务。

我国移动电子商务产业多种运营模式并存,大致可分为五类。

(1)传统电子商务企业主导模式。这种方式是传统电子商务的接入移动化,如用户使用手机上网的形式登录"淘宝网"等网站进行订单处理等。这种方式的优势在于传统电子商务企业已经具有电子商务的运营和管理经验以及成熟的品牌形象,手机仅作为一个全新的用户接入渠道,可以迅速将互联网业务向手机移植。

(2)电信运营商主导模式。电信运营商与用户和商业客户直接建立联系,在移动终端中采用特制的 SIM 卡,在商户端布放支持非接触交易的 POS 机,并搭建统一的移动支付运营平台。此模式不需要银行参与,如目前开展的"手机钱包"业务。电信运营商凭借在移动产业链中的核心地位,以及庞大的用户群,在开展移动电子商务方面具有先天优势。

(3)平台集成商主导模式。由平台集成商自主发展商业客户,建设与维护业务平台,同时向多个运营商提供业务接入服务。平台集成商开展移动电子商务主要集中于他们熟悉的某个行业。

(4)金融机构主导模式。金融机构布放 POS 机、开发平台、发展用户,用户与金融机构直接发生联系。金融机构在大额移动支付中占据主导地位,具有得天独厚的政策优势。

(5)电信运营商与金融机构合作模式。这种模式中银行和电信运营商发挥各自的优势,电信运营商具有用户优势和增值业务运营经验,银行提供移动支付安全和信用管理服务。金融机构的参与将极大增强金融风险的承受能力,大大减小支付额度的限制,提高信用安全等级。

### (二)移动运营增值业务

(1)移动社交平台。社会性网络服务是建立社会性网络的互联网应用服务,此业务已被推广至手机平台。如校内网、QQ 空间等。用户可随时随地与朋友交流。手机可将全球卫星定位和社会性网络服务相结合。

彩铃业务

(2)手机娱乐。包括手机游戏、移动阅读等。其中游戏是移动业务中的盈利核心。

(3) 手机移动广告。手机广告更有针对性和友好性，可将广告内嵌在软件里，广告更换成本很低。

(4) 移动搜索。移动搜索可方便、快捷地查找并连接至本地服务、网站、图像以及所需资料，能够满足全方位的应用需求。各大搜索引擎和运营商都在致力于此项开发，手机搜索更能让搜索引擎和运营商了解用户的偏好和准确资料。

### 三、移动电子商务商业模式和价值链的关系

哈佛大学迈克尔·波特教授最早提出了价值链概念，认为价值链是每一个企业在设计、生产、销售、发送和辅助其产品的过程中所进行的种种活动的集合体，是一种对企业业务活动进行组织的方法。但是随着现代交易过程的复杂化，使得贸易的完成不仅需要供需两方的参与，还涉及其他多方企业，从而形成产业价值链。

#### （一）移动电子商务的价值链分析

移动商务作为一种商业模式，涉及价值链的多个环节。包括内容及应用提供商、产品及服务提供商、移动网络运营商、基础设备提供商、金融服务机构、物流系统以及最终用户。在移动电子商务行业中，正逐步形成新型的产业价值链。价值链参与者通过业务合作，促进了移动电子商务行业的总体发展。移动电子商务的价值链构成模型如图8-4所示。

浙江移动5G全面布局

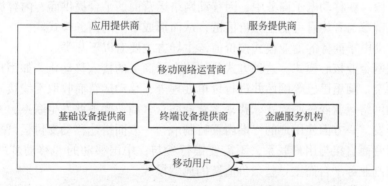

图8-4 移动电子商务价值链构成模型图

具体包括以下几个环节。

(1) 内容及应用提供商。对移动用户提供移动应用和相关平台。

(2) 产品及服务提供商。拥有内容的版权，是信息创造的源头。提供相关的数据和信息产品并通过移动网络进行实现分发，对服务的后台数据进行管理。在我国移动通信市场，内容提供商和服务提供商两者之间的界限较为模糊，后者兼有前者的部分职能。

(3) 移动网络运营商。这是整个价值链的关键一环，向移动用户提供个性化和本地化的服务，如中国移动、中国联通、中国电信等运营商。

(4) 移动用户。用户接收的商品或服务可能因为时间、地点及其使用移动终端情况的差异而不同。

(5) 基础设备提供商。提供核心网基础设施，如包括无线接口、基站、路由器、交换机等；网络运营维护设施，如包括网络管理系统、计费系统、应用和业务平台等；提供网络演

进、规划、优化、集成等服务。

（6）终端设备供应商。提供移动终端设备。

（7）金融服务机构。金融机构作为与用户手机号码关联的银行账户的管理者，银行需要为移动支付平台建立一套完整、灵活的安全体系，从而保证用户支付过程的安全通畅。与其他环节比起来，金融机构有自己特有的优势，银行拥有以现金、信用卡及支票为基础的支付系统，还拥有个人用户、商家资源。

在传统电子商务模式下，传统电子商务价值链中占主导地位的是应用服务提供商。电信运营商的作用仅仅是提供网络接入手段，为用户、应用服务提供商、商业机构、银行之间的通信提供桥梁。电子商务不受运营商控制，服务费用全部被应用服务提供商获取，运营商仅获取完成整个业务流程的网络通信费用。

在移动电子商务产业价值链中，移动网络运营商提供信息交易平台，与交易各方都有着密切的联系，凭借其客户资源、品牌优势、网络实力成为该价值链的核心。因此，移动运营商必须有效地管理价值链上各个合作伙伴之间的关系，使各合作方都能够在整个价值链获益的基础上实现自身的发展。

（二）基于价值链的移动电子商务商业模式

移动电子商务模式是由移动商务价值链中的某几个部分相互合作而形成的。在传统电子商务的价值链中，占主导地位的往往是应用服务提供商，移动网络运营商的作用仅仅是提供网络的接入手段。在移动电子商务中，因移动网络运营商、平台提供商、内容提供商、服务提供商等价值链参与者均有可能主导价值链，从而形成不同的商务模式。

目前，移动电子商务的商业模式按价值链主导方主要有以下几类。

（1）互联网企业核心模式。这种方式是传统电子商务的接入移动化。如用户使用手机上网形式登录淘宝、阿里巴巴等网站并进行订单处理等，移动运营商收取无线接入费用。

（2）移动网络运营商核心模式。移动运营商同众多商业服务商发生联系，并通过平台集成商的系统开发。一方面使用户的终端内置特制卡，一方面搭建移动支付运营平台。在此模式下，移动运营商直接与用户联系，不需要银行参与；中国移动的"移动梦网"都是网络运营商通过控制业务平台而主导整条价值链的典型模式。

网络运营商提供了一个范围广、使用方便的业务平台和快捷简便的网络接入服务，还可以提供内容集成和支付服务，吸引更多的移动用户，扩大其客户群。移动网络运营商核心模式是目前中国移动电子商务市场的主要模式，中国移动、中国联通等移动网络运营商以其广大的用户群为依托，成为市场的核心。其流程如图8-5所示。

该模式下运营商与终端客户联系紧密，具有其他环节不可比拟的用户数据信息，可为客户提供个性化的服务；运营商和用户本身就具备计费结算系统，可与银行等金融企业合作，为手机支付提供有力支持；有利于运营商开放性系统的开发，使一机可以兼容多种应用工具。

（3）平台集成商核心模式。由平台集成商自主发展商业服务商，建设与维护移动商务业务平台，同时向多个运营商提供业务接入服务。

（4）内容提供商核心模式。在该模式中，企业向客户提供相关的数据和信息产品，并通过移动网络向客户进行内容的传递。其有用的信息和方便的信息获取方式吸引了大批移动用户，其他价值链参与者可通过付费给内容提供商而获得其客户群，共同实现利润最大化。如新闻、音乐、位置信息、股票信息等。

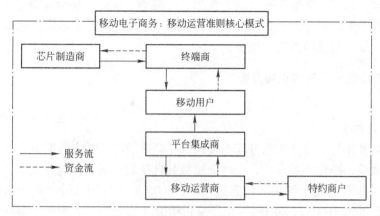

图 8-5　移动运营商核心模式流程图

(5) 服务提供商核心模式。在移动电子商务价值链中，服务提供商主要是向客户提供移动应用服务。主要方式有以下四种：直接提供、通过移动 portal、通过其他企业的 WAP 网关、通过移动运营商。

(6) 银行核心模式。银行开发业务平台，用户通过短信等模式与银行直接发生联系，该模式主要适用于手机银行业务，如中国工商银行的手机银行业务。

(7) 运营商银行联盟核心模式。移动运营商发展商业服务商并通过平台集成商进行系统开发，银行提供移动支付安全和信用管理服务，银行和移动运营商发挥各自的优势形成战略联盟。

## 第四节　移动电子商务的市场

移动电子商务从根本上改变了人们传统商务活动中的交易方式和流通技术，对商务活动和社会经济的发展产生了深远影响，市场发展潜力巨大。移动电子商务解决方案也逐渐从开始的短信群发、祝福、通知提醒等简单功能，转向物流、销售、管理等更加深入的纵向服务市场的应用。

### 一、国外移动电子商务的市场简述

随着全球互联网用户数量越来越多，选择网购的用户也在增多，这很大一部分要归功于智能手机行业的迅速崛起。在美国，约有 40% 的在线零售销售是通过智能手机完成的（称为移动电商）。在全球第三大电商市场的英国，移动电商销售额以每年 16% 的速度增长，大大超过台式电脑 5% 的销售增长率。另外，英国移动电商市场规模预计到 2022 年将达到 2 437 亿英镑。根据独立支付业务运营商 Worldpay 的全球支付趋势报告，到 2023 年，全球移动端的电商销售额将超过 PC 端。

2018 年全球前十大零售商占据了全球电商收入的 15.1%。这些零售商包

移动商务应用的几个实例

括亚马逊、京东、苏宁、苹果、沃尔玛、戴尔、唯品会、Otto（德国电商平台）、国美电器和梅西百货。其中美国企业占半数，四家来自中国，一家来自欧盟国家的德国。电子和媒体类产品也在继续推动电商销售额的增长。

### 二、我国移动电子商务的市场分析

（一）移动电子商务宏观环境分析

1. 政治与法律因素

移动电子商务作为一种新的商务运行模式，受到政治的影响十分明显，必须要有相应的法律法规加以规范，净化市场环境，以保证按照其自身的市场规律健康发展。

2005年4月1日《电子签名法》正式实施；2005年3月31日，《电子认证服务密码管理办法》颁布；2005年10月26日，《电子支付指引（第一号）》颁布；2007年3月6日，《关于网上交易的指导意见（暂行）》颁布；2007年6月，《电子商务发展"十一五"规划》颁布；2007年12月17日，《商务部关于促进电子商务规范发展的意见》颁布；2010年7月1日，《网络商品交易及有关服务行为管理暂行办法》正式实施；2011年4月12日，《第三方电子商务交易平台服务规范》颁布；2012年3月27日，《电子商务"十二五"发展规划》颁布；2014年1月26日，《网络交易管理办法》颁布等。

同时，我国进一步贯彻落实《电子签名法》，加强电子认证服务管理、信用管理、在线支付、组织机构代码管理、电子交易和个人信息保护等方面法律法规的研究。来自央行、银保监会、国信办、信息产业部的领导和法律专家也提出将出台关于网上支付、网上银行的相关法律文件。这些法律法规对提高电子商务效率、降低交易成本，推进我国移动电子商务的发展必将起到重要的保障和促进作用。

2. 经济因素

经过改革开放，我国的经济实力显著增强，人民生活明显改善，信息通信技术产业发展迅速。这样为移动电子商务的快速发展提供了机遇。

3. 社会与文化因素

移动电子商务的消费市场主要由手机用户和上网用户组成。因此在考虑社会与文化因素时，应把重点放在手机和上网用户的人口统计特征以及消费特征方面。

（1）人口统计特征。

我国网民以中青年群体为主，并持续向中高龄人群渗透。教育水平方面，我国网民以中等教育水平的群体为主。

（2）消费特征。

网民使用手机上网时主要使用收发电子邮件、浏览信息功能，也有相当的网民使用下载彩铃、彩信、手机游戏、手机Flash、手机电影、与好友在线聊天、登录手机网上社区、使用手机银行、使用手机博客、在线手机视频和其他功能。

另外，网上购物中使用网上支付已成为网民的习惯选择，手机支付方式已成为生活常态。

4. 技术因素

移动电子商务中硬件生产与软件开发是最基本的技术因素。目前，硬件生产技术已较为成熟，我国已有一批实力较强的企业。而在安全技术方面，比如加密技术、防火墙技术、数字签名技术等问题已基本解决。国家对信息共享产业的投资力度加大，支持移动运营支撑平台的建设。

（二）移动电子商务市场环境分析

移动电子商务的相关技术已较为成熟。中国用户群体数量庞大。虽然移动电子商务市场在我国的发展潜力巨大，但其应用现状还比较落后，许多行业的移动电子商务距离真正的实际应用还有较长的路要走。

1. 应用环境分析

移动电子商务的应用环境主要涉及移动通信技术、无线通信协议及硬件设施的情况。

（1）移动通信技术。

第一代移动通信技术采用模拟蜂窝移动电话系统，主要采用的是频分多址接入技术，以调频方式传输模拟语音信号。第一代移动通信有多种制式，我国主要采用 TACS（Total Access Communications System）。第一代移动通信受到传输带宽的限制，不能进行移动通信的长途漫游，是一种区域性的移动通信系统。

第二代移动通信是以数字蜂窝网为基础，以 GSM 为代表的时分多址技术和码分多址技术。它克服了模拟移动通信系统的弱点，话音质量、保密性能得到大的提高，并可进行省内、省际自动漫游。第二代移动通信完成模拟技术向数字技术的转变，但移动通信标准不统一，用户只能在同一制式覆盖的范围内进行漫游，无法进行全球漫游。

第三代移动通信是宽带数字数据移动通信技术。目前国际电联接受的第三代移动通信系统标准主要有三个，即美国提出的 CDMA2000，欧洲和日本提出的 WCDMA 以及我国提出的 TD-SCDMA。第三代移动通信网络能提供包括卫星在内的全球覆盖并实现有线和无线以及不同无线网络之间业务的无缝连接，满足多媒体业务的要求，从而为用户提供更经济、内容更丰富的无线通信服务。但第三代移动通信仍是基于地面、标准不一的区域性通信系统。

第四代移动通信系统可称为宽带接入和分布网络，是多功能集成的宽带移动通信系统。在业务上、功能上、频带上都与第三代移动通信系统不同，将在不同的固定和无线平台及跨越不同频带的网络运行中提供无线服务。第四代移动通信技术可将上网速度提高到第三代移动技术的 50 多倍，可实现三维图像高质量传输。第四代移动通信系统可以自动管理、动态改变自己的结构以满足系统变化和发展的要求。用户将使用各种各样的移动设备接入第四代移动通信系统中，各种不同的接入系统结合成一个公共的平台，它们互相补充、互相协作以满足不同的业务的要求。

第五代移动通信技术也是 4G 之后的延伸，国际电信联盟已经公布 5G 技术标准。5G 是新一代移动通信技术发展的主要方向，同时还将满足物联网的发展需要。

（2）移动电子商务协议。

移动电子商务实现了与 Internet 的有机结合，无线应用协议（WAP）成为开展移动电子商务的核心技术之一。WAP 是一种通信协议，用户使用移动设备很容易访问和获取以统一的内容格式表示的互联网或内联网信息和各种服务。WAP 提供了一种应用开发和运行环境，能够支持当前最流行的嵌入式操作系统。

2. 安全环境分析

安全性是影响移动电子商务发展的关键问题。移动电子商务的安全主要包括：数据传输的安全性；数据的完整性；身份认证；交易的不可抵赖性。相对于传统的电子商务模式，移动电子商务的安全性更加薄弱，新的安全因素也会不断出现。如何保护用户的合法信息不受侵犯，是一个需要长期解决的问题。

从移动电子商务的网络结构分析，有可能遭受攻击的环节主要有移动终端与交换中心之间的空中接口、移动网关与应用服务提供商之间的传输网络。

虽然 GSM 采用了比较先进的加密技术，由于移动通信手机与基站之间的空中无线接口是开放的，这给破译网络通信密码提供了机会；而且信息一旦离开移动运营商的网络就已失去了移动运营商的加密保护，因此在整个通信过程中存在被第三方截获信息的可能。在移动通信系统中，商家如何确认用户的合法身份，如何防止用户否认已经发生的商务行为都是急需解决的安全问题。另外，我国还没有解决好电子支付系统、商品配送系统等安全问题。

3. 信用环境分析

良好的信用状况是社会稳定和经济发展的重要保障。我国信用体系建设与欧美发达国家相比还存在许多问题。我们要认识到信用体系建设的必要性，也要认识到我国与发达国家相比相对落后的现状。移动电子商务信用风险实质是由网络交易的虚拟化和特殊性产生的其主体的信用信息不能为对方了解所引发的信用风险。因此，网络提供的只是一个交易平台，双方无须见面，实质依赖的就是社会信用。由于移动电子商务涉及多个交易主体，其信用就转化为参与各方的信用。

信用是移动电子商务的一种重要资源。移动商务目前在中国正处于发展阶段，信用危机势必对移动电子商务的发展带来不利影响。提高移动电子商务的安全性需要建立一个比较完善的国民信用体系或社会信用体系，同时，在制定移动电子商务活动的解决方案时也要充分考虑现实社会的实际信用情况，制定必要的防范措施。

4. 支付环境分析

移动电子商务的发展需要一个安全的受信任的支付体系，否则移动服务将只能停留在信息浏览这一层面上。对消费者而言，移动支付的便捷是毋庸置疑的。对于银行以及运营商而言，移动支付业务的开展能够丰富其服务范围。移动电子商务的支付方式一般可分为直接支付、通过银行支付和利用第三方中介支付。以上三种支付方式都需要某种钱包软件的支持。

银行、信用卡组织、设备制造商、移动运营商、移动支付服务提供商、商业机构、手机供应商、内容提供商、用户等多个环节组成了庞大而复杂的移动支付产业链。5G 网络建设带来了移动支付的快速发展，5G 的超大带宽，海量连接，高可靠、低时延特点对移动电子商务的发展将起到巨大的推动作用。

## 本章小结

本章主要学习移动电子商务的相关理论知识。首先介绍了移动电子商务的定义、起因及我国移动电子商务的应用与服务形式，然后介绍了移动电子商务的相关技术，对我国移动电子商务的商业模式及运营模式进行了分析，最后分析了国内外移动电子商务市场。

自测题

一、判断题
1. 移动电子商务是通信技术和电子商务技术结合所构成的一个统一体。（　）
2. 移动电子商务的应用既节约了时间，又节省了一定的人工成本。（　）
3. 移动电子商务活动中，用户通过移动终端从事商务活动，并可通过多种方式进行网上支付，使支付更加快捷方便。（　）
4. 我国移动电子商务发展的有利因素主要包括技术因素、政策因素、用户因素。（　）
5. 我国移动电子商务发展的有利因素主要包括支付安全因素、交易机制因素和业务因素。（　）
6. 我国移动电子商务的服务形式主要有交易、购物、娱乐、无线医疗等。（　）
7. 移动电子商务的商业模式涉及的环节较多，其中有移动运营商、内容服务提供商、平台提供商、终端设备商等。（　）
8. 移动运营增值业务主要有移动社交平台、手机移动广告和移动搜索等。（　）
9. 平台集成商核心模式是由平台集成商自主发展商业服务商，建设与维护移动商务业务平台，同时向多个运营商提供业务接入服务。（　）
10. 移动电子商务的应用环境主要涉及移动通信技术、无线通信协议及硬件设施的情况。（　）

二、简答题
1. 简述移动电子商务的特点。
2. 简述移动电子商务兴起的驱动因素。
3. 我国发展移动电子商务的有利因素有哪些？
4. 我国移动电子商务的服务形式有哪些？

三、论述题
1. 移动电子商务发展的主要支持技术有哪些？
2. 我国移动电子商务的市场分析。

# 第九章　跨境电子商务及应用

【学习目标】

通过本章的学习，掌握跨境电子商务的概念、特点和分类。掌握跨境电子商务的基本运营模式、各自特点及优势，并比较不同模式之间的区别。了解跨境电子商务选品、平台选择的基本原则。

【导读案例·思政结合】

### 从白牌到品牌，阿里速卖通推动中国贸易结构转型

"阿里巴巴全球速卖通平台的打造，以及模式的探索，在一定程度上可以帮助我们的企业，特别是中小企业，渡过最近贸易形势不好的难关。"近日，在全球速卖通举办的专家研讨会上，商务部国际贸易经济合作研究院国际发展合作研究所所长王泺如此总结。

在王泺看来，速卖通的探索和实践很好地推动了中国贸易结构的转型和升级，特别是中小企业的品牌化。

速卖通是阿里巴巴集团旗下唯一一个面向全球消费者市场的跨境零售电商平台，成立于2010年。目前速卖通拥有18个语种的站点，消费者覆盖全球200多个国家和地区，其中俄罗斯、西班牙、美国、法国、波兰是速卖通排名前五的市场。在俄罗斯，速卖通也是当地最大的电商平台，平均每6个俄罗斯人就有一个在使用速卖通。

**从白牌到品牌**

据速卖通总经理王明强在研讨会上介绍，速卖通十年的发展历程经历了三个主要阶段。速卖通孵化于阿里巴巴最早的传统B2B业务，诞生的重要背景是2008年的全球金融危机，很多海外买家的订单量急剧变小。因此在2010年创建之初的两三年里，速卖通是以小额批发业务为主的。而当时售卖的商品也主要以白牌为主，即没有商标的商品。

第二阶段从2013年开始，速卖通从小额批发全面转向To C（终端消费者）平台。这一阶段，平台开始投入大量的资源去招募中国品牌，并在一些重点国家如俄罗斯做本地化的投入，帮助其增强物流、支付等电商基建能力。在速卖通的推动下，俄罗斯邮政配送时间从几十天缩短到了最快5~7天。

第三阶段从2017年到现在，整个业务往多元化的方向发展。王明强表示，速卖通的优势之一在于背靠阿里巴巴集团的大数据和产品技术能力，可以满足不同国家用户的需求。如何把中国先进的基于电商的人工智能能力应用在海外业务，应用在全球化业务，应用在不同国家的商品需求和供给匹配方面，是速卖通当前的主要目标。

而在这个发展过程中，速卖通上的很多商家也完成了从白牌到品牌的转型升级之路。

Deko便是其中的一个商家。作为中国千千万万传统出口企业之一，位于宁波的Deko以贴牌、加工贸易起家。随着加工贸易的式微、竞争的加剧，以及了解到批发价格和海外终端零售价格的巨大价差之后，Deko开始思考转型，于2015年入驻速卖通并创建了自己的品牌。

"其实像我们这样的企业在中国特别是浙江有很多，但是如果说你想去做品牌，门槛是很高的，而且要付出很大的代价。但是这几年通过速卖通，我觉得我们用了比较小的代价，就把这个自有品牌给做起来了。"Deko品牌负责人冯骏在研讨会上说。

据冯骏介绍，通过速卖通这样一个直接连接消费者的跨境平台，Deko将所有的中间环节都砍掉了，从而为消费者提供了极致性价比。同时，通过和消费者直接接触，也可以及时获得消费者的反馈，并根据每个国家消费者的不同情况，快速改进及差异化产品的研发和设计。

Deko还布局了海外仓，以B2B2C的方式更好地服务消费者。现在，不少海外商超都主动来找Deko，要代理他们品牌在海外的销售，这在贴牌时代，是难以想象的。从2015年的第一个"双11"卖了9 992美元，到2019年"双11"卖出300多万美元。

**突破全球价值链锁定**

北京师范大学国际经济与贸易系主任魏浩教授指出，自从改革开放以来，我国很多企业是通过代工的形式参与国际分工的。虽然通过代工的形式参与国际分工促进了中国的经济增长，创造了中国奇迹，但是，我国企业只是全球价值链的一个环节，我国在国际分工主要从事的是加工生产环节，要想向产业价值链的两端拓展是很难的。"我国现在制造能力很强，但是，我国想提高技术能力，想建设自己的品牌，是很难的。现在我们的企业通过跨境电商销售平台出口，在一定程度上可以帮助中国企业突破外国企业的制约，或者突破全球价值链锁定，避免掉入全球价值链陷阱，有利于中国制造业加速实现自主发展和高质量发展。"

魏浩认为，通过速卖通这样一个直接面向海外消费者的电商销售平台，有利于突破中国出口企业在海外缺少销售渠道的制约，产生更多的利润，实现技术和品质的升级，从而企业可以实现内部的良性循环，进而促进中国整体经济高质量发展以及新一轮高水平对外开放。

对外经济贸易大学中国WTO研究院副教授吕越也认为，传统的贸易进入海外市场是有固定成本的，速卖通的模式就是打破了这个固定成本，为更多的企业提供了便利。"速卖通这个模式实际上是助力了中国制造业的高质量发展，尤其是帮助这些中小企业，尤其是传统的这些代工企业转型成能够建立自己品牌走出去的企业，这也是中国接下去高质量发展中很重要的方面，也就是产品的升级、品牌的建设。"

> 速卖通也是世界和中国共赢的一个交流道。通过速卖通，不仅把中国的产品推向了世界，也让国外的消费者享受到了中国快速发展的红利。同时，中国企业也通过速卖通了解了全世界的消费需求，反过来促进了产品研发和质量的提升。
>
> 资料来源：https://www.cifnews.com/article/59084，有删改。

分析上述案例，思考并回答以下问题：

（1）面向海外消费者的速卖通电商平台与面向国内消费者的电商平台有何区别？

（2）思政德育思考：加强品牌建设，有利于推动经济大国向经济强国转变，是应对经济全球化挑战、加快推进制造强国战略的必然选择。通过跨境电子商务的实施，不断凝聚品牌发展社会共识、营造品牌发展良好氛围、共建品牌发展交流平台。结合自己身边或熟悉的企业，分析它们是如何进行自己的品牌建设的。

## 第一节　跨境电子商务概述

什么是数字经济

随着数字经济和互联网技术等新兴技术的快速发展，国内市场国际化趋势也变得越来越明显，消费需求也变得越来越多样化，境内消费者对海外商品的购买需求越来越强烈。在政策利好以及贸易全球化的推动下，跨境电子商务发展迅速，特别是新兴市场的快速发展对跨境电子商务发展的推力尤为显著。

### 一、跨境电子商务的基本概念

有关跨境电子商务（Cross-border Electronic Commerce）的概念有较多的表述，比较有代表性的观点如下。

（1）跨境电子商务是指不同关境的交易主体，通过电子商务平台达成交易、进行支付结算，并通过跨境物流送达商品、完成交易的一种国际贸易活动。跨境电子商务是一种新型的贸易方式。

（2）跨境电子商务指处于不同国家或地区的交易主体，以电子商务平台为媒介，以信息技术、网络技术和支付技术为技术支撑，通过互联网络实现商品的陈列、展示、浏览、比价、下单、处理、支付、客服等活动，通过线下的跨境物流实现商品从卖方流向买方，并完成最后的商品配送，以及与之相关的其他活动内容。跨境电子商务是一种新型的电子商务应用模式。

（3）跨境电子商务是指分属不同国家或关境的交易主体，通过电子商务平台实现商品交易的各项活动，并通过跨境物流实现商品从卖家流向买家，以及相关的其他活动内容的一种新型电子商务应用模式。

（4）跨境电子商务是指买卖双方利用现代信息技术和通信技术，部分或全部地完成国际贸易的交易过程。

综合以上不同的观点，本书认为，跨境电子商务，是不同国家或关境的交易主体，利用电子商务网络平台实现商品交易的商务活动，并通过跨境物流或异地仓储实现商品从卖方到买方的过程。

广义的跨境电子商务，是电子商务在国家或地区之间的进出口贸易中的应用，是外贸业务流程的电子化、网络化和数字化，其包括了利用电子商务技术和手段将传统进出口贸易中的商品展示、洽谈和成交环节的电子化。狭义的跨境电子商务特指跨境电子商务零售业务，其主要消费者是个人，也包括小额买卖的商家消费者。

### 二、跨境电子商务的特点

跨境电子商务融合了传统外贸和电子商务两个方面的特点，是基于互联网发展起来的新型国际贸易形态，是电子商务发展的新业态和新模式，其呈现出自身的特点。

1. 交易平台网络化

跨境电子商务依赖互联网，具有全球性和去中心化的特性。借助互联网，跨境电子商务能够帮助消费者购买全球各地的商品和服务，企业也可以把其生产的商品和提供的服务向全世界的消费者提供。跨境电子商务是基于虚拟的网络空间进行，消费者对商品制造商的实际地理位置并不太关心。

2. 交易过程电子化

传统的外贸交易以实物交易为主，在跨境电子商务中，买卖双方完整交易过程都在网络上进行，交易的数据为数字化传输与存储。传统的外贸纸质交易文件被数字化取代，交易双方通过电子商务平台进行信息沟通。

3. 交易主体多边化

传统外贸主要表现为两个关境（地区）之间的双边贸易，呈现线状结构。跨境电子商务可以同时使用分属不同关境的交易平台、支付结算平台以及物流平台，与交易过程紧密相关的商流、物流、资金流也由传统的双边逐步向多边演进，逐渐呈现网状结构。

4. 交易风险复杂化

跨境电子商务是一项复杂的系统过程，它不仅涉及参与贸易的双方，还涉及不同地区、不同关境的工商管理、海关、保险及税收等部门。其有效运作涉及多方面的风险，过程复杂。比如知识产权风险可能导致商品侵权，甚至不能出口。网络支付结算信息安全，其可靠性和安全性也面临相关风险。

5. 小批量高频次

跨境电子商务单笔订单大部分是小批量，甚至是单件。跨境电子商务实现了不同关境之间单个企业之间或单个企业与个人之间的交易。其商品类目多，更新速度快，具有海量商品库。高频次是指跨境电子商务实现了单个企业或个人能够及时按需采购或消费。

### 三、跨境电子商务的分类

(一) 根据交易主体分类

跨境电子商务的交易主体分为：企业商户（Business）和个人消费者（Customer）。据此可以分为企业对企业（Business to Business，B2B）跨境电子商务、企业对个人（Business to Customer，B2C）跨境电子商务、个人对个人（Customer to Customer，C2C）跨境电子商务等三种类型。其中B2C、C2C属于跨境电子商务零售业务。

(1) B2B跨境电子商务，其交易的买卖双方是不同关境的企业。其中，代表平台有中国制造网、阿里巴巴国际站、环球资源网等。

（2）B2C 跨境电子商务，其交易的买卖双方是不同关境的企业和个人消费者，企业主要以零售方式将商品销售给消费者，物流模式主要是小包小件。其中，代表性平台有：全球速卖通、亚马逊、兰亭集势等。

（3）C2C 跨境电子商务，其买卖双方是不同关境的个人，即商品售卖者是个人，面向的也是个人消费者。C2C 模式下卖家很少有个人，更多是由专业卖家（企业或组织）提供商品和服务。由于跨境电子商务的风险较高，严格意义上的 C2C 模式交易越来越少。

（二）根据服务类型分类

跨境电子商务根据服务类型，可以分为信息服务平台、在线交易平台、综合服务平台。

1. 信息服务平台

信息服务平台，是指为境内外会员商户提供网络营销平台，传递供应商或采购商等商家的商品或服务信息，促成双方完成交易。其中，代表性平台有阿里巴巴国际站、环球资源网、中国制造网等。

2. 在线交易平台

在线交易平台，不仅为企业提供商品和服务的信息展示，还可以通过平台线上完成搜索、咨询、对比、下单、支付、物流、评价等全过程的购物交易环节。在线交易平台正逐渐成为跨境电子商务中的主流模式。其中，代表性平台有敦煌网、全球速卖通、大龙网等。

3. 综合服务平台

综合服务平台可以为企业提供订单洽谈、支付结算、跨境物流、数智报关、财税服务、供应链金融等一系列的服务，帮助企业完成商品进口或出口的通关和流通环节，还可以通过融资、退税帮助中小微企业解决融资难题。其中，代表性平台有阿里巴巴一达通等。

（三）根据运营方式分类

跨境电子商务根据平台运营方式分类，可以分为自营型平台和第三方平台。

1. 自营型平台

自营型平台是跨境电子商务平台提供方通过搭建在线平台，整合供应商资源、寻找货源、采购商品，通过较低的进价采购商品，然后以较高价格出售商品。平台方主要靠赚取商品差价，获得收益。其中，代表性平台有大龙网、兰亭集势、米兰网等。

2. 第三方平台

第三方平台是指在互联网上构建跨境电子商务商城，通过对物流、支付、运营等进行资源整合，吸引商家入驻平台，为商家提供跨境电子商务交易服务的平台。平台方从交易金额中获取佣金以及增值服务费为主要盈利手段。其中，代表性平台有亚马逊、全球速卖通、阿里巴巴国际站、京东国际。

跨境电子商务"9710""9810"代码是什么

（四）根据商品流向分类

根据商品的流向分类，跨境电子商务可以分为出口跨境电子商务和进口跨境电子商务。

1. 出口跨境电子商务

出口跨境电子商务，又称出境电子商务，是指境内生产或加工的商品通过跨境电子商务平台达成交易，并通过跨境物流运输到境外消费者的一种国际商业贸易活动。其中，代表平台有全球速卖通、阿里巴巴国际站、Wish、敦煌网、兰亭集势等。出口跨境电子商务以跨境电子商务平台为中心，涉及卖家、买家、跨境物流服务商、政府部门等主体，由各方共同协作完成，其流程如图 9-1 所示。

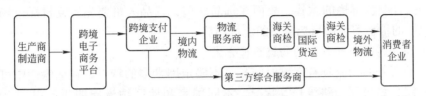

图 9-1　出口跨境电子商务的主要环节及流程图

2. 进口跨境电子商务

进口跨境电子商务，又称入境电子商务，是指将境外的商品通过跨境电子商务平台达成交易，并通过跨境物流运输到境内消费者的一种国际商业贸易活动。可以看出，其与出口跨境电子商务的商品流向刚好相反。代表性平台有洋码头、网易考拉海购、天猫国际、亚马逊海外购等。进口跨境电子商务与出口跨境电子商务的商品流程相反，其他内容基本相同，如图 9-2 所示。

图 9-2　进口跨境电子商务的主要环节及流程图

## 第二节　跨境电子商务应用

跨境电子商务为我国中小企业对外贸易带来了新的商务模式。中小外贸企业在跨境电子商务应用中，商品的选择非常重要，直接关系到店铺的整体访问量、销量和效益。跨境电子商务的选品不能凭主观经验，需要遵循一定的市场原则，选好跨境电子商务依托的平台。

### 一、跨境电子商务选品

（一）跨境电子商务选品的注意事项

近年来，跨境电子商务成为人们关注的热点，国家也为跨境电子商务的发展提供了政策支持。但是，如何选择符合境外用户需求的商品就成了难题。从市场角度来看，选品是指企业从供应市场选择适合目标市场需求的商品；从消费者需求的角度看，选品要满足消费者对某种效用的需求。从商品的角度看，选出的商品，即在外观、质量和价格等方面符合目标消费者差异化需求的商品。由于用户的需求和市场的供应都处于不断变化之中，选品也是一个无休止迭代的过程。在企业跨境电子商务选品过程中，不能只靠个人主观经验判断，应有市场调查与研究、数据分析等客观依据，在选品中要做到以下几点。

1. 判断目标市场用户需求和流行趋势

世界各地区用户的生活习惯、购买习惯和文化背景存在一定差异，一件商品不可能适合所有地区的用户。如针对欧美市场的服装可能比针对亚洲市场大几个尺码，针对巴西市场的饰品偏向夸张且颜色鲜艳的款式。故而在选品之前，选品人员要先研究目标市场的用户需求，了解他们的消费习惯和目标市场的流行趋势。

2. 选择适应跨境电子商务的物流运输方式

跨境电子商务的物流具有运输时间长、不确定因素多的特点，在运输途中可能出现天气、海关扣留、物流周转路线长等状况。不同国家和地区物流周期相差很大，快的4～7个工作日可送达，慢的甚至需要1个月以上才能送达。在漫长的运输途中，包裹难免会受到挤压、抛掷等损害，也可能经历温差变化。所以在选品时要考虑商品的保质期、耐挤压程度等因素。此外，跨境物流费用一般较高，选品时也要考虑相应重量和体积所产生的物流费用。

3. 选择适合企业自身的商品货源

出口跨境电子商务的货源选择主要有两个渠道：线上货源和线下货源。线下货源主要是指专业批发市场和工厂货源。专业批发市场货源主要特点是方便、运输成本低、实物可见，价格可商议，且相对较为稳定。工厂货源可定制化合作，可定款、定价、定量，但小批量时较难合作。线上货源，一般适合有一定营销基础，并且已有一定销售经验的卖家，能够初步判断哪些商品的市场接受度较高时，卖家可以考虑寻找工厂资源，针对比较有把握的商品进行少量下单试款。经验丰富并具有经济实力的卖家，可以尝试预售，确认市场接受度后再下单或投产，这样可以减少库存压力和现金压力。

（二）跨境电子商务选品步骤

跨境电子商务选品步骤，主要包括：确定行业类目、找到卖家需求、找到热卖款、市场数据验证和商品战略布局五个步骤，如图9-3所示。

图9-3 跨境电子商务选品步骤示意图

1. 确定行业类目

选择跨境电子商务商品的第一步，是谨慎地选择行业。需要对行业竞争情况、行业数据以及国别进行分析。行业一般可以分为红海行业和蓝海行业。红海行业是指现有的、竞争白热化的行业；蓝海行业是指未知的、有待开拓的市场空间，其竞争不大，但有充满买家需求的行业。规模再大的市场，如果没有增量，任何商家进入都会感觉有一股阻力，没有增量原有的商家会想尽一切办法去蚕食竞争对手的份额，这种情形下很容易导致价格战的爆发。通常情况下，可以利用时序图的走势对市场的增幅情况进行判断，如果连续两年增幅超过10%则可判定为增量市场，反之则为存量市场。

2. 找到卖家需求

确定好行业类目后，接下来需要找买家需求。简单来说，就是根据买家的搜索习惯或喜好，找到买家需求较多的商品。买家的搜索习惯可以通过搜索指数和购买率排名确定，搜索指数越大的商品搜索量越大，购买率越高的商品则说明买家对其需求越多。跨境电子商务选品通常情况下，要选择搜索指数和购买率排名均较高的商品。

3. 找到热卖款

确定买家需求后，需要洞悉卖家爆款。爆款商品不仅能够提高店铺总销量，还能提高整个店铺的浏览量，对于提高店铺的知名度和效益具有重要的作用。一般情况下，我们会借助一些专门的跨境电子商务网站选品。

如何进行
热卖款查询

4. 市场数据验证

如果已经基本确定了某款商品，卖家还可以将所选择的商品在境外相关网站进行商品数据验证，如果和数据分析的商品一致，那么它就是一款有潜力、符合境外消费者需求的商品。从具体操作来看，可以利用境外的电子商务平台，如 Amazon、ASOS、Gmarket 等，查看热卖商品、搜索关键词等信息。

5. 商品战略布局

卖家店铺的商品一般可以分为引流款、利润款及品牌形象款。引流款商品能够为店铺提供高流量、高曝光率和点击量；利润款商品能为店铺提供利润；品牌形象款商品能够逐渐树立店铺的品牌形象。网上店铺一般依靠流量带动销量，要想取得较好的销量，必须有足够的店铺流量。三种不同的商品战略布局，对应的商品数量、折扣率及利润有所区别，如表 9-1 所示。

表 9-1 三种商品战略的数量、折扣率及利润一览表

| 序号 | 商品分类 | 数量 | 折扣率 | 利润情况 |
| --- | --- | --- | --- | --- |
| 1 | 引流款商品 | 5% | 50% | 初期亏损 |
| 2 | 利润款商品 | 85% | 30%~40% | 初期略赚 |
| 3 | 品牌形象款商品 | 10% | 5%~20% | 赚 |

从表 9-1 中可以看出：引流款商品通常属于初期亏损商品，起引流作用；利润款商品的数量占店铺商品总数的 85% 左右，其利润率较低；品牌形象商品的数量占店铺商品总量的 10% 左右，利润率较高。在不同行业、不同商品或不同阶段，表中取值数据有所区别。

**二、跨境电子商务的平台选择**

(一) 跨境电子商务的平台选择影响因素

企业在开展跨境电子商务选择运营店铺所在的平台时，可以分别从以下几个因素展开分析。

1. 目标客户

跨境电子商务平台的目标用户一般有明确的区域，即决定服务哪些地区的用户。跨境电子商务平台涉及的用户身在不同的国家或地区，其文化和国内差异极大。针对特定地区的用户，跨境电子商务平台可以有针对性地根据该特定群体的需求来设计相应的服务。目标客户细分维度如表 9-2 所示。

表 9-2  跨境电子商务平台目标客户细分维度表

| 序号 | 客户细分维度 | 客户细分群体 |
|---|---|---|
| 1 | 类型 | 批发用户，还是零售用户 |
| 2 | 地区 | 该跨境电子商务平台服务于哪些地区 |
| 3 | 性别 | 男性、女性 |
| 4 | 年龄阶段 | 年轻人、中年人、老年人 |
| 5 | 职业 | 根据从事工作内容不同进行划分 |
| 6 | 收入水平 | 根据收入水平不同进行划分 |
| 7 | 用户价值 | 根据最近消费时间、消费频率、消费金额等指标进行评估 |

2. 平台卖家

在选择跨境电子商务平台时，也需要考虑平台上其他卖家的情况，如：是企业还是个人卖家，来自哪个国家或地区，销售商品属于哪个行业类目等。平台卖家在选择平台时的考虑因素如表 9-3 所示。

表 9-3  跨境电子商务平台卖家因素分类表

| 序号 | 分类依据 | 简要说明 |
|---|---|---|
| 1 | 类型 | 个人，还是企业卖家 |
| 2 | 地区 | 来自哪个国家或地区 |
| 3 | 商品种类 | 销售商品属于哪个类目，如汽车配件、服饰等 |
| 4 | 企业规模 | 大、中、小 |
| 5 | 企业经营情况 | 根据企业的销售量、顾客数量等划分 |

3. 准入条件和支付方式

各大跨境电子商务平台对于卖家的资质要求不尽相同，部分平台只接受企业卖家，不接受个人卖家或对个人卖家的要求非常严格。个人卖家在进入该平台之前需要考虑到平台的准入条件。平台的收费模式主要有年费、交易佣金、服务费等，不同平台的收费模式和标准也有较大的差异。

跨境电子商务平台除了保证自身商品质量和服务以外，还需要重点关注用户的支付需求。全球各地区的人们在网上购物时，所使用的支付方式是有差异的。北美地区网购用户熟悉各种电子支付方式，如网上支付、电话支付等，信用卡支付是常用的在线支付方式之一。欧洲地区人们习惯的电子支付方式除了维萨（VISA）和万事达（MasterCard）等国家卡外，还喜欢使用当地卡。

4. 网上平台服务体验

随着跨境电子商务迅速发展，各类平台的功能逐渐丰富和完善。在平台使用过程中，更注重网上服务平台的用户体验。用户体验主要包括感官体验、交互体验和情感体验三类。其中，感官体验是用户视听上的体验，强调舒适性，一般在色彩、声音、图像以及文字内容等方面进行呈现。交互体验是用户使用、交流过程的体验，强调互动交互特性。交互体验的过程贯穿网上服务的整个环节，如商品浏览、页面点击、数据输入、结果输出等过程。情感体验是用户心理上的体验,强调心理认可度。例如,很多网站平台都设立了在线客服,客服回答的及时性、解决问题的专业性等影响着用户的情感体验。如果用户能够认同平台购物体验、抒发自己的内在情感,那说明该平台的用户体验效果较好。

5. 物流和其他服务

跨境电子商务平台大多涉及物流,一般提供国际物流的是第三方公司。不同公司在物流时间、物流成本等方面具有各自不同的特点。很多跨境电子商务平台在境外设立了海外仓,缩短了物流时间,节约了物流成本,提高了网上购物的效率,能有效保障用户购买行为。

跨境电子商务平台提供的主要服务是商品销售,但是围绕商品销售,平台会根据自身情况和用户需求提供其他相应的服务。这种服务在不同平台的差异性也较大,卖家也需要根据自身实际情况,选择适合自己的平台。跨境电子商务平台的其他服务,如表9-4所示。

表9-4 跨境电子商务平台的其他服务分析表

| 序号 | 其他服务 | 简要说明 |
| --- | --- | --- |
| 1 | 个性化定制 | 例如,兰亭集势的突出特点是婚纱的个性化定制,吸引广大适婚人士在该网站上注册和购买 |
| 2 | 商品收货、分拣、打码、质检等预加工处理服务 | 为卖家提供了便利,提高了服务质量和效率 |
| 3 | 跨境贸易结算、通关代理等服务 | 能减少卖家售卖过程环节,节约时间 |
| 4 | 信贷服务 | 解决卖家资金难的困扰,如敦煌网与金融机构合作,DHCredit 提供信贷服务 |
| 5 | 培训 | 从事跨境电子商务的人员需要较强的外语能力、专业知识储备,平台可以为新手提供相应培训服务 |
| 6 | 营销推广 | 为卖家提供提高商品曝光度的营销工具,包括定价广告、竞价广告和展示计划等 |
| 7 | 代运营服务 | 为卖家提供店铺装修及优化、运营托管等服务 |

(二)跨境电子商务的多平台运营的优势与难点

由于各个跨境电子商务平台所针对的目标用户群体有所差异,为了拥有更多的用户,部分卖家会选择多平台运行。企业在跨境电子商务运营过程中,多平台运营虽然有运营难点,但也有显著优势。

1. 多平台运营的优势

多平台的运营优势,可以简单概括为五个"多元化",即市场多元化、渠道多元化、商品多元化、推广多元化和服务多元化。

部分跨境电子商务平台介绍

1) 市场多元化

在众多国家组成的广阔市场空间中,经济水平决定消费能力。开放的消费观念及成熟的消费市场,为跨境电子商务的发展提供了有利环境。电子商务的高速发展,在国际和地区贸易中显示了强大的生命力及良好的发展趋势。发达国家的电子商务环境相对比较成熟,但是竞争也相对激烈。新兴市场近年来发展迅速。卖家选择多平台运行可以获得更多更为广阔的市场，可同时在几个目标市场上进行销售，再根据用户消费和市场表现情况进行取舍。

2）渠道多元化

用户在购买商品的时候，往往会选择不同的跨境电子商务平台，平台会根据不同的用户需求推出相关的促销或线下活动等。一般来说，入驻跨境电子商务平台的成本比入驻线下的超市、加盟店的成本低很多，卖家可以多渠道开拓市场。

3）商品多元化

很多企业在商品设计和生产中实行多元化经营战略，部分企业还会设立子品牌，目的是获得更多用户。在同一个跨境电子商务平台上出售企业的全部商品，可能会引起消费者的认知混乱，未能突出其特色商品。卖家可以在不同的跨境电子商务平台上进行特定系列产品的销售，通过不同的平台销售不同的商品，提高用户对品牌的认知度。

4）推广多元化

媒体的多元化和受众信息需求的多元化共同促成了传播平台的多元化，选择跨境电子商务多平台运营，实质上也是在构建多元化的传播平台。卖家将信息发布在多个跨境电子商务平台上，存在更多被分享、收藏、购买的可能性，只要商品对于买家群体具有吸引力，买家就会继续分享、传播、购买。多元化推广能为商品带来更多的展示机会、更好的排名和更多的访问量等。

5）服务多元化

选择多个平台运营，卖家能享受多平台带来的多元化服务。同时，卖家在向消费者提供服务的过程中，"向客户提供优质的服务"也是卖家的重要市场优势。基于不同平台提供的电子化服务功能，可以尽可能地考虑到服务对象的需求，使消费者易于获得及方便使用。

2. 多平台运营的难点

1）选择跨境电子商务平台难

不同的跨境电子商务平台的功能、服务、操作方式和管理水平相差较大。理想的跨境电子商务平台应该有这样的基本特性：良好的国际品牌形象，简单快捷的注册手续，稳定的后台技术，快速周到的客户服务，完善的支付体系，必要的配送服务，以及具有售后服务保障的措施等。平台还需要有尽可能高的访问量，有完善的订单管理等功能，能提供一些高级服务，如营销推广、访问浏览分析等。此外，收费模式和费用高低也是重要的考虑因素。不同企业可能对网上销售有着不同的预期，选择适合企业商品特点的电子商务平台往往需要花费不少的时间和精力。

2）网上商店建设难

在跨境电子商务平台上需要开设店铺，上传和维护商品信息，平台需要为卖家提供丰富的功能和有效的店铺管理工具。通过简单、向导式的操作，即可完成平台上店铺的建设和商品的信息管理。不同平台的操作方式可能有较大差别，运营多个平台的卖家需要对每个平台的功能操作、业务环节进行学习，增加了管理精力和成本。

3）业务推广难

当店铺建好并上传完商品信息后，接下来需要考虑如何让更多的用户浏览并购买商品。跨境电子商务平台中可能有数以千计的专卖店，因此某一个网上专卖店只是其中很小的组成部分，通常被隐藏在二级甚至三级目录之后，用户直接发现它的可能性比较小，何况同一平台上还有很多竞争者在相互争夺有限的潜在客户资源。因此，网上店铺的销售非常依赖于平台，想要在数量众多的网上店铺或商品中脱颖而出并不是一件容易的事情，这需要卖家针对每个平台采取不同但行之有效的推广手段。

##  第三节 跨境电子商务的现状及趋势

近年来，随着各级政府和部门不断推出跨境电子商务相关的配套和管理政策，跨境电子商务经营环境不断完善，越来越多的企业开始布局跨境电子商务市场，推动着跨境电子商务又快又好地发展。

### 一、我国跨境电子商务的现状

（一）跨境电子商务交易规模持续扩大

2012 年，中国货物进出口贸易规模首次超越美国，跃居全球首位。2012 年也是中国跨境电子商务发展元年，当年交易额为 2.3 万亿元。2020 年中国跨境电商市场规模达 12.5 万亿元，同比增长 19%。十年来，年增长率均超过两位数。我国跨境电子商务 2011—2020 年交易额及增速，如图 9-4 所示。

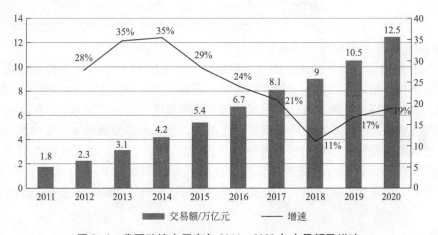

图 9-4 我国跨境电子商务 2011—2020 年交易额及增速

（二）跨境电子商务综合试验区发展迅速

目前我国跨境电子商务交易规模持续高速发展。2015 年 3 月 7 日，我国设立了中国（杭州）跨境电子商务综合试验区，截至 2020 年 4 月，国家已批准建设跨境电子商务综合试验区 105 个（如表 9-5 所示）。未来我国跨境电子商务市场发展潜力巨大，且对全球跨境电子商务市场的影响也会与日俱增。

跨境电子商务综合试验区设立文件一览

跨境电子商务越来越受到政府部门的高度重视，各部门积极围绕整体规划、法律法规、信息监管、通关商检、物流报税、示范试点等方面制定配套管理政策，跨境电子商务的经营环境不断得到改善。我国政府出台了多项政策，推动跨境电子商务的发展，诸多企业纷纷布局跨境电子商务市场，且在全球跨境电子商务市场中表现不俗。

表 9-5 我国跨境电子商务综合试验区汇总表

| 批次 | 时间 | 跨境电子商务综合试验区 | 数量 |
|---|---|---|---|
| 一 | 2015年3月7日 | 杭州市 | 1 |
| 二 | 2016年1月12日 | 天津市、上海市、重庆市、合肥市、郑州市、广州市、成都市、大连市、宁波市、青岛市、深圳市、苏州市 | 12 |
| 三 | 2018年7月24日 | 北京市、呼和浩特市、沈阳市、长春市、哈尔滨市、南京市、南昌市、武汉市、长沙市、南宁市、海口市、贵阳市、昆明市、西安市、兰州市、厦门市、唐山市、无锡市、威海市、珠海市、东莞市、义乌市 | 22 |
| 四 | 2019年12月15日 | 石家庄市、太原市、赤峰市、抚顺市、珲春市、绥芬河市、徐州市、南通市、温州市、绍兴市、芜湖市、福州市、泉州市、赣州市、济南市、烟台市、洛阳市、黄石市、岳阳市、汕头市、佛山市、泸州市、海东市、银川市 | 24 |
| 五 | 2020年4月27日 | 雄安新区、大同市、满洲里市、营口市、盘锦市、吉林市、黑河市、常州市、连云港市、淮安市、盐城市、宿迁市、湖州市、嘉兴市、衢州市、台州市、丽水市、安庆市、漳州市、莆田市、龙岩市、九江市、东营市、潍坊市、临沂市、南阳市、宜昌市、湘潭市、郴州市、梅州市、惠州市、中山市、江门市、湛江市、茂名市、肇庆市、崇左市、三亚市、德阳市、绵阳市、遵义市、德宏傣族景颇族自治州、延安市、天水市、西宁市、乌鲁木齐市 | 46 |

### （三）B2B 和 B2C 跨境电子商务协同发展

虽然 B2B 跨境电子商务模式仍然占主导地位，但 B2C 模式的市场规模增速明显。前者涉及产业链条长，服务需求多，包括网络营销、网络支付、供应链、网络接入、关检税汇、物流仓储、法律法规等各种服务。从我国和地方的跨境电子商务政策来看，B2B 模式受到政府的重点关注和扶持。B2C 跨境电子商务占比不大，但近年来发展迅速，国内消费需求和海外新兴市场兴起引发零售跨境电子商务热潮。在 B2C 模式下，企业直接面对消费者，有利于更好地把握市场需求，为消费者提供个性化的服务。B2B 和 B2C 跨境电子商务的发展，不是彼此孤立，而是相互影响的。B2B 为 B2C 发展提供条件，B2C 反过来又促进 B2B 进一步发展。

### 二、跨境电子商务的问题分析

随着跨境电子商务平台、物流、支付、通关和融资等相关的外贸综合服务诞生及不断精细化，跨境电子商务的便利化程度大大提高，但是在商品、物流、安全、法律法规和人才建设等方面仍存在一些问题，需要进一步解决和完善。

1. 商品同质化严重，缺乏品牌意识

跨境电子商务发展迅速，吸引了大量企业和商家的涌入，行业竞争加剧。一些热销且利润空间较大的商品，众多跨境电子商务公司都在销售，商品同质化严重，甚至出现了恶性的价格战，单纯依靠价格低廉的商品来吸引消费者。较多跨境电子商务企业还未进入品牌化建设阶段，知识产权意识不够，导致很多商品由于知识产权问题不能出口。

2. 物流成本高，时间长

跨境电子商务涉及跨境贸易和跨境物流，物流环节复杂，包括境内物流、海关商检、国际物流等环节，导致物流成本增加。跨境电子商务由于涉及跨境，路途遥远，各国间政策差异较大，因此物流时间较长，商品从我国到美国和部分欧洲国家一般要 7~15 天，到南美需要 30 天左右。在一些购物旺季，其等待时间可能更长。

3. 信息网络安全体系不完善

电子商务的运作涉及多方面的安全问题，如资金安全、信息安全、货物安全、商业机密等，特别是有关网上支付结算的信息安全性和可靠性，一直困扰着电子商务的发展。网络安全是发展电子商务的基础。当前我国一些电子商务网站的安全体系建设不够完善，容易受到计算机病毒和网络黑客的攻击，存在一定的安全隐患。在跨境电子商务活动中，合约、价格等信息事关商业机密，而网络病毒和黑客侵袭会导致商务诈骗、单据伪造等行为。许多外贸公司不敢上网签约或交易结算，严重影响了跨境电子商务的发展。

4. 电子商务法律制度不健全

虽然在跨境电子商务发展方面，国家出台了一些政策和法规，但是在跨境电子商务征税、网上争议解决、消费者权益保护等方面的法律法规还较为欠缺。跨境电子商务是一项复杂的系统工程，它不仅涉及参加贸易的双方，还涉及不同地区、不同国家的工商管理、海关、保险、税收等部门。跨境物流存在运费高、关税高且安全性低等问题，支付环节则涉及外汇兑换和资金风险，如何公平仲裁、保障贸易纠纷双方利益，需要有统一的法律和政策框架以及强有力的跨地区和跨部门的综合协调机制。目前我国有关电子商务的法律并不健全，尤其是知识产权保护问题、信息资源和网络安全问题、电子合同的效力和执行问题等都需要法律方面的进一步完善。此外，在跨地区和跨部门协调方面也存在一些问题，需要不断完善。

5. 跨境电子商务人才缺口大

跨境电子商务在快速发展的同时，逐渐暴露出综合性外贸人才缺口严重等问题。一方面是语言方面的限制，当前做跨境电子商务的人才主要来自外贸行业，英语专业人才居多，一些小语种跨境电子商务人才缺乏。另一方面，对跨境电子商务人才综合能力的要求高，跨境电子商务从业者除了要熟悉电子商务和外贸的基本知识外，还需要了解国外的市场、交易方式、消费习惯以及各大平台的交易规则和交易特性。基于这两方面，符合跨境电子商务要求的人才很少，跨境电子商务人才缺乏已成为行业常态。

【扩展阅读·思政结合】

### 外贸进出口市场的向好带动相关人才需求上涨

在经济全球化促进下，跨境电商已经逐渐成为推动外贸增长和产业结构升级的新动力。中国是世界第一网络零售市场，拥有全球最多的网购用户，跨境电商零售进口发展呈现快速增长态势。

随着互联网基础设施的完善和全球性物流网络的构建，跨境电商一直保持着较高的增长态势，交易规模日益扩大。我国跨境电商的交易规模保持快速增长态势，在进出口贸易中的比例逐年攀升，保持了较高的增速。据不完全统计，目前中国境内已经拥有超过5 000家的平台类企业，通过这些平台开展跨境电商业务的外贸企业超过25万家，仅2019年就新增跨境电商企业超6 000家。这些企业通过各类跨境电商平台或是自建的官方跨境网站，直接面对海外的终端消费者，一同推动着中国的出口跨境电商继续向前发展。

我国跨境电子商务主要集中在长江三角洲和珠江三角洲两地。从订单数量看，上海市、广东省、浙江省订单量排名前三，江苏省和北京市分列第四和第五位。目前，服饰、鞋帽和家居类产品销售领先，跨境电商综合试验区企业品牌已经超过3 000个，综试区企业已建设海外仓超过1 200个。通过跨境电商的区域扩大效应和企业数量增加效应，弥补了疫情给传统贸易模式造成的不利冲击，成为推动我国对外贸易增长的新动能，有利于外贸稳定发展。

跨境电商运营处于人才需求快速增长、供给跟不上的阶段。跨境电商招人难，主要是因为有巨大的人才缺口，新人缺乏实战经验，老手一将难求而且还存在信任危机。其次是语言，做跨境电商对语言的要求比较高，尤其是小语种，很多人都是因为兴趣才学习的，大部分外语人才还是更愿意从事语言职业。智联招聘发布的《2021外贸人才形势研究报告》显示，2021年第一季度，外贸进出口行业人才招聘职位数同比增长11.2%，同期外贸进出口行业收到的简历投递数量却同比下降了35.6%，人才供给相对滞后。外贸销售人才招聘需求占外贸8个核心岗位53.9%。8个外贸核心岗位指的是：外贸销售；跨境电商运营；采购、供应链管理；仓储管理；物流管理；关务；外贸跟单与翻译。跨境电商运营招聘需求2021年一季度较2020年一季度猛增190.9%。人才需求主要来自广东省，占全国51.6%，而仅深圳、广州两城合计占比就达到48.8%，这两市同比增速分别为224.3%、158.2%。武汉市对跨境电商运营人才招聘需求也呈现井喷式增长，同比增速达373%。

跨境电商在构建"网上丝绸之路"、促进创新创业，推动传统产业转型升级方面将进一步发挥积极作用。跨境电商兴起吸引中小微企业纷纷入驻，这种数字化模式提供了一站式营销、交易、支付结算、通关、退税、物流和金融等服务，影响力向整个供应链上下游延伸，为中小微企业在外贸上带来很大便利，为全球买家提供多样化的"中国制造"和轻定制服务，也进一步扩大了跨境电商运营人才需求。

分析上述案例，思考以下问题：

(1) 跨境电子商务人才短缺的主要原因是什么？

(2) 思政德育思考：发展跨境电商是顺势、应时，众多平台和企业积极投入跨境电商，这些反映了人民对美好生活的向往。我国跨境电子商务业务为什么主要集中在长江三角洲和珠江三角洲地区？从事跨境电子商务行业，需要学习和掌握哪些方面的知识？

### 三、跨境电子商务的发展趋势

跨境电子商务的良好发展使中国商家直接面对境外消费者，将有效提升中国相关行业的制造与服务水平。与此同时，跨境电子商务进口让中国消费者购买到更多物美价廉的商品。随着中国与韩国、澳大利亚等国签订自由贸易协定，大批商品都将实现零关税，未来的跨境电子商务商品流动数量会越来越多，将创造更多的需求。

1. 商品品类和销售目标市场更加多元化

随着跨境电子商务发展，跨境电子商务交易商品向多品类延伸、交易对象向多区域拓展。从销售商品品类看，跨境电子商务销售的商品品类主要集中在服装服饰、电子商品、计算机及配件、家居园艺、珠宝、汽车配件、食品药品等方便运输的商品。不断扩展销售品类已成为跨境电子商务业务扩张的重要手段，品类的不断扩展，不仅使中国商品和全球消费者的日常生活联系更加紧密，而且也有助于跨境电子商务抓住最具消费力的全球跨境网购群体。

从销售目标市场来看，以美国、英国、德国、澳大利亚为代表的成熟市场，由于跨境网购观念普及、消费习惯成熟、物流配套设施完善等优势，在未来仍是跨境电子商务零售产业的主要目标市场，将持续保持增长。与此同时，不断崛起的新兴市场正成为跨境电子商务零售出口产业增长的新动力，俄罗斯、巴西、印度等国家的本土企业并不发达，但消费需求旺盛，中国制造的商品物美价廉，在这些国家的市场上优势巨大。

2. B2C 跨境电子商务模式将会进一步得到发展

B2C 跨境电子商务业务模式逐渐受到企业重视，近两年出现了爆发式增长。究其原因，主要是跨境电子商务 B2C 具有一些明显的优势。相对于传统外贸模式，该模式可以跳过中间环节，打通从工厂到商品的最短路径，从而赚取较高收益。企业直接面对终端消费者，有利于更好地把握市场需求，为客户提供个性化的商品和服务。与传统和市场单一的大额贸易相比，小额 B2C 贸易更为灵活，商品销售不受地域限制，可以面向全球市场，有效降低单一市场竞争压力、市场空间巨大。

3. 移动端购物成为跨境电子商务发展的重要推动力

移动技术的进步使得线上与线下商务之间的界限逐渐模糊，以互联、无缝、多屏为核心的全渠道购物方式将得到快速发展。移动端购物使消费者能够随时、随地、随心购物，极大地拉动了市场需求，增加了跨境零售出口电子商务企业的销售机会。全球贸易小额、碎片化发展的趋势明显，移动技术可以让跨境交易无缝完成，卖家可以随时随地做生意。基于移动端沟通工具，买卖双方的沟通变得非常便捷。

4. 跨境电子商务生态更加完善，各环节协同发展

跨境电子商务涵盖商检、税务、海关、银行、保险、运输各个部门，产生大量物流、信息流、资金流等数据。在大数据时代，企业通过对跨境电子商务数据的分析，为信用、融资、决策提供科学依据。随着跨境电子商务的不断发展，软件服务公司、代运营公司、在线支付公司、物流公司等配套企业都会围绕跨境电子商务进一步聚集，其服务内容涵盖网店设计、图文翻译、店铺运营、营销、物流、金融服务、质量检验、保险服务等，整个行业生态体系越来越健全，分工更清晰，并逐渐呈现出生态化的特征。

【延伸阅读】

## 中国（杭州）跨境电子商务综合试验区简介

中国（杭州）跨境电子商务综合试验区（以下简称"综合试验区"）是全国首个跨境电商试验区，为跨境电商企业提供备案登记、统一申报、信用服务、信息查询、统计分析、风险预警等服务，为个人提供跨境电商相关政策公告、政策解读等内容。

综合试验区通过构建信息共享体系、金融服务体系、智能物流体系、电商诚信体系、统计监测体系和风险防控体系，以及线上"线上综合服务平台"平台和线下"综合园区"平台等"六体系两平台"（如图9-5所示），实现跨境电子商务信息流、资金流、货物流"三流合一"，并以此为基础，以"线上交易自由"与"线下综合服务"有机融合为特色，重点在制度建设、政府管理、服务集成等"三大领域"开展创新，力争在"建立跨境电子商务新型监管制度、建立'线上综合服务平台'综合监管服务平台、创新跨境电子商务金融服务、创新跨境电子商务物流服务、创新跨境电子商务信用管理、建立跨境电子商务统计监测体系、制定跨境电子商务规则和创新电商人才发展机制"等八个方面实现新突破，实现跨境电子商务自由化、便利化、规范化发展。

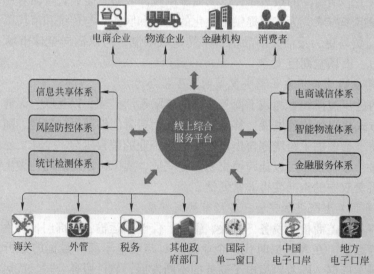

图9-5 综合试验区运营体系的组成

**指导思想**

高举中国特色社会主义伟大旗帜，以邓小平理论、"三个代表"重要思想、科学发展观为指导，紧紧围绕国家发展战略，以深化改革、扩大开放为动力，通过制度创新、管理创新、服务创新和协同发展，破解跨境电子商务发展中的深层次矛盾和体制性难题，充分发挥市场主体作用，打造跨境电子商务完整的产业链和生态链，逐步形成一套适应和引领全球跨境电子商务发展的管理制度和规则，为推动全国跨境电子商务健康发展提供可复制、可推广的经验。把跨境电子商务综合试验区建设成为我国经济转型升级的重要载体和深化改革开放的重要窗口，提升信息经济时代我国对外贸易的竞争力和话语权。

**发展目标**

经过不断的改革试验，力争把综合试验区建设成以"线上集成+跨境贸易+综合服务"为主要特征，以"物流通关渠道+线上综合服务平台信息系统+金融增值服务"为核心竞争力，"关""税""汇""检""商""物""融"一体化，线上"线上综合服务平台"平台和线下"综合园区"平台相结合，投资贸易便利、监管高效便捷、法制环境规范的全国跨境电子商务创业创新中心、跨境电子商务服务中心和跨境电子商务大数据中心。

资料来源：http：//www.china-hzgec.gov.cn/，有删改。

## 本章小结

本章主要从四个方面对跨境电子商务的基本知识进行了介绍：跨境电子商务的基本概念、特点及分类；跨境电子商务选品；跨境电子商务多平台运营；跨境电子商务现状、存在的问题及趋势。

## 自测题

一、名词解释

跨境电子商务　　跨境电子商务自营型平台　　跨境电子商务第三方平台
出口跨境电子商务　　进口跨境电子商务

二、简答题

1. 试述跨境电子商务的特点。
2. 跨境电子商务选品有哪些注意事项？
3. 试述跨境电子商务选品的主要步骤。
4. 试述我国跨境电子商务发展中存在的问题及其趋势。
5. 你是否有跨境电子商务购物经历，对比分析和国内电商购物的主要异同。

# 第十章　企业电子商务的规划与实施

【学习目标】

通过本章学习,应该建立起从宏观视角审视企业电子商务的思维方式与思考习惯,了解企业电子商务规划的重要性,掌握企业电子商务规划的方法,明确企业电子商务的实施过程,掌握企业开展电子商务的实践性经验。

【导读案例·思政结合】

### 春秋航空:中国电子商务赋能廉价航空

春秋航空有限公司是首个中国民营资本独资经营的低成本航空公司(廉价航空公司)。春秋航空有限公司经中国民用航空总局批准成立于2004年5月26日,由春秋旅行社创办,注册资本1亿元人民币,经营国内航空客货运输业务和旅游客运包机运输业务。2005年7月18日开航。区别于全服务航空公司,公司定位于低成本航空经营模式,凭借价格优势吸引大量由对价格较为敏感的自费旅客以及追求高性价比的商务旅客构成的细分市场客户。2010年开始经营国际及地区航线,并于2011年开始加快开辟国际及地区航线的步伐。截至2018年末,公司经营规模已扩张至81架A320飞机的机队规模、173条国内外在飞航线(国内航线113条,港澳台航线8条,东北亚和东南亚国际航线52条)和90个国内外通航城市,成为国内载运旅客人次、旅客周转量最大的民营航空公司之一,同时也是东北亚地区领先的低成本航空公司。

春秋航空一出生就面临了残酷的市场竞争,在国有航空公司林立的市场里,国有大型航空公司经验丰富、实力雄厚,并且早就占据了自己的市场地位。但是春秋航空从成立之初,就把电子商务确立为公司的"基因"。电子商务已经是春秋航空低成本战略最重要的主体。在中国民航业普遍巨亏的2008年,春秋航空保持盈利。春秋航空高级副总裁王煜先生很自豪地说:"电子商务(B2C)战略就是春秋航空低成本战略的重要组成部分。"

1. 经营特点:低销售费用与低管理费用

低销售费用:公司以电子商务直销为主要销售渠道,一方面通过销售特价机票等各类促销优惠活动的发布,吸引大量旅客在本公司网站预订机票;另一方面主动适应移动互联网发展趋势,积极推广移动互联网销售模式,拓展电子商务直销渠道,有效降低了公司的销售代理费用。2018年，公司除包机包座业务以外的销售渠道占比中，电子商务直销（含OTA旗舰店）占比达到90.7%。2018年，公司单位销售费用（销售费用/可用座位公里）为0.006 7元，远低于行业可比上市公司水平。

低管理费用：本公司在确保飞行安全、运行品质和服务质量的前提下，通过最大限度地利用第三方服务商在各地机场的资源与服务，尽可能降低日常管理费用。同时通过先进的技术手段实现业务和财务一体化，以实现严格的预算管理、费控管理、科学的绩效考核以及人机比的合理控制，有效降低管理人员的人力成本和日常费用。2018年，公司单位管理费用（管理费用/可用座位公里）0.005 2元，远低于行业可比上市公司水平。

2. 价格优势：中国民航大众化战略的推动者和受益者

有效的成本控制为公司在不影响盈利能力的前提下实施"低票价"策略提供了有力的支持。为实现想飞就飞的愿景，公司以"天天热卖会"和"领券集市"等其他优惠折扣机票为特色吸引大量以价格为导向的乘客，在竞争激烈的中国民航业内实现了业务的快速增长。

3. 信息技术优势：自主研发的分销、订座、结算、离港系统和中后台核心运行管理系统

"春秋航空在筹备阶段，当时民航局领导要求我们，是不是能够不要像其他公司一样，能够做一个试点，可以长时间建立自己的离岗订座系统。在中国民航业来讲我们是第一个吃螃蟹，很多传统公司花很多力量在做这些事情，但是因为种种原因都没有取得很大成功。对这件事情来讲，做起来需要承担很大风险。"春秋航空高级副总裁王煜说。

春秋航空是以B2C网上直销为主渠道的航空公司，其电子商务化程度已居国内同行前列，如果不自主开发航空机票订座系统，那么春秋航空机票无法自己独立销售，也无法实现低成本运营，只能是死路一条。

通过几次对美国的西南航空、欧洲ESAYJET、瑞安航空等成功的低成本航空公司的考察学习后，春秋航空的董事长王正华坚定了信心，坚持自己的B2C电子商务模式。经过锲而不舍的努力，春秋航空在开航前成功开发出自己的订座系统并投入使用，也成为中国第一家拥有自己订座系统的航空公司。至2009年6月，完成网上支付总额逾20亿元，占商务机票总量的80%左右，达到欧美国家的先进水平，网上售票规模居国内航空业之首。得益于自己的订座系统，让春秋航空的B2C战略得以实施。与国内航空公司以代理人为主的销售模式不同，春秋航空直接在自己的官网上卖机票。

公司自成立起就烙刻着互联网基因，从信息技术团队的自主建设，到电子商务直销平台的推广，以及全流程核心业务运营系统的研发，公司始终走在行业前列。目前公司信息技术研发团队超过450人，并于重庆设立信息技术研发中心，2018年研发费用投入约1.0亿元，较2017年增长63.1%。

公司拥有国内唯一独立于中航信体系的分销、订座、结算和离港系统，每年为公司节省大量的销售费用支出。此外，公司还拥有自主研发的收益管理系统、航线网络系统、航班调配系统、机组排班系统、维修管理系统、地面管控系统和安全管理系统等。凭借自身强大的互联网航空信息系统的全面开发、运营和维护能力，公司已经具备向国内其他航空公司及机场输出具有自主知识产权的系统解决方案的技术能力。

近年来，随着互联网以及智能手机普及带来的应用移动化浪潮，公司充分利用自身的信息技术优势以及航空直销平台流量优势，通过升级官网平台及移动终端各渠道，将更多的航旅产品和服务线上化、移动化，并保障平台及应用的稳定性，完善用户体验，有效增强客户黏性。

正因为B2C的基因全面贯彻在春秋航空的成长历程中，春秋航空也实现了低成本营销。在这家没有代理人的航空公司，顾客大部分通过上网直接购票，即便是打电话到春秋航空的呼叫中心，接线小姐也会耐心地告诉你如何在春秋航空的官网上自己操作购票，而不是她们代劳。除了通过网上和手机这种方式之外，春秋也把电子商务从传统平台普及到了机场自助终端。在中国，春秋航空是最早开发机场自助服务的航空公司之一。春秋航空也通过各种各样的平台，走直销路径，并且经常会利用包括微博、博客和其他一些渠道来拉近与旅客的距离。

"我们现在还有少量的实体门店提供咨询、服务和帮助顾客买票，而且在不久的将来，我们期望B2C率达到95%以上，成为一家几乎完全电子商务购票的航空公司。"王煜表示。从未来看，电子商务是春秋航空整个业务的一个主题。事实上，春秋航空公司不仅是一个低成本公司，也是一个创新公司。

目前公司网站注册用户数已超过3 500万，移动终端应用新增下载量突破1亿。2018年，公司除包机包座业务以外的销售渠道占比中，电子商务直销（含OTA旗舰店）占比达到90.7%，其中移动端占电子商务直销比例达到36.1%，同比提升7.9个百分点。小程序持续发力成为新的流量增长点，其率先在会员实名授权、拼团助力营销、机场扫码值机、客舱扫码权益等场景落地，运营深耕，实名用户增长迅猛。

2018年公司对会员积分体系和常旅客计划进行了全面升级，通过积分翻倍、优先特权、精致服务等措施强化金银卡会员的体验，金银卡高端常旅客数量快速增长，会员复购率达25.5%，同比提升约4个百分点。在旅客服务方面，公司还对退改签政策实行了时间轴梯度收费的优化措施，打破特价票一律不能退改签的惯例，提升了旅客体验。

春秋航空是以B2C网上销售和手机直销为主要销售渠道的航空公司。春秋航空始终坚持低成本与创新并进，追求安全、平稳运行的目标。

资料来源：①哈佛管理评论 http://manage.iwxo.com/news/2011/01/27/99750_2.html；
②春秋航空股份有限公司2018年年度报告。

分析上述案例，思考并回答以下问题：
1. 本案例中春秋航空成功的原因是什么呢？
2. 思政德育思考：中国宏观经济环境中的哪些要素为春秋航空的发展提供了保障？

## 第一节　企业电子商务体系

电子商务的触角不断深入到社会经济生活的各个行业。商务部发布数据显示2020年我国电子商务交易总额达到37.21万亿元，其中网上零售规模11.76万亿元。根据网经社电子商务研究中心发布的《2020年中国电商上市公司市值数据分析报告》，截至2020年12月31

日，国内共有电商上市公司 74 家。其中，零售电商类 34 家，生活服务电商类 22 家，跨境电商类 8 家，产业电商类 10 家。

对于企业来讲，电子商务不仅是 B2B、B2C 抑或 C2C 的商务模式，不仅是网上购物、网上支付等商业行为，也不仅是基于 TCP/IP、B/S 结构的平台，更不仅是 Web 技术、数据库技术、大数据分析等先进信息技术的堆砌。电子商务涵盖的范围非常广泛，当人们提及"电子商务"这个概念时，其实包含了电子商务网站与技术、交易方式、盈利模式、在线支付、线下物流、客户服务、电子商务安全、消费保证、法律问题等内容。要成功实施电子商务，必须掌握电子商务的内涵和外延，掌握电子商务的整套体系。

一、什么是企业电子商务体系

许多人片面地认为，企业开展电子商务的核心内容就是建立电子商务网站。但是，电子商务网站仅仅是电子商务的先前步骤，仅仅是一种商业渠道。一个颇有成效的电子商务网站始于企业对发展战略、目标以及实施策略的深刻理解，并根据这些企业经营过程中核心的内容来设计网站。

电子商务是一个包含众多要素的庞大的系统工程，是信息流、资金流和物流的统一体，不仅涉及计算机网络技术，还涉及商业、经济、法律与社会等各个方面。电子商务体系是与企业电子商务活动相关的各个要素的有机集成体，是企业电子商务顺利运行的基础，是企业电子商务战略实现的保证。

二、企业电子商务体系的内容

（一）技术

近年来，云计算、电子商务、人工智能成为"大众创业、万众创新"的新焦点，数字经济逐渐成为科技创新的主战场，互联网金融、共享经济等新经济、新业态蓬勃发展。计算机信息技术是电子商务赖以存在的基础，不论是商务活动开展之前的企业信息及产品信息展示，还是商务活动进行之中的商品选择、客户服务、在线支付，或是商务活动完成之后的售后服务、投诉建议等，都需要技术的支持。

主要的电子商务技术包含以下几类：网页设计、网站开发的电子商务网站技术；支持销售管理、进货和存货管理、购物车等的电子商务系统技术；支持企业内部人力资源管理、供应链管理、生产管理等的 ERP 系统技术；企业内部局域网和防火墙、企业外部网、因特网等的网络技术；数字加密、身份认证、网上支付平台及网关等的电子商务安全技术；支持手机银行业务、手机订票、手机交易、购物和娱乐、移动支付等的移动电子商务技术；基于搜索引擎、社交网络等的网络营销与推广技术。

什么是社交网络

电子商务技术很重要，但技术只是实现电子商务的手段和工具，电子商务技术不能取代电子商务及其模式本身，是电子商务成功的基础。

（二）数据

创新工场创始人及首席执行官李开复曾说："如果说数据是人工智能时代的新石油，中国就是 AI 时代的沙特阿拉伯。"大数据、云计算、物联网、人工智能等基础设施的完善，大力推动了电商行业的技术升级，数据已成为企业最有价值的资源。

**【延伸阅读】**

## 农夫山泉用大数据卖矿泉水

这里是上海城乡接合部九亭镇新华都超市的一个角落,农夫山泉的矿泉水堆头静静地摆放在这里。来自农夫山泉的业务员每天例行公事地来到这个点,拍摄10张照片:水怎么摆放、位置有什么变化、高度如何……这样的点每个业务员一天要跑15个,按照规定,下班之前150张照片就被传回了杭州总部。每个业务员,每天会产生的数据量在10M,全国有10 000个业务员,这样每天的数据就是100G,每月为3TB。当这些图片如雪片般进入农夫山泉在杭州的机房时,这家公司的CIO胡健就会有这么一种感觉:守着一座金山,却不知道从哪里挖下第一锹。

胡健想知道的问题包括:怎样摆放水堆更能促进销售?什么年龄的消费者在水堆前停留更久,他们一次购买的量多大?气温的变化让购买行为发生了哪些改变?竞争对手的新包装对销售产生了怎样的影响?不少问题目前也可以回答,但它们更多是基于经验,而不是基于数据。

从2008年开始,业务员拍摄的照片就这么被收集起来,如果按照数据的属性来分类,"图片"属于典型的非关系型数据,还包括视频、音频等。要系统地对非关系型数据进行分析是胡健设想的下一步计划,这是农夫山泉在"大数据时代"必须迈出的步骤。如果超市、金融公司与农夫山泉有某种渠道来分享信息,如果类似图像、视频和音频资料可以系统分析,如果人的位置有更多的方式可以被监测到,那么摊开在胡健面前的就是一幅基于人消费行为的画卷,而描绘画卷的是一组组复杂的"0、1、1、0"。

SAP从2003年开始与农夫山泉在企业管理软件ERP方面进行合作。彼时,农夫山泉仅仅是一个软件采购和使用者,而SAP还是服务商的角色。到2011年6月,SAP和农夫山泉开始共同开发基于"饮用水"这个产业形态中,运输环境的数据场景。

关于运输的数据场景到底有多重要呢?将自己定位成"大自然搬运工"的农夫山泉,在全国有十多个水源地。农夫山泉把水灌装、配送、上架,一瓶超市售价2元的550 mL饮用水,其中3毛钱花在了运输上。在农夫山泉内部,有着"搬上搬下,银子哗哗"的说法。如何根据不同的变量因素来控制自己的物流成本,成为问题的核心。

基于上述场景,SAP团队和农夫山泉团队开始了场景开发,他们将很多数据纳入进来:高速公路的收费、道路等级、天气、配送中心辐射半径、季节性变化、不同市场的售价、不同渠道的费用、各地的人力成本甚至突发性的需求(比如某城市召开一次大型运动会)。

在没有数据实时支撑时,农夫山泉在物流领域花了很多冤枉钱。比如某个小品相的产品(350 mL饮用水),在某个城市的销量预测不到位时,公司以往通常的做法是通过大区间的调运,来弥补终端货源的不足。"华北往华南运,运到半道的时候,发现华东实际有富余,从华东调运更便宜。但很快发现对华南的预测有偏差,华北短缺更为严重,华东开始往华北运。此时如果太湖突发一次污染事件，很可能华东又出现短缺。"

这种没头苍蝇的状况让农夫山泉头疼不已。在采购、仓储、配送这条线上，农夫山泉特别希望大数据获取解决三个顽症：首先，解决生产和销售的不平衡，准确获知该产多少，送多少；其次，让400家办事处、30个配送中心能够纳入体系中来，形成一个动态网状结构，而非简单的树状结构；最后，让退货、残次等问题与生产基地能够实时连接起来。

也就是说，销售的最前端成为一个个神经末梢，它的任何一个痛点，在大脑这里都能快速感知到。

"日常运营中，我们会产生销售、市场费用、物流、生产、财务等数据，这些数据都是通过工具定时抽取到 SAP BW 或 Oracle DM，再通过 Business Object 展现。"胡健表示，这个"展现"的过程长达24小时，也就是说，在24小时后，物流、资金流和信息流才能汇聚到一起，彼此关联形成一份有价值的统计报告。当农夫山泉的每月数据积累达到3TB时，这样的速度导致农夫山泉每个月财务结算都要推迟一天。更重要的是，胡健等农夫山泉的决策者们只能依靠数据来验证以往的决策是否正确，或者对已出现的问题进行纠正，仍旧无法预测未来。

2011年，SAP推出了创新性的数据库平台SAP Hana，农夫山泉则成为全球第三个、亚洲第一个上线该系统的企业，并在当年9月宣布系统对接成功。农夫山泉选择SAP Hana 的目的只有一个，快些，再快些。采用SAP Hana后，同等数据量的计算速度从过去的24小时缩短到了0.67秒，几乎可以做到实时计算结果，这让很多不可能的事情变为可能。

这些基于饮用水行业的实际情况反映到孙小群这里时，这位SAP全球研发的主要负责人非常兴奋。基于饮用水的场景，SAP并非没有案例，雀巢就是SAP在全球范围长期的合作伙伴。但是，欧美发达市场的整个数据采集、梳理、报告已经相当成熟，上百年的运营经验让这些企业已经能从容面对任何突发状况，他们对新数据解决方案的渴求甚至还不如中国本土公司强烈。

精准的管控物流成本将不再局限于已有的项目，也可以针对未来的项目。这位董事长将手指放在一台平板电脑显示的中国地图上，随着手指的移动，建立一个物流配送中心的成本随之显示出来。数据在不断飞快地变化，好像手指移动产生的数字涟漪。

有了强大的数据分析能力做支持后，农夫山泉近年以30%~40%的年增长率，在饮用水方面快速超越了原先的三甲：娃哈哈、乐百氏和可口可乐。根据国家统计局公布的数据，饮用水领域的市场份额，农夫山泉、康师傅、娃哈哈、可口可乐的冰露，分别为34.8%、16.1%、14.3%、4.7%，农夫山泉几乎是另外三家之和。对于胡健来说，下一步他希望那些业务员搜集来的图像、视频资料可以被利用起来。

获益的不仅仅是农夫山泉，在农夫山泉场景中积累的经验，SAP迅速将其复制到神州租车身上。"我们客户的车辆使用率在达到一定百分比之后出现瓶颈，这意味着还有相当比率的车辆处于空置状态，资源尚有优化空间。通过合作创新，我们用SAP Hana为他们特制了一个算法，优化租用流程，帮助他们打破瓶颈，将车辆使用率再次提高了15%。"

资料来源：中国企业家，2013（7）.

电子商务的飞速发展产生了大量的交易额,交易数据也呈现爆炸式增长。对于海量的数据,如何存储、如何处理、如何分析并挖掘其商业价值,是每一个企业都在努力探讨的问题。

(三)商业

技术是实施电子商务的技术,商业则是实施电子商务的核心战略内容。电子商务是否成功,除了要运用现代化的信息技术外,电子商务的商业定位成功与否,将是决定性因素之一。企业在电子商务开展过程中,需要时刻关注并重视的是:企业并不是建立一个电子商务网站,而是建立一个基于电子商务网站的全套商业。

在电子商务系统中,商业起着战略性指导作用,确定电子商务未来的发展方向与路径。主要包括:对外部经济环境进行分析后,电子商务模式的选择;通过对市场容量、竞争对手分析后,盈利模式的选择、产品的定位与选择;通过对市场份额、产品定位的分析后,目标销售群体的定位与选择;通过对现有电子商务市场营销与品牌建设全盘了解后,电子商务的推广方式与品牌建设途径选择,消费者消费保障与赔付解决等。

(四)管理

供应链包括哪些环节?

商业为电子商务做战略性指导,为了实现电子商务的战略目标,将电子商务规划落地,企业需要对电子商务业务流程及企业内部进行管理。

企业在电子商务实施过程中,涉及的管理要素包括:企业战略,是指导电子商务战略的上层战略;财务管理,保证电子商务顺利实施所需要的资金和现金流的正常运转;人力资源管理,科学管理并激励电子商务新兴人才;采购管理,为企业提供及时准确的采购计划和具有可行性的采购执行方案;物流管理,帮助电子商务企业科学制定物资运输、物资配送以及物资仓储计划,设计可执行方案并对运输、配送和仓储实施过程管理和控制;供应链管理,通过将供应商、制造商、仓库、配送中心、渠道商等供应链各环节上涉及的要素有效地集成在一起,进行产品的制造、分销、销售和管理,达到整个供应链系统成本最小化;渠道管理,是企业在实施电子商务过程中,为实现企业分销的目标,对经销商的供货、广告及促销、结算、培训以及经销商数量规模进行控制和管理,对线上经销商和线下经销商的利益进行平衡,以确保渠道成员间、企业和渠道成员间相互协调配合和通力合作;客户关系管理,企业为实现自身战略,提升销售和市场占有率,通过各种方式与客户进行交流,以提供能满足顾客需求的产品和服务,提高顾客满意度,增加顾客重复购买次数。

有效管理是企业电子商务顺利实施的重要保障,但电子商务对现代企业管理产生了革命性影响,企业的生产运作、营销方式、管理流程、业务流程、人力资源管理和财务管理都发生了巨大的改变,企业管理也必须随着电子商务的发展而与时俱进。

(五)人才

网经社电子商务研究中心发布的《2017年度中国电子商务市场数据监测报告》显示,2017年电子商务服务企业直接从业人员(含电商平台、创业公司、服务商、电商卖家等)超过330万人,由电子商务间接带动的就业人数(含物流快递、营销、培训、直播等)已超过2 500万人。随着电子商务规模的不断扩大,各地政府大力推进电子商务发展,电子商务就业市场大幅增加。传统行业纷纷向电商转型,电子商务企业也致力于寻求新的商业模式,由此产生了巨大的人才需求。人才需求结构呈多样化趋势,除了传统的电商运营、推广销售、技术等需求外,供应链管理、产品策划及规划等人才需求也开始凸显。

【延伸阅读】

前程无忧(NASDAQ:JOBS)发布 2019 年春节后人才市场供需行情。根据统计,2月 15—28 日期间,在前程无忧(www.51job.com)上的日均社招岗位已近 600 万个(非毕业生招聘)。互联网/电商、教育/培训/院校、计算机软件、房地产和电子技术/半导体/集成电路行业分居节后新增职位发布量前五(如图 10-1 所示)。

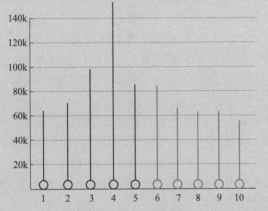

图 10-1 2019 年春节后新增职位发布量前 10 行业分布图

电子商务运营与管理涉及计算机信息技术、互联网技术、网页设计等技术工作,网络营销、网站推广及管理、网络盈利模式、网络客户服务等商务工作,线下物流快递等物流工作,结合技术、商务、物流及管理的项目管理工作等。随着电子商务行业不断向纵深发展,生态环境越来越完善,随着人工智能、现代物流、新零售、物联网、跨境电商、农村电商的发展,电子商务运营与管理对既懂技术,又懂管理,还深知商业运作的复合型人才的需求旺盛,具体来说,包括以下几个方面。

1. 掌握电子商务技术

电子商务涉及的技术众多,其中,计算机信息技术、数据库技术、网络技术是电子商务的基础技术;电子商务安全技术、网络营销技术、网站设计技术、数据挖掘技术是电子商务技术中的核心应用技术。电子商务技术体现在快速安全的网站访问、访问统计、安全的电子支付、友好的网站界面、高效的网站和产品导航、搜索引擎优化、美观的色彩搭配和产品图片呈现、相关产品推荐、客户数据挖掘、在线客服软件等方面。先进的电子商务技术能带给客户人性化界面和商务流程体验。

2. 精通电子商务运作

在把握电子企业商务全局、掌握市场环境和竞争对手发展动向、判断电子商务发展趋势和热点问题等电子商务发展战略的基础之上,在掌握电子商务技术基础之上,结合企业产品特色和战略特点,创新电子商务盈利模式;根据网站销售的特点,设计电子商务营销思路和方案，投放网络广告和平面广告，打造网络品牌；进行线上客户服务与线下客户服务规划与实施，以服务促销售。

## 【延伸阅读】

### 三只松鼠

三只松鼠股份有限公司是中国第一家定位于纯互联网食品品牌的企业，也是当前中国销售规模最大的食品电商企业。三只松鼠成立于2012年2月，在同年的"双11"大促中，三只松鼠便一举夺得坚果零食类目冠军宝座，并且成功在约定时间内发完10万笔订单，创造了中国互联网食品历史突破。2019年7月12日，三只松鼠在深交所创业板挂牌上市。

1. 产品定位以消费者为准则

提到天然、新鲜以及非过度加工，消费者想到的就是三只松鼠。由此看来，产品定位对于产品营销非常重要。产品定位的含义就是在产品设计之初或在产品市场推广的过程中，通过广告宣传或其他营销手段使得本产品在消费者心中确立一个具体形象的过程。随着社会的不断进步，消费者的消费需求也在不断发展，人们越来越注重食品的天然无污染性。于是在这样的环境下，三只松鼠抓住并迎合消费者的需要和偏好，将自身产品定位与消费者需求紧密结合。消费者购买坚果，肯定需要一个垃圾袋，于是，三只松鼠就在包裹中，放置一个0.18元的袋子，虽然这增加了额外的成本，但是消费者会被三只松鼠的细心和体贴关怀所深深感动。

2. 价格定位以品牌形象为标准

价格对于产品销量是有非常大影响力的。就拿三只松鼠来说，它是怎么分析和制定定价策略的呢？我们将三只松鼠的定价策略分为三个阶段。一是起步初期。对于刚刚成立的三只松鼠来说，品牌知名度与市场资源等远不如市场上其他同类型品牌，所以它的价格定在竞争者产品之下。二是发展阶段。随着三只松鼠打进市场，慢慢走进消费者视野，它的价格是市场平均价格定位。三是成熟阶段。当三只松鼠逐渐将品牌打造起来，拥有良好的品牌优势、质量优势与售后服务优势，把不低于竞争者产品质量水平的产品价格定在竞争者产品价格之上。

3. 渠道定位以互联网销售为主

互联网营销也称为网络营销，就是以国际互联网络为基础，利用数字化的信息和网络媒体的交互性来实现营销目标的一种新型的市场营销方式。三只松鼠利用互联网技术发展的成熟以及联网成本的低廉，像"万能胶"一样将企业、产品、市场、消费者跨时空联结在一起，使得信息的交换变得"唾手可得"。如果没有信息交换，那么交易也就是无本之源。

4. 广告植入

无论是《欢乐颂》《好先生》《微微一笑很倾城》还是《小别离》你都能看到三只松鼠的身影，或是以零食出现，或是以玩具公仔出现，广告总是植入得恰到好处，让人印象深刻。

同时这些热播剧本身就极具吸睛效果，得以让三只松鼠的传播效应进一步放大。从投资回报率上来看，还是一般硬广所不能企及的。

5. 微博营销

三只松鼠是标准的网红企业，章燎原是标准的网红企业家。网上搜索三只松鼠、章燎原几乎刷屏。三只松鼠已经成为众多大众媒体、小众媒体关注的焦点。众多的媒体关注，为三只松鼠创造了极大的社会影响。

同时三只松鼠与某些品牌、IP合作，只要转发微博就能获得抽奖资格，就有机会获得奖品，用户为了得到奖励而主动转发微博，形成传播，这样也靠合作品牌、IP的效应使自身得到更多关注。

3. 熟知电子商务物流

目前，大部分电子商务平台依靠第三方物流企业完成物流配送，但我国物流配送体系不健全、配套设施设备不够完善、物流管理能力有限、物流配送服务质量不过硬等问题，严重影响了消费者网络购物的体验，尤其当出现时节性订单激增的情况，物流配送的问题层出不穷。电子商务物流已经成为电子商务企业发展的瓶颈。京东等电子商务企业整合物流资源自建物流配送仓储体系，以缓解第三方物流对电子商务企业发展的遏制。

电子商务物流要求物流信息更加及时、物流速度更快，小批量多批次的柔性配送占主导地位，退换货时间更短等。这对电子商务物流人才提出了更高要求：具备优秀的职业操守和敬业精神，具备全局的物流规划能力，制定科学的物流配送方案，制定安全、周转快速的仓储管理方案，及时传递物流仓储配送信息，进行物流精细化管理和质量管理体系建设等。

4. 通晓电子商务项目管理

电子商务产业链上的各个环节，包括技术、商业、管理和物流等，涉及的要素众多，无一不是系统工程。电子商务项目管理信息技术含量更高、面临着更广阔的环境和市场、更快速的物资流通和更低廉的价格。

电子商务项目管理涉及不同领域、角色和行业，项目结果不可预期性更突出，对项目开展速度要求更快，这就要求电子商务人才能快速掌握并平衡项目管理中的各个要素，进行项目策划和管理，实现预期目标。

一个好的电子商务项目管理与实施应该由经验丰富的项目人才来完成。目前，很多公司希望通过电子商务来实现公司经营、市场拓展、低成本服务等，但在电子商务项目开展上又不希望花太多钱去请高水平的电子商务项目人才。许多公司犯了这样一个错误：认为懂电子商务技术和网络技术的人就能胜任电子商务项目管理，结果是所有的投入都付之东流。

（六）社会与文化

电子商务推动了无国界全球化大市场的形成，更新了国际贸易交易手段，降低了国际贸易成本，提高了交易效率，具有传统贸易不可比拟的优势。但由于各国文化与习俗不同，思想和价值观念不同，企业在某个国家地区的电子商务的成功实施并不是放之四海而皆准的。

在开展电子商务过程中，必须充分考虑到当地的文化、习俗、价值观和其他思想观念，研究本土企业成功的普遍经验，加以借鉴。

企业在开展电子商务之前，必须全面了解电子商务体系的各个要素，在论证电子商务项目时必须考虑各个要素可能带来的风险和成本，才能正确评估电子商务项目的投入产出和项目价值。

## 第二节 企业电子商务规划

### 一、企业电子商务规划的内涵

企业电子商务规划，是企业为实现将核心业务转向电子商务，利用电子商务对传统业务进行改造和创新，明确电子商务的目标定位，设定电子商务的商务模式、业务流程和盈利方式，规划电子商务涉及的供应链体系，并设计支持这些内容的电子商务平台，论证其可行性，以确保电子商务发展方向，指导企业电子商务实施。

企业电子商务规划是企业开展电子商务的必经之路。一般来说，企业开展电子商务，并不仅仅是把电子商务加载在企业现有业务之上，而电子商务的应用对企业来说可能是革新性的：企业现有的商务模式和盈利方式会发生变化，企业现有的业务流程会发生改变，利用信息技术手段辅助商业，给企业的经营理念、产品定位、目标客户群体带来巨大的革新和挑战。所以，企业在开展电子商务过程中存在各方面的革新和风险，要保证电子商务顺利实施，必须在电子商务实施之前对电子商务进行全方位规划、充分论证，以降低风险，获得成功。

### 二、电子商务规划的特点

电子商务规划是为电子商务实施做准备，是电子商务实施的事前控制，涉及要素多、不确定性大，主要有以下几个特点。

#### （一）电子商务规划与企业战略接轨

电子商务紧紧围绕着企业的商业提供服务，为拓展原有商业做贡献。因此，电子商务战略是企业战略的一个组成部分，电子商务规划不能脱离企业战略，电子商务实施是为了更快更好地实现企业战略规划。电子商务可以被视作"电子+商务"。本质上，电子和商务是毛和皮的关系，电子是时尚、漂亮的毛，商务却是实在、基础的皮，"皮之不存，毛将焉附？"如今有关电子商务的最大误区，莫过于对电子和商务的本末倒置。因此，在电子商务对企业的商业模式、业务流程和盈利方式进行革新性改变时，应充分考虑这种革新是否与企业战略相匹配，与企业原有的商务能否协调一致。从战略上看，电子商务规划不是企业战略的替代，而是企业战略职能实现手段的更新换代。

什么是
企业战略？

（二）电子商务规划是整体规划

电子商务并不是简单的在计算机网络平台上移植传统商务，电子商务有着丰富的内涵，包括计算机信息技术、传统商务以及在技术支持下的新商务、电子商务交易标准、物流配送、交易安全和电子商务法律法规、电子商务的支付与担保等。电子商务规划是对企业开展电子商务可能涉及的各个主要要素进行的规划，具有系统性和整体性。电子商务规划并非对细节进行规划，而是从相对宏观的层面分析和探讨问题，例如：商业模式、产品定位、电子商务平台构架、电子商务网站框架等。

（三）电子商务规划注重技术与商业的结合

许多人认为，电子商务规划的本质就是将商务平台迁移到计算机网络环境中，所以只要解决好传统商务与计算机网络环境的对接即可。但电子商务并不是简单的"电子+商务"，而是"电子"与"商务"的有机融合，在融合过程中，产生了许多传统商务不曾面对的新的内容。例如：电子商务使得企业传统的商务流程产生根本性革新，使得客户体验过程和体验重点发生根本性改变。因此，电子商务规划过程中，不仅要在计算机网络环境中结合现有商务进行规划，更应当注重技术与商务融合后产生新的领域范畴。融合传统商业的电子商务平台、企业信息管理系统、电子商务门户、网络结构、计算机软硬件技术等方面的内容都应在电子商务规划中体现。

（四）电子商务规划具有较强的不确定性

由于电子商务的发展速度和革新速度较快，企业的商业模式也在不断发生变化。互联网使得企业竞争环境和竞争规则发生巨大变化，且变化速度非常快，传统的3~5年的规划对于电子商务来说过长。电子商务规划应当强调对内部环境和外部环境的关注，以便能对变化做到及时响应。

（五）电子商务规划需要团队完成

传统商务中，计算机信息技术并未被赋予重要的地位和角色，商业专家在其中扮演的角色更加重要。而电子商务规划需要企业高层、管理专家、商业专家和技术专家共同协商完成，要实现商务、管理和技术共同规划与推进，才能最终实现开展电子商务的目标。

（六）电子商务规划要做到因地制宜

不同国家、不同地域和不同行业因文化背景不同、消费者思维方式不同、商业模式不同，将赋予电子商务不同的特色。企业进行电子商务规划时，应当做到针对性规划。

【延伸阅读】

## 安利（中国）公司复合式电子商务应用案例

安利（中国）公司（以下简称"安利公司"）的"复合式电子商务"，既不是严格意义上的B2C，也不是纯粹意义上的B2B，不过如何结合企业现有商业模式，高效开展电子商务，安利公司却给我们提供了全新的启示。

### 门店前的长龙

安利大中华区首席信息官（CIO）杨海鹏称安利公司的电子商务为"复合式电子商务"，这是以杨为首的安利公司IT部门因地制宜推出的电子商务模式。安利公司推出电子商务业务，缘于几年前安利门店前一道奇特"风景"：每天排队的业务代表络绎不绝，形成了一条"长龙"。

自1998年政府"追杀"传销开始，"生死攸关"的安利公司被迫走上转型之路，采取了"店铺销售+雇佣推销员"方式开展业务。分布在全国各地的店铺，则理所当然地扮演起了基本业务单元的角色，承担着业务代表下订单、顾客数据收集、业绩查阅、物流与资金流周转中心等任务。而在当时，店铺数量的增长一时无法满足全国几万名业务代表的需求，业务代表们不得不排起长队。

"订货要排一次队，取货还要排一次队，如果有退货，还得排一次队"，如果说这种低效率的现象本地业务代表尚可接受的话，那跨市的业务代表则极有怨言。虽然业务代表可以一次性订足一两个月的货品，以此免除频繁排队的烦恼，但由此带来的资金压力和销售风险又不堪承受。

焦灼的安利公司主管们经过一段时间的考察和研究，在2000年推出了根据中国市场特殊情况制定的"复合式电子商务"。这种"复合式电子商务"除了利用网络外，还包括传统的电话、传真、短信等方式，更为独特的是还包括安利公司的店铺系统。安利公司的这种复合式电子商务采取的是一种务实的"一切为己所用"的策略。

这种策略使得客户无论在家中、办公室还是在路上，只要能成功联络到相关服务的营销人员，就可以通过任一通信方式订购安利产品。据杨海鹏介绍，2003年，安利公司手机信息服务累计发送短信1 150万条。店铺内的长龙终于消失了，安利公司的高管们也因此长舒了一口气。

### 让电子商务"务实"

其实，对于发展电子商务，安利全球公司拥有丰富经验。早在1999年，安利母公司美国安达高公司（ALTICOR）就成立了一家独立的电子商务网站——捷星公司（Quixtar）。该公司成立第一年，就取得了五亿美元销售收入。目前捷星公司承担了安利全美80%的销售业绩，并名列北美电子商务网站前五名。在中国台湾市场，安利（台湾）公司也已成为最大的电子商务企业之一。

不过，对于推行电子商务，一直存在两个隐忧：一方面，纯粹的电子商务公司并没有形成完善的商业模式；另一方面，顾客往往因为担忧电子商务的可靠性，对于网上交易存在疑虑，这也直接影响了电子商务公司的快速崛起。

"这恰恰就是我们模式的创新所在。"杨海鹏认为，安利公司的"复合式电子商务"跟通常的B2B或B2C模式不同，后者过度依赖高科技，而忽视了自身坚实的业务基础，安利公司却"通过线上电子商务订单与线下独立经销商体系的完美结合，使一贯'务虚'的电子商务从空中落到了地面，终于'务实'起来"。

在安利公司看来，电子商务从来都不是安利公司营销模式中一个脱离的部分，而是融入整个公司的销售体系中。在业务上，要在网站成功下订单，必须通过网下经销商会员的介绍，如此，与传统销售模式一样，经销商也能够得到相应的回报。

同时，整体投入高达2.6亿元人民币的IT基础设施，则为安利公司的电子商务奠定了坚实的技术基础。遍布全国32个省市直辖市的150多间店铺的第三代销售系统，通过高速的数据专线连接到北京、上海、广州三个地区总部的电脑数据中心，这是杨海鹏精心营造的安利公司"信息高速公路"。

"单连接这些店铺的数据专线长度就超过十万公里，可以绕地球赤道两圈半了。"杨海鹏透露，"如同中枢神经末梢渗透在人体的每一寸肌肤里面一样，这些专线使得全国150多个销售系统形成了一个反应敏捷的信息生命体。"

尤为关键的是，安利公司在转型过程中建立的全国150多家店铺，使其拥有一套独特的资金流和物流解决办法。这些店铺正扮演着仓储中心、集散中心甚至培训中心的角色。遍布这些店铺的第三代店铺系统，后台与安利公司在广州四万平方米的安利（中国）物流中心及几个区域性仓库连接；前台则通过和物流公司的一站式合作，使得电子订单所产生的配送问题迎刃而解。

**电子商务的"甜头"**

这种"变异"后的电子商务也让安利公司找到了不同利益主体之间的平衡点。以同样实行直销模式的雅芳公司为例，雅芳公司推出电子商务时，就曾遭到了直销员的强烈反对，股价也因此急剧下跌。而安利公司的电子商务模式，不仅没有像大家所担忧的那样，会抢掉业务代表的饭碗，反而为他们带来了新的业务机会。

有一个细节，很能说明电子商务给安利公司带来的改变。在美国，安利全球公司传统的销售人员一般年纪都比较大，这样便于在直销行业取得信任和经验。然而在实施电子商务之后，销售人员的平均年龄因此降低了十岁。这些年轻的业务代表给公司争取到了数量庞大的年轻客户。

据介绍，安利全球公司最初在美国推出电子商务时，也曾引起不安，但是"务实而不僵化"的他们，通过与传统业务模式的结合，更加巩固了和经销商的密切伙伴关系。

当然，安利公司在中国发展电子商务依然存在一些瓶颈，杨海鹏说："我能感觉到国内电子商务市场的巨大商机，但是经验告诉我，必须冷静。"

尽管目前，利用"变异"电子商务来面向终端，是安利公司迫于企业现实的选择，不过对它未来的发展，"变异"电子商务却意味深长。

### 三、企业电子商务规划的步骤

企业电子商务规划涉及战略层面、商务方案和技术方案，具体步骤如图10-2所示。

（一）电子商务战略层面思考

1. 站在电子商务角度分析企业战略

站在电子商务角度分析企业战略，可以从以下几个方面着手。

第一，企业所处的行业有什么显著特点？行业未来的发展趋势是什么？行业内竞争对手有无电子商务实施先例？成功与否？成功或失败的原因是什么？

第二，企业的愿景是什么？电子商务能否帮助企业实现愿景？怎样帮助企业实现愿景？

第三，企业的战略是什么？如果开展电子商务，是加速企业战略实现还是减缓企业战略

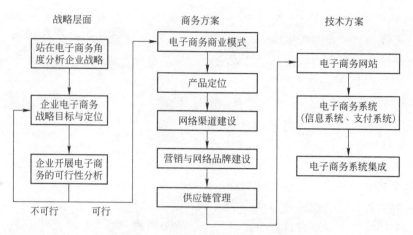

图 10-2 企业电子商务规划步骤图

实现？电子商务能否帮助企业实现总成本领先、差异化或是专一化战略？

第四，企业现有的盈利模式是什么？电子商务是支持现有盈利模式，改进现有盈利模式，还是革新现有盈利模式？被革新后的盈利模式能否支撑企业发展？

第五，企业的核心业务是什么？企业的核心竞争力是什么？电子商务能否提升核心业务竞争力？能否提升企业核心竞争力？

第六，企业规模有多大？这决定着电子商务是独立实施还是利用公共平台，决定着电子商务系统是自助开发还是委托开发等重要内容。

站在电子商务角度分析企业战略，能够解决企业是否开展电子商务等方向性问题，但此时，还未形成电子商务战略，电子商务的定位还不明确。

2. 企业电子商务战略目标与定位

设定企业电子商务战略目标与分析定位时，可以从以下几个方面进行思考。

企业实施电子商务时所选择的模式是什么？是 B2B，B2C，还是二者皆有？

企业电子商务是对传统业务升级，还是开创新的电子商务服务领域，或是新建电子商务服务平台？

企业是自建电子商务平台，还是借用第三方电子商务平台？

企业建立电子商务，是行业领导者定位，还是跟随行业领导者的定位？是开创电子商务新领域，还是沿袭传统电子商务领域？

企业开展电子商务的盈利模式是什么？对现有的竞争对手盈利模式有冲击吗？

3. 企业开展电子商务的可行性分析

企业战略分析、电子商务战略目标与定位分析解决了企业投资电子商务的必要性和目标等问题，企业开展电子商务还应进行可行性分析，以保障电子商务目标能够顺利实现。可行性分析从管理可行性、技术可行性、经济可行性、市场可行性等四个方面进行。

第一，管理可行性分析。管理可行性包括电子商务项目的实施进度、企业内部组织结构、项目管理人员、电子商务专业团队、对内对外合作关系等内容。

第二，技术可行性分析。从电子商务项目实施的技术角度分析论证，包括开展电子商务所需的计算机硬件设备、网络设施设备、系统软件、电子商务信息系统、电子商务门户网站、供应链集成系统等所需的技术条件是否具备、技术成熟度是否达标。

第三，经济可行性分析。从企业开展电子商务项目的投入产出比、预期收回投资的时间、按阶段投入所需资金量、财务管理方案、投融资方案及债务偿清能力、财务风险等方面进行分析。

第四，市场可行性分析。包括现有市场发展历史及趋势分析，当前市场总额分析，竞争对手市场份额及本企业目标市场份额分析，目标消费群体的特征及消费方式等。同时，还可从企业开展电子商务对社会的影响度、市场渠道拓展、实体渠道与网络渠道的建设可行性等方面进行分析。

（二）电子商务商业方案制定

1. 电子商务商业模式

从企业和消费者的角度来讲，电子商务商业模式主要可分为 B2B、B2C 和 C2C 三大类型。除上述传统模式外，目前电子商务模式已经发展至很多种，包括 C2B、O2O、F2C、B2T、B2B2C。

C2B（consumer to business，消费者到企业），是互联网经济时代新的商业模式。这一模式改变了原有生产者（企业和机构）和消费者的关系，是一种消费者贡献价值、企业和机构消费价值。C2B 应该先有消费者需求产生而后有企业生产，即先有消费者提出需求，后有生产企业按需求组织生产。通常情况为消费者根据自身需求定制产品和价格，或主动参与产品设计、生产和定价，产品、价格等彰显消费者的个性化需求，生产企业进行定制化生产。

O2O（online to offline，线上到线下），是指将线下的商务机会与互联网结合，让互联网成为线下交易的平台，这个概念最早来源于美国。O2O 的概念非常广泛，既可涉及线上，又可涉及线下。

F2C（factory to consumer，工厂到消费者），即从厂商到消费者的电子商务模式。品牌公司把设计好的产品交由工厂代工后通过终端送达消费者，确保产品合理，同时质量服务都有保证。它们为消费者提供了高性价比的产品。

B2T（business to team）团购模式，自 2010 年在我国兴起以来，逐步发展成为一种电子商务主流模式。互不认识的消费者，借助互联网的"网聚人的力量"来聚集资金，加大与商家的谈判能力，以求得最优的价格。

B2B2C（business to business to consumer），第一个 B 指的是商品或服务的供应商，第二个 B 指的是从事电子商务的企业，C 则表示消费者。第一个 B，并不仅仅局限于品牌供应商、影视制作公司和图书出版商，任何商品供应商或服务供应商都能可以成为第一个 B；第二 B 是 B2B2C 模式的电子商务企业，通过统一的经营管理对商品和服务、消费者终端进行整合，是供应商和消费者之间的桥梁，为供应商和消费者提供优质服务，是互联网电子商务服务供应商。B2B2C 是 B2B、B2C 模式的演变和完善，把 B2C 和 C2C 完美地结合起来，通过 B2B2C 模式，电子商务企业构建自己的物流供应链系统，提供统一的服务。

从产品角度来讲，电子商务产品模式可以分为综合电子商务和垂直电子商务。垂直电子商务是指在某一个行业或细分市场深化运营的电子商务模式。一般来讲，垂直电子商务网站旗下商品都是同一类型的产品，垂直电子商务侧重于从深度开拓产品和市场，如主营服装的凡客诚品（www.vancl.com）、主营药品保健品的八百方（www.800pharm.com）、主营酒类的也买酒（http://www.yesmywine.com）等都是垂直电子商务模式的典型代表。而综合电子商务侧重于从广度开拓产品和市场，这类网站多为从事同种产品的 B2C 或者 B2B 业务，如京东商城、阿里巴巴、慧聪网等就像综合类的大百货商店，在初期也只为所有产品提供统一的服务。但随着电子商务产业的成熟，垂直化服务逐渐受到重视。

2. 产品定位

产品定位主要讨论企业用什么样的产品来满足目标消费者和目标消费市场需求的问题。产品定位包括以下几个步骤。第一，分析本公司与竞争者产品特征，全面了解和掌握竞争者产品情况。第二，找出与竞争对手产品的正面差异和负面差异。第三，确定主要目标市场，并找出目标市场的消费需求、消费习惯等特征。第四，将产品特征与目标市场特征进行匹配，发现消费者的重要需求和欲望，进而突出产品特征满足消费者需求。一般来说，产品定位应包含产品的功能定位、产品线定位、外观及包装定位、卖点定位、品牌定位、产品的营销策略定位等内容。

3. 网络渠道建设

电子商务与传统商业有很多共通之处，不重视线上渠道和分销体系建立的电子商务推广效果会大打折扣。单纯利用网络媒体做广告推销自己的官方网站，结合分销渠道来促销商品，无法给消费者提供更加便捷的消费和体验通道。如果企业未建立线上渠道，就开始大规模推广，网络投入产出比会不理想。

互联网高效率的信息交换，改变了传统营销渠道，出现了网络环境下新的渠道建设。总体来说，网络渠道分为网络直销和网络间接分销。

网络直销指没有营销中间商，一般是生产者直接利用官方网站进行销售，顾客可以直接在网上订货、付款、等待物流配送后拿到货物。网络直销大大减少了传统分销中的流通环节，有效地降低了成本，能够直接获取终端客户的需求信息，尽量降低牛鞭效应带来的不利影响。

网络间接分销是利用互联网的渠道特性，在网上建立产品分销体系，通过网络把商品分销到全国各地的方式。按照网络分销商不同的特点，可以将其分为以下几类：①C2C 渠道，如淘宝网、拍拍网等；②B2C 渠道，如天猫、京东等；③CPS 联盟，实际上是一种广告，以实际销售产品数量来计算广告费用，如百度推广、老榕树等；④银行网上商城，我国大部分银行商城及信用卡商城都建设有 B2C 平台，如招商银行、民生银行、工农中建四大国有银行等；⑤网上支付渠道，支付宝商城、财付通聚惠等；⑥门户商城渠道，如新浪商城、搜狐商城、QQ 会员商城等；⑦积分商城渠道，如各大银行积分商城、中国移动积分商城、中国联通积分商城等；⑧团购渠道，如大众点评团、百度糯米团、美团等。

4. 营销与网络品牌建设

电子商务营销有两种方式：一是借助计算机网络达到营销目的，主要营销场所是互联网，主要营销对象是访问互联网的网民，具有快速、高效、针对性强、低成本等特点，但受众群体有限；二是借助传统的方式手段达到营销目的，借助平面媒体、电视媒体等将企业的价值以及能带给客户的价值展示出来，树立品牌，促进销售，传统营销方式能够扩大客户受众面，只需利用日常生活中随手可得的介质（如报纸杂志、广播电台、电视节目、户外媒体）等就能起到营销作用。网络品牌建设包括两层含义：一是通过互联网建立起来的品牌，这类品牌一般情况下没有实体商店，主要是网上商店运营；二是通过互联网提升网下已有品牌的影响力，这类品牌一般有实体商店或产品主要在实体店里销售，互联网销售是其线下销售的补充形式。

企业要根据电子商务商业模式以及产品定位确定营销方式，进而建立网络品牌。一般来说，有资金实力的企业会选择线上和线下两种方式并用，进行电子商务营销，当网络品牌从线上走到线下时，可以起到互补作用，更好地提升企业的整体形象。

5. 供应链管理

传统的供应链管理以生产为中心，在生产环节，力图提高生产效率，降低单件成本，来获得利润。在销售环节，则采用促销等营销方式将产品销售给顾客，并通过库存来保证产品能不断地流向顾客。电子商务弱化了因地域因素对企业产生的限制，电子商务下的供应链管理的理念是以顾客为中心，通过顾客的实际需求和对顾客未来需求的预测来拉动产品和服务。电子商务供应链管理在这种思想下产生，并革新了现代化供应链管理思想和策略，包括快速反应策略、有效客户响应策略、电子订货系统和建立企业间网络式供应链系统等。

电子商务企业应制定供应链优化和管理措施，加快企业对市场的反应速度，集成企业内部的物流渠道、物流功能、物流环节和制造环节，并通过规范作业，建立完善的物流网络体系，增加企业对新的市场环境的适应程度。通过对供应链流程的设定及管理，降低库存积压，避免延期交货、送货不及时、风险不可控等，通过与供应商、生产商、客户及时沟通，共享信息资源，发挥电子商务供应链的整体优势。

（三）电子商务系统技术方案制定

电子商务系统是支持商务活动的电子技术手段的集合，具体来说，电子商务系统指在Internet和其他网络的基础上，以实现企业电子商务活动为目标，满足企业生产、销售、服务等生产和管理的需要，支持企业的对外业务协作，从运作、管理和决策等层次全面提高企业信息化水平，为企业提供商业智能的计算机系统。

电子商务系统技术方案包括企业开展电子商务所涉及的门户网站、后台管理系统、供应链管理系统、支付系统以及与企业内部管理系统、ERP系统、客户关系管理系统相集成的企业电子商务系统体系。电子商务技术方案是将前面关于电子商务的设想、规划、管理等落地的重要手段，体现了企业电子商务管理的根本思想，主要包括电子商务网站、电子商务信息系统、电子商务支付系统和电子商务系统集成几个方面的内容。

1. 电子商务网站

电子商务网站集成了多样化内容和多种服务模式，是电子商务企业与客户交流沟通的重要门户，是买卖双方信息汇聚和传递的主要渠道，是企业形象在线展示的首要载体，是企业开展电子商务最直接、最终端的表现。网站的布局、色彩搭配、图片大小、文字表达、使用是否方便快捷、功能是否全面完善等都影响着用户体验，进而影响用户的购买决策和再次访问网站的决定。电子商务网站是电子商务系统的重要组成部分，是电子商务系统的"面子"，是电子商务企业对外开展商务活动的平台。

电子商务网站规划包括网站目标定位分析（确定网站类型、业务领域、网站主题以及服务的目标群体等）、网站风格及形象规划（确定网站的主要风格、基本色调、名称、logo等）、网站栏目及内容规划（确定重点栏目、静态和动态网页内容、企业形象展示内容等）、网站信息结构规划（确定网站的目录结构和逻辑链接结构）。

## 2. 电子商务信息系统

电子商务信息系统是电子商务企业支持内部生产与管理，完成企业的信息管理、统计、分析、控制，辅助企业管理活动并支持企业决策的系统，是电子商务系统的"里子"，是电子商务企业对内进行管理控制的平台。

电子商务信息系统根据企业规模不同，其拥有的功能和要实现的管理任务也不同。按照现代企业管理部门的设置和管理流程、方法等内容，一般来说，比较完善的电子商务信息系统包括计划与控制管理子系统，从企业整体目标出发，制定企业发展战略、调整企业组织机构设置、进行企业文化建设、对企业发展过程中出现的问题进行诊断；销售管理子系统，提供营销和销售管理平台，包括产品信息管理、销售订单管理、销售出库退货管理、销售计划管理、销售订单报警、营销项目及费用管理等功能；采购管理子系统，主要包括采购申请、采购订货、进料检验、仓库收料、采购退货、购货发票处理、供应商管理、价格及供货信息管理、订单管理、质量检验等功能，对采购物流和资金流的全部过程进行双向控制和跟踪；库存及物流管理子系统，主要包括库存及报表管理、商品入库和出库管理、配送及运输管理等功能；项目管理子系统，对项目进行预算成本控制、项目日程与进度控制、项目资料管理、项目资源管理等功能；以及财务管理子系统、人力资源管理子系统、物资管理子系统、办公自动化系统、投资管理子系统。

电子商务信息系统规划包括企业信息需求调查（现行系统初步调查与分析）、电子商务信息系统目标确定（信息系统战略）、系统的总体结构规划（系统各层次构成及作用，包括客户操作界面、应用逻辑、支持平台及网络基础等）、应用方案规划（应用系统的主要功能、主要流程、子系统等）、网络基础设施（网络结构、互联网及接入方式、企业内部网结构、外部网结构及数据交换方式等）。

## 3. 电子商务支付系统

电子商务支付系统是指为完成客户、商家、金融机构及认证管理机构之间使用安全电子手段实现交易中货币支付或资金流转过程的系统，是电子商务系统的重要组成部分，是连接电子商务企业以及客户、认证机构、金融机构等外部接口的重要系统。电子商务支付系统能支持新型支付手段包括电子现金、信用卡、借记卡、智能卡等支付信息，通过网络安全传送到银行或相应的处理机构来实现电子支付，是融购物流程、支付工具、安全技术、认证体系、信用体系以及现代金融体系为一体的综合系统。

电子商务支付系统主要包括7大要素：客户、电子商务企业（商家）、客户开户银行、商家开户银行、金融专用网络、支付网关、CA认证中心。客户是与商家存在未清偿的债权债务关系的债务方，是支付体系运作的原因和起点。电子商务企业指包括商家在内的在交易中拥有债券的另一方，可以根据客户发出的支付指令向金融体系请求资金入账。为了请求入账，电子商务企业会准备性能良好的服务器和网络来处理这一过程。客户开户行是客户所拥有的支付工具的提供银行。商家开户行是商家在其中拥有自己账户的银行。商家将客户的支付指令提交给开户行后，就由商家开户行进行支付授权的请求以及银行间的清算等工作。金融专用网络是银行内部及银行间进行通信的网络，具有较高的安全性，包括中国国家现代化支付系统、中国人民银行联行系统、商行电子汇兑系统、银行卡授权系统等，为电子商务的开展提供了必要条件。支付网关是指因特网和银行专用网之间的接口，支付信息必须通过支付网关才能进入银行支付系统，进而完成支付的授权和获取。支付网关的主要作用是完成两者之间的通信、协议转换和进行数据加密、解密，以及保护银行专用网的安全。CA 认证中心是网上电子商务的准入者和市场的规范者，是第三方的公证机关。CA 认证中心为参与各方（包括客户、商家、银行与支付网关）发放数字证书，以确认各方的身份，保证网上支付的安全性。认证中心通过其在银行的账户情况，与银行交易的历史信用记录等来判断参与者的资信状况，以建立保证交易进行的信用体系。认证机构也离不开银行的参与。

4. 电子商务系统集成

一般来说，企业管理信息化普遍先于企业电子商务化。许多企业在决定开展电子商务之前，已经建成了相对成熟的如管理信息系统、ERP 系统等功能较为全面的系统或是财务管理系统、进销存系统等针对性较强的系统。在此基础上进行电子商务系统建设，必须将新的电子商务系统与原有的企业管理系统集成起来，共享数据、软件和硬件，合理有效地利用现有资源。如果企业前端的电子商务和后台的 ERP 系统脱节，会导致很多关键信息和数据被封闭在相互独立的系统中，从电子商务平台上获得的销售订单、市场信息不能及时传递到后台 ERP 系统及财务管理模块中；同样，前台的电子商务系统也不能读取 ERP 系统中有关产品的价格、客户等信息，造成前后台信息脱节。

要实现电子商务系统与企业已有管理信息系统的集成，就需要全面考虑并规划企业的供应链管理、进销存管理、客户关系管理，商业智能、电子商务、办公业务自动化等功能全面集成，实现资源共享和数据共享。也就是说，要在企业现有系统的基础之上，将电子商务系统与现有企业管理信息系统、ERP 系统、客户管理系统和供应链管理系统进行集成，考虑异构数据库管理系统、不同源语言而导致的异构系统的互操作问题。

**四、电子商务规划中应注意的问题**

电子商务规划由于面临的不确定性较多，各方面参与人员较多，可能存在较大的变化性和意见不统一的情况，要注意以下问题。

电子商务规划不是规划一个电子商务网站，而是规划一整套商业及其技术解决方案。电子商务网站是电子商务的前提和开端，仅仅是商务的电子销售渠道和电子商务系统的门面。由于其代表了电子商务企业的形象、产品的形象，因此容易导致企业重视"面子"，而忽略了内在的后台支撑系统。

电子商务对信息技术的运用，是为了支撑企业商业战略和企业电子商务战略的实现，在选择电子商务技术、电子商务网站目标和网站实施策略时，必须以电子商务战略和企业战略为高级目标，而电子商务战略必须与企业战略相匹配。

电子商务并不是开辟一个全新的商业，而是对企业现有商业的补充和扩展，进行电子商务规划时需要考虑如何把现有客户、现有渠道和资源整合起来。例如，除了吸引新客户外，如何利用电子商务增加老客户的满意度和忠诚度；除了建立网络品牌外，如何利用电子商务增强现有品牌的美誉度等。

信息技术发展飞速，电子商务规划时应考虑到未来电子商务相关技术的发展趋势，以确保规划能在相对长一段时间内都具备可行性。同时，还要考虑到未来企业发展变化趋势，预留升级空间，保证电子商务系统能不断适应企业的发展变化。

应有一个专业的团队来实施电子商务。电子商务的销售和营销与传统的销售和营销有着较大的差别，电子商务需要复合型人才，适应快速变化的人才和创新性人才，这些人才需要有营销、销售、渠道管理、客户管理等商务知识，还须具备计算机信息和网络等技术知识以及将这两种知识有效融合的能力。

## 【延伸阅读】

2008年8月8日，第二十九届夏季奥林匹克运动会在北京开幕。奥运会是世界体育盛事，又是第一次在中国举行，要利用网络向全世界大力宣传中国和北京奥运会情况，满足全国人民关注奥运会的相关信息需求，许多企业也希望借此机会宣传自己、寻找商机，开发一个奥运会官方网站，不仅可以提供公益信息服务，而且可以实现有关奥运会项目的商业效益。为了确保奥运会官方网站是切实可行的并且能顺利开展实施，需要对其进行项目规划。

项目规划主要包括了项目可行性分析、同类竞争者分析、项目需求分析、项目总体规划、项目设计方案、项目实施与质量管理计划、项目评估、项目资金预算等内容，如表10-1所示。

表10-1 项目规划详细内容表

| 项目规划 | 具体内容 |
| --- | --- |
| 项目可行性分析 | 包括奥运会带来的经济市场预测的可行性分析、技术可行性分析、市场定位可行性分析 |
| 同类竞争者分析 | 存在的同类竞争者、优势劣势分析 |
| 项目需求分析 | 项目立项及背景、项目需求说明 |
| 项目总体规划 | 软硬件资源、人力资源的分配与管理、制定项目时间进度表、制定风险防范措施 |
| 项目设计方案 | 网站设计风格、网站功能模块、网站技术解决方案、电子商务商业服务模型设计方案 |
| 项目实施与质量管理计划 | 官方网站的发布测试与维护、官方网站的项目实施与推广、官方网站的项目质量管理 |
| 项目评估 | 总体规模评估、总体效益评估、总体风险评估、改进策略 |
| 项目资金预算 | 网站软硬件资金费用、人员费用、风险资金预算 |

# 第三节 企业电子商务实施

### 一、企业电子商务实施流程

企业电子商务战略规划完成后，将形成可行的电子商务战略规划报告。报告完成后，企业进入电子商务的实质性建设阶段，即电子商务实施阶段。电子商务涵盖企业运作的各个方面，涉及要素众多，合理的实施流程对于企业成功实施电子商务具有非常关键的作用。

企业电子商务实施主要包括四大流程，如图10-3所示。

第十章 企业电子商务的规划与实施

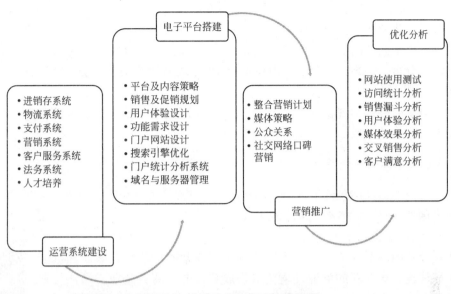

图 10-3 企业电子商务实施流程图

第一步，运营系统建设。运营系统的含义广阔，涉及供应商、企业、客户等企业事务处理的全部内容，包括商品进销存系统、物流系统、支付系统、营销系统、客户服务系统、法务系统以及人才培养。这里的运营系统并非指计算机系统，而是指企业运营涉及的人财物的综合体，这是开展企业电子商务的基础。没有健全的运营系统，企业电子商务建设将面临巨大风险。

第二步，电子平台搭建。广义的电子平台涵盖企业开展电子商务所需要的计算机软硬件、网络设施设备、电子商务门户网站以及在这些技术手段支持上开展的诸如客户服务、市场管理等内容，包括企业开展电子商务所需要的平台及内容策略、销售及促销规划、用户体验设计、平台功能需求设计、门户网站设计、搜索引擎优化、门户统计分析系统、域名与服务器管理等内容。企业的电子平台应采用先进的网站制作技术和专业的网站促销服务手段，完善和推出信息发布、产品营销、企业内部信息共享、客户服务等整套功能，帮助企业在生产、资金、物资等环节的管理活动中实现信息化。

电子平台搭建的同时，企业应当注重内外部资源的集成。比如供应链管理、产品数据管理、客户关系管理等的集成，均能从不同方面帮助企业建立良好的伙伴关系。但电子商务集成不可能一步到位，企业应根据现有资源，由内向外，分步实施，逐步完善。

电子平台搭建完毕后，能够实现企业内部与市场、商家的外部沟通，并在安全认证、网上支付、商品配送保障体系下，开展采购、签约、支付、运输等各项商业活动，完成企业电子商务的全流程。但商务的技巧和精髓还未植入平台。

第三步，营销推广。电子商务营销比传统营销的内涵更为广阔，除了推广企业的产品、树立企业品牌外，电子商务营销还需要推广企业的电子商务平台，平台推广能否成功已经成为电子商务能否成功的核心要素。营销推广包括制定整合营销计划、实施媒体策略、公关尤其是网络公关、社交网络营销与口碑营销等。通过制定线上线下的营销计划，充分利用搜索引擎优化技术与网络消费者的消费心理开展电子商务活动，企业电子商务实施的主要内容才算完成。

第四步，优化分析。当企业电子商务平台运行一段时间后，要通过一定的技术手段和分析手段对现有电子商务的实施效果进行分析评估，以确定改进方法和目标，包括网站使用测试、访问统计分析、销售漏斗分析、用户体验分析、媒体效果分析、交叉销售分析、客户满意分析等。

对企业电子商务运营现状分析完毕后，企业将回到第一步进行优化处理，企业电子商务实施的循环过程就此形成。

## 二、企业电子商务实施策略

计算机普及的新经济条件下，商业规则已与传统经济大不相同，企业开展电子商务需要适应商业规则的变化，才能在竞争中取得成功。

### （一）建立快速反应系统

在快速变化的商业环境中，长远宏伟的计划通常不能实施，威胁和机会的发生同样快速，想在新的商业环境中取得成功，电子商务企业必须从规划到实施的运营全过程建立快速反应系统，如三五年的战略规划应缩短至一年，甚至更短。规划完成后与开始实施的间隔期应尽量缩短，缜密的理论论证在

快鱼吃慢鱼

新的商业环境中远不如实践论证有效，甚至会使企业错失宝贵的商业机会。企业的决策时间将被缩短，电子商务各个环节的流程时间将被缩短，企业处理非常规事件的时间将被缩短，这都应验着"快鱼吃慢鱼"的商业准则。

### （二）建立以营销为导向的商务网站

商务网站是电子商务平台的核心内容，是企业在网络世界中的"脸面"。电子商务营销是技术和营销策略相结合的营销，以营销为导向的商务网站可以很大程度地提高潜在客户的转化率，把流量转化为销量。成功的商务网站都以客户感知和体验为首要要素，并具备共同的特点，包括：考虑目标用户的购买心理、浏览习惯、关注热点等，进行网站用户体验设计、精美的产品图片设计、精简的购买与支付流程设计、有助于用户分享的互动设计、尽可能多的支付手段设计等。比如网站的在线客服功能、用户自定义检索词的产品搜索功能等，都是提升用户体验效果的重要手段。

### （三）建立网络销售渠道

传统企业开展电子商务，建立商品供应链与运营体系后，应当全方位地建立线上渠道，再进行渠道推广。而现在绝大部分企业未建立线上渠道，就开始进行大规模线上推广，导致投入产出比不高，推广效果不好。网络销售渠道主要包括：①C2C渠道，如淘宝网、拍拍网等，虽然如今以淘宝网为代表的C2C渠道获得了巨大成功，但C2C仅是网络销售的一个渠道，不能作为唯一的渠道。②B2C商城渠道，如京东网、卓越网等，此类渠道就是线上渠道中的沃尔玛，借助B2C平台商的品牌与推广，企业能够从中获得连续不断的订单。③银行商城渠道，越来越多的银行建设了银行商城，银行拥有巨大的客户量，该渠道的作用不容忽视。④自营门户网站渠道，如李宁的自营网站等，自营网站专营某个企业的产品，是企业网络销售的主要渠道，但必须注意的是，企业在推广产品的同时必须推广自营门户网站，这样才能取得较好效果。⑤积分商城渠道，利用具备庞大用户量的机构所建立的积分体系，将积分与电子商务结合起来，如网易邮箱积分商城、航空公司积分换礼商城等，都是积分商城渠

道的典型体现。

（四）商务网站的推广

商务网站的推广对于建立平台的电子商务企业至关重要，商务网站推广成功与否是产品能否卖出的先决条件。一般来讲，商务网站推广有以下两种途径：第一，商务网站推广通过电视、报纸、户外广告牌、产品包装、礼品等非线上手段进行，能够增进客户的感性认识；第二，通过搜索引擎优化、网络广告，并充分应用社交网站的口碑营销等，能够强化消费者在网络世界中对该网站的印象，并且提供方便的链接增加网站访问量。

（五）物流配送

随着电子商务的快速发展和网络购物的持续增长，物流配送已经成为保障消费者利益的最大瓶颈，电子商务未来的发展也受到了严重限制。物流过程产生的巨大成本，也将吞噬电子商务的利润。在未来的电子商务竞争中，谁能更快地满足消费者对配送速度的需求，谁就能最终赢得网络购物的市场，被物流卡住脖子的电子商务企业将在竞争中处于不利地位。

部分有实力的电子商务企业自建物流，利用现代化信息技术手段，加强物流基础设施建设，培养物流专业人才队伍，为的就是不让别人卡住自己的脖子。实力相对薄弱的中小电商和网店店主也应当建立第三方物流企业战略合作伙伴，将物流业务外包给专业化的物流公司，利用外力保障物流服务。

## 【延伸阅读】

### 亚马逊的智慧物流

亚马逊是跨国技术公司，总部设在美国华盛顿州的西雅图，其重点业务领域是电子商务、云计算、数字流和人工智能。它与谷歌、苹果、微软和 Facebook 并列美国信息技术行业的五巨头。亚马逊已经在智慧物流方面进行了积极探索和实践，其开创的一整套以高科技为支撑的电商仓储物流模式，堪称典范。

以"客户为中心"的理念。亚马逊一直秉持"客户为中心"的经营理念，为了实现客户花最少的钱最快拿到货品的愿望，亚马逊自建了物流网络，一方面为自营商品提供送货服务，另一方面为第三方卖家提供统一的仓储和配送，完善的物流体系大大改进了客户的购物体验，Prime 会员更是可以享受当日达或次日达的服务。目前，亚马逊在全球有 109 个运营中心，可到达 185 个国家和地区。为了解决配送"最后一公里"的运输效率问题，亚马逊推出了 Flex 项目，即配送"Uber 化"，任何有车的人都可以类似 Uber 司机一样按需接单，成为亚马逊的包裹派送员，这不仅使亚马逊可以随时扩大配送能力，而且还大大减少了非高峰期不必要的支出，降低了物流总成本。

融入 DNA 的创新基因。很多人认为亚马逊是一家电商平台，但其创始人兼 CEO 贝索斯则将其定位为一家科技公司，并持续不断地将盈利投入到科技创新领域，如今亚马逊是全球公认的科技巨头，其在智慧物流方面的投入可谓不遗余力。亚马逊在业内最先将大数据、人工智能和云计算等技术运用于仓储物流管理，其最新的"无人驾驶"智慧供应链，可以做到自动预测、自动采购、自动补货、自动分仓，自动根据客户需求调整库存精准发货，对海量商品库存进行自动化、精准化管理。

亚马逊有一套基于大数据分析的强大系统来精准分析客户的需求，后台系统会根据客户的浏览历史，提前把顾客感兴趣的商品调拨存放到离消费者最近的运营中心，实现"客未下单，货已在途"。

在亚马逊的运营中心内部，订单处理、快速拣选、快速包装等一切都由大数据驱动，比如系统通过智能计算优化每个配货员的拣货路径，可实现走路路径比传统减少60%以上。亚马逊还在仓库中大量使用 Kiva 机器人，机器人会根据指令自动将货架运送到拣货工人面前，完全颠覆了传统仓库"人找货"的模式，实现了"货找人"，作业效率提升了2~4倍，准确率达到99.99%。大数据分析技术同样运用在配送环节，智能系统会根据订单分布情况进行分析，并据此计算最优配送路径，更科学合理地安排每个配送员的派单工作，提升了配送效率。

2013年，亚马逊启动了 Prime Air 无人机送货服务项目的研究。该服务使用送货无人机在订购后30分钟内自动将单个包裹运送给客户。要获得30分钟交货的资格，订单必须小于5磅（2.25 kg），能够放入无人机携带的货箱，并且交货地点必须在离无人机配送中心10英里（16 km）的距离范围内。2019年6月，美国联邦航空局授予亚马逊 Prime Air 特殊适航证书，用于其 MK27 无人机的培训和研究。2020年8月，该公司获得了 FAA Part 135 航空承运人证书。截至2020年12月，该服务尚未正式投入运营。

资料来源：汪燕. 探秘亚马逊的智慧物流. 浙江经济，2018（22）.

（六）担保

电子商务打破了传统商务"一手交钱，一手交货"的模式，因网络购物买卖双方不见面，交易的虚拟性强，彼此缺乏信任和了解，买方希望网上购物仍能按传统交易方法那样在收到商品时才付款，而卖方希望先收款后送货。业界公认，影响网络零售业发展的三大因素为信用、支付和物流，这也是电子商务发生侵权纠纷最多的三个环节，而且当侵权纠纷发生时，锁定侵权证据或者获取侵权证据的难度极大，对解决侵权纠纷带来了较大的障碍。其实，这三者背后的共同点都是担心，若有担保，则可把担心变成放心。建立担保机制，设立担保机构，无疑有助于上述问题的解决。以付款方式为例，可以成立一家担保机构，该机构由独立的第三方中立人参与监管并紧密结合资金流与物流管理。然后，设计一种"代收货款"机制，在该机制下，当配送卖方的商品到达买方时，买方支付货款给担保机构安排的投递员，投递员将货款交回担保机构，由该机构与卖方结算。通过这种机制为买卖双方的网上交易资金提供诚信保证。

目前，这种代理机制被广泛地运用在电子商务交易中，支付宝、财付通、快钱等担保平台被运用在各大电子商务网站的交易中。

三、电子商务项目实施的特点

（一）吸引新客户

通过友好的界面设计和商品展示，并通过搜索引擎优化，不断吸引新客户，获得网站目标访问量。

## （二）增加销售

不断改进网络销售流程，提升客户购物体验，增进客户转化率，增加客户每单消费金额。

## （三）提升客户忠诚度

通过提升客户购物体验，激发客户的信任，获得极高的客户满意度，进而获得较好的客户忠诚度。

## （四）提供卓越的客户服务

利用电子商务工具和网络交互工具，为客户提供在线即时服务，为客户提供全面详尽的产品信息，并能将信息快速方便地呈现给客户。同时，客户的抱怨能得到及时妥善的解决。

## （五）提高工作效率、降低运营成本

通过计算机自动处理程序、客户网上自助服务以及合理设置商务流程，降低客户获取服务的时间等待成本，降低企业人工消耗，降低企业投入的客户服务成本。

## （六）提升品牌形象

电子商务从线上提升品牌和品牌形象，并能针对性地向目标客户群体宣传产品，提升品牌认知度和品牌需求。

## （七）满足未来发展的需要

计算机网络技术和商业环境变化快速，电子商务的规划、实施应当具有一定的前瞻性，应当具备可升级的特点，不断适应未来的发展变化。

---

### 京东的制胜法宝

**一、企业概况**

京东集团定位于"以供应链为基础的技术与服务企业"，目前业务已涉及零售、科技、物流、健康、保险、产发、海外和工业品等领域。2013年正式获得虚拟运营商牌照。2014年5月在美国纳斯达克证券交易所正式挂牌上市。2016年6月与沃尔玛达成深度战略合作，1号店并入京东。2017年1月，中国银联宣布京东金融旗下支付公司正式成为银联收单成员机构。2020年6月，京东集团在香港联交所二次上市，募集资金用于投资以供应链为基础的关键技术创新，以进一步提升用户体验及提高运营效率。

京东JD.COM在线销售超数万品牌、4 020万种商品，囊括家电、数码通信、家居百货、服装服饰、母婴、图书、食品等13大品类。

**二、电子商务战略与实施策略**

1. 物流与售后服务

京东集团2007年开始自建物流，2017年4月25日正式成立京东物流集团。京东物流的服务产品主要包括仓配服务、快递快运服务、大件服务、冷链服务、跨境服务等。

在发展初期，京东北京、上海、广州、成都、武汉等城市完成了一级物流中心的布局，在天津、苏州、杭州、南京、深圳、宁波、无锡、济南、武汉、厦门等超过70座重点城市建立了城市配送站，为用户提供物流配送、货到付款、移动POS刷卡、上门取换件等服务。2010年，京东在北京等城市率先推出"211限时达"配送服务，在全国实现

"售后100分"服务承诺,随后又推出全国上门取件、先行赔付、7×24小时客服电话等专业服务。2011年初,京东商城推出GIS包裹实时跟踪系统;3月,京东商城获得ACER宏碁电脑产品售后服务授权,同期发布"心服务体系",京东商城开创了电子商务行业全新的整体服务标准。2013年,京东自建物流网络覆盖全国1 000个区县。2014年,在上海启动首座"亚洲一号"大型智能仓库。2015年,第一个大型自动化分拣中心投入使用。2016年,大件物流完成中国大陆地区所有行政区县全覆盖。2017年,中小件物流网络实现中国大陆行政区县全覆盖。2019年,"亚洲一号"大型智能仓库已投用25座。2020年,京东物流助力约90%的京东线上零售订单实现当日和次日达,客户体验持续领先行业。截至2020年12月31日,京东物流运营超过900个仓库,包含京东物流管理的云仓面积在内,仓储总面积约2 100万平方米;京东物流已建立了覆盖超过220个国家及地区的国际线路,拥有32个保税仓库及海外仓库,并正在打造"双48小时"时效服务,确保48小时内可以从中国运送至目的地国家,在之后的48小时内,可以将商品配送至本地消费者。

京东商城在为消费者提供正品行货、机打发票、售后服务的同时,还推出了"价格保护""延保服务"等举措,京东商城通过不断优化的服务引领网络零售市场,率先为中国电子商务行业树立了诚信经营的标杆。

2. 商业模式与渠道建设

直接与生产厂商建立合作关系是京东的渠道之一。先与厂商的经销商建立战略合作伙伴关系,当经销商出现供货瓶颈时,再与生产厂商建立合作关系,是京东扩大渠道的另一做法。除此之外,京东的开放平台打开了渠道建设的新局面。京东开放平台从2010年3月开始布局,开放平台是京东商城从"自营"模式转向"联营"模式的分水岭。在开放平台项目之前,京东商城线上商品全部由京东自己采购、定价,并负责仓储、配送、售后等所有环节。而在开放平台中,品牌商可以自己上传商品、定价,并选择性地将仓储、配送、售后等服务交给京东来做。联合运营可以最大限度地发挥品牌和平台各自优势,品牌商将商品做到极致,平台则提供其他服务。

京东致力于为用户打造极致购物体验。京东手机与品牌商、运营商保持了长期紧密的合作,共同推动了5G生态发展,为消费者打造一站式购机服务体验。京东超市目前已经成为众多知名国际快消品牌的全渠道零售商。京东超市打造的"全城购"项目拓展全渠道业务,已经成功在全国多个城市、区域建立起了完善的全品类即时消费的零售生态。全品类发展的京东生鲜通过七鲜超市、七鲜生活等业态,线上线下相结合,为消费者创造最佳体验。

京东零售企业业务为政府、企业及事业单位提供智能化、定制化的采购管理解决方案,帮助政企客户提高采购效率,合理管控成本,目前拥有超800万活跃企业客户。面向工业制造业,京东企业业务推出京东工业品,专注工业品电商、工业智能采购平台及工业互联网技术应用解决方案等相关领域,致力于通过技术实现工业制造业产业链上下游的无缝连接,为企业客户提供智能采购服务和供应链解决方案。

### 3. 人才培养

在京东管理层看来，电子商务行业是一个新兴的朝阳产业，在这个行业内很难有成熟的人才，所以京东很早就开始探索自己独特的人才培养机制。在发展的早期，京东针对大学毕业生的特点制定了"鹰计划"的培训体系。毕业生在京东商城入职后，将深入到每个部门以及公司流程中的各个环节，了解、熟悉、学习公司运作流程以及管理经验。此后，公司将会根据"管理培训生"的特长、能力以及个人意愿分配到各个部门定岗工作，并给予专业的培训、考核，快速的职业晋升通道，培养成优秀的管理和专业人才。2012年京东把培训上升为公司战略之一，2013年成立"京东大学"，帮助新加入京东的员工快速了解京东的理念和运营，为企业培养合格的员工。

京东大学倾力打造产品化的培训课程及项目，将学习产品共分为三个段位：第一个段位为应用级学习产品；第二个段位为平台级学习产品；第三个段位则是生态级学习产品。京东模仿 TED 演讲秀的模式，推出了一个名为"京东 Talk"的活动，邀请京东内部优秀员工及行业内的专家们，在 18 分钟内精准呈现其专业知识的精华部分。京东还开设了一档名为"对话京东 Manager"的节目，每周推出一位部门总监，由他来介绍其工作的重点、部门的设置，以及与其他部门的协同关系等内容。京东大学的经理级的培训项目是特色项目，首先会协同 TD、OD 部门选拔出公司里具有潜力的人才，找到其共同的短板，再针对这些短板设计为期一年的跨部门学习项目，在运作过程中，通过多样化的互动方式来推动其学习与成长。京东对于高管的培训也非常重视，曾与中欧国际工商学院达成了一个长达 10 年的战略合作，推荐 40 位公司的总监级管理人员，参加中欧为期一年，涵盖 6 个学习模块的培训。另外对于 VP 中的高管，每年京东也会选送 3 至 4 名前往中欧攻读 EMBA，如此一来，就搭建了一个从经理级到总监级，再到 VP 层级这样一个层层递进的人才培养路径。

京东培训课程的研发也旨在助推企业文化落地。邀请管理人员及员工通过研讨会的形式，分享自己在文化层面的意见或建议，从中提炼公司的核心价值观，再围绕核心价值观，用京东的实际案例制作教学片，引导员工转变思维，改变行为。

资料来源：京东商城 B2C 升级．中国经济时报，2011-01-06；京东大学：用互联网思维做人才培养：访京东大学执行校长马成功［J］．中国培训，2015（5）．

# 本章小结

本章主要介绍了电子商务体系及内容构成，电子商务规划的概念、规划的步骤及应当注意的问题。在电子商务规划后，实施电子商务的流程和策略，以及评价优秀电子商务项目实施的要点。

## 自测题

**一、简答题**

1. 电子商务体系由哪些部分组成？
2. 电子商务对人才有哪些特殊要求？
3. 电子商务规划的特点是什么？
4. 电子商务规划的步骤是什么？
5. 电子商务的实施流程是什么？
6. 评价优秀电子商务项目的标准是什么？
7. 网络销售包括哪些渠道？

**二、案例分析题**

沃尔玛是全球最大的百货零售商，公司口号的最后一句是："谁是第一重要的？顾客。"它通过精简供应链流程和采用低价策略，削弱竞争者而确立了自己在零售业的领导地位，但是它的在线销售战略遇到了主要顾客定位问题。其目标顾客是年收入25 000美元的人群，而网上消费者的平均年收入约为60 000美元。尽管存在消费人群的问题，但在线销售（主要是音乐、旅游和电子产品）还是占了沃尔玛在美国销售额的10%左右。

沃尔玛担心其网站会和实体店自相残杀。2001年，它和美国在线合作，向附近没有沃尔玛商店的郊区居民提供合作品牌的上网服务，这开辟了一个新市场，并消除同室操戈的效应。拥有鼠标加水泥的优势，能提供丰富商品的综合型电子零售商也许会成为在线商品销售领域的巨无霸。

到2002年，沃尔玛在线已经成熟，能在线提供购物、订单查询与跟踪、退换货、特惠信息等全方位服务。

2003年，沃尔玛在线只能提供部分商品（不销售$5以下的商品），但商品种类在不断增加，且包含一些在实体商店没有的商品（如床垫等）。2004年，沃尔玛在线开始以88美分/曲的价格销售音乐，与Apple公司的iTune竞争。在2004年感恩节的四天特卖中，为了吸引高收入购物者，一些新颖和贵重商品只能在线购买，比如开司米羊绒衫、按摩椅等。这次促销活动之前，沃尔玛在线每周的访问量为八百万人次，而到了2004年11月，每周的访问量比2003年节日高峰期间的访问量还要高11%。

2005年，沃尔玛在线继续增加更多的产品种类。只要配送能够解决，世界各地的消费者都可直接从沃尔玛在线或其附属网站（比如：asa.co.uk，沃尔玛英国公司）上购物。

根据上述资料，请回答下列问题：

(1) 在经营B2C电子商务网站的企业类型中，沃尔玛公司属于哪一种？并解释之。
(2) 分析沃尔玛在线这类网上百货销售的特点。
(3) 为什么称沃尔玛在线为综合型电子零售商？
(4) 沃尔玛在线采取了哪些与实体店不同的销售策略？

# 第十一章 电子商务法律法规

【学习目标】

通过本章学习,能够掌握电子商务法的基本概念,理解电子商务法特征和基本原则,了解国际组织及部分国家的立法现状,熟悉我国电子商务立法现状。

【导读案例·思政结合】

### 阿里巴巴持续反腐　清退36家违规店铺

2017年4月7日,阿里巴巴集团廉正合规部发布处罚公告,宣布永久关闭平台上36家以不正当手段谋取利益的商家店铺。这是该部门连续第三年发布此类封杀令,通过定期清退违规店铺,重申持续透明反腐决心。

据披露,2016年2月至今,阿里旗下各平台共有36家店铺因采取不正当手段谋求小二"照顾"被永久关店。这些店铺试图通过"潜规则"甚至违法犯罪手段谋求不正当利益,违背了诚信经营原则,依规被永久关闭店铺,情节严重的还被追究法律责任。

阿里巴巴在诚信制度建设上坚持"内外兼修"。对外,通过制定平台规则,鼓励商家诚信经营,为千万中小商家的创业、发展提供公正透明的商业环境。对内,倡导诚信文化以及开展反舞弊调查,在查处内部腐败的同时推进业务机制完善。据阿里巴巴廉正合规部有关负责人介绍,阿里集团有几万名员工分布国内及海外多地,廉正诚信文化和商业行为准则是每个人入职阿里的"必修课",也是每年的评估考核项目,商家一旦发现阿里员工存在任何违规行为,可随时通过廉正举报平台举报。

思政德育思考:
1. 本案例对我国电子商务立法带来哪些启示?
2. 思政德育思考:作为一名公民应如何积极响应我国电子商务法的实施?

随着电子技术与互联网的迅速发展,电子商务在全球得到了快速发展与广泛应用,已成为当今世界经济新的增长点。从客观上来说,各国亟须建立能够促进电子商务健康有序发展的法律体系,以弥补现有法律的缺失。

## 第一节 电子商务法概述

### 一、电子商务法的概念

目前,对电子商务法大多从广义和狭义两个角度去解释。

邵兵家在其主编的《电子商务概论》一书中认为广义的电子商务法是所有调整以数据电文形式进行的商事活动的法律规范的综合。而狭义的电子商务法是调整以数据电文为交易手段,通过信息网络产生的,因交易形式而产生的商事关系的规范体系。

罗佩华和魏彦珩在其主编的《电子商务法律法规》中指出广义的电子商务法包括所有调整以数据电文方式进行的商务活动的法律规范,狭义的电子商务法则是调整以数据电文作为交易手段,以电子商务交易形式所引起的社会关系的法律规范的总称。

本教材根据 2018 年 8 月 31 日第十三届全国人民代表大会常务委员会第五次会议通过的《中华人民共和国电子商务法》中对"电子商务"概念的界定,认为电子商务法是指调整通过互联网等信息网络销售商品或者提供服务的经营活动所引起的商事关系的法律规范的总称。

中华人民共和国电子商务法

### 二、电子商务法的特征

电子商务法作为商事法律的一个新兴领域,具有全球化的天然特性,应根据计算机技术、互联网技术和电子商务的特点,以商人的行业惯例为其规范准则。电子商务法的特征体现在以下四个方面。

1. 形式与内容并重

狭义的电子商务法主要涉及交易形式,即当事人所使用的具体的电子通信手段,如数据电文的形式是否符合法律规定的形式要求,是否归属于某人。

广义的电子商务法既涉及电子商务活动中的交易形式,也涉及交易的内容。交易的内容是交易各方权利和义务的具体体现,所涉及的法律问题需要由许多不同的法律规范予以调整。例如,电子信息是否构成要约或承诺,需要根据合同法的规定进行判断;能否构成电子货币,需要根据金融法的规定进行判断。

2. 技术性

在电子商务法中,许多法律规范都是直接或间接地由技术规范演变而成的。例如,一些国家将运用公开密钥加密技术生成的数字签名规定为安全的电子签名。这样就将有关公开密钥的技术规范转化成了法律要求,对当事人之间的交易形式和权利义务的行使都有极其重要的影响。

3. 开放性

电子商务法是关于数据电文进行意思表示的法律制度,而数据电文在形式上是多样化的,而且还在不断发展中,必须以开放的态度对待任何技术手段与信息媒介,设立开放性规范,让一切有利于电子商务的设想和技巧都能纳入。目前,国际组织和各国在电子商务立法中,大量使用开放性条款和功能等价性条款,其目的就是开拓社会各方面的资源,以促进科学技术在社会中的应用，具体表现在电子商务法基本定义的开放、基本制度的开放，以及电子商务法律结构的开放。

4. 复合性

电子商务交易关系的复合性源于其技术手段的复杂性和依赖性。它通常表现为当事人必须在第三方的协助下完成交易活动。例如，在合同订立中，需要有 Internet 服务提供商提供网络接入服务，还需要有认证中心提供数字证书等。实际上，每一笔电子商务的交易，都必须以多重法律关系的存在为前提，这是传统的书面形式所没有的。

### 三、电子商务法的基本原则

电子商务法是新兴的立法领域，除了遵循法律的一般原则外，还应符合网络环境的新的法律原则。

1. 技术中立原则

技术中立原则又称不偏重任何技术手段的原则，是目前世界各国和国际组织在电子商务立法中共同遵守的基本原则之一。具体是指政府或相关立法机构对电子商务有关的技术采取中立的态度，应当对交易使用的技术手段一视同仁，不应把对某一特定技术的理解作为法律规定的基础，而歧视其他形式的技术。

（1）对不同贸易形式中立。

对于传统贸易、电子商务贸易或其他贸易活动，电子商务法应该做到一视同仁，不应限制一种贸易形式而厚待另外一种贸易形式。电子形式的交易虽然离不开技术手段的支持，但是电子商务立法却不能局限于某种手段，否则就会落后于技术的发展，成为妨碍市场交易的障碍。

（2）对不同当事人中立。

对于参与电子商务的当事人、商家、消费者和中间人，电子商务法应该予以同等对待，不能厚此薄彼。

（3）对不同技术中立。

电子商务交易所使用的不同技术是实现电子商务交易的基础，对电子商务贸易的实质没有影响。电子商务立法，对于注册技术、安全技术、加密技术、支付技术、结算技术和配送技术等不能有任何"歧视"。

（4）对不同通信和交易形式中立。

不同的通信和交易形式只是电子商务交易的手段，电子商务法不能差别对待。多种通信和交易形式的发展与应用也是电子商务竞争的表现，有利于资源的进一步配置和优化。

（5）对不同形式法律中立。

电子商务法应在传统法律的基础上产生和实施，不应该出现不同法律的地位和效力不平等的现象；不能将传统的法律规范的效力置于电子商务法之上，也不能让电子商务法高于传统的法律规范，正确的做法是保持中立。

2. 意思自治原则

意思自治原则是指确认民事主体自由地基于其意志去进行民事活动的基本准则。基于意思自治原则，法律制度赋予并且保障每个民事主体都具有在一定的范围内，通过民事法律行为，特别是合同行为来调整相互之间关系的可能性。在电子商务交易过程中，法律法规仍然强调引导性、任意性，为电子商务当事人全面表达与实现自己的意愿预留空间。只要法律没有禁止就视为不违法，只要法律没有强制规定则当事人的安排就是合法的，这样有利于商家不断地探索电子商务运行经验，从而形成成熟的行为规范。

3. 功能等同原则

功能等同原则是指数据通信与相应的具有同等作用的纸质文件一样，享受同等的法律地位和待遇。现行的法律大都是以纸质文件为基础而订立的，而电子商务中的各种信息几乎都存储在磁介质上，当电子商务中出现法律问题，在适用现行法律时，若因为磁介质信息不同于纸质文件而难以产生与纸质文件同等的法律效力，则会为司法实践带来困难。如今，各国电子商务法中都规定了电子证据与传统书面证据享有同样的法律地位。

4. 国际协调原则

电子商务立法的国际协调原则是指各国在立法中尽量采纳一套国际上可接受的规则，以便排除传统法律中的障碍，为电子商务创造更安全的法律环境。电子商务是跨越关境、地区或国界的商业方式，它比传统的商业活动更需要采取统一规则。1996年12月，联合国国际贸易法委员会第85次全体大会通过了《联合国国际贸易法委员会电子商务示范法》，该法是世界上第一个电子商务的统一法规，其目的是向各国提供一套国际公认的法律规则，以供各国法律部门在制定本国电子商务法律规范时参考，促进使用现代通信和信息存储手段。

5. 保护消费者权益原则

自愿、平等、公平、诚实信用，是经营者与消费者进行交易时应该遵循的原则。电子商务立法的保护消费者权益原则是指电子商务交易环境下对于消费者的保护力度不能小于其他交易环境对于消费者保护的力度。

6. 交易安全原则

电子商务法的交易安全原则是指确立保障电子商务交易过程的安全规范，使电子商务在安全和公平的法律环境下运行。电子商务大部分是在虚拟的网络环境下进行在线交易，给人们带来便捷的同时也充满不安全因素。其不仅有传统法律环境下的不安全因素，如对方丧失履约能力等，还存在特有的风险问题，如电子商务交易的当事人是否真实存在等。安全是电子商务的前提，也是电子商务的重要保障。该原则体现在与数据电文、电子商务合同、电子签名、电子认证等相关的法律中。

## 第二节　全球电子商务立法概况

电子商务的发展对世界现行法律体系产生了巨大冲击，近年来国际组织和很多国家也制定和颁布了与电子商务有关的法律规范，进行了有益的尝试。

### 一、国际组织电子商务的立法概况

1. 联合国贸易法委员会的电子商务立法

联合国从20世纪80年代开始研究和探讨有关电子商务的法律问题。1982年联合国国际贸易法委员会的第十五届会议上，计算机记录的法律价值问题被正式提出。1996年12月16日，联合国国际贸易法委员会第85次全体大会通过了《联合国国际贸易法委员会电子商务示范法》(以下简称《电子商务示范法》)。《电子商务示范法》的重点在于对数据电文和电子签名的规范,内容包括数据电文适用的法律要求、数据电文确认收讫等问题。《电子商务示范法》是世界上第一部关于电子商务的统一法规,提供了一套国际公认的立法规则,供各国立法部门在制定本国电子商务法时参考。

2001年7月,联合国国际贸易法委员会通过了《联合国国际贸易法委员会电子签名示范法》(以下简称《电子签名示范法》)。《电子签名示范法》以贸易法委员会关于电子商务的所有法规的共同基本原则为基础,即不歧视、技术中性和功能等同。《电子签名示范法》为电子签名和手写签名之间的等同性规定了技术可靠性标准,还规定了可能对评估签名人、依靠方和介入签名过程的受信赖的第三方的义务和赔偿责任提供准则的基本行为规则。《电子签名示范法》可协助各国制定现代、统一、公平的法律框架,以有效解决在法律上如何对待电子签名的问题,并使电子签名的地位具有确定性。《电子签名示范法》奠定了电子商务立法中关于电子签名的基本框架,尤其是其中确立的"技术中立"等原则,对世界各国的电子商务立法都有重要的指导意义。

2. 经济合作与发展组织有关电子商务的立法

经济合作与发展组织在电子商务的立法方面也做了大量的工作,1980年提出了《保护个人隐私和跨国界个人数据流指导原则》,1985年发表了《跨国界数据流宣言》,1992年制定了《信息系统安全指导方针》,1997年发表了《电子商务:税务政策框架条件》《电子商务:政府的机遇与挑战》等报告。1998年公布《OECD电子商务行动计划》,通过《在全球网络上保护个人隐私宣言》《关于在电子商务条件下保护消费者的宣言》《电子商务:税务政策框架条件》等报告。1999年制定了《经济合作与发展组织电子商务消费者保护准则》。

3. 世界贸易组织有关电子商务的立法

1995年开始生效的世界贸易组织《服务贸易总协定》,宗旨是在透明度和逐步自由化的条件下,扩大全球服务贸易,并促进各成员的经济增长和发展中国家成员服务业的发展。其为所有金融服务(包括电子贸易)提供了一个基本法律框架。1998年5月20日,WTO部长会议通过了《关于全球电子商务的宣言》。1998年9月发布了《电子商务工作计划》。2019年1月,签署《关于电子商务的联合声明》,强调将充分认识并考虑世贸组织成员在电子商务领域面临的独特机遇和挑战,鼓励所有成员参加谈判,以便使电子商务为企业、消费者和全球经济带来更大利益。

4. 世界知识产权组织有关电子商务的立法

电子商务与知识产权有着极为密切的关系,世界知识产权组织为电子商务的发展也做了许多工作。1996年12月,世界知识产权组织通过了《世界知识产权组织著作权条约》《世界知识产权组织表演和录音制品条约》,为解决电子商务所涉及的知识产权保护问题奠定了基础。1999年4月,《互联网名称和地址管理及其知识产权问题》报告发布,针对互联网由域名引发的问题,包括域名与现有知识产权的冲突提出了解决建议。1999年8月,《统一域名争议解决政策》设立,随后国际互联网名称与数字地址分配机构指定世界知识产权组织作为第一家争议解决服务提供商。

5. 欧盟的电子商务立法

欧盟委员会在1997年发布了《欧洲电子商务行动方案》,为欧洲的电子商务立法确定了立法宗旨和立法原则。1998年通过了《关于信息社会服务的透明度机制的指令》。1999

年颁布了《关于建立有关电子签名共同发了框架的指令》，这个指令文件是欧盟对电子签名立法的基本构建，也是各成员国重要的立法基础。

**二、外国电子商务的立法概况**

1. 美国的电子商务立法

1997年，美国总统克林顿颁布了《全球电子商务纲要》，纲要中提出一系列关于电子商务发展的原则和政策的实施方案，为电子商务国际协约的订立打下了基础。《全球电子商务纲要》是全球电子商务发展的一个重要文件。

同年，美国众议院法制委员会通过了《国际和国内商务电子签名法（草案）》。2000年，克林顿政府签署通过草案，使之成为正式法案，这是美国第一部电子签名法。《国际和国内商务电子签名法》也遵循"技术中立原则"，认定只要是符合技术标准的电子签名都具有法律效力。

2. 俄罗斯的电子商务立法

1995年，俄罗斯制定了《俄罗斯联邦信息、信息化和信息保护法》，该法是俄罗斯第一部以信息为对象的专门立法，调整信息技术、信息系统、信息保护等领域所产生的社会法律关系。2000年生效的《俄罗斯联邦信息安全纲要》旨在帮助俄罗斯从法律、方法、技术和组织方面为信息安全制定出具体计划。2002年颁布《电子数字签名法》。2007年生效的《个人数据法》分别于2009年11月、2009年12月、2010年6月进行了三次修订。

3. 新加坡的电子商务立法

新加坡政府在1998年颁布了《电子交易法》，主要内容有电子签名的效力、电子合同的签订规范、认证机构的设立规则及义务等。该法中的许多规定以联合国国际贸易法委员会《电子商务示范法》为基础，与国际标准保持一致，促使新加坡融入日益兴起的全球电子商务之中。

4. 韩国的电子商务立法

韩国的《电子商务基本法》于1999年7月正式生效，对电子商务、电子通信信息、发送人、接收人、数字签名、电子商店认证机构等基本概念做出了定义，对通信信息的有效性和电子商务的安全问题、消费者的保护等内容进行了相关规定。

**三、我国电子商务立法情况**

1. 《中华人民共和国电子商务法》

2013年12月27日，全国人民代表大会财政经济委员会召开电子商务法起草组成立暨第一次全体会议，标志着我国电子商务法立法工作的正式启动。历经全国人大常委会四次审议，2018年8月31日，第十三届全国人民代表大会常务委员会第五次会议审议通过了《中华人民共和国电子商务法》（以下简称《电子商务法》），自2019年1月1日起施行。

《电子商务法》的立法目的是保障电子商务各方主体的合法权益，规范电子商务行为，维护市场秩序，促进电子商务持续健康发展。《电子商务法》分为七章，共八十九条，确立了电子商务经营者的相关责任义务，明确了电子合同的订立和履行，规范争议解决来保障消费者权益，促进引领全球电子商务发展，在责任条款的设置中力求体现罚当其则，妥善处理了保障权益、规范秩序和持续健康发展之间的关系。

《电子商务法》使得电子商务活动中一些新出现的问题能够有法可依。例如,将微商、海外代购、网络直播购物等纳入电子商务经营者范畴,以及购买机票时搭售服务应以显著方式提醒消费者注意等。

2. 电子商务相关法律法规

2004年8月28日,第十届全国人大常务委员会审议通过了《中华人民共和国电子签名法》(以下简称《电子签名法》),2005年4月1日起施行,这是我国第一部正式立法的电子商务实体法。《电子签名法》旨在规范电子签名的技术、效力、认证等问题,赋予了电子签名与手写签名、盖章同等的法律效力,明确了电子认证服务的市场准入,是我国电子商务发展的里程碑。

《中华人民共和国合同法》中也有关于电子商务的内容,规定合同可以是数据电文形式,对数据电文的到达时间、合同成立的条件和时间地点也都有明确的叙述。《中华人民共和国刑法》在修订中增加了计算机犯罪的罪行,包括非法侵入计算机系统罪、破坏计算机系统功能罪、破坏计算机数据罪等。

中华人民共和国电子签名法

在行政法规方面,我国的相关立法工作开始于20世纪80年代。国务院关于电子商务的行政法规有《互联网信息服务管理办法》《中华人民共和国电信条例》《中华人民共和国认证认可条例》《计算机软件保护条例》《关于促进跨境电子商务健康快速发展的指导意见》《中华人民共和国著作权法实施条例》等。

涉及电子商务活动的部门规章也有很多,包括《电子认证服务管理办法》《电子银行业务管理办法》《非金融机构支付服务管理办法》《关于跨境电子商务零售出口税收政策的通知》《互联网域名管理办法》《互联网广告管理暂行办法》《网络购买商品七日无理由退货暂行办法》《网络交易管理办法》。

涉及电子商务的司法解释有《最高人民法院关于审理扰乱电信市场秩序案件具体应用法律若干问题的解释》《最高人民法院关于审理买卖合同纠纷案件适用法律问题的解释》《最高人民法院关于人民法院网络司法拍卖若干问题的规定》等。

## 本章小结

本章首先介绍了电子商务法的概念、特征及基本原则,然后介绍了主要国际组织及部分国家的电子商务立法情况,最后对我国电子商务立法情况进行概述。

## 自测题

一、名词解释

电子商务法

二、简答题

1. 简述电子商务法的概念。
2. 试述电子商务法的特征。

3. 简述电子商务立法的基本原则。

三、案例分析

### 小孩子用大人账号淘宝上买东西 合同是否有效？

案情介绍：

许某喜欢通过网络订购商品。某日，某商家将一台价值近万元的电视机送到许某家中，但许某表示自己并未上网订购此商品，后来才知是许某不在家时，其未成年的儿子在网上订购的。平时许某网上淘宝时其子时常在旁观看，因此知道许某的账号和密码，也了解一些网上购物的知识，一次在浏览网页时觉得这款电视机特别适合用来玩游戏，就在没有和家人商量的情况下擅作主张下了订单。

许某认为，自己从未有过购买电视机的意向，也没有进行在网上购买该物品的操作，而是自己未成年的儿子下单购买的，儿子作为未满18周岁的限制民事行为能力人不具有完全的民事行为能力，因此该合同应该是无效的，便拒绝接受这台电视机；而商家认为，下单的客户是许某自己的账号，而且是经过实名验证过的，在下订单时商家不能确认到底是谁下的订单，只能是照单发货，并且货物本身没有任何瑕疵，许某有义务接货付款。双方为此争执不下因此成讼。

争议焦点：

第一种观点认为，随着现代社会网络购物的增加，越来越多的未成年人参与到网购大军中，关于未成年买家与商家之间的纠纷也变得愈发普遍。针对这一现象，在认定网络环境下买卖双方合同关系时就应该适应现代观念，不区分合同主体的行为能力。因为在网购过程中，卖方并不能像现实交易一样清楚地认识到购买者的年龄，如果因为买方是未成年人就可以随意认定合同无效，那对于卖方来说无疑加重了风险，这不利于保护网络交易中卖方的利益。为了保护电商的权益，促进网络购物的发展，应当认定未成年人通过网络购买物品的合同是有效的。

第二种观点则认为，网络购物中电子合同当事人缔约能力仍应适用合同法的相关规定。由于无民事行为能力人与限制民事行为能力人本身认知的局限性，导致他们缺乏进行民事行为所要求具备的意识能力，他们在民事交易中无法准确地预见到自己行为的性质与后果。案件中许某之子作为限制民事行为能力人，其订立的合同应当为效力待定，而后其作出的购买行为并未得到其监护人的事后追认，此时为了保护买方的合法民事权益，他们订立的合同因存在瑕疵而应认定为无效。

根据以上资料，依据相关法律规定，请你分析回答以下问题：

(1) 请结合《中华人民共和国电子商务法》谈谈你对本案争议焦点的看法。

(2) 思政德育思考：结合案例及我国实际情况，你认为在网络环境下订立合同，商家应如何确保消费者的权益不会受到侵犯？作为普通消费者应如何保护自己的合法权益？

# 参考文献

[1] 邵兵家. 电子商务概论［M］. 4版. 北京：高等教育出版社，2019.

[2] 特班，奥特兰德，金，等. 电子商务：管理与社交网络视角［M］. 占丽，孙相云，时启亮，译. 9版. 北京：机械工业出版社，2020.

[3] 陈杰浩. Ionic3与CodePush初探：支持跨平台与热更新的App开发技术［M］. 北京：北京理工大学出版社，2018.

[4] 李琪，彭丽芳，王丽芳. 电子商务概论［M］. 北京：清华大学出版社，2017.

[5] 王珊，萨师煊. 数据库系统概论［M］. 5版. 北京：高等教育出版社，2014.

[6] 叶继元. 信息检索导论［M］. 2版. 北京：电子工业出版社，2009.

[7] 张宽海. 网上支付与结算［M］. 2版. 北京：高等教育出版社，2013.

[8] 帅青红，苗苗. 网上支付与电子银行［M］. 2版. 北京：机械工业出版社，2015.

[9] 大卫·辛奇-利维，卡明斯基，伊迪丝·辛奇-利维. 供应链设计与管理：概念、战略与案例研究［M］. 季建华，邵晓峰，译. 北京：中国财政经济出版社，2004.

[10] 程鹏，李翔晟. 芦淞服饰零售电子商务物流配送模式构建［J］. 科技经济市场，2010（9）：66-67.

[11] 何黎明. 我国智慧物流发展现状及趋势［J］. 中国国情国力，2017（12）：9-12.

[12] 刘杨，汪涛. "一带一路"背景下跨境电商物流现状及发展趋势分析［J］. 科技经济导刊，2019，27（8）：244.

[13] 尤美虹，颜梦铃，何美章. 5G应用驱动下绿色物流能力拓展模式探析：以菜鸟、京东为例［J］. 商业经济研究，2020（19）：103-106.

[14] 杨云飞. 菜鸟国际：构建领先的全球物流网络［J］. 中国物流与采购，2021（8）：23-24.

[15] 张颖川. 电商快递持续推动智能物流系统升级发展：访上海欣巴自动化科技股份有限公司副总裁王骞［J］. 物流技术与应用，2021，26（1）：101-103.

[16] 苏朝晖. 客户关系管理：理念、技术与策略［M］. 3版. 北京：机械工业出版社，2018.

[17] 冯光明，余峰. 客户关系管理理论与实务［M］. 北京：清华大学出版社，2019.

[18] 张卫东. 网络营销理论与实践［M］. 4版. 北京：电子工业出版社，2013.

[19] 周小勇，程国辉. 网络营销理论、方法与实践［M］. 北京：清华大学出版社，2017.

[20] 刘冰. 网络营销策略与方法［M］. 北京：北京邮电大学出版社，2019.

[21] 刘新燕，陈志浩. 网络营销［M］. 3版. 武汉：华中科技大学出版社，2020.

[22] 简明，金勇进，蒋妍，等. 市场调查方法与技术［M］. 4版. 北京：中国人民大学出版社，2018.

[23] 冯耕中，刘伟华. 物流与供应链管理［M］. 2版. 北京：中国人民大学出版社，2014.

[24] 乔普拉, 迈因德尔. 供应链管理: 战略、计划和运作 [M]. 5 版. 北京: 清华大学出版社, 2014.

[25] 马士华, 林勇. 供应链管理 [M]. 6 版. 北京: 机械工业出版社, 2020.

[26] 马风才. 运营管理 [M]. 5 版. 北京: 机械工业出版社, 2020.

[27] 白东蕊, 岳云康. 电子商务概论 [M]. 4 版. 北京: 人民邮电出版社, 2019.

[28] 朱振荣. 移动电子商务安全关键技术研究 [D]. 北京: 北京邮电大学, 2008.

[29] 李泽龙, 焦朝霞. 5G 数据环境下的移动电子商务研究 [J]. 农家参谋. 2018 (14): 226-227.

[30] 仇新红. 移动电子商务运营模式与发展对策研究 [J]. 电子商务. 2018 (11): 18-19.

[31] 王展. 移动电子商务平台的设计与实现 [D]. 北京: 北京工业大学, 2018.

[32] 张俐. 移动社会化电子商务推荐关键技术研究 [D]. 北京: 北京邮电大学, 2019.

[33] 秦莹. 基于数据挖掘技术的电子商务移动支付风险预测 [J]. 现代电子技术, 2020 (11): 106-109.

[34] 何欣, 周莉莉. 移动电子商务市场细分的问题与对策研究 [J]. 物流科技. 2021 (5): 62-63.

[35] 邓志新. 跨境电商理论、操作与实务 [M]. 北京: 人民邮电出版社, 2018.

[36] 张函. 跨境电子商务基础 [M]. 北京: 人民邮电出版社, 2019.

[37] 易静, 王兴, 陈燕清. 跨境电子商务实务 [M]. 北京: 清华大学出版社, 2020.

[38] 伍蓓. 跨境电商理论与实务 [M]. 北京: 人民邮电出版社, 2021.

[39] 刘业政, 何建民, 姜元春, 等. 电子商务概论 [M]. 3 版. 北京: 高等教育出版社, 2016.

[40] 黄彦辉. 电子商务概论 [M]. 北京: 中国水利水电出版社, 2009.

[41] 宋文官, 徐继红. 电子商务概论: 理论、实务、案例、实训 [M]. 大连: 东北财经大学出版社, 2011.

[42] 李纲, 李伟. 传统企业电子商务战略规划研究 [J]. 管理学报, 2005 (9).

[43] 蒋学勤. 大数据创造商业价值案例分析 [M]. 成都: 电子科技大学出版社, 2017.

[44] 齐爱民. 电子商务法原论 [M]. 武汉: 武汉大学出版社, 2010.

[45] 张楚. 电子商务法 [M]. 4 版. 北京: 中国人民大学出版社, 2016.

[46] 朱晓娟. 电子商务法 [M]. 北京: 中国人民大学出版社, 2019.

[47] 杨立钒, 万以娴. 电子商务法与案例分析 (微课版) [M]. 北京: 人民邮电出版社, 2020.

[48] 蒲忠, 杨力, 黄鹏. 电子商务概论 [M]. 北京: 清华大学出版社, 2013.

[49] 罗佩华, 魏彦珩, 张冠男, 等. 电子商务法律法规 [M]. 3 版. 北京: 清华大学出版社, 2019.

[50] 孔令秋, 郭海霞. 电子商务法律法规 [M]. 3 版. 北京: 电子工业出版社, 2021.

[51] 张克夫, 郭宝丹, 邹益民, 等. 跨境电子商务法律法规 [M]. 北京: 清华大学出版社, 2021.